新構造体系シリーズ

鉄筋コンクリート造建築物の性能評価ガイドライン

建設省大臣官房技術調査室 監修　(社)建築研究振興協会 編

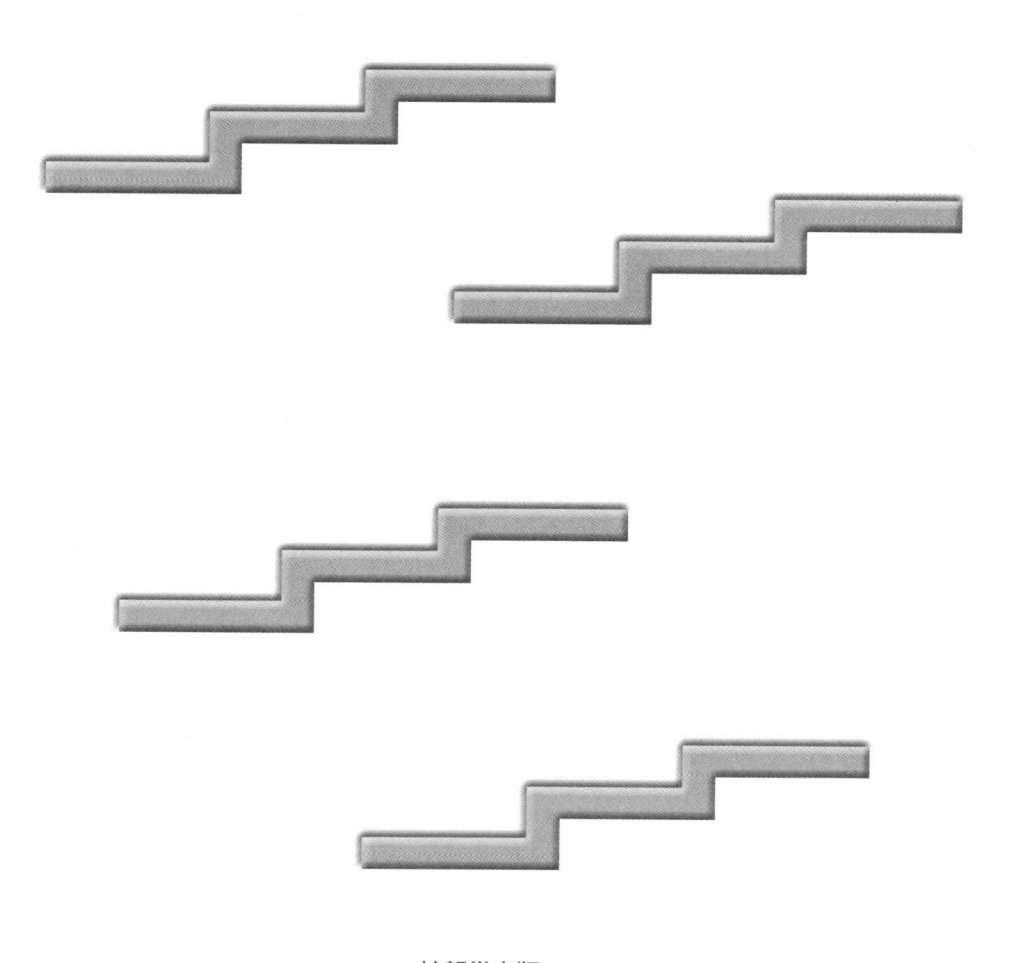

技報堂出版

監修のことば

　わが国における，近年の社会・経済情勢の変化や国民の価値観の多様化に的確に答え，安全で真に豊かな国民生活の実現を目指した住宅・社会資本の整備を進めていくためには，これを支えるための技術開発の推進がますます重要となってきています．

　建築構造の分野においても，ユーザーの多様な要求に対応しうるような技術革新が求められています．特に平成7年の阪神・淡路大震災において，建築構造の被害により多くの尊い生命が奪われたことで，構造安全性の重要性がより強く再認識されました．また建築物が倒壊しなくても，大きな損傷が生じて高額な修復費用が必要となったり，あるいは，地震発生直後にも機能すべき建築物が，必要な機能を発揮できなくなるといった事態もみられました．この貴重な経験により，社会から多くの問題提起がされ，それらに適切に対処し得るような新たな技術が求められたことは記憶に新しいところです．

　上記のような災害時における人命，財産，機能の保全という性能のみならず，社会経済の発展とともに，通常時の居住性や機能性，さらに経年変化に対する様々な性能の維持も重要な課題になっております．これらの多様な建築物の構造性能について，設計者が，要求される性能を把握して設計における目標性能を設定し，性能検証によりその目標が満足されることを確認するという，性能を基盤とする設計を行うことによってはじめて，これらの多様な要求に応えることが可能になると考えられます．

　このような背景のもと，建設省では，平成7年度から平成9年度までの3ヶ年にわたって，建設省総合技術開発プロジェクト「新建築構造体系の開発」を実施してまいりました．その成果は，別冊の「建築構造における性能指向型設計法のコンセプト」に，「概要(性能指向型の建築構造設計体系の必要性，およびその概要)」，「目標水準設定の考え方」，「構造性能評価指針案」，「性能指向型設計法のための社会機構の方向性」という構成で分かりやすくまとめられております．その中の性能評価指針案には，建築構造設計において建築物の目標とする構造性能が実現されているか否かを評価するための原則が書かれておりますが，この構造性能評価指針案を鉄筋コンクリート造建築物に適用する場合に必要となる，応答値の推定手法ならびに限界値の設定手法に関わる技術的情報と，その具体の適用例を取りまとめ，今般「鉄筋コンクリート造建築物の性能評価ガイドライン」として発刊されることとなりました．

　本書が，建築構造技術者の方々に広く活用され，重要な社会資本である建築構造の性能の価値が適切に理解され，必要な性能を保有した建物の普及に寄与することを期待します．

平成12年7月
建設省大臣官房技術調査室

編集・出版にあたって

　『新構造体系シリーズ』の出版は，建設省総合技術開発プロジェクト「新建築構造体系の開発」（以下，「新構造総プロ」）の成果である「性能指向型の設計体系」を，広く設計実務者や建築の発注に関わる関係者あるいは一般の方々に，ご理解いただくことを意図して計画されました．

　社会・経済の発展に伴って国民の価値観も多様化し，建築構造に関する様々な性能，つまり，より安全であること，居住性がよいこと，要求した機能に対応できるあるいは財産の保全の観点からも優れているということなどが，求められるようになっています．このような状況において，建築関係者や一般の方々が求めるあらゆる建築物の構造性能を的確に充足しうるような，新しくかつ質の高い建築構造の設計を目指すのが，性能指向型の設計体系です．この，性能志向型の設計体系の考え方は，別巻「建築構造における性能指向型設計法のコンセプト」にまとめられております．

　本書は，鉄筋コンクリート造を例に，性能指向型の設計に活用できる技術資料と設計例をまとめたものであり，具体の設計手法や考え方を紹介するために再編集されたものです．ここでは主として，性能指向型の設計に不可欠な，応答値の算定と限界値の設定に着目し，それらの考え方，具体的手法，有用性の検討結果などが，技術資料として取りまとめられております．

　平成10年6月に建築基準法の改正が行われ，そのうちの構造関係規定については，平成12年6月に施行されておりますが，本書はその改正された建築基準法の解説ではありません．建築基準法は，「国民の生命，健康および財産の保護を図り，もって公共の福祉の増進に資する」ための最低限の基準を定めたものですが，本書は，あらゆる種類およびあらゆるレベルの構造性能をも対象とする性能指向型の設計コンセプトに基づき，その具現化のための方策を例示し，さらに将来のヴィジョンを語るものであります．

　本書が，性能指向型の建築構造設計体系の普及に寄与しますことを，また，社会の要求に合致する質の高い建築構造設計が行われる一助となりますことを祈っております．

平成12年7月
(社)建築研究振興協会
会長　竹　林　寛

はじめに（発刊の経緯）

　平成7年度から9年度の3ヶ年にわたって実施された建設省技術開発プロジェクト「新建築構造体系の開発」では，その分科会の一つである「性能評価分科会」において構造性能評価の原則についての検討が行われ，その成果は「構造性能評価指針案」として取りまとめられました．この作業と並行して，鉄筋コンクリート(以下RCと略記)造建築物の性能評価の観点からこの構造性能評価指針案の原則を検証するとともに，構造性能評価指針案を鉄筋コンクリート造建築物に適用する場合に必要となる各種の学術・技術資料の収集，分析を行い，現時点での具体の適用方法の例を示すために，平成9年2月に「性能評価RC-WG」を設置し，約1年間にわたって検討を行いました．

　本書は，その検討内容を取りまとめたもので，第Ⅰ編「RC構造の応答値推定手法および限界値設定手法の例」および第Ⅱ編「性能評価指針のRC構造への適用例」から構成されています．

　第Ⅰ編では，鉄筋コンクリート造建築物の地震時応答推定手法の例，風荷重，積載荷重および積雪荷重とそれらに対する建築物の応答値の推定法，および安全限界，使用限界，修復限界の意味と，各種限界状態と限界値の設定手法の例示を行っております．用いられている手法等は，現在に至るまでに得られた学術的・技術的成果に基づいたものではありますが，唯一のものではありません．学問的基盤に基づいたその他手法も当然あり得ますし，例示した手法が今後の研究の進展によって更に改良されることは大いに歓迎されるところと考えております．

　第Ⅱ編では，第Ⅰ編に示した手法を実際の建築物に適用した例が示されており，構造性能評価指針案に基づいたRC造構造物の設計の詳細がご理解戴けるものと思います．

　本書が，建築構造技術者の方々に広く活用され，性能を明確にした設計の考え方が普及することにより，価値や性能が適切に理解される建築構造物が社会資本として蓄積されること，ならびに，建築構造の技術開発が促進され，設計の自由度が増し，国際調和が図られますことを期待しております．

　最後になりましたが，本書の原案を作成されました性能評価RC-WGの各委員，きわめて忙しいスケジュールの中で編集業務を勤めていただきました各編集委員会委員の方々，ならびに出版に多大なご協力をいただいた技報堂出版の皆様に，厚くお礼申し上げます．

平成12年7月
㈳建築研究振興協会
鉄筋コンクリート造建築物の性能評価ガイドライン編集委員会
委員長　渡　邊　史　夫

鉄筋コンクリート造建築物の性能評価ガイドライン　編集委員会

委員長	渡邊　史夫	京都大学大学院工学研究科建築学専攻教授	
委　員	井上　範夫	東北大学大学院工学研究科都市・建築学専攻助教授	
	倉本　　洋	建設省建築研究所企画部国際研究協力官	
	壁谷澤寿海	東京大学地震研究所地震火山災害部門教授	
	塩原　　等	東京大学大学院工学系研究科建築学専攻助教授	
	深井　　悟	(株)日建設計東京本社構造設計主管	
	松森　泰造	東京大学大学院工学系研究科建築学専攻助手	
幹　事	勅使川原正臣	建設省建築研究所第三研究部構造研究室室長	
	福山　　洋	建設省建築研究所第四研究部実大構造物実験室室長	

　本書のもととなった研究は，平成9年2月から平成10年3月にかけて，建設省技術開発プロジェクト「新建築構造体系の開発」の性能評価分科会の下に設置された，「性能評価RC-WG」で実施されたものである．

　以下に，性能評価RC-WGの委員構成を示す．ただし，所属は平成10年3月時点のものである．

性能評価RC-WG　委員名簿

(順不同：敬称略)

主　査	渡邊　史夫	京都大学大学院工学研究科建築学専攻教授
委　員	壁谷澤寿海	東京大学地震研究所地震火山災害部門教授
	井上　範夫	東北大学大学院工学研究科都市・建築学専攻助教授
	田中　仁史	豊橋技術科学大学建設工学系助教授
	田才　　晃	大阪工業大学工学部建築学科助教授
	塩原　　等	東京大学大学院工学系研究科建築学専攻助教授
	松森　泰造	東京大学大学院工学系研究科建築学専攻助手
	渡辺　朋之	前田建設工業(株)技術本部技術研究所課長
	深井　　悟	(株)日建設計東京本社構造設計主管
	田辺　太一	(株)鴻池組建築本部設計技術部設計技術課主任
	平石　久廣	建設省建築研究所第三研究部部長
	倉本　　洋	建設省建築研究所第四研究部主任研究員
	隈澤　文俊	建設省建築研究所第四研究部主任研究員
	犬飼　瑞郎	建設省建築研究所第三研究部主任研究員
幹　事	勅使川原正臣	建設省建築研究所第三研究部構造研究室室長
	福山　　洋	建設省建築研究所国際地震工学部主任研究員

目　次

第Ⅰ編　RC構造の応答値推定手法および限界値設定手法の例

1　応答値の推定 …………………………………………………………………………………… 3
　1.1　地震応答　3
　　1.1.1　地震応答推定の原則　3
　　　(1)　等価1自由度系の応答推定　3
　　　(2)　縮約1自由度系にもとづく多自由度系の応答推定　4
　　1.1.2　1自由度系の応答　5
　　　(1)　非線形応答と線形応答を対応づける方法　5
　　　(2)　等価線形化法　5
　　　(3)　瞬間的なエネルギーの釣合いに着目する方法　11
　　　(4)　エネルギーの釣合いと地震動の継続時間を考慮した非線形地震応答の推定法　23
　　1.1.3　多自由度系の応答　29
　　　(1)　等価1自由度系への縮約と等価1自由度系を用いた応答値の推定例　29
　　　(2)　等価1自由度系による多自由度系応答値の推定　39
　　　(3)　等価1自由度系への縮約と多自由度系への展開　66
　　1.1.4　RC造部材の等価粘性減衰定数　86
　1.2　風荷重に対する応答値の推定　94
　1.3　積載荷重に対する応答値の推定　95
　　1.3.1　積算荷重の算定　95
　　　(1)　載荷荷重の基本値　96
　　　(2)　積載荷重の動的効果　97
　　　(3)　地震荷重算定用積載荷重　97
　　1.3.2　床のたわみ算定法　97
　　　(1)　床スラブのたわみ　98
　　　(2)　小梁付き床スラブのたわみ　98
　　　(3)　物性要因と断面特性を勘案した長期たわみ予測式　101
　　1.3.3　曲げひび割れ幅算定法　103
　　　(1)　ひび割れ幅計算式による算定　103
　　　(2)　ひび割れ幅計算図表による算定　104
　　1.3.4　床の振動算定法　107
　1.4　積雪荷重に対する応答値の推定　110
　1.5　劣化の算定　110
　　1.5.1　劣化度判定基準　110

           1.5.2　中性化速度の算定　112
           1.5.3　鉄筋腐食速度の算定　113
     参考資料-1　地震動に対する構造解析　115

2　限界状態と限界値の設定 ·· 119
  2.1　限界状態の意味　119
      2.1.1　建築物の基本性能　119
      2.1.2　基本性能の項目　122
      2.1.3　荷重および外力　123
      2.1.4　性能評価条件　124
      2.1.5　限界状態と限界値　126
      2.1.6　性能評価と性能指標　126
  2.2　限界状態　128
      2.2.1　安全限界状態　128
         (1)　安全限界状態の定義　128
         (2)　意義と背景　129
         (3)　荷重および外力　130
         (4)　性能評価の方針　130
         (5)　性能評価項目　131
      2.2.2　使用限界状態　137
         (1)　使用限界状態の定義　137
         (2)　意義と背景　137
         (3)　荷重および外力　138
         (4)　性能評価の方針　138
         (5)　性能評価項目　139
      2.2.3　修復限界状態　142
         (1)　修復限界状態の定義　142
         (2)　意義と背景　142
         (3)　荷　重　143
         (4)　性能評価の方針　143
         (5)　性能評価項目　144
  2.3　限界値の設定　148
      2.3.1　安全限界値設定のための工学量と設定値の意味　148
      2.3.2　使用限界値設定のための工学量と設定値の意味　155
      2.3.3　修復限界値設定のための工学量と設定値の意味　163
  参考資料-2　シナリオによる被害想定と性能評価項目　169
  参考資料-3　RC造建築物への要求事項と性能評価項目　175

3　評価の原則 ··· 179

4 今後の課題 …………………………………………………………………… 180

第Ⅱ編　性能評価指針のRC構造への適用例

1 はじめに …………………………………………………………………… 183

2 性能評価 …………………………………………………………………… 184

   2.1　適用例作成方針　184

   2.2　適用例1　184

      2.2.1　検討方針　184

      2.2.2　建築物概要　184

      2.2.3　地震荷重に対する検討　188

         (1)　検討方法　188

         (2)　地震荷重　189

         (3)　限界値の設定　190

         (4)　部材の設定　190

         (5)　使用限界状態の検討　194

         (6)　修復限界状態の検討　200

         (7)　安全限界状態の検討　206

         (8)　じん性確保・崩壊形の保証　214

         (9)　考　察　224

      2.2.4　鉛直荷重に対する検討　224

   2.3　適用例2　240

      2.3.1　検討方針　240

      2.3.2　建築物概要　240

      2.3.3　地震荷重に対する検討　241

   2.4　適用例3　261

      2.4.1　検討方針　261

      2.4.2　建築物概要　261

      2.4.3　地震荷重に対する検討　261

3 まとめ ……………………………………………………………………… 283

第Ⅰ編

RC構造の応答値推定手法およぴ限界設定手法の例

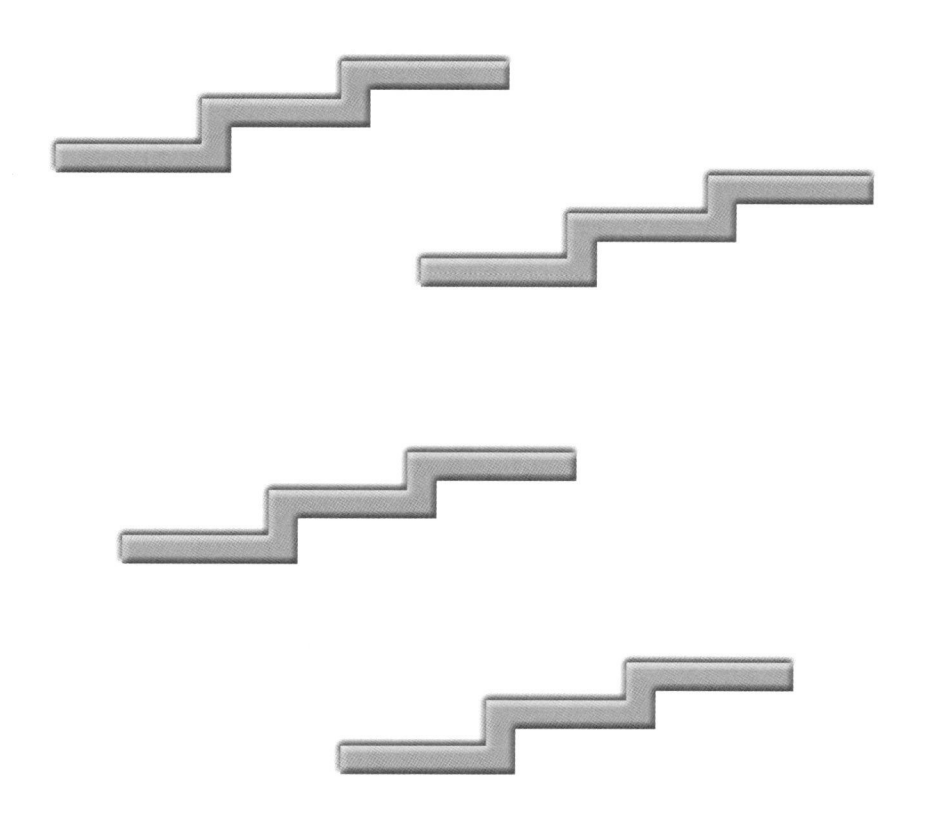

1 応答値の推定

1.1 地震応答

1.1.1 地震応答推定の原則

(1) 等価1自由度系の応答推定

　ある特定の地震動の時刻歴に対する1自由度系に縮約された構造物の応答値は，構造物の履歴特性（繰返し荷重でのルール）をモデル化すれば数値解析により計算できる．設計でこのような時刻歴応答解析を用いる場合，地震動は本来建設地ごとに性質を特定して予測する必要があるが，将来の地震動の時刻歴を精度よく特定することは当面困難であると考えられる．したがって，時刻歴解析を個別の設計例で行うのは参考にはなるが，応答結果に対して設計規範として一般性をもたせるのは難しい．

　そこで，個別の設計で非線形応答の性質を一般的に考慮するには，地震動の性質（特性値）と応答値（最大値など）の関係を一般的に理解しておくことが必要になる．地震動の性質は，第一義的には，地震動のピーク値（最大加速度，最大速度）などであるが，これらは一般に応答量を定量化して扱うには十分でなく，工学的には線形応答を基本的に制御する性質として，応答スペクトル，フーリエスペクトルなどで表現されることが多い．地震動がこのような形式で与えられることを前提にすると，これに対して非線形応答を推定することは，線形応答に関連づけることになり，広い意味でいわゆる等価線形化法に他ならない．ただし，線形応答スペクトルの性質も，過去の時刻歴から推定したものが主体であり，将来の地震動について震源や波動伝播の性質まで考慮して設定する理論的な根拠は必ずしも十分なものではないことに注意する必要がある．

　等価線形化法の試みは古くからあり，当初は非線形計算が大変であるという理由により，すなわち，非線形地震応答解析の代用（簡略化した推定方法）として位置づけられて，試行されたと考えられる．等価線形化法では，複雑な復元力特性を等価な周期と減衰に置換することに帰着する．例えば，柴田による等価線形化法では，等価剛性として最大変形点の剛性を用い，等価減衰は過渡応答（いくつかの地震動に対する非線形時刻歴解析）から導かれた平均的な等価減衰定数（substitute damping）を考える．最大変形点の剛性により等価周期を定義し，等価周期と等価減衰が塑性率を介して一義的に関連づけられるので，弾性応答スペクトルおよびその減衰依存性（減衰による低減率）が与えられれば，最大応答変形は等価系で算定される．最大点による等価周期の評価方法は，例えば完全弾塑性系の短周期域などでは過大評価になることなども経験的に指摘され，応答が結果として一致するように修正する他の試みもある．

　しかし，現在では，① 非線形地震応答解析も簡単にできること，② 地震動の性質（フーリエ振幅）が震源に溯って理解されようとしていること，を考えると，等価線形化の意義は上記のような位置づけとは異なるものとして理解する必要がある．すなわち，非線形時刻歴解析に内在する個別性を排して，設計規範に一般性を与えるための手段としての意義であり，したがって，重要なのはその方法の理論的背景と一般性になる．例えば，数（十）種類の地震動時刻歴といくつかの非線形復元力モデルについて時刻歴解析による予測が経験的に合うというだけでは十分でなく，地震動の

1　応答値の推定

基本的性質に関連づける予測方法の理論的背景に一般性，汎用性があることが求められる．これは，例えば部材の評価において実験結果を整理した経験式と物理的なモデルによる理論式の関係に似ている．

一方，構造物の応答を弾性範囲から塑性域に至るまでエネルギー入力を主体にして理解する最近の考え方がある．復元力特性の形状が違っても非線形地震応答を1つのパラメーターで理解するには，エネルギーが最も便利であり，その周期依存性も安定して設計に使いやすいからである．また，多自由度系構造物のエネルギー入力については，構造物内での総和が配分が異なる場合でもおおむね一定した量になる性質があり，さまざまに応用可能である．また，入力エネルギーと吸収エネルギーの釣合いは常に成立しているので，この点に着目すると非減衰弾性系，減衰弾性系，弾塑性系の過渡応答が一貫して理解しやすいものになる．

(2)　縮約1自由度系にもとづく多自由度系の応答推定

部材レベルあるいは層レベルでモデル化した骨組の応答も時刻歴解析により計算できるが，上述したように地震動の不確かさがそもそも問題になるので，設計においては，時刻歴解析によって得られた応答値の確定値，絶対値としての意味は，入力地震動の不確かさを十分理解して，慎重に扱う必要がある．ただし，地震動のばらつきを十分配慮した解析を行い，応答結果に対する解釈を誤らなければ，時刻歴応答解析は設計のツールとしては依然として十分有用である．すなわち，例えば，静的解析では必ずしも十分には把握できない動的な応力や変形の分布，あるいは相対的な大小関係を知ることは設計における工学的な配慮に大いに寄与する．

しかし，上述のように設計用地震動を（1自由度系の）応答スペクトルで規範化して，非線形地震応答を考えるのであれば，多自由度系の応答は（必然的に）縮約した1自由度系の応答に対応させて推定することになる．多自由度系の運動方程式は外力および変位のモード形を仮定すれば弾性系と同じ考え方で1自由度系に縮約することができる．すなわち，外力分布を仮定して静的非線形解析（Pushover Analysis）を行い，等価変位-等価復元力の関係に基づいて1自由度系を設定して等価線形化法によって応答を推定すればよい．

多自由度系の等価（代表）変位の応答が縮約1自由度系で推定可能であることは，エネルギーの釣合いにより一般的に成立することが予想され，また，仮定した外力あるいは変位モードの影響は受けにくい．したがって，代表変位は，構造物のモード系が塑性域でおおむね一定している場合は，支配的なモードを仮定して縮約系を巧みに設定すればほとんどの場合精度よく推定することが可能である．

しかし，外力分布の変動の影響を含む応答変形の分布に関しては，地震動および構造物のパラメーターを基本にして推定する方法は研究の段階であり，確かな理論的な背景をもって確立された方法はない．特に，代表変位が同じ応答値になる強さの地震動でも，地震動の性質（特に位相特性）が異なると，応答変形の分布が異なることが知られており，この特性まで特定しない限り，変形分布を一般的に推定するのは難しいと考えられる．ただし，このばらつきは実用的には十分許容しうるものであると考えることも可能であり，可能な限り実務的に考えられるケースに対する試行的な検討により，ばらつきの程度を設計に取入れることも可能であろう．

1.1.2 1自由度系の応答

(1) 非線形応答と線形応答を対応づける方法

この方法は,弾塑性復元力特性をモデル化して非線形応答解析を行って得られた最大応答結果と,弾性を仮定した線形応答解析によって得られた最大応答結果との関係を多くの解析例から経験的に定め,線形応答の結果から非線形応答の結果を推定するもので,エネルギー一定則あるいは変位一定則などがある.エネルギー一定則は短周期領域,変位一定則は長周期領域に当てはまるとされるが,両者の境目はあまりはっきりしない.

この方法は,理論的根拠が十分ではなく,構造物の履歴特性によって推定精度にばらつきがあり,一般性に欠ける傾向があるので,ここでは検討の対象から除くこととする.

(2) 等価線形化法

a. 基本的考え方

等価線形化法は,弾塑性最大応答を最大応答に応じて定まる等価剛性と等価減衰を有する等価線形系の最大応答で模擬するものである.等価剛性は,弾塑性応答における最大変形に対応した割線剛性あるいは平均的なものとしてそれを割り増しした値をとる.等価減衰は非定常応答として地震より入力される全エネルギーと建築物が等価粘性減衰によって吸収する全エネルギーが等しくなるように定める.この考えに基づけば,最大変形を仮定して等価剛性と等価減衰を定め,与えられた地震応答スペクトルに対する等価線形系の最大応答変形を求めて,これが仮定変形と一致するまで繰り返せば,弾塑性地震応答の推定ができることになり,想定した地震応答スペクトルが滑らかなら収束がよいと推測される.この場合には,設計スペクトルは,減衰定数による応答倍率の変化が適切に評価されていることが前提となる.

等価線形化法の利点の1つは,いわゆるエネルギー一定則と変位一定則の傾向が統一的に表現できることである.適切と思われる仮定の下での試算によれば,応答スペクトルの加速度一定領域ではエネルギー一定則に,速度一定領域では変位一定則に類似の傾向が得られ,その移り変わりは連続的である.

b. 等価粘性減衰

1自由度系モデルが図 I-1.1 のような履歴ループの定常振動をしている場合,履歴吸収エネルギーを等価な粘性減衰定数 h_{eq} に置き換えると以下の式のようになる.

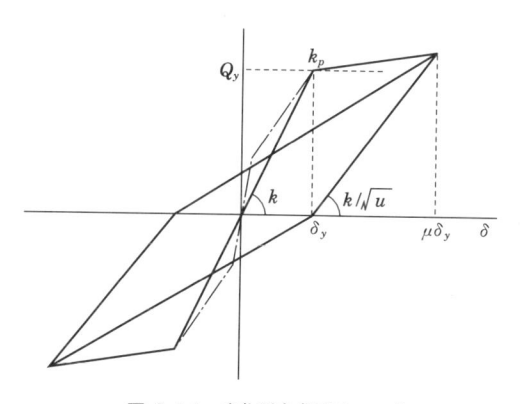

図 I-1.1 劣化型定常履歴ループ

1　応答値の推定

ここで最終勾配による強度上昇を無視すれば（$k_p=0$ と仮定），

$$k_e = \frac{k}{\mu} \qquad Q_y = k_e \mu \delta_y$$

ポテンシャルエネルギー　$W = \frac{1}{2} k_e \mu^2 \delta_y^2$

1 ループの履歴吸収エネルギー　$\Delta W = 2\left(\mu \delta_y - \frac{\sqrt{\mu}}{k} Q_y\right) Q_y$

よって，

等価粘性減衰定数　$h_{eq} = \frac{1}{4\pi} \frac{\Delta W}{W} = \frac{1}{\pi}\left(1 - \frac{1}{\sqrt{\mu}}\right)$

しかし，実際の地震動に対する応答においては，非定常性を考慮する必要がある．ここで，Gulkan, Sozen が定義した substitute damping の考え方[1]を用い，地震応答の終わった時点で地動のなした全仕事 $\int_0^T (-m\ddot{x}_0)\dot{x}\,dt$ が等価な粘性減衰のなした全仕事 $\int_0^T c_e \dot{x}^2\,dt$ に等しいと仮定し，さらに，$c_e = 2h_s\omega_e m$ と定義すれば，平均的な等価粘性減衰定数 h_s（substitute damping）を以下のように求めることができる．

$$h_s = \frac{-\int_0^T m\ddot{x}_0 \dot{x}\,dt}{2m\omega_e \int_0^T \dot{x}^2\,dt} = \frac{-\int_0^T \ddot{x}_0 \dot{x}\,dt}{2\omega_e \int_0^T \dot{x}^2\,dt}$$

ここで，ω_e は仮定する等価剛性に対する値であり，弾塑性応答解析による最大応答変形時の値あるいは適宜割り増した値を用い，等価粘性減衰定数はそれに対応した値として定まる．剛性を割り増しする場合は，平均的な応答性状は最大応答変形時より剛性の高い状態であることを考慮するためである．

この等価粘性減衰定数の値を具体的に求めるために，建築物の初期周期を 0.15, 0.30, 0.50, 1.0, 1.5 sec の 5 種類，履歴特性を図 I-1.1 に示すような Degrading Trilinear と仮定して，既往記録波（El Centro 1940 NS, 東北大 1978 NS, 神戸海洋気象台 1995 NS）および模擬波（後の 1.1.2(2)c.項で条件を示す模擬波 L と模擬波 S）に対する応答解析を行い，h_s の値を求めた．ここで減衰は降伏時剛性に対して減衰定数を 0.02 とした剛性比例型と，減衰定数を 0.02 とした瞬間剛性比例型の 2 種類を仮定した．図 I-1.2 に ω_e を最大変形時の剛性から算定した場合の結果をそれぞれ示す．

柴田は同様な検討を行って次に示すような略算式を提案し[2,3]，γ を 0.2 としている．この式は，定常状態より求まる式の係数 $1/\pi$ を γ に低減し，さらに初期弾性時の減衰として仮定した 2 % を加算したものである．

$$h_s = \gamma\left(1 - \frac{1}{\sqrt{\mu}}\right) + 0.02$$

図 I-1.2 の結果より同様に整理してみると，建築物の初期周期，地震波の種類により γ は $1/\pi$ 〜$1/10$ 程度とかなりのばらつきがある．これは，海洋型地震のように継続時間中に繰り返し入力され損傷が累加される場合と，直下型地震のように瞬間的に入力される場合などが混在しているためであると考えられる．

また，この値は，仮定した Degrading Tri-linear モデルに対しての値であり，Bi-linear モデル等，他の履歴特性を仮定した場合には，別途求める必要があるだろう．

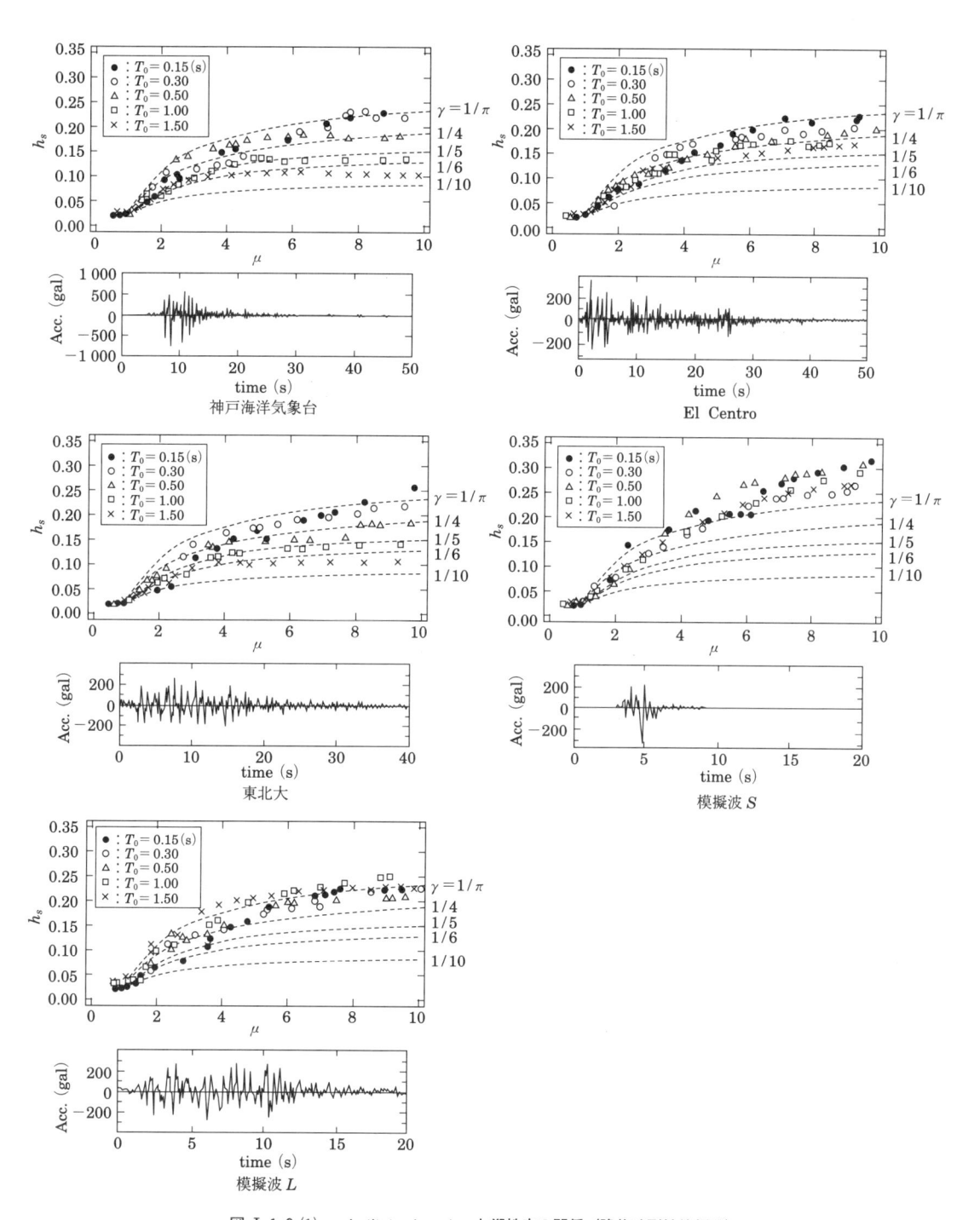

図 I-1.2 (1) substitute damping と塑性率の関係（降伏時剛性比例型）

1 応答値の推定

神戸海洋気象台

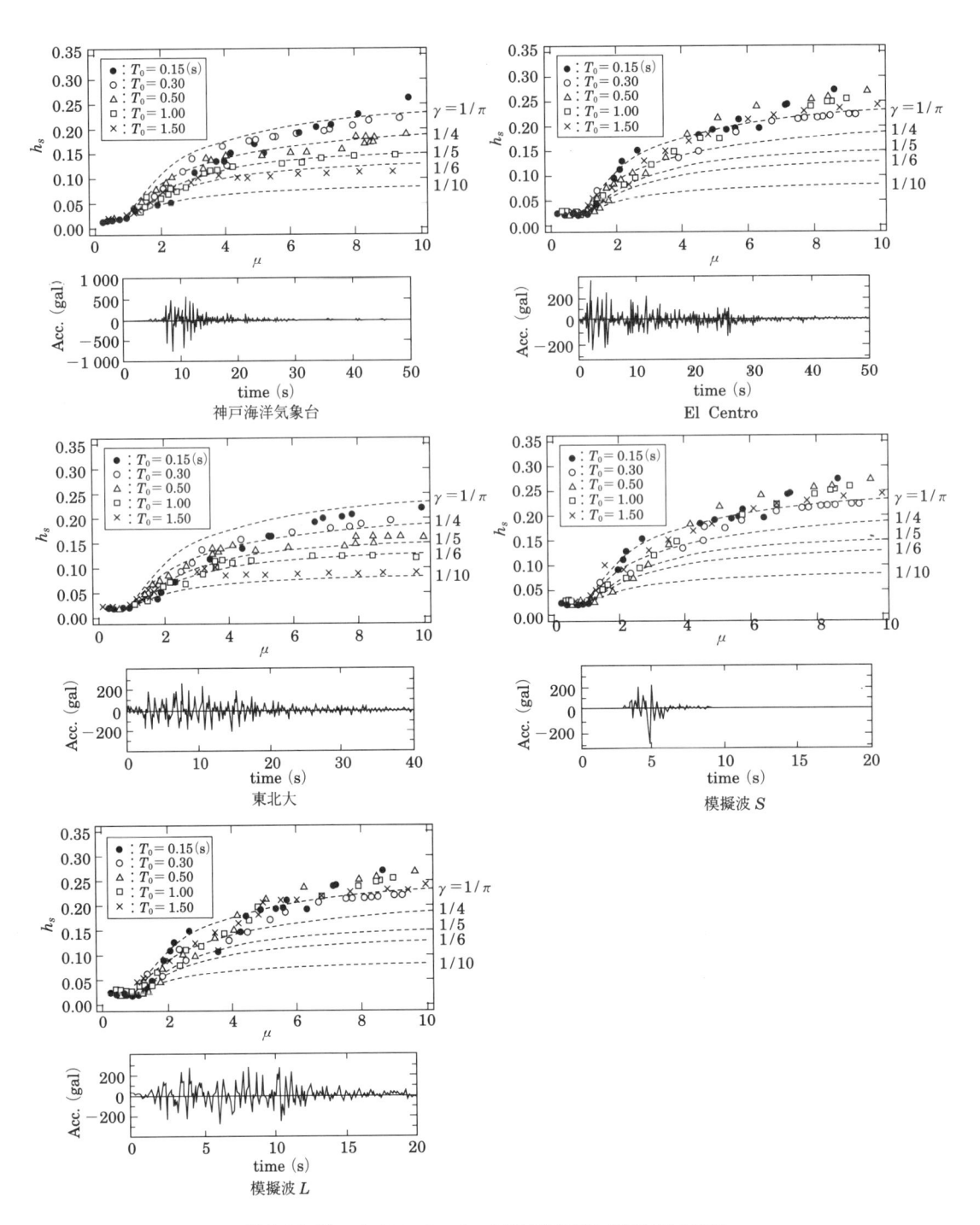

El Centro

東北大

模擬波 S

模擬波 L

図 I-1.2 (2) substitute damping と塑性率の関係 (瞬間剛性比例型)

この式における塑性率 μ は，1自由度系の層の塑性率として定義されたものであり，柱，梁などの各部材の塑性率ではないことに留意する必要がある．

なお，振動実験や擬似動的実験の結果より直接 substitute damping を求めることも可能であり，今後，実験による検証を行うことも大切である．

c．等価線形化法と弾塑性応答の比較

上述のようにして定めた等価剛性と等価粘性減衰定数を用いた等価線形モデルを用いて弾塑性応答解析を行わないで応答スペクトルにより求めた結果と，弾塑性応答解析を行って求めた結果を比較検討し，等価線形モデルの解の精度を検討する．基本的条件として，設計に用いる変位応答スペクトルが減衰定数に応じて定義されていることとし，等価線形モデルではそのスペクトルを直接用いて最大応答変形を算定する．また，弾塑性応答では，このスペクトルに適合する模擬地震動を作成し，時刻歴で弾塑性応答解析を行う．

計算における主な仮定および得られた結果は以下のとおりである．

1) 時刻歴弾塑性応答

① 日本建築学会の荷重指針[21]に基づいて設計用の応答スペクトルを作成する．ここでは，東京の第2種地盤における100年再現期待値に対応する応答スペクトルを用いるが，固有周期5秒以降の長周期領域においては変位応答一定とした．図 I-1.3 に，こうして求めた加速度応答スペクトルを示す．なお，図中には，現行の基準法における振動特性係数の性状と比較するために，速度一定領域を適合させて第2種地盤の値を求めたものを点線で付記してある．

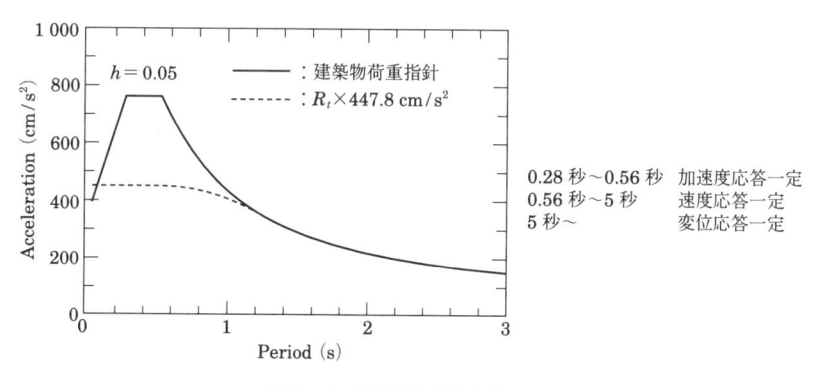

図 I-1.3 設計用加速度応答スペクトル

② 設計用の応答スペクトルに適合する模擬地震動を作成する．作成にあたって，位相は一様乱数，時刻歴包絡関数は Jennings 型とし，海洋型と直下型地震を想定して，図 I-1.4 に示すようなそれぞれ継続時間の長いもの（模擬波 L）と短いもの（模擬波 S）とした2波を考える．なお，目標としたスペクトルは，加速度スペクトルを ω^2 で除して減衰10%の変位応答スペクトルとして定めたが，減衰に対する変動については5%時の値を次式の減衰補正係数で10%時の値に変換した．作成した模擬地震動の加速度時刻歴，応答スペクトルを図 I-1.5，図 I-1.6 に示す．

$$S_A(h=0.10) = \frac{1.5}{1+10\times 0.10} \times S_A(h=0.05)$$

③ 塑性率 μ を仮定し，各周期ごとに建築物のベースシヤーをパラメターにしてそれぞれの地震動に対する弾塑性応答解析を行い，応答最大塑性率が所定の μ に到達した時の値をもって建

1 応答値の推定

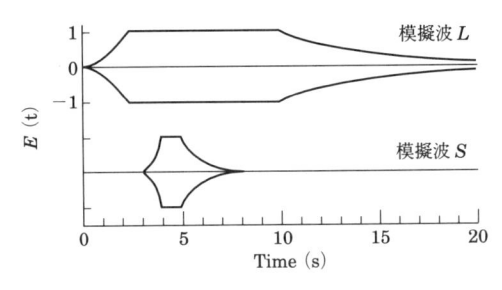

図 I-1.4 時刻歴包絡関数

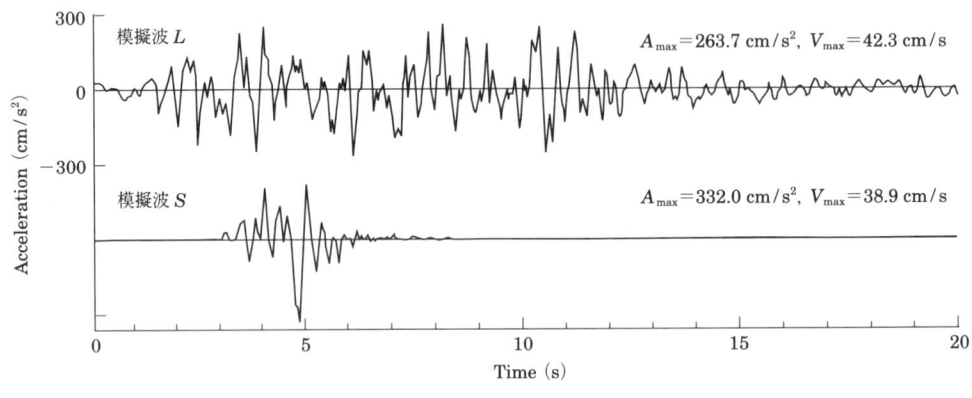

図 I-1.5 加速度時刻歴

(a) 加速度応答スペクトル

(b) 速度応答スペクトル

(c) 変位応答スペクトル

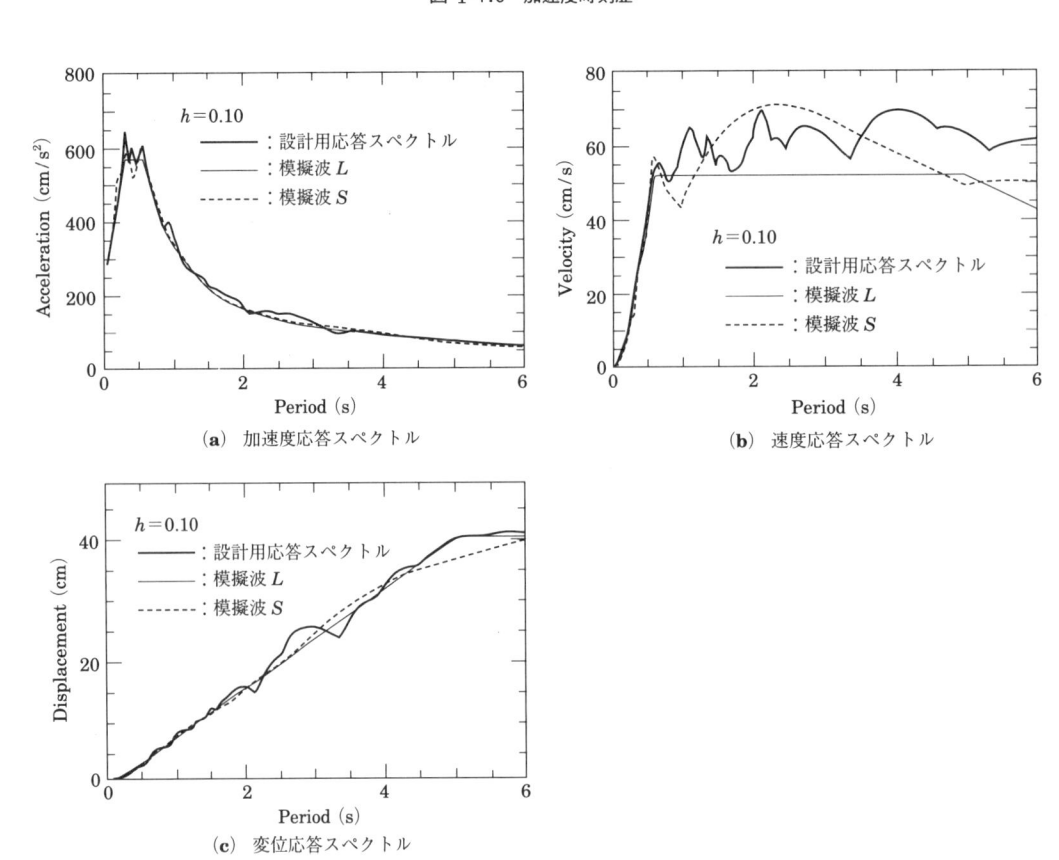

図 I-1.6 応答スペクトル

築物の降伏ベースシヤーとする．この結果より，建築物の荷重-変形関係が周期とμに応じて定まることになる．なお，建築物の履歴特性は Degrading Trilinear 型，減衰は降伏時剛性比例型とし減衰定数は 0.02 と仮定した．

④ 応答で得られた最大変形を解とする．

一例として，時刻歴弾塑性応答解析で設定した，周期 1.0 秒，ベースシヤー係数 0.114（模擬波 S に対して塑性率 2 目標の場合）の建築物を取上げて，等価線形化法で求めた場合を図 I-1.7 に示す．図の縦軸は，せん断力を重量で除してさらに重力加速度を掛けて加速度としたもので，建築物の荷重-変形関係を変換して実線で示している．また，一点鎖線を結ぶ実線は，減衰定数をパラメターにして求めた S_a-S_d コンターであり，荷重-変形関係を表す実線との交点が求まる解である．

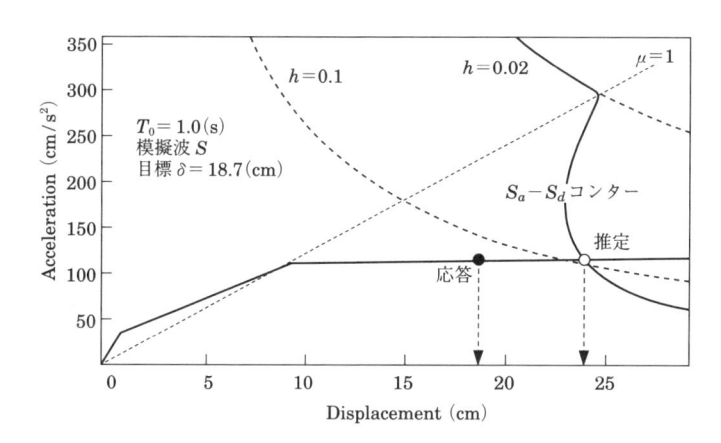

図 I-1.7 等価線形化法による応答変形の推定例

図 I-1.8, 9 には，塑性率，周期をパラメターにした時の適合性を検討するために，等価線形化法により推定した最大変形と弾塑性応答解析の最大変形の比較とそれらの比を，仮定した最大塑性率ごとに建築物周期に対応させて示す．おおむねよい対応を示しているといえるが，この比較においては，作成した模擬地震動がもつ目標スペクトルとの誤差の分が含まれているので，それを含んだ上での概略の結果であると考える必要がある．また，極短周期領域では，両者の比の変動が激しくなっているが，変形そのものの値が小さく，誤差を大きく含む結果であると考えられる．

なお，この方法においては，仮定する減衰補正係数が，解の精度に大きく影響を及ぼすことに留意する必要がある．また，設定したスペクトルに対して解は1つ定まることになり，位相特性を反映した海洋型や直下型等の特性の相違は評価することができない．

(3) 瞬間的なエネルギーの釣合いに着目する方法

a．基本的考え方

最大変形が生じる時に建築物の復元力ループが消費する履歴エネルギーと，その時に地震動から建築物に入力される瞬間的なエネルギーを対応させて最大応答を推定する方法である[4]〜[11]．

地震動の瞬間的な入力エネルギーの算定にあたっては，継続時間内に入力された全エネルギーから，継続時間や繰り返し回数等を考慮して平均的に求める考え方や，地震動の特性から直接求める

1 応答値の推定

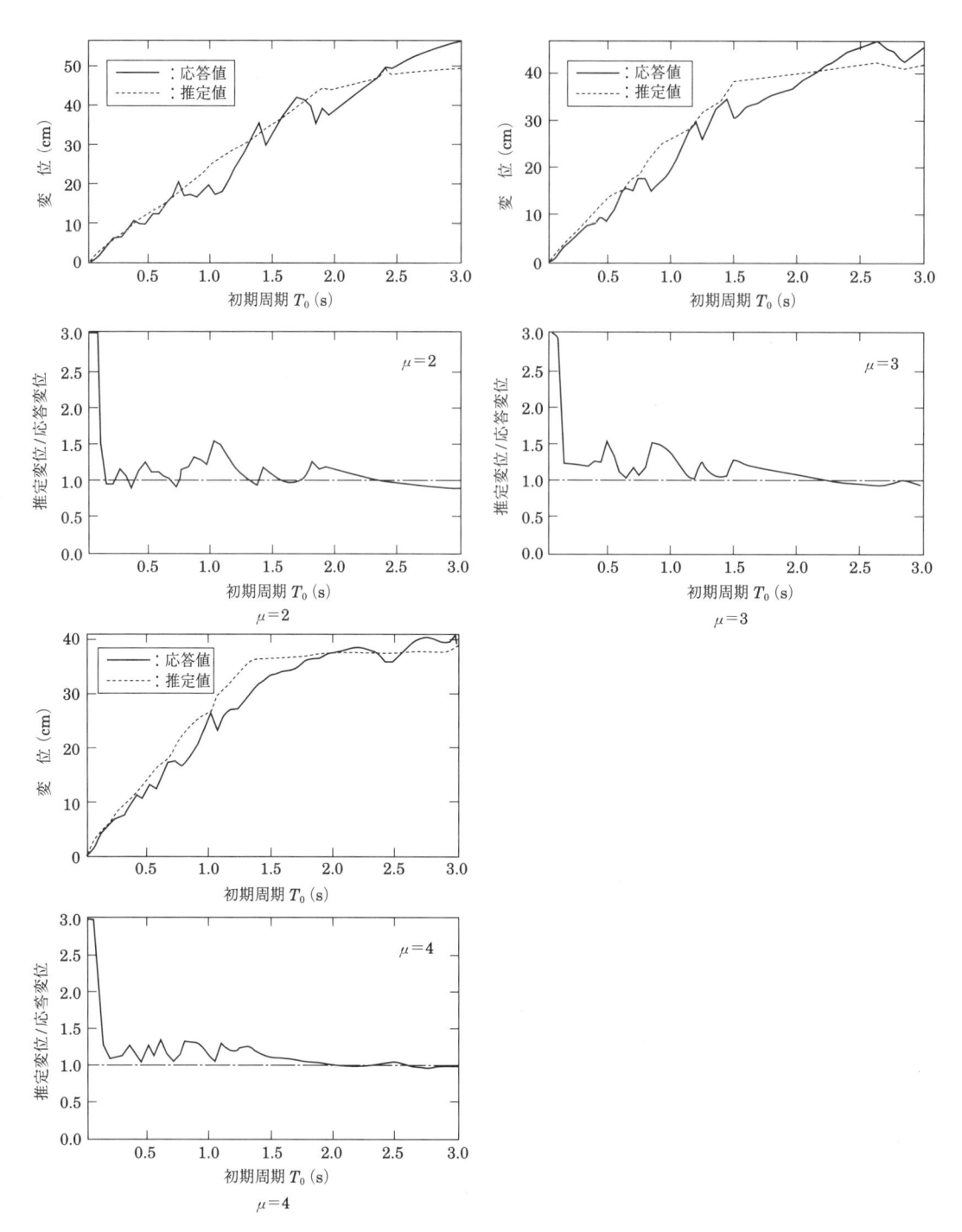

図 I-1.8 等価線形化法による応答変形の推定（模擬波 L）

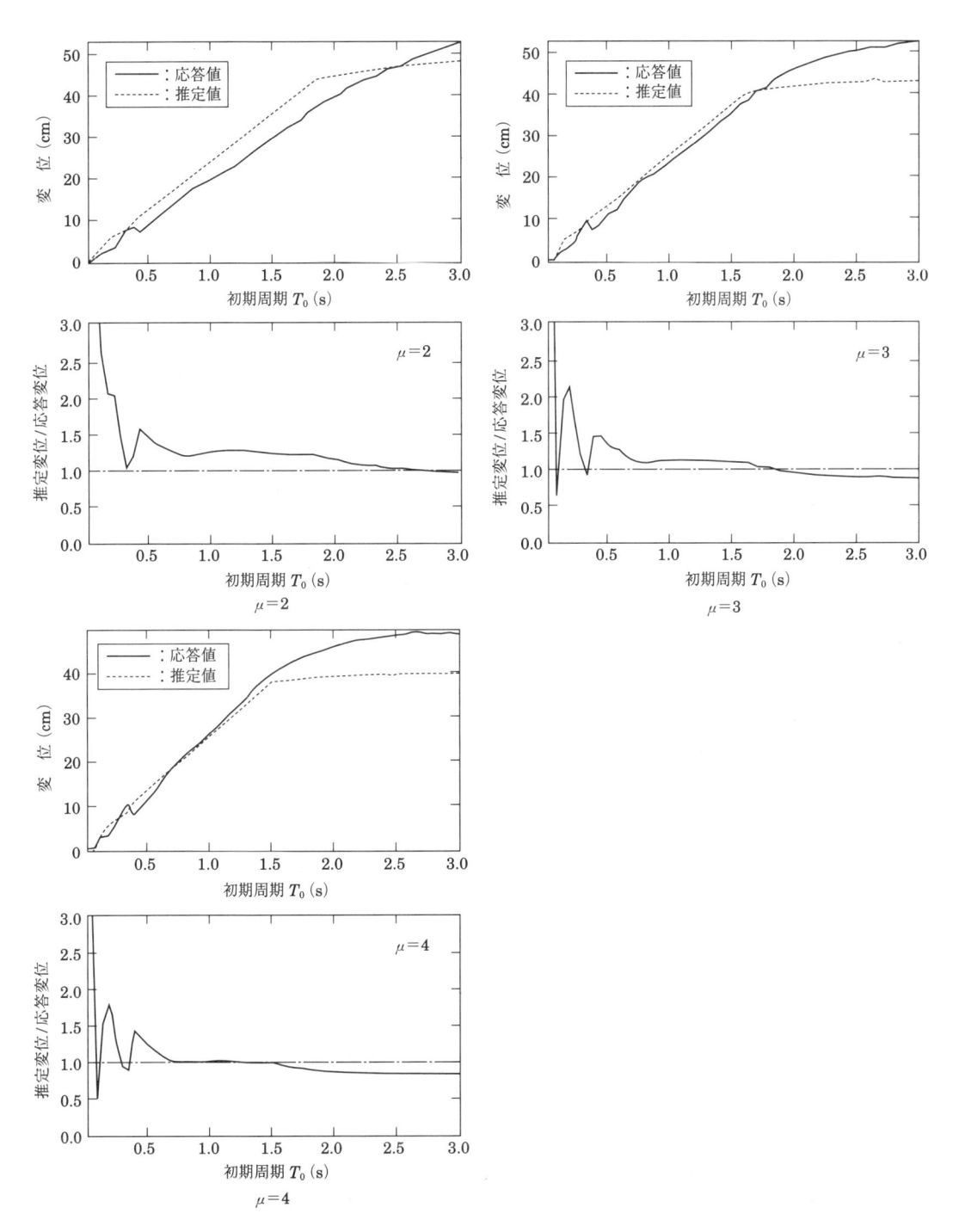

図 I-1.9 等価線形化法による応答変形の推定（模擬波 S）

考え方がある．これらの方法では，海洋型地震動のように継続時間内に繰り返し入力される場合と，直下型地震動のように瞬間的に入力される場合等の時刻歴における応答特性の相違を表現しうる可能性をもっており，特に，後者では，最大変形を生じさせる時刻の応答を対象としており，より直接的な対応関係を求めていることになる．

b．入力エネルギーの定義

1質点系の運動方程式の各項に微少応答変形 $dx=\dot{x}dt$ を乗じて継続時間 T で積分すると，エネルギーの釣合い式が得られる．

$$\int_0^T m\ddot{x}\dot{x}dt + \int_0^T D(\dot{x})\dot{x}dt + \int_0^T F(x)\dot{x}dt = -\int_0^T m\ddot{x}_0\dot{x}dt$$

ここで，x は質点の相対変位，$D(\dot{x})$ は減衰力，$F(x)$ は復元力，$\ddot{x}_0$ は地動加速度である．左辺は順に，運動エネルギー E_V，減衰消費エネルギー E_D，履歴消費エネルギー E_H，右辺は地震動入力エネルギー E_I と定義する．この積分を地震終了時まで行えば，E_I は総入力エネルギーとなり，建築物に与える累積的な損傷を評価する1つの尺度と考えられている．

一方，地震の途中で大きな変形を生じさせるようなエネルギー入力の激しさを評価する場合には，次式で定義されるような瞬間入力エネルギー ΔE が有効な尺度であると考えられる（運動エネルギーを含めない考え方もある）．

$$\Delta E = \int_t^{t+\Delta t} D(\dot{x})\dot{x}dt + \int_t^{t+\Delta t} F(x)\dot{x}dt = -\int_t^{t+\Delta t} m\ddot{x}_0\dot{x}dt - \int_t^{t+\Delta t} m\ddot{x}\dot{x}dt$$

ここで，Δt はいくつかの定義が考えられ，建築物の周期（あるいはその1/2や1/4）をとる方法や，運動エネルギー E_V が建築物の損傷にはあまり関係しないと考えて，時刻歴において $E_V=0$ の時点から次の $E_V=0$ の時点までに要する時間（片側の変形のピークから反対側の変形のピークまでに要する時間）と定義する方法がある[10),11)]．前者の場合は，建築物の固有の応答が励起されている状態を想定したものであり，後者は，図 I-1.10 に示すように履歴ループと直接対応させているため，定常的な応答のみならず地震動の周期特性が支配的な過渡的応答に対しても評価しうる一般性をもっている．この場合は，右辺第2項の運動エネルギーは0となり，第1項の地震動の入力エネルギーのみを考えればよい．

図 I-1.11 に，建築物周期1.5秒の1質点系に El Centro 1940 NS を入力した場合の弾性応答における変位と入力エネルギーの時刻歴を示し，併せてそれぞれの瞬間入力エネルギーの最大値も示す．ここで，前者の定義による瞬間入力エネルギー $\Delta E^*{}_{\max}$（後者の場合と比較するために，$\Delta t=$ 建築物周期の1/2と定義）と後者の定義による $\Delta E_{\max}$ とを比較すると，入力に要する時間 Δt はほぼ同じであるが，入力の始まる時刻が異なっていることがわかる．この例では，$\Delta E^*{}_{\max}$ の入力時には建築物の応答は過渡的であり，建築物の周期の1/2より短く，変位応答の振幅性状との対応が

（a）時刻歴　　　　　　　　　　（b）履歴ループ

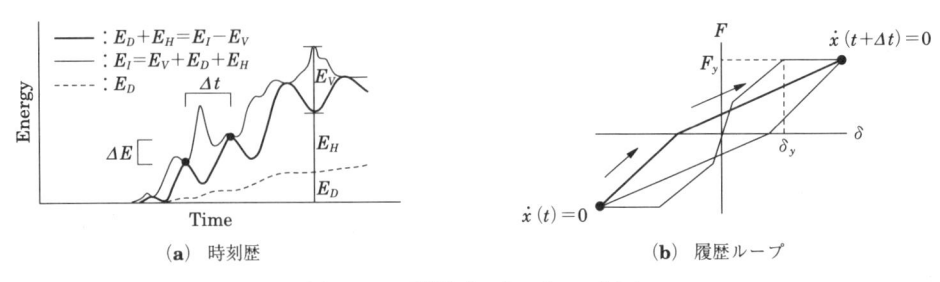

図 I-1.10　瞬間入力エネルギーの考え方

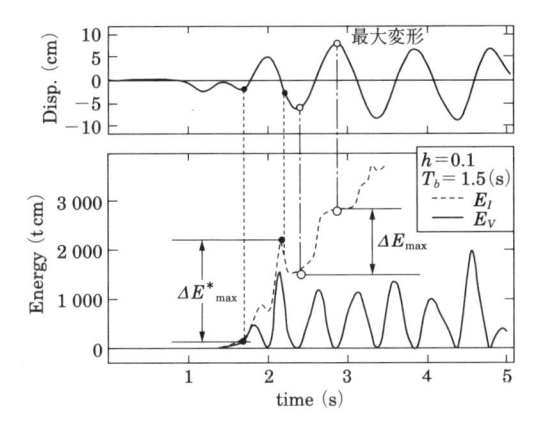

図 I-1.11 El Centro 1940 NS の時刻歴応答

ついていない．一方，$\Delta E_{\max}$ の入力時はその直後に最大変形が生じており，$\Delta E^*_{\max}$ よりも $\Delta E_{\max}$ のほうが応答性状と良く対応したエネルギー量であるといえる．ここで，両者の比較のために，4 地震波に対するそれぞれの値を等価速度に換算してその比を図 I-1.12 に示す．これより，0.5 秒以下程度の短周期では両者は同程度だが，周期の増大に伴って比が漸増し，5 秒では速度換算値で約 2 倍であり，エネルギー量では約 4 倍となる．これは，建築物の周期が大きくなるにつれて，最大応答変形は建築物の卓越周期が励起される前の過渡的応答において発生することによるものと考えられる．

$$V_{\Delta E^*} = \sqrt{\frac{2\Delta E^*}{m}}, \qquad V_{\Delta E} = \sqrt{\frac{2\Delta E}{m}}$$

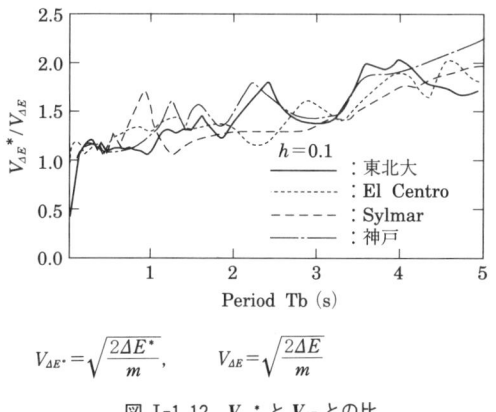

図 I-1.12 $V_{\Delta E^*}$ と $V_{\Delta E}$ との比

c．入力エネルギーの時刻歴と履歴応答性状

地震動による建築物へのエネルギーの入力状況を時系列でみると，瞬間入力エネルギー ΔE と応答変形には密接な関係があり，瞬間最大入力エネルギー $\Delta E_{\max}$ が入力された直後に応答最大変形が生じる傾向がある．周期 $T_0 = 0.5$ 秒，降伏ベースシヤー係数 $C_B = 1.03$ の建築物に神戸海洋気象台 1995 NS 原波が入力され，応答最大塑性率 μ が 2 となる場合の入力エネルギーの時刻歴を図 I-1.13 に示す．この場合は，$\Delta E_{\max}$ が瞬間的に入力され（図中斜線部），その直後に最大変形が生じていることがわかる．

また，エネルギーの入力性状と履歴応答の関係をいくつかの地震波について検討した結果より，$\Delta E_{\max}$ が入力される時の履歴ループをおおむね図 I-1.14 のような Type1～Type3 に分類すること

1 応答値の推定

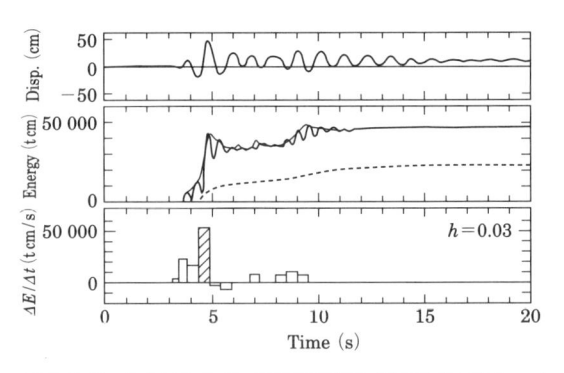

図 I-1.13 入力エネルギーの時刻歴応答（神戸海洋気象台 NS）

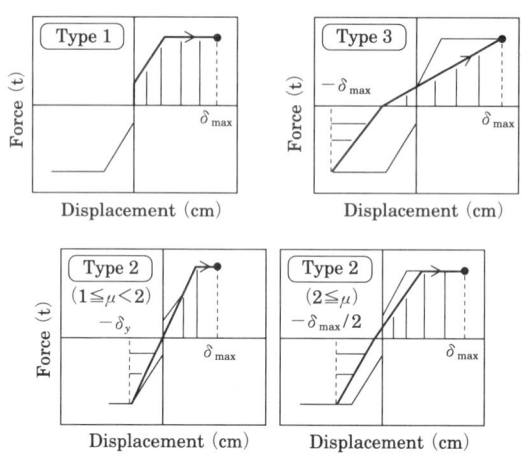

図 I-1.14 履歴応答性状の分類

ができる．Type 1 は完全な片振幅の応答で直下型的な，Type 3 は完全な定常振動で海洋型的な特徴を表していると考えられる．Type 2 はその中間的な応答で平均的な性状を表現しており，多くの地震動はこのタイプに属すると考えられる．

d. 瞬間最大入力エネルギー ΔE_{max} の算定

前述の定義によれば，弾塑性応答における瞬間最大入力エネルギー ΔE_{max} は弾塑性時刻歴応答解析より算定することになるが，設計的観点からは，弾性時のスペクトルより推定することが望ましい．

ΔE_{max} が入力された時に最大応答変形が生じる傾向があり，ΔE_{max} は最大応答変形と密接な関係があることをふまえて，弾性時において次式の推定式が提案されている[12]．

$$V_{\Delta E} = \sqrt{\frac{2\Delta E_{max}}{m}} = \sqrt{2\pi \bar{h}(1.2+0.2T_b)} \, _PS_v$$

ここで，$V_{\Delta E}$ は瞬間最大入力エネルギーに対応した等価速度，$\bar{h}$ は ΔE_{max} を算定するために仮定する減衰定数（入力エネルギーは，減衰定数に対して比較的安定した値を示すといわれており，$\bar{h}=0.1$ と仮定すれば平均的な入力エネルギーの値が得られると考えられる），T_b は建築物周期，$_PS_v$ は減衰定数 $\bar{h}$ に対する擬似速度応答（$=\omega_b\delta$，ここで，$\omega_b=2\pi/T_b$，$\delta=$ 応答最大変形）．上式は，周期による補正を行うことにより $V_{\Delta E}$ が擬似速度応答から求まることを意味している．

図 I-1.15 に，弾性の時刻歴エネルギー応答から定義に従って求めた $V_{\Delta E}$ と上記の略算式を用いて擬似速度応答スペクトルから推定した $V_{\Delta E}$ を比較して示すが，海洋型あるいは直下型の特徴をもついずれの地震動に対してもよく対応していることがわかる．

また，弾塑性時への適用性を検討するため，図 I-1.16 に，Degrading Trilinear を仮定した弾塑性応答解析から直接求めた $V_{\Delta E}$ を最大応答時の割線剛性による周期の 0.75 倍とした等価周期 T_e の位置にプロットした結果と，弾性として上記の略算式で推定した $V_{\Delta E}$ を比較して示す．目標の応答最大塑性率 μ を 2，3，4 と変化させた結果は相互に大差がなく，また，弾性時の値とおおむね対応しており，弾性を仮定して略算式により推定した $V_{\Delta E}$ を用い，塑性時の周期を読み替えることに

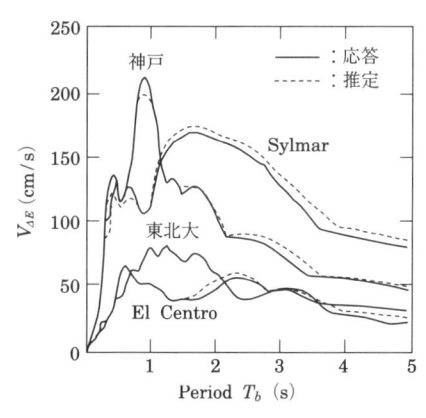

図 I-1.15 弾性時における瞬間最大入力エネルギーの推定例

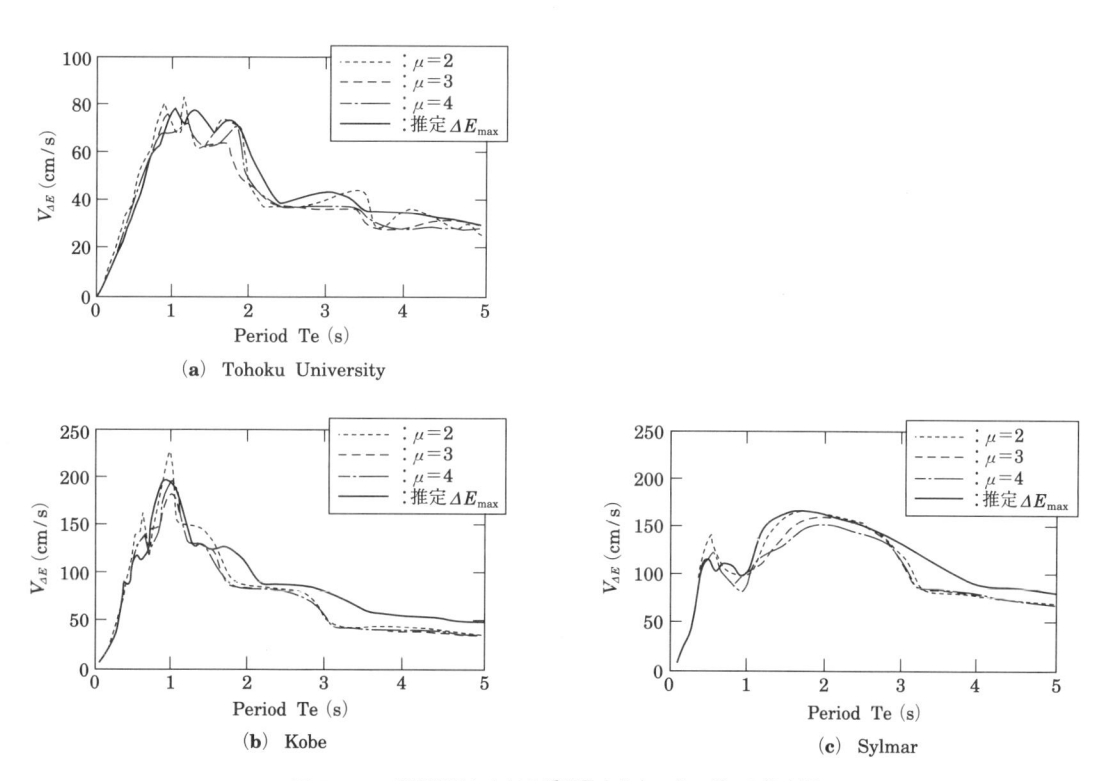

(a) Tohoku University

(b) Kobe

(c) Sylmar

図 I-1.16 弾塑性時における瞬間最大入力エネルギーの推定例

1 応答値の推定

より弾塑性時の値をおおむね推定できると考えられる．

e．瞬間最大入力エネルギーによる応答最大変形の推定

瞬間最大入力エネルギー $\Delta E_{\max}$ を用いて応答最大変形を推定する1つの方法を例として以下に示す[10],[11]．

この方法では，$\Delta E_{\max}(=(1/2)mV_{\Delta E}{}^2)$ が，減衰消費エネルギーの増加分 $\Delta E_{D(\max)}$ と履歴消費エネルギーの増加分 $\Delta E_{H(\max)}(=(1/2)mV_{\Delta EH}{}^2)$ とに分解できるので，これらを等価速度に変換して比を ϕ と定義する．ϕ は，地震動からの瞬間最大入力エネルギーのうち，履歴で消費されるエネルギーの割合を示している．

$$\phi = \frac{V_{\Delta EH}}{V_{\Delta E}}$$

東北大波と神戸波について，目標応答最大塑性率 μ を変化させて弾塑性応答解析を行い，得られた ϕ を図 I-1.17 に示す．ϕ は μ の値によらずほぼ一定値であり，減衰定数 $h=0.03$ の場合は，約0.9と見なせる．また，減衰が ϕ に及ぼす影響をみるために，初期周期 $T_0=0.5$ 秒および $T_0=1.0$ 秒の場合の，減衰定数 h による ϕ の変化を4波について図 I-1.18 に示す．これより，h が大きくなるにつれて ϕ はおおむね直線的に減少するといえ，次の略算式で表すこととする．なお，この式は，減衰を降伏時剛性比例型として応答解析を行った場合より求めたものであり，減衰定数の仮定に依存するものと考えられる．

$$\phi = -0.25h + 0.975$$

以上の関係式を用いれば，変位の応答スペクトルが与えられれば，瞬間最大入力エネルギー，さらに，このうち履歴で消費すべきエネルギーを計算することができるので，これを仮定した履歴ルー

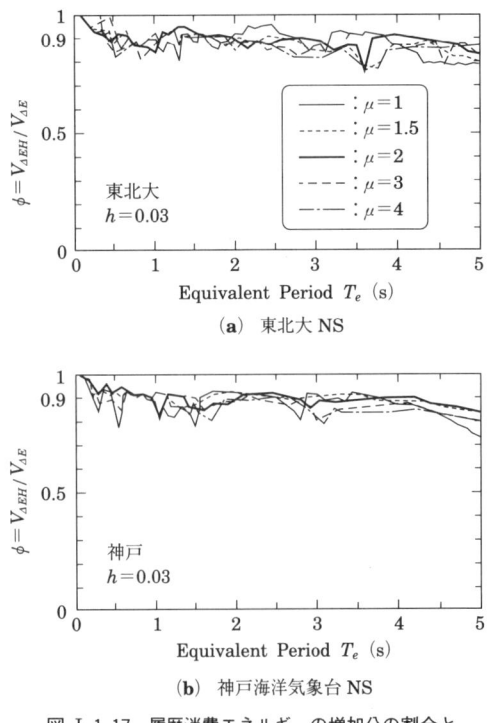

図 I-1.17 履歴消費エネルギーの増加分の割合と固有周期の関係

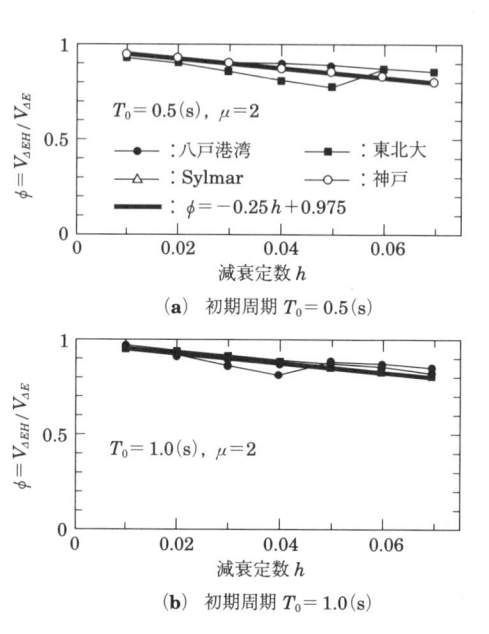

図 I-1.18 履歴消費エネルギーの増加分の割合と減衰定数の関係

1.1 地震応答

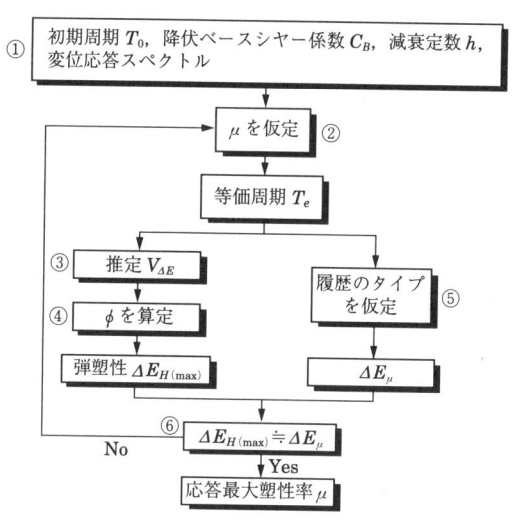

```
① 初期周期 T₀，降伏ベースシヤー係数 C_B，減衰定数 h，
   変位応答スペクトル
        ↓
② μ を仮定 ←─┐
        ↓    │
   等価周期 T_e │
     ↓    ↓   │
③ 推定 V_ΔE  履歴のタイプ ⑤
④ φ を算定   を仮定
     ↓        ↓
  弾塑性 ΔE_H(max)  ΔE_μ
        ↓
⑥ ΔE_H(max) ≒ ΔE_μ ──No──┘
        │Yes
   応答最大塑性率 μ
```

図 I-1.19 応答最大変形推定法のフロー

プと対応させることにより応答最大変形を推定できることになる．その解析フローを図 I-1.19 と対比させながら以下に示す．

① 建築物の初期周期 T_0，降伏耐力 $F_y = C_B mg$，減衰定数 h，変位応答スペクトルを与条件として与える．

② 応答最大塑性率 μ を仮定し，μ に対応した等価周期 T_e を求める．

$T_e = 0.75 T_\mu$

ここで，T_μ は μ に対応した割線剛性時の周期．

③ 減衰定数 $\bar{h}$ における変位応答スペクトル（ここでは，$\bar{h} = 0.1$ とした）に ω を乗じて擬似速度応答スペクトル $_pS_v$ を求め，略算式により周期 $T_b = T_e$ に対する弾性の瞬間最大入力エネルギー $V_{\Delta E}$ を算定する．

$$V_{\Delta E} = \sqrt{\frac{2\Delta E_{\max}}{m}} = \sqrt{2\pi\bar{h}(1.2+0.2T_b)} \; _pS_v$$

④ 減衰定数 h に応じた ϕ を求め，弾塑性時の履歴消費エネルギー $\Delta E_{H(\max)}$ に換算する．

$\phi = -0.25h + 0.975$

$$\Delta E_{H(\max)} = \frac{1}{2}m(\phi V_{\Delta E})^2 \tag{A}$$

⑤ 履歴特性のタイプを仮定し，μ に対応した履歴吸収エネルギー ΔE_μ を求める．

$$\Delta E_\mu = f(\mu) F_y \delta_y \tag{B}$$

ここで，$f(\mu)$ は応答パターンによる係数で

Type 1　$f(\mu) = \dfrac{\lambda - \lambda\alpha_y - 1}{2} + 1$　$(1 \leq \mu)$

$F_c = \lambda F_y$　（ここでは $\lambda = 1/3$ と仮定）

$K_y = \alpha_y K_0$　（ここでは $\alpha_y = 0.3$ と仮定）

Type 2　$f(\mu) = \begin{cases} \mu - 1 & (1 \leq \mu \leq 2) \\ \mu - \sqrt{\dfrac{\mu}{2}} & (2 \leq \mu) \end{cases}$

1 応答値の推定

Type 3　$f(\mu) = \mu - \sqrt{\mu}$　$(1 \leq \mu)$

⑥　ΔE_μ と $\Delta E_{H(\max)}$ が等しくなったら終了し，それを解とする．そうでなければ μ の値を変化させ②に戻って計算を繰り返す．

一例として，時刻歴弾塑性応答解析で設定した，周期 1.0 秒，ベースシヤー係数 0.114（模擬波 S に対して塑性率 2 目標の場合）の建築物を取上げて，本方法で求めた場合を図 I-1.20 に示す．図の縦軸はエネルギーであり，一点鎖線は，(A)式より求めた $\Delta E_{H(\max)}$（変位をパラメータにして μ，T_μ，$T_b = T_e = 0.75\, T_\mu$ を求める）を表しており，3 本の実線は履歴タイプごとに(B)式で求めた ΔE_μ を表している．両者の交点が，それぞれのタイプを仮定した時の解となる．なお，横軸を変形，等価周期，塑性率で表したものを，それぞれ(a)，(b)，(c)に示す．

(a)　横軸を応答変形で表した場合

(b)　横軸を等価周期で表した場合

(c)　横軸を塑性率で表した場合

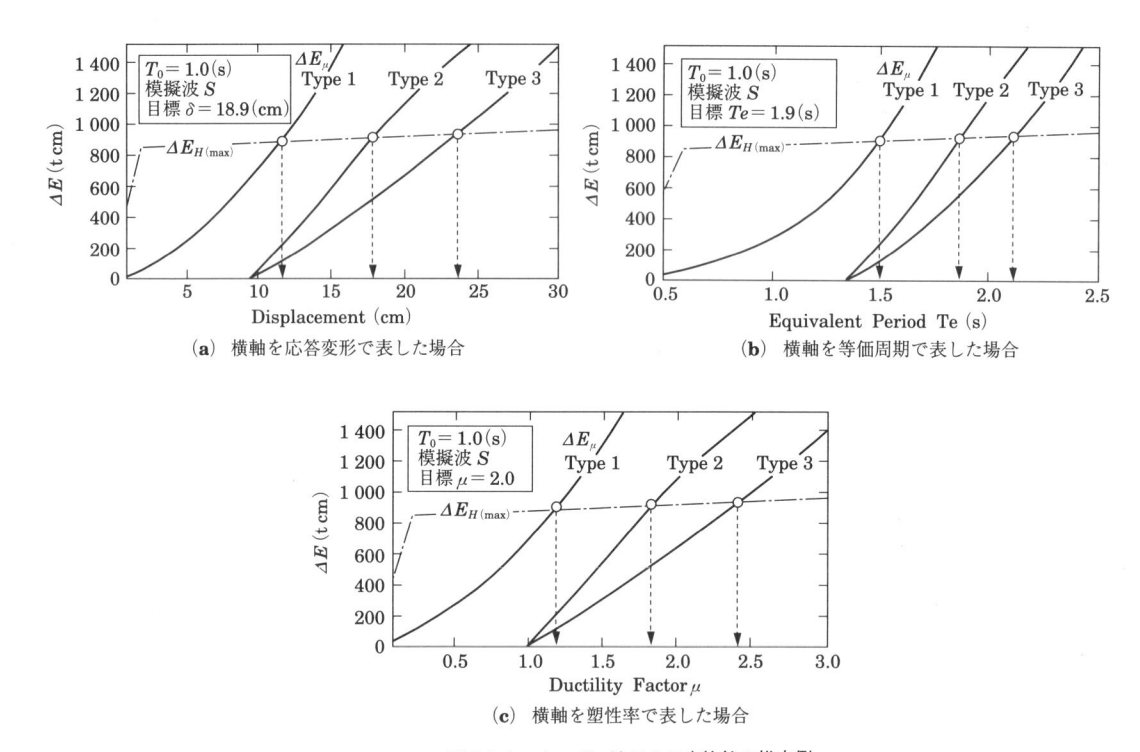

図 I-1.20　瞬間入力エネルギー法による応答値の推定例

図 I-1.21 には，塑性率，周期をパラメータにした適合性を検討するために，瞬間入力エネルギーを用いて模擬地震動 2 波に対する応答最大変形を推定した結果を弾塑性応答解析結果と比較して示す．本来，模擬波 L は海洋型地震で両振幅型，模擬波 S は直下型地震で片振幅型を想定したので，略算で得られる結果は，履歴の性状をそれぞれ Type 3 型，Type 1 型と仮定した場合に近いものと予想されたが，結果的にはどちらも完全な両振幅型，片振幅型にはならず，中間の Type 2 型に近い値となった．

この方法において，弾性時には擬似速度応答スペクトルを介して瞬間最大入力エネルギー $\Delta E_{\max}$ が比較的精度よく推定できることを考えると，応答変形推定の誤差は主に，等価周期による弾塑性時への変換方法，地震動からの瞬間最大入力エネルギーのうち履歴で消費されるエネルギーの割合 ϕ を算定する式，および履歴特性のタイプの仮定に依存していると考えられる．これらの要因は，構造種別固有の減衰特性と履歴特性に依存しているので，変形の算定にあたっては各種構造の特徴

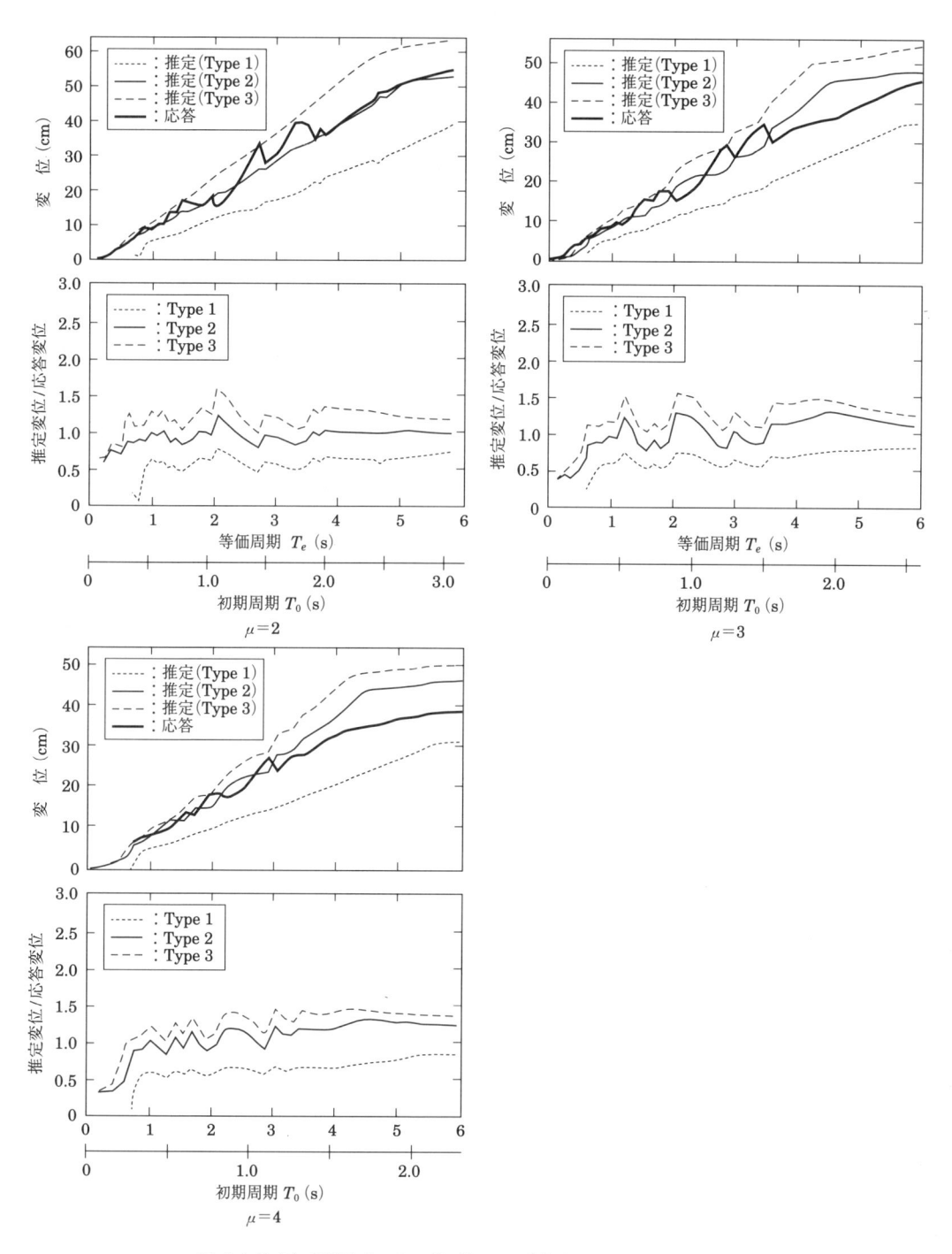

図 I-1.21 (1) 瞬間入力エネルギー法による応答変形の推定（模擬波 L）

1 応答値の推定

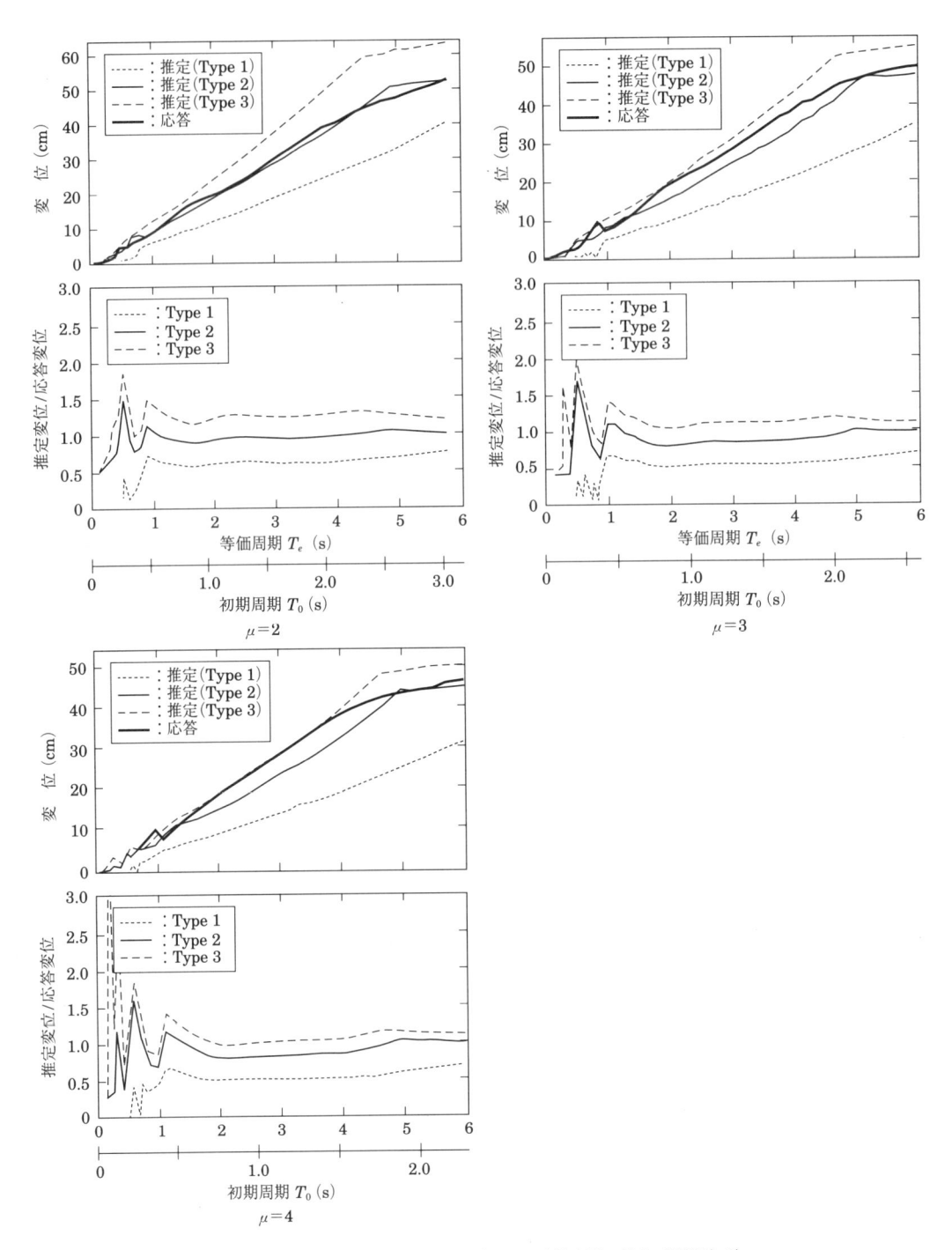

図 I-1.21 (2) 瞬間入力エネルギー法による応答変形の推定（模擬波 S）

を反映した上で評価しうるといえる.

また，履歴タイプは，地震動のもつ時刻歴特性つまり位相特性を反映したものであり，海洋型，直下型等の破壊特性の相違も併せて評価しうる可能性があると考えられる.

(4) エネルギーの釣合いと地震動の継続時間を考慮した非線形地震応答の推定法

a. 実地震動に対する等価線形化法（Capacity-Demand Spectrum 表現）

縮約1自由度系の応答変位に関しては，等価線形化法の考え方にもとづいて，等価周期を最大点変形に固定して仮定すれば，適切な外力分布を用いた静的非線形解析により得られる等価荷重-等価変形関係（繰り返しあるいは1方向載荷）を用いて，応答スペクトルから等価変位が推定できる．この推定をわかりやすく表現する方法に Capacity(-Demand) Spectrum がある（図I-1.22）．すなわち，横軸に変位スペクトル，縦軸に加速度スペクトルをとって，静的解析による等価荷重-等価変形曲線を描けば，構造物の塑性化に応じて対応する等価減衰（あるいは Substitute Damping）によるスペクトル曲線との交点が応答変位の予測値として一義的に定まる.

図では Takeda モデルと Bilinear モデルによる非線形応答を比較している．□，△，○はそれぞれ応答の塑性率 μ が 2, 4, 9 となる場合（復元力特性）の結果をプロットしたものであり，定常ループでの等価減衰定数 h は Takeda モデルでは 14, 20, 25 %，と Bilinear モデルでは 20, 36, 47 %に対応する．図の実線がこれらの減衰定数による線形応答スペクトルであり，対応する非線形地震がこれに一致すればこの方法が妥当であることになる.

この方法は簡便で明快であるが，応答が定常的であることを仮定しており，定常的な繰り返し履歴によって徐々にエネルギーが吸収されて最大応答が決る場合は適当な予測値となる（目標応答スペクトルに対して作成された人工地震波による場合，同図(c)）が，震源近傍での地震動による非線形地震応答のように，例えば1方向に塑性変形がシフトしてエネルギーを吸収するような場合には明らかに危険側の評価（過小評価）になることも予想される．しかし，実際には，繰り返しによるエネルギー吸収と一方向変形によるエネルギー吸収はあまり違わない場合もあることから，必ずしも後者が危険側の評価になるわけではない.

これを修正する1つの方法が Substitute Damping であるが，図でみるように，周期域，地震動，復元力特性により過大あるいは過少評価になる場合が不規則に混在しており，減衰による修正には明らかに限界があることがわかる.

なお，等価線形応答によって Capacity Spectrum を定義して，静的非線形解析と等値にするためには，縦軸は厳密には加速度応答スペクトル $S_a = (\ddot{x} + \ddot{x}_0)_{max}$ ではなく，減衰力を考慮した擬似加速度応答スペクトル $S_a = (\ddot{x} + \ddot{x}_0 + 2h\omega\dot{x})_{max}$ にしなければならないが，弾塑性応答ではこの違いは一般に小さい.

b. 地震動の継続時間に着目した推定法

構造物の耐震性能を最大応答変形をもちいて評価する場合，弾塑性系で単位時間内のエネルギー入力と履歴と減衰による消費エネルギーの関係を考えると，最大応答変形は総エネルギーよりも時間あたりのエネルギーに関係することが予想されるが，これは地震動により異なる.

履歴系（非線形系）の最大応答値は，単位時間で入力エネルギーと構造物が吸収可能なエネルギーを等置することにより推定が可能になる（エネルギーの釣合いによる方法，例えば参考文献13)）．総エネルギー入力から推定する方法では，1サイクルで消費されるエネルギー（瞬間エネルギー）の最大値の総エネルギーに対する比率を経験的に仮定すれば（例えば速度換算値で0.7倍等），最

1 応答値の推定

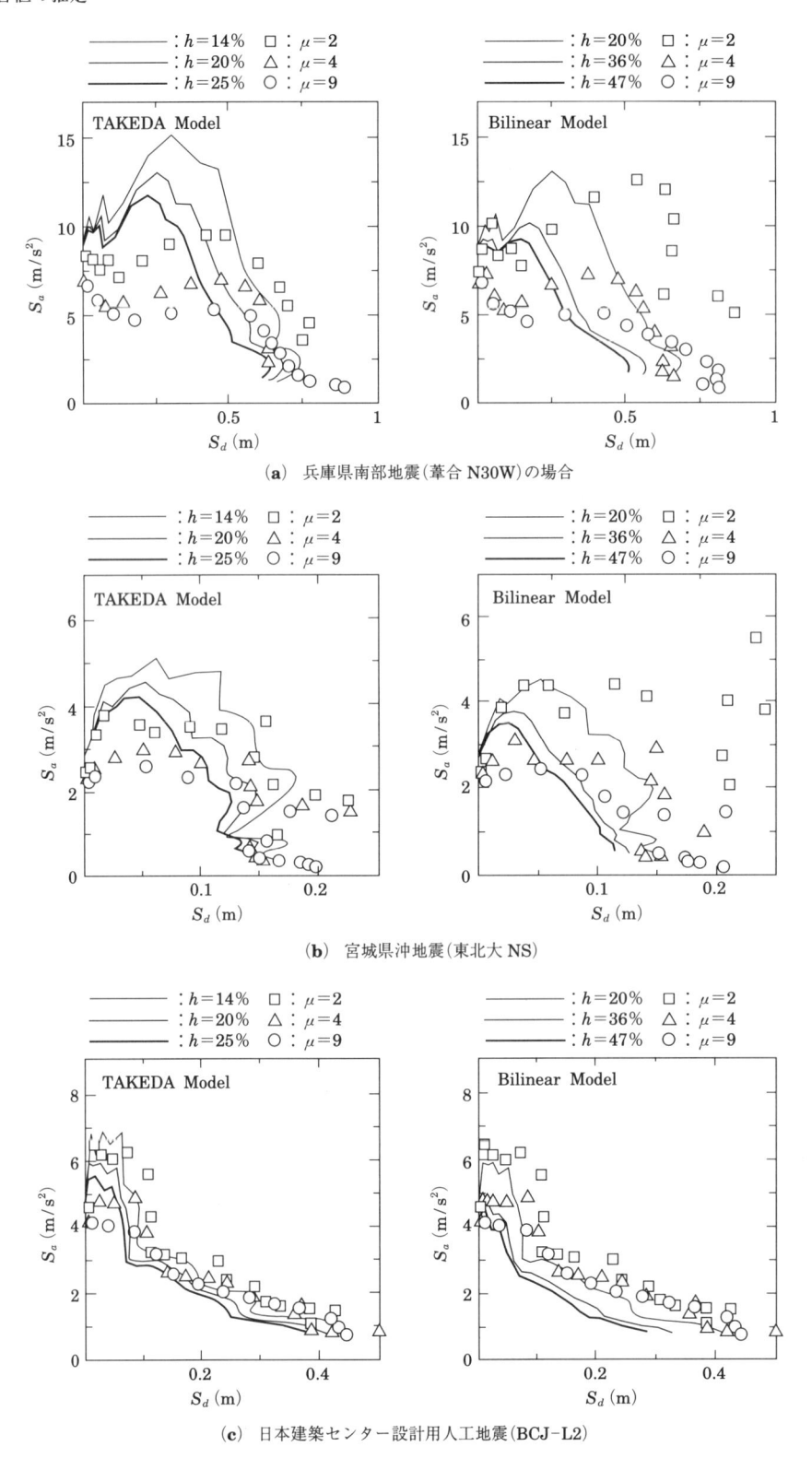

(a) 兵庫県南部地震（葦合 N30W）の場合

(b) 宮城県沖地震（東北大 NS）

(c) 日本建築センター設計用人工地震（BCJ-L2）

図 I-1.22 Capacity Spectra（S_a-S_d Spectra）による応答推定値の表現

大応答値は総エネルギー入力から定式化できる．しかし，入力エネルギーの時間変化は地震動により異なることに注意する必要がある．図Ⅰ-1.23に震源近傍での地震動を含めた場合の例を示すように，この比の上限は震源近傍での地震動では1に近い場合もある（総エネルギー入力は一般に地震動が終了した時の値で定義されるので，当然この比が1を超える場合もある）．

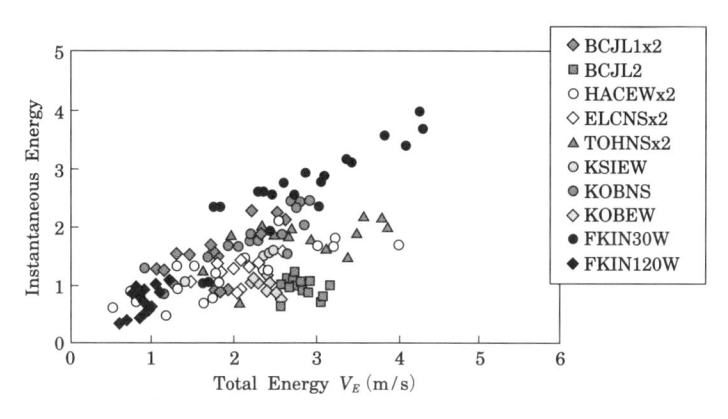

図Ⅰ-1.23 瞬間エネルギーと総エネルギーの関係

等価線形系に対して瞬間エネルギー入力スペクトルを作成しておけば，単位時間（例えば1サイクル）あたりの入力エネルギーと系の吸収エネルギーを等置することにより，塑性応答変形は推定可能になる．単位時間（$T_e/4$）に構造物が吸収可能なエネルギー吸収量として，履歴系で復元力0の点から最大応答変位までの吸収エネルギー量で評価すると，瞬間エネルギースペクトルと吸収可能エネルギーの交点として最大塑性応答が推定できる．

最大塑性応答がエネルギー入力の増分（瞬間エネルギー）に依存するとすれば，瞬間エネルギーを支配する地震動のパラメーターとして第一義的に予測されるのは平均エネルギー（総エネルギー/継続時間）である．単位時間を固有周期の1/4倍とすると，地震の瞬間エネルギー入力スペクトルはおおむね速度応答スペクトルに対応し，減衰に依存するが固有周期あたりのエネルギーもほぼこれに等しい．さらに，瞬間エネルギー入力は，総エネルギー入力との関係は地震動により異なるが，図Ⅰ-1.24に示すように，総エネルギーを継続時間で除した平均エネルギーにほぼ比例する関係にある[14]．ただし，この関係は等価減衰がおおむね同じ程度になる非線形地震応答例について示した

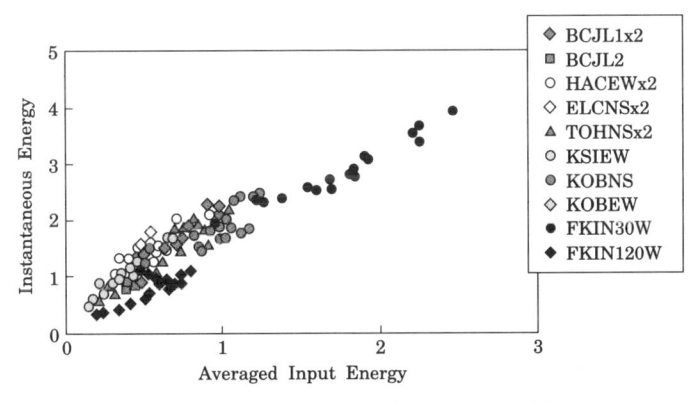

図Ⅰ-1.24 瞬間エネルギーと平均エネルギーの関係

ものであり，減衰が異なれば，単位時間あたりのエネルギー入力も異なることに注意する必要がある．

そこで，まず，瞬間エネルギー入力（＝速度応答スペクトル）の性質（特に減衰依存性）を地震動のパラメーターによっていかに説明するかが問題になる．これを一義的に仮定すれば，最大値の推定法は一貫するが，この減衰依存性は，地震動の継続時間，典型的には震源近傍での地震動と遠地大地震による地震動では異なることを問題にする必要がある[15]．

地震動の総エネルギー入力の速度換算値は，減衰がない場合の速度応答スペクトルを平滑化したものに等しく，総エネルギー入力に対する瞬間エネルギー入力の割合は，速度応答スペクトルの減衰による低減率によりあらわすことができる．したがって，速度応答スペクトルの減衰依存性を地震動によらず，一般的に表現することができれば，履歴減衰系の塑性応答変形も一義的に推定できる．

地震動の継続時間を考慮して減衰依存性を評価するために，ホワイトノイズ地動をもちいて，応答スペクトルの減衰による効果を考える．パワースペクトル密度 S_0，継続時間 t_1 のホワイトノイズが $t=0$ で静止の状態から作用する場合，2乗平均変位（したがって擬似速度応答）の減衰 h による低減率は，下式のようにあらわすことができる[16]．

$$D_h(h,t_1,T) = \frac{pS_y(h)}{pS_y(h=0)} = \sqrt{\frac{1-e^{-4\pi h(t_1/T)}}{4\pi h(t_1/T)}} \qquad (\mathrm{I}\text{-}1.1)$$

ここで，実際の地震動の有効な総継続時間 T_e を加速度記録の2乗和（入力エネルギーを構造物の周波数で積分した総量）が 10 % に達した時から 90 % になるまでの時間と定義すると，実際の地震動の等価な減衰依存性を評価するためには，上式における継続時間 t_1 は $T_e/4$ 程度にした場合がよく一致する．

以上は等価な継続時間を経験的に評価した場合であるが，この関係はさらに，位相特性（位相差分スペクトル：継続時間に対応）を考慮して，さらに厳密に対応関係を関連づけることも可能である[15]．

なお，地震動の継続時間をマグニチュードおよび震源距離から簡便に推測する式には例えば以下のような式があるが，上記の定義による継続時間との対応関係には地震動による検証が必要である．

$$\log T_f - 0.5M - 2.3 \qquad (\mathrm{I}\text{-}1.2)$$

履歴減衰系の等価線形瞬間エネルギー入力スペクトルは，減衰による低減率と総エネルギー入力の積であらわされる．この時，上式の D_h は構造物の履歴モデルが決まれば，h_{eq} は T_e の関数となるので，D_h も継続時間のみの関数となり，履歴系に応じて減衰依存性を考慮した線形応答スペクトルは一義的に描くことができる．さらに，構造物の系と地震動の総エネルギー入力と継続時間が決められれば，減衰系の等価線形瞬間エネルギー入力（速度）スペクトルが求められ，これと構造物のエネルギー吸収能力を等値することにより応答変形が推定できる．この流れによって，最大応答変形を推定した例を図 I-1.25 に示す．ここで，履歴モデルは武田モデルとし，降伏点周期 0.5 秒，降伏せん断力係数（Cy）を 0.25～0.55 とした．太線で示す等価瞬間エネルギー入力スペクトルは，履歴系の等価周期と等価粘性減衰を考慮した式による低減率と総エネルギー入力の積であり，破線はそれぞれの履歴系の吸収能力（図 I-1.26 で定義される $T_e/4$ あたりのエネルギー吸収能力），◇は非線型解析結果を示している．

このように入力エネルギーと吸収エネルギーを等置して考えると，最大変形がどのように決まるか，よく理解できる．例えば，構造物あるいは地震動スペクトルが多少ばらついてもほとんど応答に差

1.1 地震応答

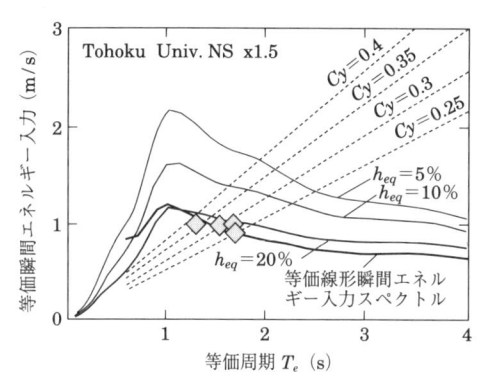

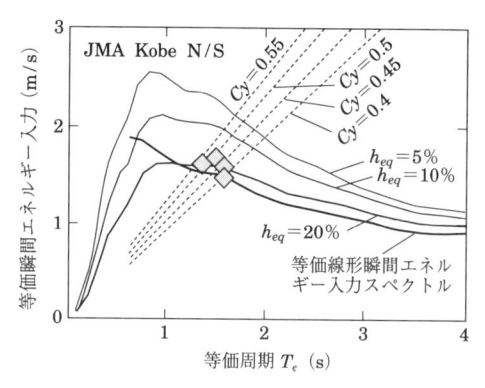

図 I-1.25 最大応答変形の推定

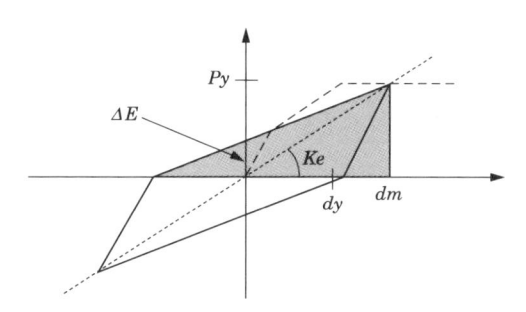

図 I-1.26 $T_e/4$ あたりのエネルギー吸収能力の定義

がない場合（エネルギーが頭打ちになる主に長周期領域）と少しばらつくと大きく応答が変化する領域（エネルギー入力と吸収エネルギーが同じように増加する短周期領域）があることがわかる．

以上の方法では，時間あたりのエネルギー入力が総エネルギー入力と継続時間，減衰をパラメターにして大略理解できるが，吸収エネルギー能力や等価周期は定常履歴を一律に設定しているので，従来の等価線形化法と同様に厳密な予測にはならない．特に，原点から最大変形点への割線剛性で等価剛性を評価すると，特に短周期域で適切でない場合がある．そこで，これらをやや一般的に扱う考え方として以下のような方法がある[16]．

まず，$T_e/4$ あたりの瞬間入力エネルギーは擬似速度応答スペクトルにほぼ等しく，速度応答スペクトルとは，減衰系，履歴系でともに定常的な振動を仮定すれば，以下の式で関連づけられる（図 I-1.29）．

$$\Delta V_E(T_e/4) \approx {}_PS_v\sqrt{\pi h+1} \tag{I-1.3}$$

なお，同様に，$T_e/2$，T_e あたりの瞬間エネルギーは同様に以下の式で定式化できるが，長周期側では誤差が大きくなる．

$$\Delta V_E(T_e/2) \approx {}_PS_v\sqrt{\pi h}$$
$$\Delta V_E(T_e) \approx {}_PS_v\sqrt{4\pi h} \tag{I-1.4}$$

また，瞬間エネルギーは地震動および減衰によらず平均エネルギー入力（総エネルギー/継続時間）の約4倍程度で近似できる（速度換算値で2倍）．そこで，総エネルギー入力と瞬間エネルギー入力，地震動継続時間の関係を図 I-1.27 のようにモデル化する．さらに，応答変形は継続時間の 1/2 で最大値に達して，それまで振幅がこのエネルギー入力に対応して漸増的に増加すると仮定する．以上の仮定により，半サイクル前の塑性率 γ は，等価な周期 T_e，継続時間 t_0 を用いて，例えば以下

1 応答値の推定

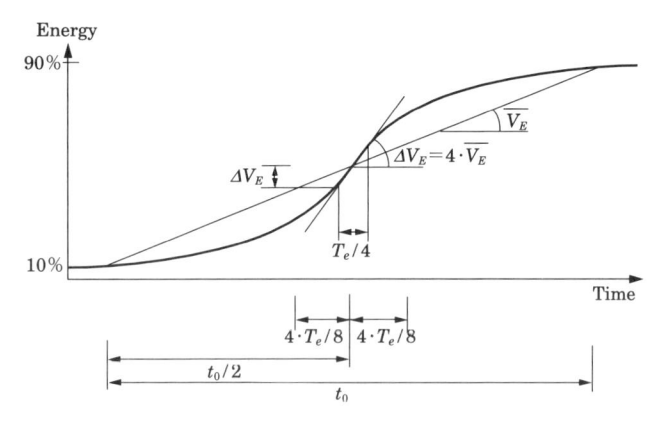

図 I-1.27 エネルギー入力時刻歴と地震動継続時間のモデル

のように略算で関連づける[16].

$$\gamma = \frac{t_0/2 - T_e/2}{t_0/2 + T_e/2} = \frac{t_0 - T_e}{t_0 + T_e} \quad (\text{I-1.5})$$

この略算化はさらに吟味が必要であるが,継続時間の短い(直下型)地震動では γ は小さく,継続時間の長い(海洋型)地震動では γ は大きく評価される.これにもとづいて等価剛性は以下の式で,また等価減衰は図 I-1.28 のように評価する.

$$T_{eq}^2 = \frac{(1+\gamma)}{2}\mu T^2 \quad (\text{I-1.6})$$

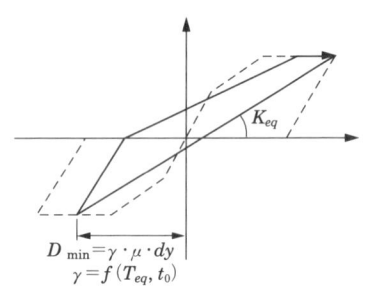

図 I-1.28 地震動継続時間を考慮した等価履歴減衰と等価剛性の評価

このように評価された応答値(速度換算したエネルギー)と弾性応答によるエネルギースペクトルは,最大点による等価剛性による場合(図 I-1.30(a))に比較してよく対応することがわかる(図

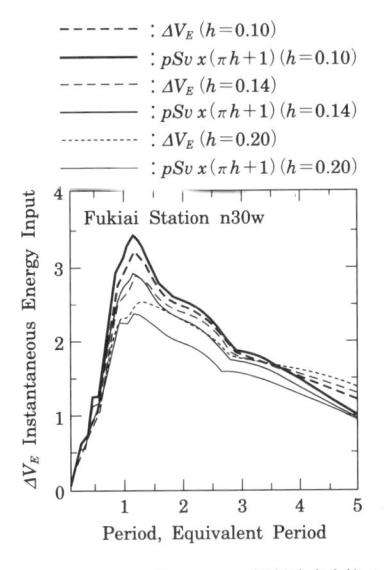

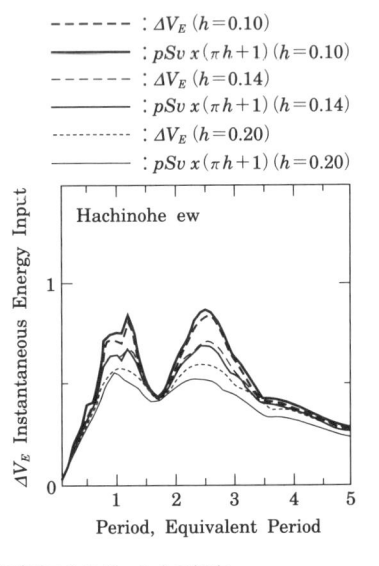

図 I-1.29 疑似速度応答スペクトルによる瞬間エネルギー入力の推定

I-1.30(b)).なお,同図に示すように,式(I-1.4)の仮定はおおむね妥当であることがわかる.

以上の方法を推定方法として簡略に整理されていないので,何らかの簡略化が必要であるが,擬似速度応答スペクトルから算出した瞬間エネルギーを地震動の継続時間に係わる応答の吸収エネルギーに等置する考え方で応答が一般的に評価しうる可能性を示している.

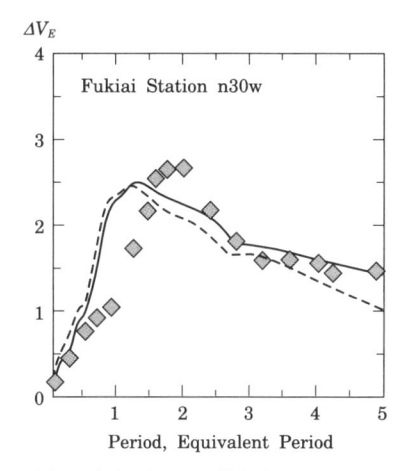

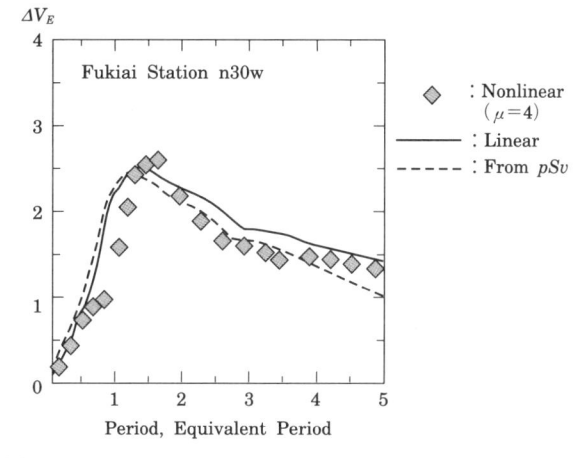

(a) 最大点剛性による等価線形化による場合　(b) 地震動継続時間を考慮して修正した評価法による場合

図 I-1.30　瞬間エネルギーの推定値と応答値

1.1.3　多自由度系の応答

(1) 等価1自由度系への縮約と等価1自由度系を用いた応答値の推定例

ここでは,多自由度系モデルを等価1自由度系モデルに縮約する方法と,5,10,15層の建築物を想定したその適用例を示し,弾塑性時刻歴応答を行う場合には,等価1自由度系モデルで多自由度系の代表変位とベースシヤーがおおむね推定できることを示す.さらに,時刻歴応答解析を行わずに,1.1.2(2)項の等価線形化法と,1.1.2(3)項の瞬間的なエネルギーの釣合に着目する方法に基づいて応答推定を行った例を示す.

a. 等価1自由度系への縮約方法

多自由度系の運動方程式は,減衰を無視すると次のように表される.

$$[M]\{\ddot{x}\}+\{R\}=-[M]\{1\}\ddot{x}_0 \quad (\text{I-1.7})$$

$\{R\}$:復元力ベクトル

ここで,弾性または弾塑性に関わらず,建築物の応答は弾性時1次固有モードが支配的であると仮定し,1次成分を取り出すために左から1次刺激関数 $_1\beta\{_1u\}$ の転置ベクトルを乗じて1自由度系に置換する.

$$_1\beta\{_1u\}^t[M]\{\ddot{x}\}+_1\beta\{_1u\}^t\{R\}=-_1\beta\{_1u\}^t[M]\{1\}\ddot{x}_0 \quad (\text{I-1.8})$$

これより,以下のような質量 $_1M$ の1自由度系に縮約することができる.

$$_1M\ddot{\delta}+F=-_1M\ddot{x}_0 \quad (\text{I-1.9})$$

ここで,$_1M$,δ,F は下式で定義され,弾性時における固有モードの直交性を考慮すると $_1M$ は1次等価質量となり,δ,F はそれぞれ1自由度系に置換した時の等価な変位,等価な復元力となる.

$$_1M=_1\beta\{_1u\}^t[M]\{1\}=_1\beta\{_1u\}^t[M]_1\beta\{_1u\}=1\text{次等価質量} \quad (\text{I-1.10})$$

1　応答値の推定

$$\delta = \frac{{}_1\beta\{{}_1u\}^t [M]\{x\}}{{}_1\beta\{{}_1u\}^t [M]\{1\}} = \frac{{}_1\beta\{{}_1u\}^t [M]\{x\}}{{}_1M} = 等価変位 \tag{I-1.11}$$

$$F = {}_1\beta\{{}_1u\}^t \{R\} = 等価復元力 \tag{I-1.12}$$

これらの式は，多自由度系の動的応答を1自由度系に縮約させた運動方程式を考えているが，静的載荷時にもこの縮約モデルを適用し，静的漸増解析によって計算された各載荷ステップごとの変位ベクトル$\{x\}$と復元力ベクトル$\{R\}$から等価変位，等価復元力を算定することができる．

しかし，簡便のために変位ベクトル$\{x\}$が1次モード形であると仮定し，弾性状態を考えると以下のように扱うことができる．この場合は，

$$\{x\} = {}_1\beta\{{}_1u\}{}_1S_d = {}_1\beta\{{}_1u\}\frac{{}_1S_a}{{}_1\omega^2} = {}_1\beta\{{}_1u\}\frac{{}_1M}{{}_1K}{}_1S_a \tag{I-1.13}$$

ここで，${}_1S_d$：1次の応答変形，

${}_1S_a$：1次の応答加速度，

${}_1K = {}_1\beta\{{}_1u\}^t [K]{}_1\beta\{{}_1u\} = 1$次の等価剛性，

${}_1\omega = \sqrt{{}_1K/{}_1M}$：1次の固有円振動数，

一方，1次モードによるベースシヤー${}_1Q_B$は

$${}_1Q_B = {}_1M{}_1S_a \tag{I-1.14}$$

よって

$$\{x\} = {}_1\beta\{{}_1u\}\frac{{}_1Q_B}{{}_1K} \tag{I-1.15}$$

ここで，${}_1\beta\{{}_1u\}$において 1.0 となる高さ位置での変形を $x_{1.0}$ とすれば

$$x_{1.0} = \frac{{}_1Q_B}{{}_1K} \tag{I-1.16}$$

よって ${}_1\beta\{{}_1u\}$ において 1.0 となる高さ位置での変形を代表変形とし，ベースシヤーを等価復元力として求めれば，1次等価剛性を求めることができる．また，弾塑性時においても，1次モード形が卓越している場合には，この方法がそのまま適用できると考えられる．

なお，転倒モーメントの等価性より求めた1次等価高さ ${}_1H$ は次式で定義されているが，1次等価高さ ${}_1H$ は ${}_1\beta\{{}_1u\}$ において 1.0 となる高さと近似している．

$${}_1H = \frac{{}_1\beta\{{}_1u\}^t [M]\{H\}}{{}_1\beta\{{}_1u\}^t [M]\{1\}} = \frac{{}_1\beta\{{}_1u\}^t [M]\{H\}}{{}_1M} \tag{I-1.17}$$

b．等価1自由度系への縮約例

梁降伏型の5，10，15層建築物（表 I-1.1 参照）を想定して，図 I-1.31 のような中柱の多自由度系モデルを作成し，A_i 分布に対応した外力による静的漸増解析を行い，得られた結果と，前述の縮約方法により1自由度系に置換して求めた結果とを比較して，縮約方法の適合性を検討する．

表 I-1.1　解析建物の諸元

層数 (F)	建物高さ (m)	柱 (cm)	梁 (cm)	弾性周期 (sec)
5	18.0	65×65	40×70	0.58
10	35.5	80×80	50×85	0.71
15	53.0	85×85	55×90	0.92

ここで，A_i 分布の外力に対してベースシヤー係数が 0.3 の時に総ての梁と 1 階柱脚が降伏するように部材の耐力を定め，その復元力特性，曲げモーメント-材端回転角関係を，図 I-1.32，I-1.33 のように仮定する．

図 I-1.31 解析モデル

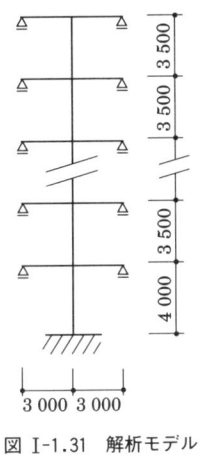

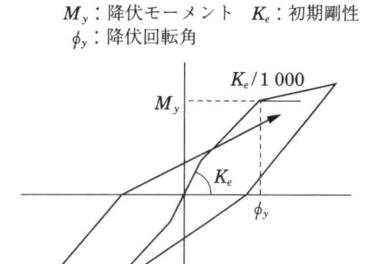

図 I-1.32 仮定した部材の復元力特性

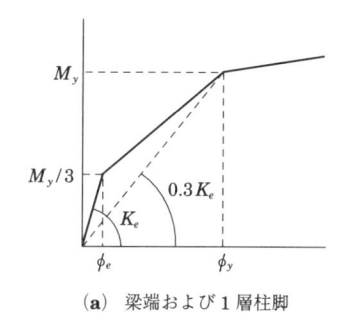

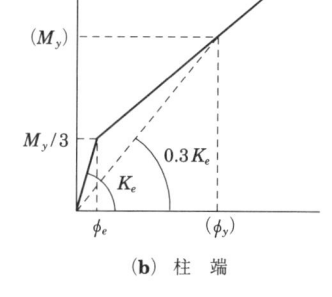

(a) 梁端および 1 層柱脚　　(b) 柱端

図 I-1.33 仮定した部材の曲げモーメントと材端回転角関係

1) 代表変位の高さ

1 次等価高さ $_1H$ と $_1\beta\{_1u\}$ において 1.0 となる高さとの比較を表 I-1.2，図 I-1.34 に示す．両者は良く近似していることがわかる．

2) 等価復元力とベースシヤーの関係

静的漸増解析に用いる外力分布の仮定としては，A_i 分布に対応したもの，弾性 1 次モード比例分布，震度逆三角形分布等が考えられるので，それらに対する外力分布形状を図 I-1.35 に，式（I-1.12）で等価復元力を求めた結果を図 I-1.36 に示す．図 I-1.36 において，1 階での，刺激関数を乗じた外力の和が等価復元力であり，外力の和より求めたベースシヤーと較べると，3 ケースと

表 I-1.2 1次等価高さの値

層数	H_1	H_1 の直下，高さ	H_1 の直上，高さ
5	12.8 m	レベル 3, 11.0 m	レベル 4, 14.5 m
10	23.9 m	レベル 6, 21.5 m	レベル 7, 25.0 m
15	35.1 m	レベル 9, 32.0 m	レベル 10, 35.5 m

1 　応答値の推定

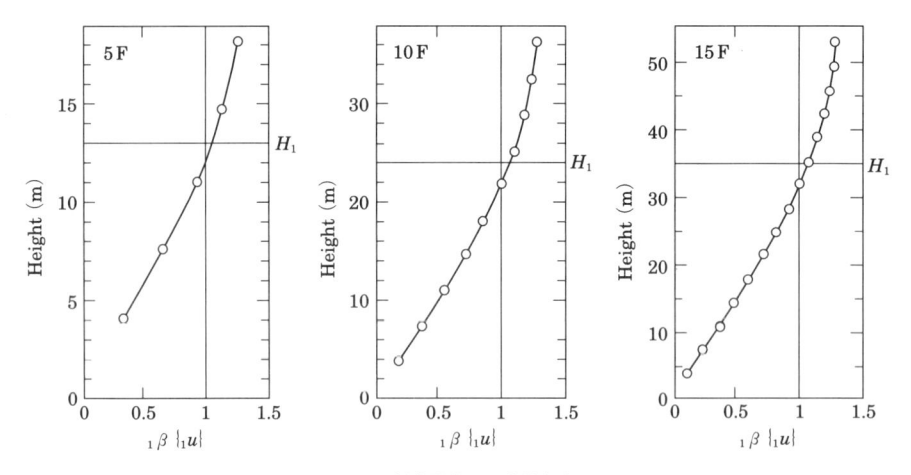

図 I-1.34　刺激関数と1次等価高さの関係

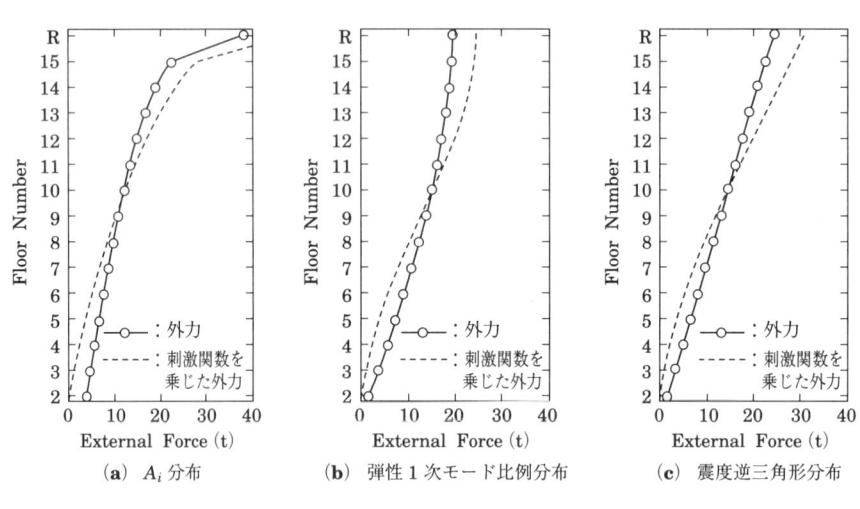

図 I-1.35　外力の分布形状
(a) A_i 分布　　(b) 弾性1次モード比例分布　　(c) 震度逆三角形分布

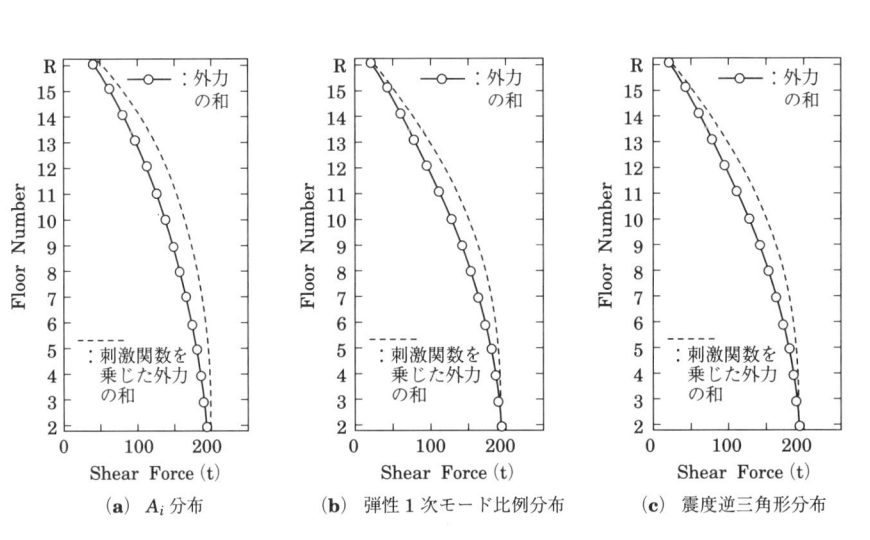

図 I-1.36　層せん断力の分布形状
(a) A_i 分布　　(b) 弾性1次モード比例分布　　(c) 震度逆三角形分布

もほぼ同一であることがわかる．弾性 1 次モード比例分布ならば理論的に完全に一致し，その他の場合も 1 次が支配的であることを示している．よって，ベースシヤーでいずれの分布に対しても等価復元力を評価しうるといえる．

3) 固有周期

等価 1 自由度系の質量は 1 次等価質量 $_1M$ とし，剛性は多自由度系モデルの静的漸増解析結果を縮約して求めた等価復元力-等価変位関係の弾性勾配より求める．このように仮定すれば 1 次周期は多自由度系とほぼ一致する．表 I-1.3 に多自由度系の値と等価 1 自由度系の値を示す．これよりよい対応を示していることがわかる．

表 I-1.3 多自由度系と等価 1 自由度系における質量と固有周期

	多層骨組				等価 1 質点系	
	Mg (t)	$_1Mg$ (t)	$_1M/M$	T_0 (s)	K_0 (t/cm)	$T_1 = 2\pi\sqrt{_1M/K_0}$ (s)
5	216.0	189.7	0.878	0.583	22.3	0.585
10	432.0	365.7	0.846	0.717	28.4	0.720
15	648.0	541.6	0.835	0.923	25.4	0.927

注) M：全質量，$_1M$：1 次等価質量

4) 静的な荷重-変形関係

多自由度系モデルによる静的漸増解析結果のベースシヤーと 1 次等価高さ位置における変位（上下階の値より線形補間）より求めた荷重-変形関係と，縮約 1 自由度系の等価復元力-等価変位関係の比較を図 I-1.37 に示す．これより，両者はほぼ一致していることがわかる．ここで，縮約 1 自

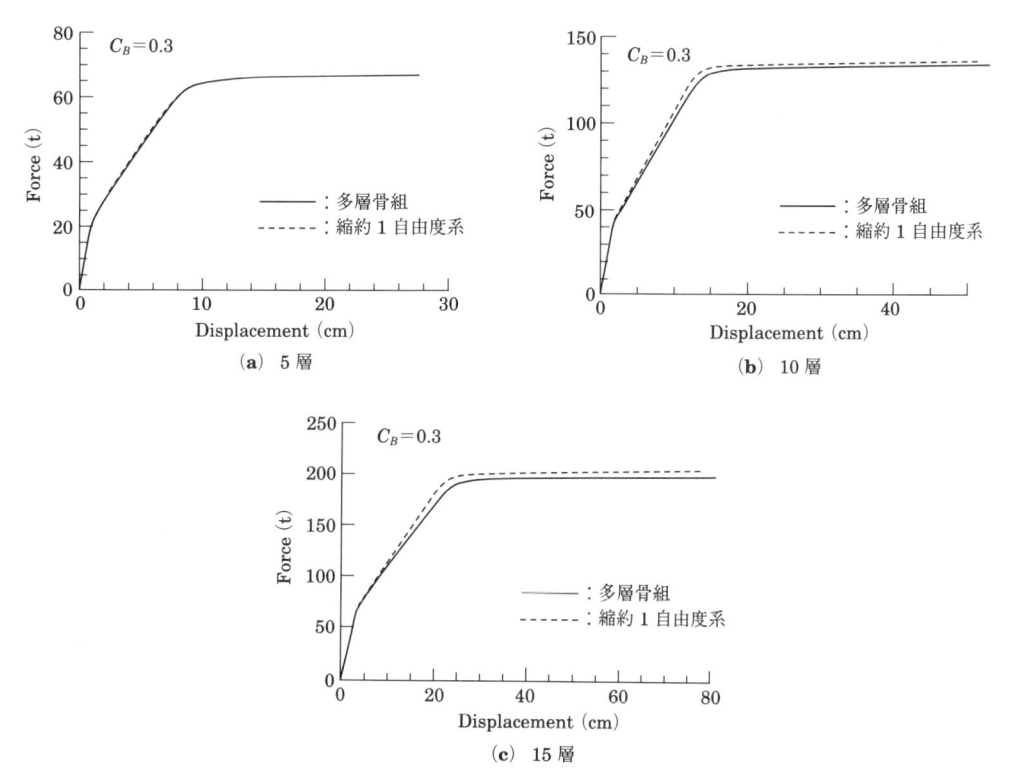

図 I-1.37 多自由度系と等価 1 自由度系による荷重-変形関係の比較
(a) 5 層
(b) 10 層
(c) 15 層

1 応答値の推定

由度系の値は，多自由度系モデルによる静的漸増解析結果を式(Ⅰ-1.11)，(Ⅰ-1.12)で変換して求めたものである．

5) 動的解析による多自由度系と等価1自由度系の対応関係の検討

多自由度系モデルによる時刻歴応答解析結果と，等価1自由度系モデルによる時刻歴応答解析結果の対応関係を検討する．実際の設計においては，時刻歴の応答解析を行わずに応答結果を推定する必要があるが，ここでの検討はその前段階として，縮約の方法そのものの適用性を検討するものである．等価1自由度系の質量は1次の等価質量とするので，その応答は，2次モード以降の影響を無視したことになる．復元力特性は，多自由度系では梁と柱脚に，等価1自由度系では層全体にDegrading tri-linearを仮定している．減衰については，多自由度系では梁の剛性を0.3倍に低下させた骨組モデルから得られた1次固有円振動数 ω_1 と剛性マトリクス $[K_y]$ を用い，$[C]=2h_1/\omega_1 [K_y]$ ($h_1=0.02$) で与えた．また，等価1自由度系では，h_1 の降伏時剛性比例型とした．

応答計算に用いる等価1自由度系モデルのスケルトンカーブは，多自由度系モデルの静的漸増載荷解析結果からベースシヤーと1次等価高さ位置での代表変位との関係を求め（図Ⅰ-1.37参照），これを等価な3折れ線に置換したものである．

神戸海洋気象台1995 NSとEl Centro 1940 NSを50 cm/sとして入力した時の変位とベースシヤーの時刻歴応答結果を，図Ⅰ-1.38，図Ⅰ-1.39にそれぞれ示す．また，それらを用いたベースシヤー-変位関係を図Ⅰ-1.40，Ⅰ-1.41に示す．ここで，多自由度系の変位は，1次等価高さ位置の変位を示したものである．

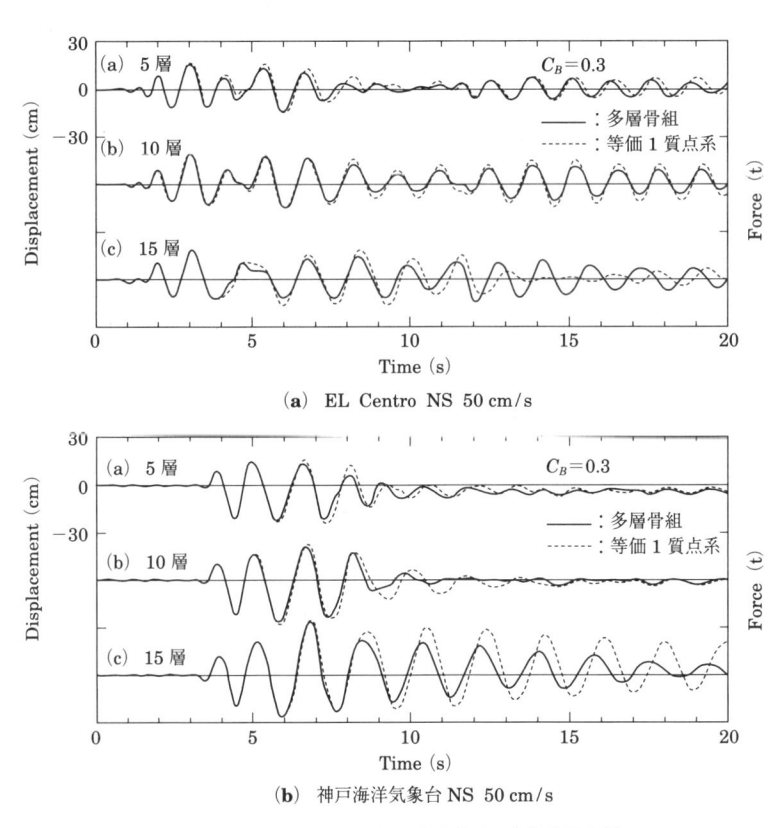

図 Ⅰ-1.38 多自由度系と等価1自由度系の応答変形時刻歴

1.1 地震応答

(**a**) EL Centro NS 50 cm/s

(**b**) 神戸海洋気象台 NS 50 cm/s

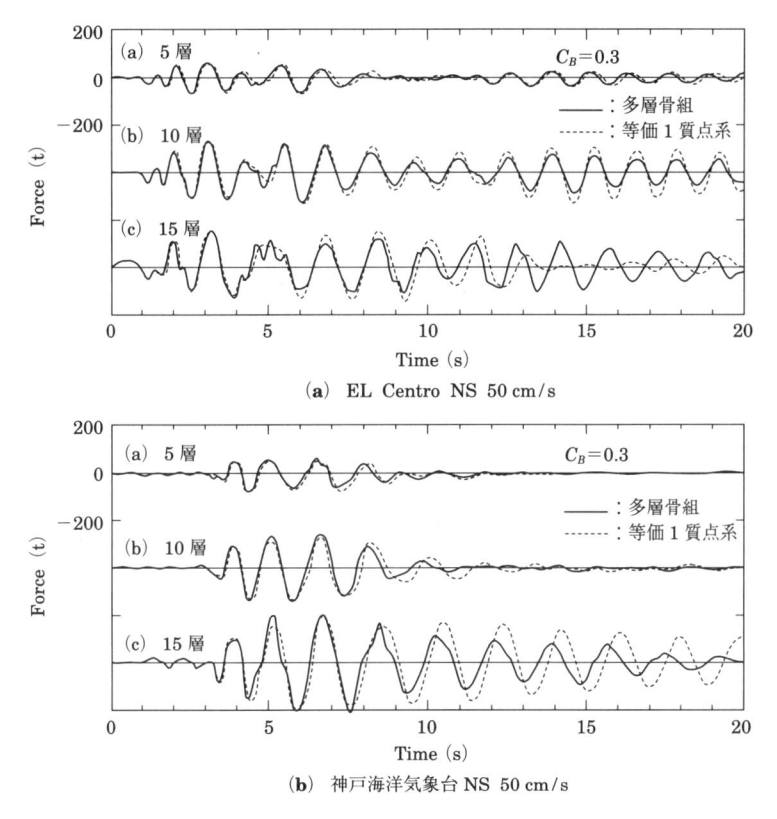

図 I-1.39 多自由度系と等価1自由度系のベースシヤー時刻歴

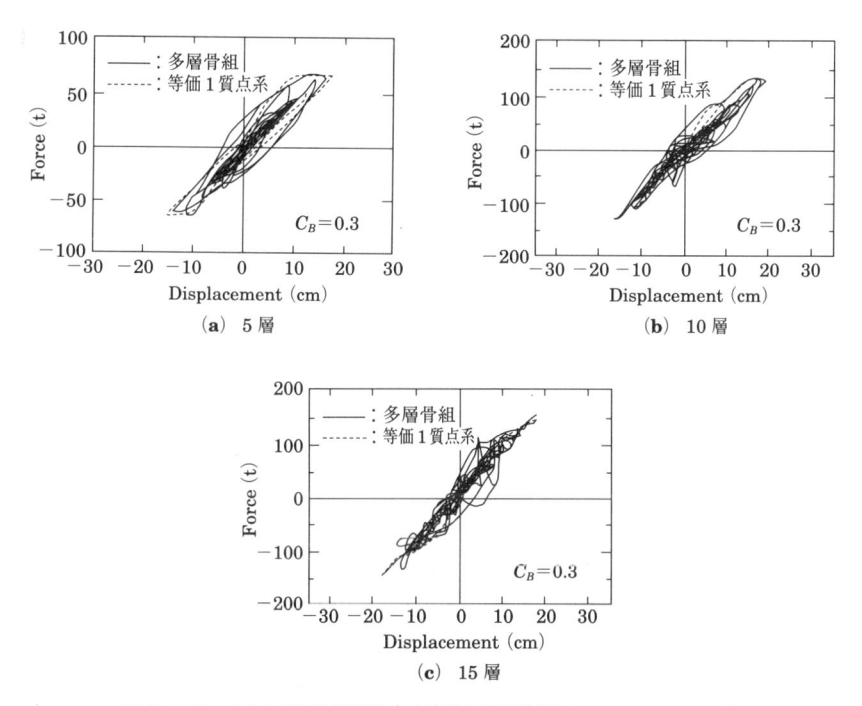

(**a**) 5層

(**b**) 10層

(**c**) 15層

図 I-1.40 多自由度系と等価1自由度系の履歴応答 (El Centro 1940 NS)

1　応答値の推定

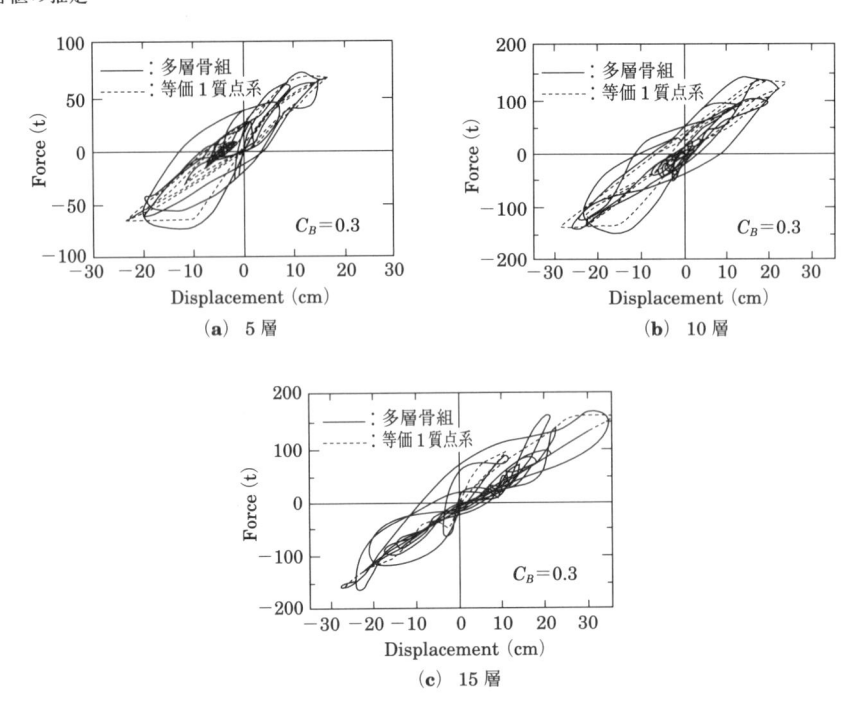

図 I-1.41　多自由度系と等価1自由度系の履歴応答（神戸海洋気象台 1995 NS）

これらの結果より，時刻歴弾塑性応答解析を行う場合には，等価1自由度系モデルにより，多自由度系モデルでの代表変位，ベースシヤーをおおむね推定できると考えられる．

6)　部材の塑性率

建築物3種類（5層，10層，15層），各建築物における降伏ベースシヤー係数を0.2, 0.3, 0.4, 0.5, 0.6と変化させた組合せで15ケースの静的漸増解析（A_i分布）を行い，これを基にして得られた，等価1自由度系での塑性率（層としての塑性率）と多自由度系での柱および梁の部材の塑性率との関係を図 I-1.42 の中に実線および破線で示す．本解析の場合は，多自由度系での梁端の塑性率は縮約1自由度系での塑性率（層としての塑性率）の2倍程度であることがわかる．

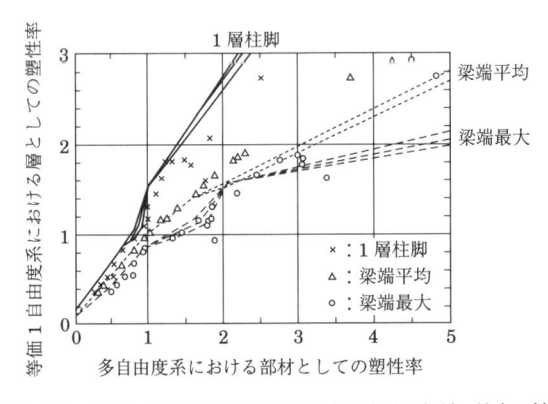

図 I-1.42　等価1自由度系の塑性率と多自由度系の部材塑性率の対応
（静的載荷時と地震応答時）

さらに，これらの建築物に，地震動 2 ケース（El Centro 1940 NS 50 cm/s と神戸海洋気象台 1995 NS 50 cm/s）を入力した計 30 ケースについて応答解析を行い，得られた塑性率の最大値を図 I-1.42 中に，○，△，×として示す．静的結果に比べると，等価 1 自由度系の塑性率と多自由度系の柱端，梁端塑性率の対応関係に関する変動が大きいことがわかる．

c．等価 1 自由度系による応答値の推定

1）等価線形化法

多自由度系モデルによる静的漸増載荷解析結果を基にして，1.1.3(1)a．項で述べた方法により代表荷重-代表変位関係を算定し，想定した変形に対応する割線剛性より等価 1 自由度系の等価剛性を求める．等価粘性減衰定数 h_s は 1 自由度系で検証された substitute damping h_s の算定式をそのまま適用できると仮定する．

こうして，等価剛性と等価粘性減衰が求められれば，1.1.2(2)項で述べた方法により，等価 1 自

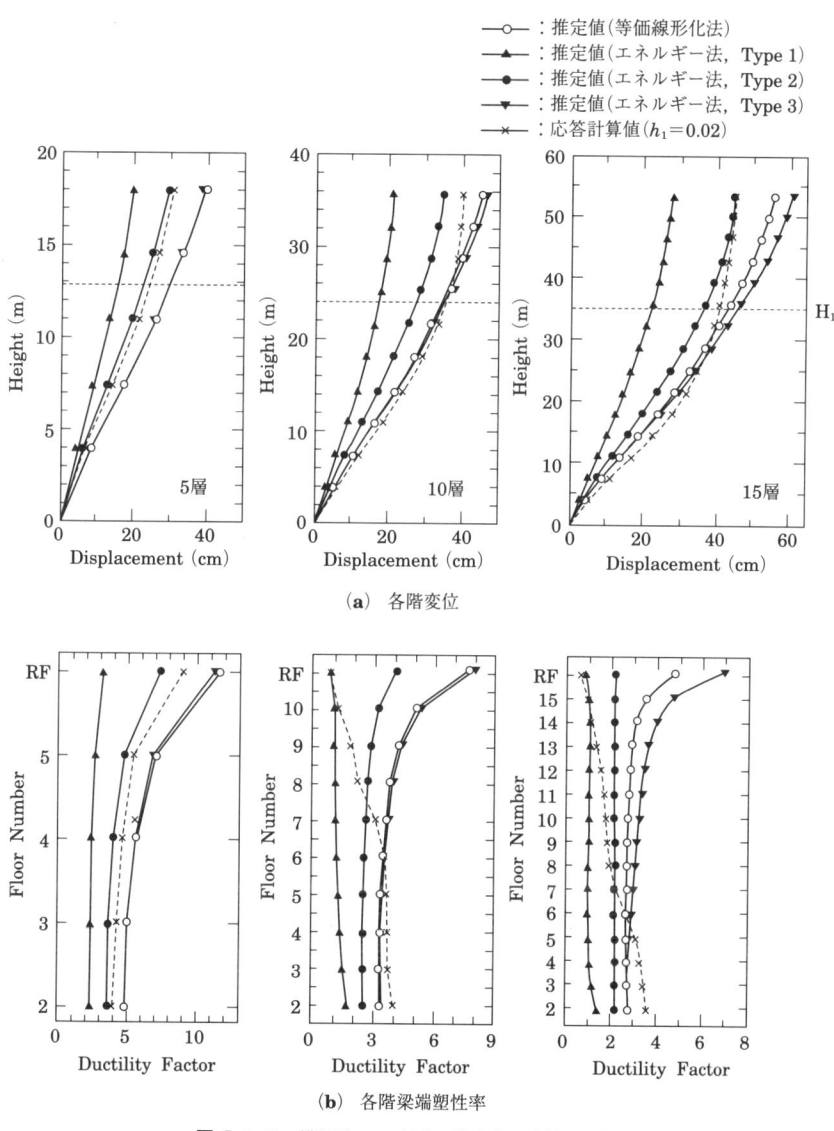

図 I-1.43　模擬波 L に対する推定値と応答解析値の比較

1 応答値の推定

由度系の最大応答変形を推定することができる．得られた値を，多自由度系の代表位置での最大応答変形とみなす．

ただし，等価1自由度系の場合には，1次等価質量のみを考慮していることに留意する必要がある．よって，S_a-S_d コンターと荷重-変形関係を対応付ける際には，1次等価質量を用いる必要がある．

2) 瞬間的なエネルギーの釣合いに着目する方法

多自由度系モデルの1次周期を等価1自由度系の周期とみなし，1.1.2(3)項で述べた方法により，等価1自由度系の最大応答変形を計算することができる．得られた値を，多自由度系の代表位置での最大応答変形とみなす．ここで，等価1自由度系の荷重-変形関係は前述の等価線形化法で求めたものと同一である．

ただし，等価1自由度系の場合には，1次等価質量のみを考慮していることに留意する必要がある．よって，減衰定数 h に応じた ϕ を求め，弾塑性時の履歴消費エネルギーを求める際の次式に

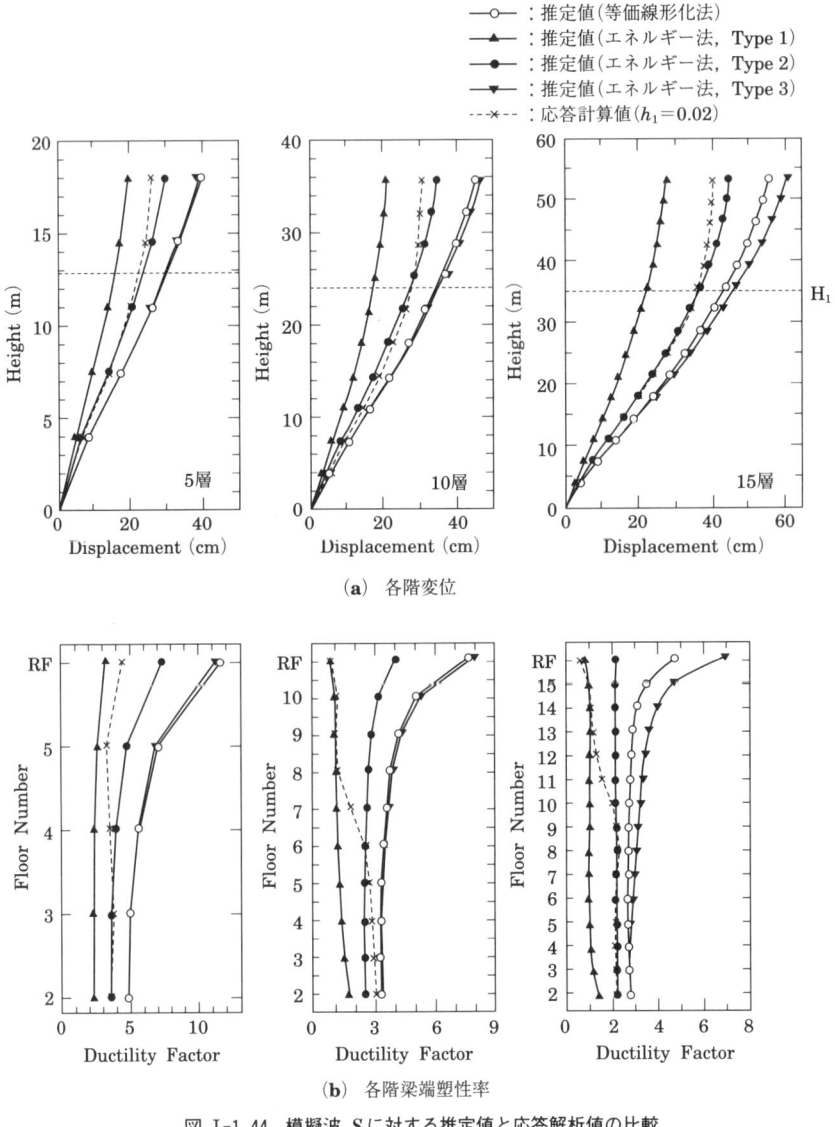

― ○ ― ：推定値(等価線形化法)
― ▲ ― ：推定値(エネルギー法，Type 1)
― ● ― ：推定値(エネルギー法，Type 2)
― ▼ ― ：推定値(エネルギー法，Type 3)
--×-- ：応答計算値($h_1=0.02$)

(a) 各階変位

(b) 各階梁端塑性率

図 I-1.44 模擬波 S に対する推定値と応答解析値の比較

おいては 1 次の等価質量とする必要がある.

$$\Delta E_{H(\max)} = \frac{1}{2} m (\phi V_{\Delta E})^2$$

3) 多自由度系の応答と等価1自由度系による推定値の対応

骨組に対して A_i 分布荷重による静的漸増載荷解析を行い，1次等価高さにおける変位が，等価1自由度系での推定値に等しくなった時点での各階変位と各階梁端塑性率を求め，これを図Ⅰ-1.43，図Ⅰ-1.44 に示す．また，時刻歴応答解析による最大応答値も併せて示す．減衰については，多自由度系では梁の剛性を 0.3 倍に低下させた骨組モデルから得られた 1 次固有円振動数 ω_1 と剛性マトリクス $[K_y]$ を用い，$[C] = 2h_1/\omega_1 [K_y]$ ($h_1 = 0.02$) で与えた．また，等価1自由度系では，$h_1 = 0.02$ の降伏時剛性比例型とした．入力地震動は，1.1.2項で用いた模擬波 L と模擬波 S の 2 波であり，梁端に適切な塑性率が生じるように大きさを 2 倍にした．なお，瞬間的なエネルギーの釣合いに着目する方法で求めた結果は，履歴のタイプごとに 3 種類示している．

ここで得られた結果では，応答変形については，等価線形化法は模擬波 L の場合によい対応を示し，模擬波 S の場合にやや大き目の傾向を示している．また，エネルギー法は，模擬波 L の場合は Type 3，模擬波 S の場合は Type 2 と Type 3 の中間程度が対応している．梁の塑性率については，10 層，15 層の場合，推定値は上層で過大な値を示している．本例では，A_i 分布による静的漸増載荷解析が上層部に過大な梁の塑性率を生じさせているためである．

(2) 等価1自由度系による多自由度系応答の推定

検証すべき建築物の上部構造は，基礎構造，地盤の影響を考慮した上で等価な1自由度系にモデル化することが原則である．以下では，等価線形化法を応用した応答スペクトル法（Capacity Spectrum Method[17]）への適用を念頭に置いて，静的増分解析（Pushover Analysis）に基づいた建築物の等価1自由度系への縮約方法（Capacity Spectrum の作成方法）を示す．さらに，数例の試設計建築物についてそれぞれ多自由度系モデルおよび等価1自由度系モデルの地震応答解析を実施し，建築物の構造特性を縮約等価1自由度系により評価することの妥当性とその適用限界を検討する．具体的には，建築物の高さ方向に強度・剛性分布を極端に変化させた場合について，等価1自由度系モデルと多自由度系モデルの応答値を比較し，等価1自由度系モデルによる応答値の推定精度を検証する．

a. 等価1自由度系への縮約と Capacity Spectrum の作成法

まず，N 層の建築物に対してモデル化された多自由度系を考える．

一般に，線形多自由度系における i 層の最大応答変位 $\delta_{i,\max}$ は次式で近似できる．

$$\delta_{i,\max} \approx \sqrt{\sum_{s=1}^{N} \left| {}_s\beta \cdot {}_s u_i \cdot {}_s S_d \right|^2} = \sqrt{\sum_{s=1}^{N} \left| {}_s\beta \cdot {}_s u_i \cdot {}_s S_a/{}_s\omega^2 \right|^2} = \sqrt{\sum_{s=1}^{N} \left| {}_s\beta \cdot {}_s u_i \cdot \overline{M} \cdot {}_s S_a/{}_s\overline{K} \right|^2} \quad (\text{Ⅰ-1.18})$$

同様に，最大応答時のベースシア Q_B は式（Ⅰ-1.19）で近似できる．

$$Q_B \approx \sqrt{\sum_{s=1}^{N} \left\{ \sum_{i=1}^{N} {}_s P_i \right\}^2} = \sqrt{\sum_{s=1}^{N} \left\{ \sum_{i=1}^{N} m_i \cdot {}_s\beta \cdot {}_s u_i \cdot {}_s S_a \right\}^2} = \sqrt{\sum_{s=1}^{N} \left\{ \overline{M} \cdot {}_s S_a \right\}^2} \quad (\text{Ⅰ-1.19})$$

ここで，　m_i：i 層の質量
　　　　　${}_s u_i$：s 次のモードベクトルの i 層成分
　　　　　${}_s P_i$：s 次モードによる i 層の外力
　　　　　${}_s\beta$：s 次の刺激係数

1 応答値の推定

$_s\omega$：s 次の固有円振動数

$_s\bar{K}$：s 次の等価剛性 $(=_s\beta\{_su\}^T[K]_s\beta\{_su\})$

$_s\bar{M}$：s 次の等価質量 $(=_s\beta\{_su\}^T[K]_s\beta\{_su\})$

$_sS_a$：s 次の応答加速度

$_sS_d$：s 次の応答変位

ここで，静的外力による応答が動的応答の最大値で表せると仮定して，多自由度系の各質点に1次モード比例分布の静的外力が作用している場合を考えると，その時のベースシアは $_1Q_B$ は式(Ⅰ-1.19)より，次式で与えられる．

$$_1Q_B = _1\bar{M} \cdot _1S_a \tag{Ⅰ-1.20}$$

また，各層の変位 $\{_1\delta\}$ は式(Ⅰ-1.18)より，

$$\{_1\delta\} = _1\beta\{_1u\}_1\bar{M} \cdot _1S_a/_1\bar{K} = _1\beta\{_1u\}_1Q_B/_1\bar{K} \tag{Ⅰ-1.21}$$

となる．

式(Ⅰ-1.21)からも明らかなように，上記の静的外力が作用している多自由度系は固有モードが1次モードであるので，質量 $_1\bar{M}$ および剛性 $_1\bar{K}$ によって等価1自由度系に縮約することができる．この時，等価1自由度系の水平変位 $_1\Delta$（以下，代表変位と呼称）は，多自由度系における1次の刺激関数 $_1\beta\{_1u\}$ が1.0の高さ（等価高さ）での変位に相当する．すなわち，等価1自由度系におけるせん断力（以下，代表せん断力と呼称）と代表変位の関係は，式(Ⅰ-1.21)より，

$$_1\Delta = _1Q_B/_1\bar{K} \tag{Ⅰ-1.22}$$

で与えられ，代表せん断力は多自由度系におけるベースシア $_1Q_B$ に相当する．また，式(Ⅰ-1.20)および(Ⅰ-1.22)より，

$$_1\Delta = _1S_a \cdot _1\bar{M}/_1\bar{K} = _1S_a/_1\omega^2 = _1S_d \tag{Ⅰ-1.23}$$

の関係が得られる．すなわち，等価1自由度系における代表せん断力と代表変位の関係は，（疑似）加速度応答スペクトルと変位応答スペクトルの関係で表すことができることが容易に理解できる．

一方，多自由度系における i 層の変位 $_1\delta_i$ は，式(Ⅰ-1.18)より，

$$_1\delta_i = _1\beta \cdot _1u_i \cdot _1S_d \tag{Ⅰ-1.24}$$

で与えられる．さらに，式(Ⅰ-1.23)および(Ⅰ-1.24)より，

$$_1\beta \cdot _1u_i = _1\delta_i/_1S_d = _1\delta_i/_1\Delta \tag{Ⅰ-1.25}$$

の関係が得られ，式(Ⅰ-1.19)および(Ⅰ-1.25)から i 層の外力 $_1P_i$ は，

$$_1P_i = m_i \cdot _1\beta \cdot _1u_i \cdot _1S_a = m_i \cdot _1\delta_i \cdot _1S_a/_1\Delta \tag{Ⅰ-1.26}$$

で与えられる．また，式(Ⅰ-1.20)および(Ⅰ-1.26)より $_1\bar{M}$ と $_1\delta_i$ の間には，

$$_1\bar{M} = _1Q_B/_1S_a = \sum_{i=1}^{N} {_1P_i}/_1S_a = \sum_{i=1}^{N} m_i \cdot _1\delta_i/_1\Delta \tag{Ⅰ-1.27}$$

の関係が成立し，同様に，式(Ⅰ-1.25)の関係を用いると次式も成り立つ．

$$_1\bar{M} = _1\beta\{_1u\}^T[M]_1\beta\{_1u\} = \{_1\delta\}^T[M]\{_1\delta\}/_1\Delta^2 = \sum_{i=1}^{N} m_i \cdot _1\delta_i^2/_1\Delta^2 \tag{Ⅰ-1.28}$$

$$_1\bar{K} = _1\beta\{_1u\}^T[K]_1\beta\{_1u\} = \{_1\delta\}^T[K]\{_1P\}/_1\Delta^2 = \{_1\delta\}^T\{_1P\}/_1\Delta^2 = \sum_{i=1}^{N} {_1P_i} \cdot _1\delta_i \cdot _1\delta_i/_1\Delta^2 \tag{Ⅰ-1.29}$$

したがって，一次固有周期 $_1T$ は次式で与えられる．

$$_1T = 2\pi\sqrt{\frac{_1\bar{M}}{_1\bar{K}}} \left(=2\pi\sqrt{\frac{_1\bar{M} \cdot _1\Delta}{_1Q_B}}\right) = 2\pi\sqrt{\frac{\sum_{i=1}^{N} m_i \cdot _1\delta_i^2}{\sum_{i=1}^{N} {_1P_i} \cdot _1\delta_i}} \tag{Ⅰ-1.30}$$

また，式（Ⅰ-1.27）および（Ⅰ-1.28）より1次の等価質量 $_1\bar{M}$ は，

$$_1\bar{M}=\frac{\left(\sum_{i=1}^{N}m_i\cdot {_1\delta_i}\right)^2}{\sum_{i=1}^{N}m_i\cdot {_1\delta_i}^2} \qquad (\text{Ⅰ-1.31})$$

となり，1次の応答加速度 $_1S_a$ とベースシア $_1Q_B$ の関係が以下のように得られる．

$$_1S_a=\frac{\sum_{i=1}^{N}m_i\cdot {_1\delta_i}^2}{\left(\sum_{i=1}^{N}m_i\cdot {_1\delta_i}\right)^2}{_1Q_B} \qquad (\text{Ⅰ-1.32})$$

すなわち，式（Ⅰ-1.30）および（Ⅰ-1.32）の関係を用いれば，外力分布を1次モード比例分布とした Pushover 解析の各ステップにおける各層の外力と変位およびベースシアから，図Ⅰ-1.45 に示すように S_a-S_d 置換曲線（以下，Capacity Spectrum と呼称）を描くことができる．

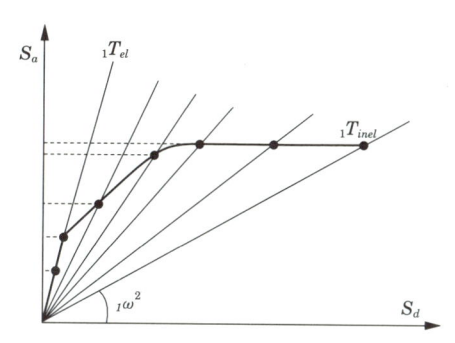

図Ⅰ-1.45 Capacity Spectrum

この方法によれば，弾性はもとより弾塑性の Pushover 解析結果を用いて Capacity Spectrum を求めることできる．特に，式（Ⅰ-1.31）からも明らかなように，建築物の一部あるいは全層が塑性化した場合でも，等価質量の変動を考慮した Capacity Spectrum を求めることができる．pushover 解析において各層の変形が塑性後も弾性1次モードと同じ比率で変形した場合には，等価質量 $_1\bar{M}$ は弾性時のものと同量となるが，各層で変形の比率が弾性時のものと異なる場合には，各層の塑性化の状態（モード形）に応じて $_1\bar{M}$ の値が変化する．ちなみに，下層の塑性化が早いものでは，塑性後の等価質量は弾性時のものに比して大きくなる．例えば，極端な例として，各層の質量が等しい n 層の建築物において最下層のみが層降伏し，全層が最下層と同じ変位 δ_1 となった状態を考えると（当然，この場合の外力は，2層の床レベルに集中することになる），等価質量は式（Ⅰ-1.31）より，

$$_1\bar{M}=\frac{(n\cdot m_i\cdot \delta_1)^2}{n\cdot m_i\cdot \delta_1^2}=n\cdot m_i=\sum m_i \qquad (\text{Ⅰ-1.33})$$

となり，全質量となる．したがって，この質量の変動を考慮しない場合，すなわち，弾性時の等価質量を用いて Capacity Spectrum を求めた場合には，図Ⅰ-1.46 に示すように塑性化の影響を考慮した場合と応答値にかなりの差異が生じる可能性がある．特に，塑性後に等価質量が増加するようなものについては，質量変動を考慮した場合に比べて応答値を過小評価することになり，危険側の評価を与えることになる．

1 応答値の推定

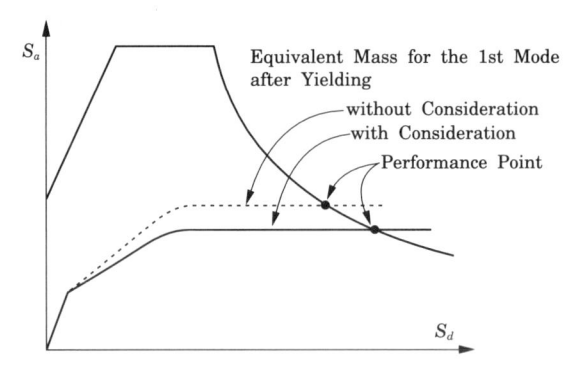

図 I-1.46 量の応答値に及ぼす影響

なお，上記の方法における仮定に従えば，Pushover 解析の際の外力分布は，式（I-1.26）からも明らかなように弾性時および塑性時に拘わらず1次の刺激関数 $_1\beta \cdot _1u_i$（モード形）に比例したものである必要がある．しかし，モード形に応じて逐一外力分布を変化させる解析は現状では実用性に欠けるので，本検討では解析の簡便性・実務性等を勘案して，弾塑性解析においても弾性および塑性時に拘わらず弾性1次モード比例分布あるいは A_i 分布の外力を仮定することにする．この点に関しては次項 1.1.3(2) b. において，骨組の塑性化に応じて1次モード比例分布を変化させた解析結果（精算解）と弾性1次モード比例分布および A_i 分布の解析結果（略算解）を比較し，略算法の妥当性を検討している．

b. Capacity Spectrum に及ぼす Pushover 解析における外力分布形の影響

Pushover 解析に用いる外力分布形が Capacity Spectrum に及ぼす影響を検討するために，5層建築物に対する解析を実施した．対象建築物は，文献18)の3章に示された鉄骨造骨組を簡略化したものであり，標準モデル，最下層柔モデルおよび中間層柔モデルの3種類である．表 I-1.4 に標準モデルの概要を示す．最下層柔モデルおよび中間層柔モデルでは，それぞれ1層および3層の柱の剛性・耐力を標準モデルの1/2としている．

検討した外力分布形は弾性1次モード形，A_i 分布形および弾塑性1モード形（精算法）の3種類である．弾塑性1次モード形は，Pushover 解析における各ステップにおいて各部材の等価剛性に基づいた固有値解析を実施し，モード形を算出することによって得たものである．

図 I-1.47〜I-1.49 に解析結果を示す．同図(**a**)は Capacity Spectrum であり，曲線上で注記された3点はそれぞれ弾性範囲，塑性範囲および崩壊メカニズム形成時近傍のポイントを表している．

表 I-1.4 解析骨組の概要

	梁	柱	階高(m)	重量(ton)	スパン
R	WH-450×250×9×16	—	—	—	2スパン (8m)
5	WH-450×250×9×16	H-400×400×13×21	3.5	265	
4	WH-450×250×9×19			305	
3	WH-450×250×9×19			305	
2	WH-450×250×9×22			305	
1	—		3.8	450	

1.1 地震応答

(a) Capacity Spectrum

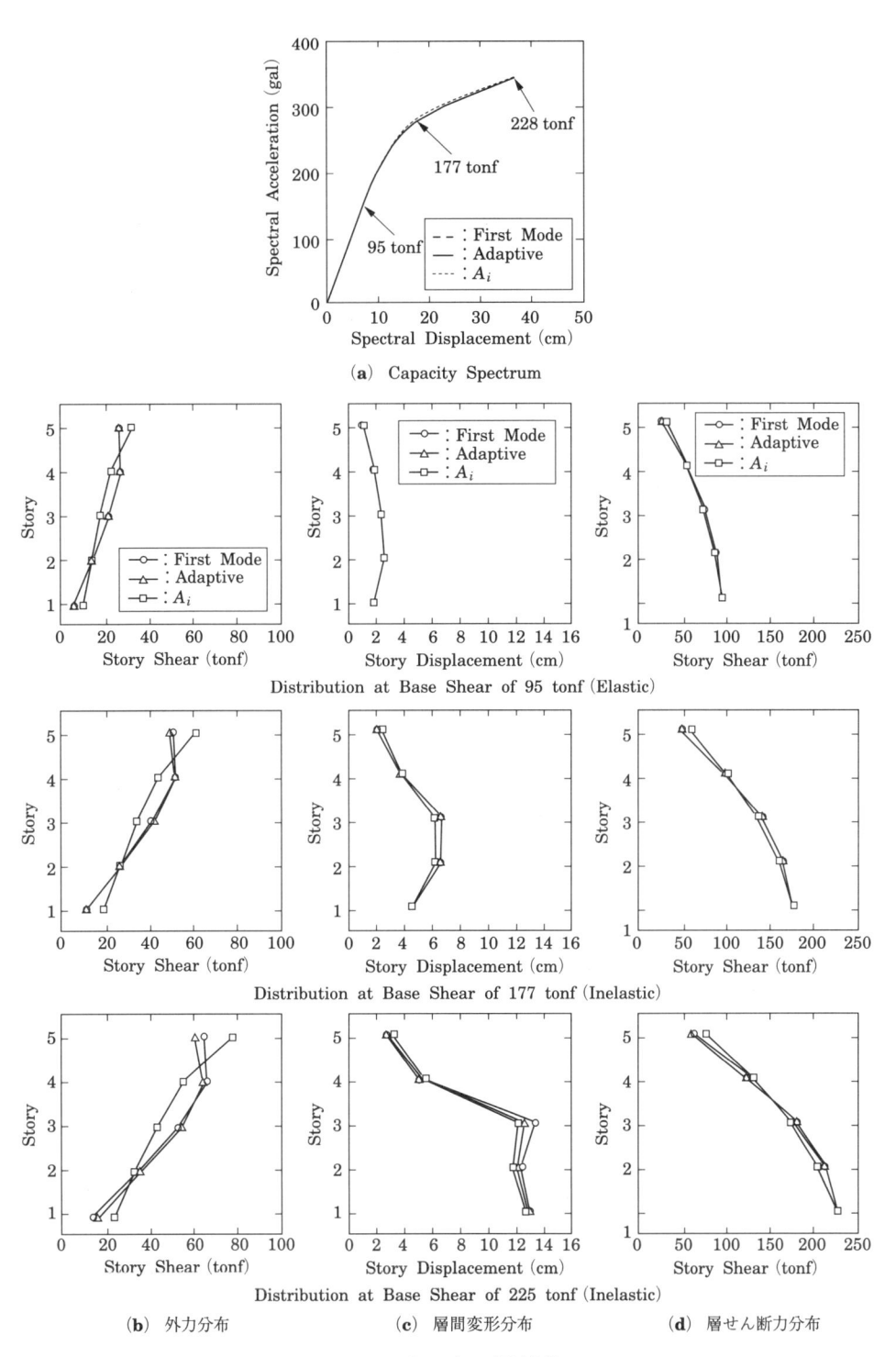

Distribution at Base Shear of 95 tonf (Elastic)

Distribution at Base Shear of 177 tonf (Inelastic)

Distribution at Base Shear of 225 tonf (Inelastic)

(b) 外力分布　　(c) 層間変形分布　　(d) 層せん断力分布

図 I-1.47　標準モデルの解析結果

1 応答値の推定

(a) Capacity Spectrum

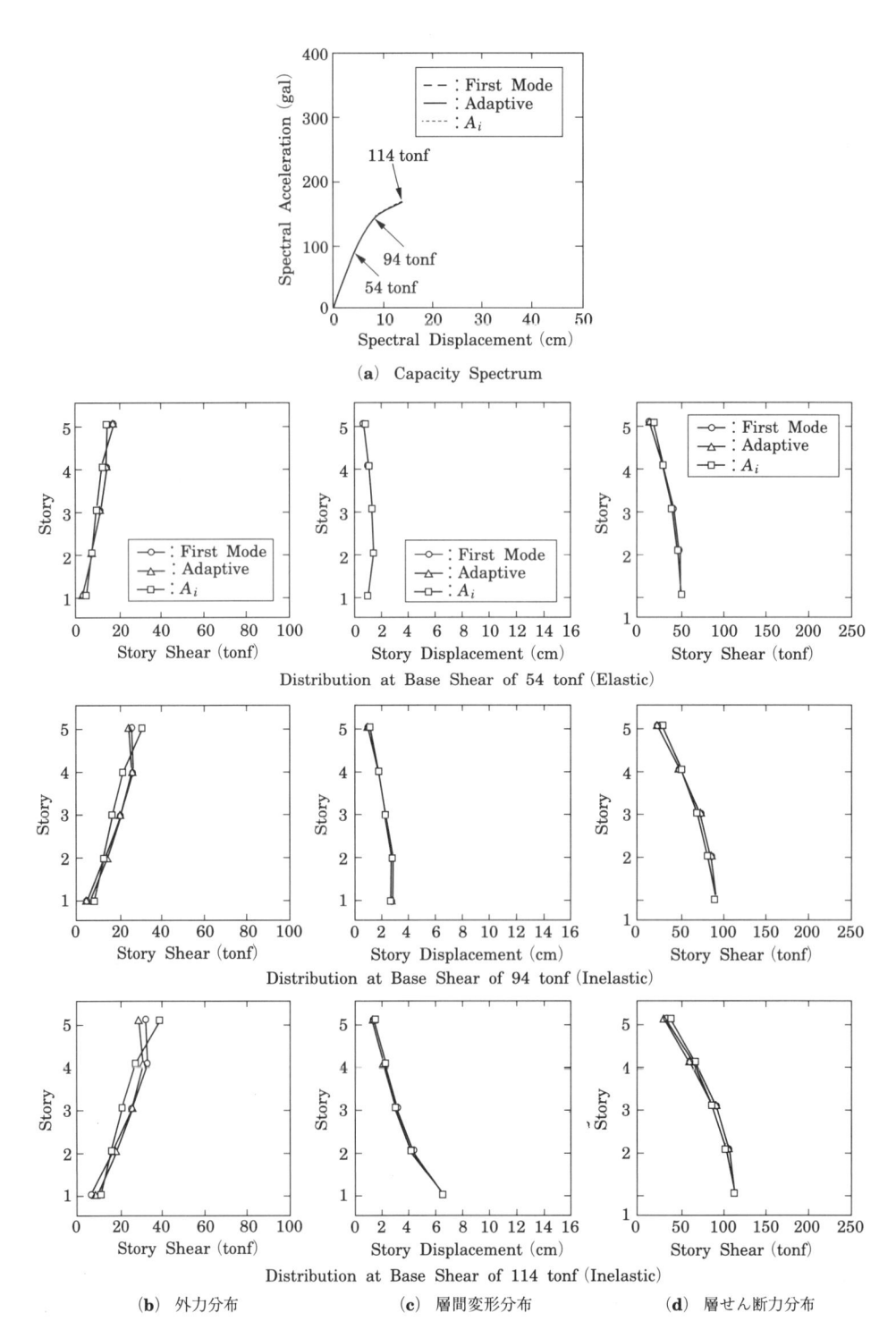

Distribution at Base Shear of 54 tonf (Elastic)

Distribution at Base Shear of 94 tonf (Inelastic)

Distribution at Base Shear of 114 tonf (Inelastic)

(b) 外力分布　　(c) 層間変形分布　　(d) 層せん断力分布

図 I-1.48　最下層柔モデルの解析結果

1.1 地震応答

(a) Capacity Spectrum

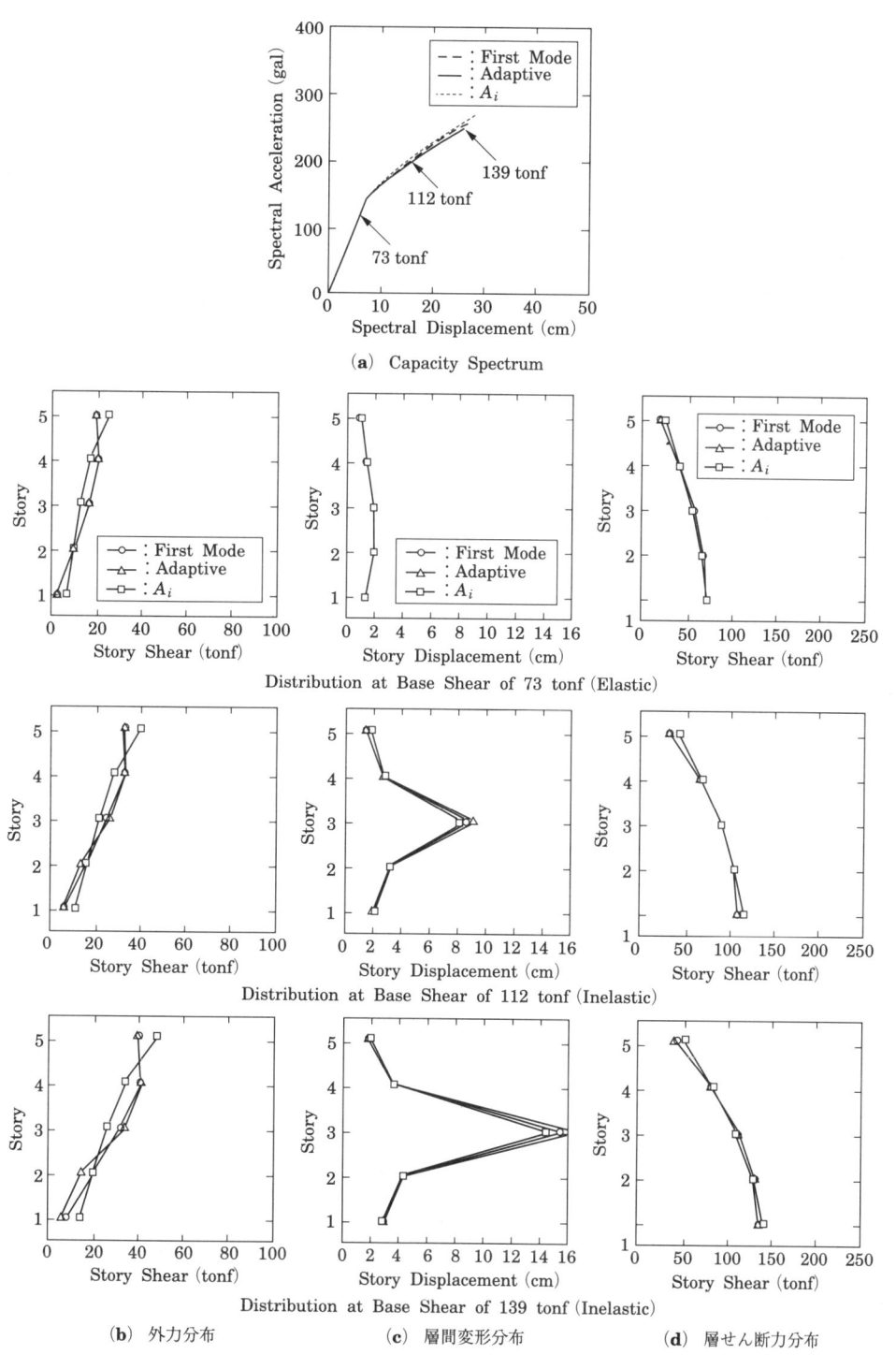

Distribution at Base Shear of 73 tonf (Elastic)

Distribution at Base Shear of 112 tonf (Inelastic)

Distribution at Base Shear of 139 tonf (Inelastic)

(b) 外力分布 　　(c) 層間変形分布 　　(d) 層せん断力分布

図 I-1.49　中間層柔モデルの解析結果

1 応答値の推定

また，同図 (b)，(c) および (d) はそれぞれ Capacity Spectrum 上の 3 つの注記点における外力分布，層間変形分布および層せん断力分布を示している．

各モデルともに弾性範囲では，外力分布の相違による Capacity Spectrum および層間変形分布の差異は認められない．また，層せん断力に関しては，A_i 分布形加力が他の場合に比して最上層で大きく，下層で小さくなる傾向があるがその差はきわめて小さい．一方，骨組が塑性化した場合には，外力分布形の Capacity Spectrum，層間変形分布等に及ぼす影響が若干認められる．一般的な傾向は，A_i 分布形，弾性 1 次モード形，弾塑性 1 次モード形の順で Capacity Spectrum の剛性が大きくなり，同一 Base Shear における層間変位および層せん断力が上層で大きく下層で小さくなる．しかし，その度合いは骨組モデルによって異なる．最下層柔モデルでは，崩壊メカニズム形成時の代表変形が 15 cm 程度と小さいため，崩壊メカニズム近傍においても層間変形分布および層せん断力分布にほとんど差異はない．一方，標準モデルでは崩壊メカニズム形成時の代表変形が 35 cm 程度となり，骨組の塑性化が進行するに従って上記の外力分布の相違による影響が顕著となる傾向がある．また，中間層柔モデルでも骨組の塑性化が進行するに従って剛性・耐力の小さな層（3 階）の層せん断力および層間変形が A_i 分布形，弾性 1 次モード形，弾塑性 1 次モード形の順で小さくなる傾向がある．

以上の結果をまとめると，骨組モデルによって塑性化後の外力分布形の層間変形分布および層せん断力分布に及ぼす影響の度合いは異なるものの，各モデルともに図 (b) に示した外力分布形の相違（特に，1 次モード形と A_i 分布形）ほど層間変形角および層せん断力の分布形状に差異がないといえる．

c. 等価 1 自由度系モデルと多自由度系モデルの応答値の比較

1.1.3(2)a. 項で示した縮約等価 1 自由度系モデルによる Capacity Spectrum を建築物全体の構造特性（耐震性能）の代表値として用いることの妥当性あるいはその適用限界を検討するために，数例の試設計建築物についてそれぞれ等価 1 自由度系モデルおよび多自由度系モデルの地震応答解析を実施する．具体的には，建築物の高さ方向に強度・剛性分布を極端に変化させた場合について，等価 1 自由度系モデルと多自由度系モデルの応答値を比較し，等価 1 自由度系モデルによる応答値の推定精度を検証する．

1) 等価1自由度系モデルにおける復元力特性の設定法

等価1自由度系モデルの地震応答解析を実施するにあたり，その復元力特性を設定する必要がある．本検討では，2.1.3(2)a. 項で示した方法によって求めた Capacity Spectrum（S_a-S_d 関係）を Tri-linear にモデル化し，それを代表せん断力 代表変位関係に変換することによって 1 自由度系モデルの復元力特性のスケルトンカーブを得た．なお，前述したように，Capacity Spectrum を求める際には層の塑性化に伴う等価質量の変動を考慮しているが，1 自由度系モデルでは解析中に質量を変化させることができない．そこで，塑性化した場合でも応答変位を Capacity Spectrum における変位（S_d）に合せることに着目して，図 I-1.50 に示すように S_a-S_d 関係の縦軸（S_a）に弾性時の等価質量 $_1\overline{M}_{el}$ を乗じて代表せん断力-代表変位関係のスケルトンカーブを求めた．なお，この時の代表せん断力は，塑性後に等価質量が変動する場合にはベースシア $_1Q_B$ と一致しないが，応答解析によって得られた最大応答変位をそのまま S_a-S_d 関係に戻すことができる．

2) 解析手順

図 I-1.51 に解析の流れを示す．解析手順は以下のとおりである．

① 外力分布を A_i 分布として，弾塑性の Pushover 解析を行い，各層の層せん断力-層間変位関

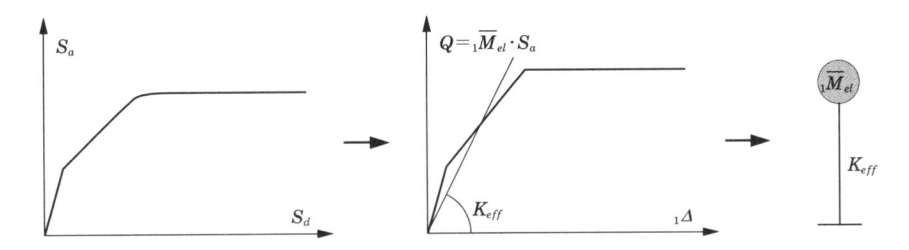

図 I-1.50　等価1自由度の復元力特性の作成手順

係を得る（A_i 分布を用いることは 1.1.3(2) a. 項での仮定に反するが，実務設計で主流となると予想される外力分布であることと，1.1.3(2) b. 項で示した比較解析の結果をふまえて解析結果に大きく影響しないこと，等の判断から採用することとした）．

② 手順①の解析結果を用い，式（I-1.30）および（I-1.32）により Capacity Spectrum を作成する．

③ Capacity Spectrum を Tri-linear にモデル化し，縦軸に弾性時の等価質量 $_1\overline{M}_{el}$ を乗じて，代表せん断力-代表変位関係を作成する（図 I-1.50）．さらに，等価1自由度系モデルにおける復元力を作成する．

④ 弾性時の等価質量 $_1\overline{M}_{el}$ と手順③で作成した復元力を用いて，等価1自由度系モデルの地震応答解析を実施する．

⑤ 手順②で作成した Capacity Spectrum 上で，手順④で得られた最大応答値に相当する（あるいは最も近い）pushover 解析のステップ数を求める．

⑥ 手順⑤で求めたステップ数に相当する各層の変位を手順①で得られた Pushover 解析結果から求める．

⑦ 多自由度系モデルによる地震応答解析を実施する．

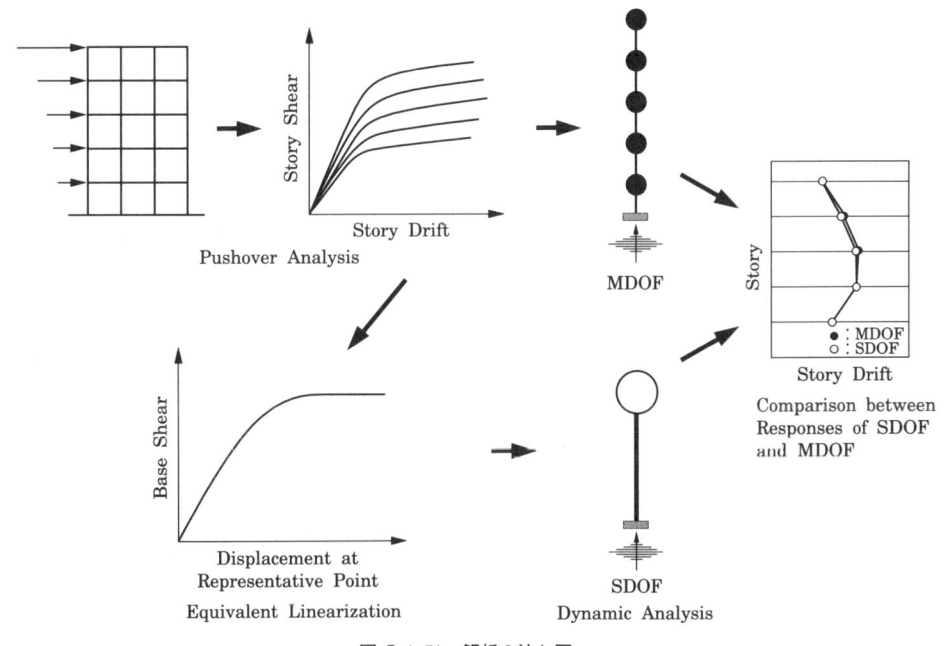

図 I-1.51　解析の流れ図

1 応答値の推定

⑧ 等価1自由度系モデルの解析結果（手順⑥で得られた結果）と多自由度系モデルの解析結果（最大応答値）とを比較する．

3) 検討対象建築物および解析モデル

検討対象とした建築物は6層，10層および19層のRC造建築物であり，それぞれ建築物高さとして20m，31mおよび60m程度を想定して選択されている．解析モデルは図 I-1.52に示すように，各検証対象建築物に対して(a)標準モデル，(b)最下層柔モデル，(c)最下層剛モデル，(d)最上層柔モデルおよび(e)中間層柔モデルの5種類を計画し，計15ケースの解析を実施した．標準モデルは実施設計例を若干修正したものであり，平面骨組モデルを用いてPushover解析を行い，各層の復元力特性をモデル化した．(b)～(e)のモデルは建築物高さ方向の剛性・耐力分布の不均一性の影響を調べることを目的としたものである．モデル(b)，(c)および(e)では，相対的に強い層の復元力特性を標準モデルの当該層の復元力特性に対して剛性・耐力が2倍になるように設定した．また，モデル(d)では，一般階を標準モデルと同じ復元力特性とし，相対的に弱い層（最上層）のものを標準モデルの1/2とした．表 I-1.5に解析モデルと層の復元力特性の関係を，図 I-1.53に解析に用いた層の復元力特性のモデル化の例をそれぞれ示す．履歴復元力特性は，Degrading Tri-linear Model (Takeda Model) とした．

地震応答解析に用いた地震波は，日本建築センター設計用人工地震波[18]（BCJ-L2：57.4 kine，355.7 gal）である．図 I-1.54に時刻歴波形を，図 I-1.55に加速度応答スペクトルをそれぞれ示す．なお，建築物の履歴減衰は3%の瞬間剛性比例型とした．

c．解析結果の概要

6層および10層の標準モデルについて，多自由度系における等価高さ位置の変位応答時刻歴と等価1自由度系の変位応答時刻歴を比較したものを一例として図 I-1.56に示す．図中の実線およ

(a) 標準モデル

(b) 最下層柔モデル
剛性・耐力（最下層以外）2倍

(c) 最下層剛モデル
剛性・耐力（下層部分）2倍

(d) 最上層柔モデル
剛性・耐力（上層部）0.5倍

(e) 中間層柔モデル
剛性・耐力（中間層以外）2倍

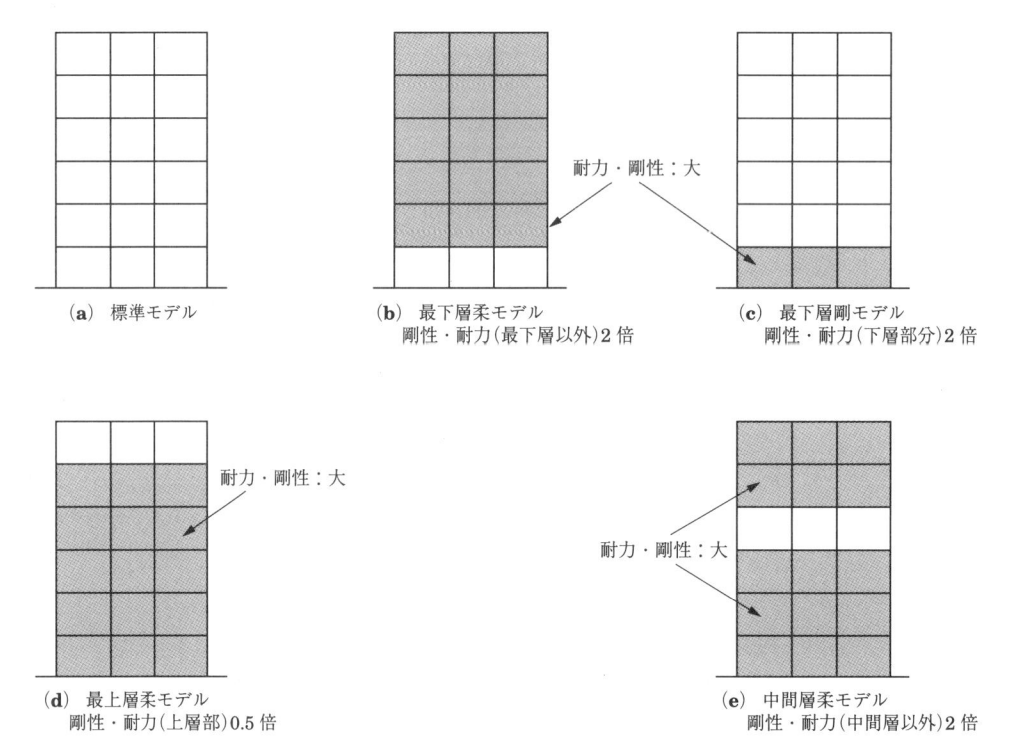

図 I-1.52 解析モデル

1.1 地震応答

表 I-1.5 解析モデルと復元力特性

剛性・耐力	(a)	(b)	(c)	(d)	(f)
2倍		一般階	最下層		一般階
標準	全層	最下層	一般階	一般階	中間層
0.5倍				最上層	

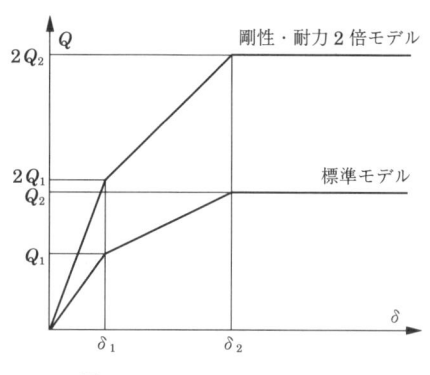

図 I-1.53 層の復元力特性の例

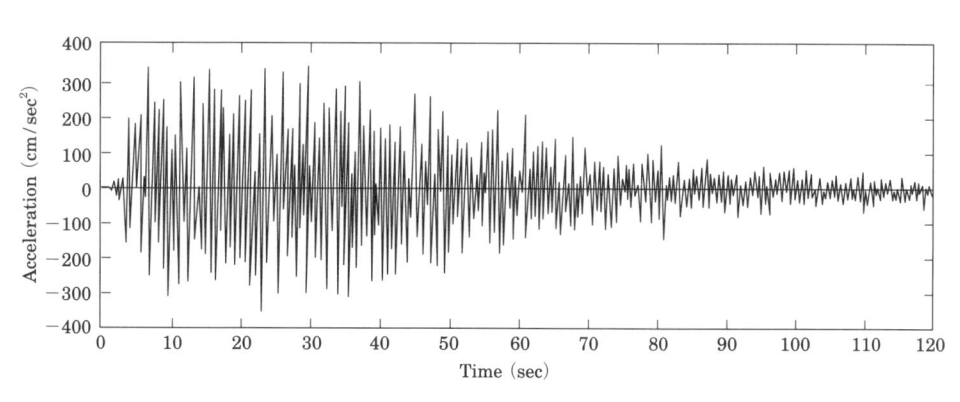

図 I-1.54 日本建築センター設計用人工地震波の時刻歴波形

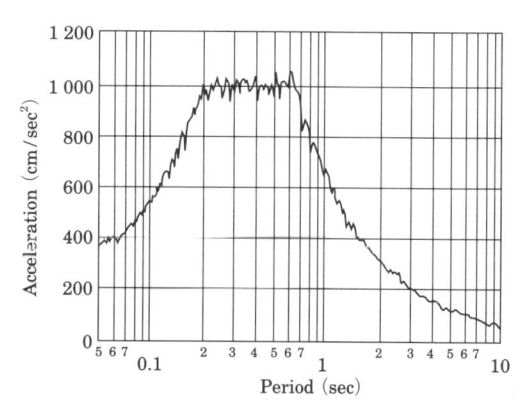

図 I-1.55 日本建築センター設計用人工地震波の加速度応答スペクトル

1 応答値の推定

び破線はそれぞれ等価1自由度系および多自由度系の時刻歴を表している.

　6層および10層ともに,多自由度系と等価1自由度系の変位応答時刻歴はきわめて良好な対応を示している.したがって,本検討で示した等価1自由度系への縮約方法および多自由度系における層の復元力特性と等価1自由度系における復元力特性の設定方法等がおおむね妥当なものであると考えられる.

　各検討対象建築物に対する多自由度系と等価一自由度系の解析結果の概要を**表 I-1.6**に列記する.また,**図 I-1.57〜I-1.59**に,(a) Pushover解析結果と地震応答解析における各層の最大応答値,(b)層せん断力応答値の比較,(c)層間変位応答値の比較,(d)等価1自由度系の多自由度系に対する応答値の比率,および(e)等価1自由度系のスケルトンカーブと応答値をそれぞれ検討対象建築物ごとに示す.

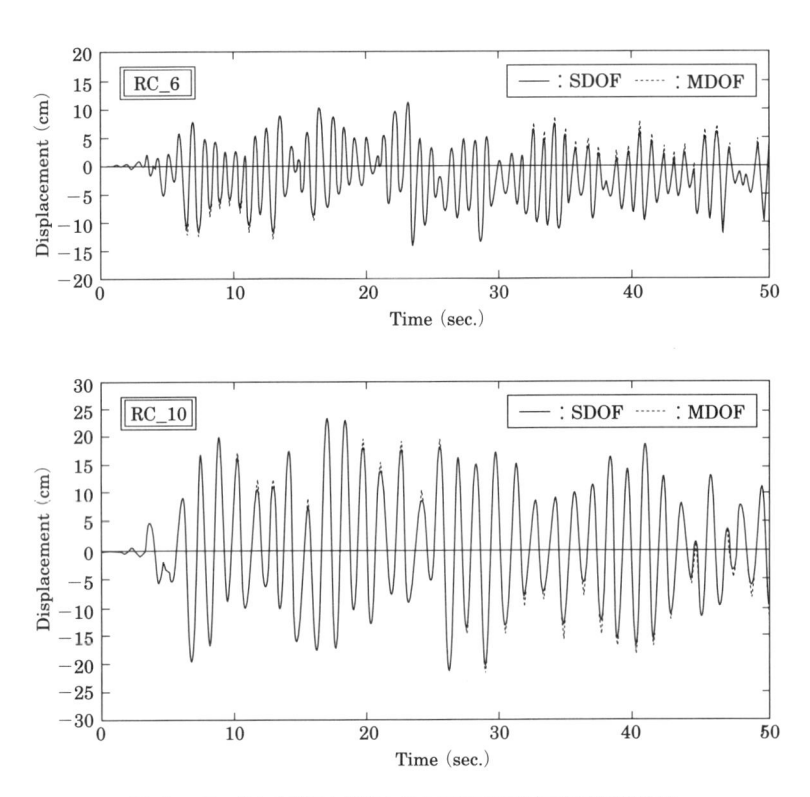

図 I-1.56　多自由度系と等価1自由度系の変位応答時刻歴の比較

1.1 地震応答

表 I-1.6 (1) RC造6層の解析結果

解析モデル	解析結果の概要
(a)	応答変位：○ ・中層部（2F～4F）において，1自由度系の応答値が多自由度系のものに対して過小となる傾向がある． ・多自由度系の最大層間変形角は3Fで1/60程度であるのに対して，1自由度系では3Fで1/75程度である． ・多自由度系の応答値に対する1自由度系の応答値の比率（$_s\delta/_m\delta$）の最小値は4Fで0.75であり，最大値は2Fで1.01である． 応答せん断力：◎ ・両者の対応は良好である．$_sQ/_mQ$は0.94～0.99の範囲にある．
(b)	応答変位：○ ・1自由度系の応答値は検討対象層である最下層において若干過小となっているが，全層にわたり多自由度系のものと概ねよい対応を示している． ・最下層の最大層間変形角は，1自由度系および多自由度系でそれぞれ1/48および1/39（$_s\delta/_m\delta=0.81$）である． 応答せん断力：◎ ・両者の対応は良好である．$_sQ/_mQ$は0.93～1.18の範囲にある．
(c)	応答変位：○ ・1自由度系と多自由度系の応答値の対応は良好である． ・最大層間変形角は，一自由度系および多自由度系共に3Fで生じ，それぞれ1/82および1/76（$_s\delta/_m\delta=0.90$）である． 応答せん断力：◎ ・両者の対応は良好である．$_sQ/_mQ$は0.96～1.00の範囲にある．
(d)	応答変位：× ・全層にわたり，1自由度系の応答値が多自由度系のものに比して過小となっている．特に，検討対象階（最上層）では，多自由度系の応答値が80 cm（1/3.5）に達しており，$_s\delta/_m\delta$は0.33となっている． 応答せん断力：× ・応答変位と同様に，全層にわたり，1自由度系の応答値が多自由度系のものに比して過小となっている．$_sQ/_mQ$は0.59～0.84の範囲にある．
(e)	応答変位：◎ ・全層にわたり，両者の対応はきわめて良好である． ・検討対象階（4F）の最大層間変形角は，1自由度系および多自由度系でそれぞれ1/38および1/39であり，$_s\delta/_m\delta$は0.97である． 応答せん断力：◎ ・両者の対応は良好である．$_sQ/_mQ$は0.96～1.12の範囲にある．

1 応答値の推定

表 I-1.6 (2)　RC造10層の解析結果

解析モデル	解析結果の概要
(a)	応答変位：○ ・全層にわたり，1自由度系の応答値は多自由度系のものと概ねよい対応を示している． ・多自由度系の最大層間変形角は1/68（3F）であり，1自由度系では約1/76（4F）であった．$_s\delta/_m\delta$ は 0.83～1.12 の範囲にある． 応答せん断力：◎ ・両者の対応は良好である．$_sQ/_mQ$ は 0.95～1.04 の範囲にある．
(b)	応答変位：○ ・中上層部で若干1自由度系の応答値が多自由度系のものに対して過小となる傾向があるが，両者は概ね良好な対応を示している． ・最下層では，最大層間変形角が1自由度系および多自由度系でそれぞれ1/74および1/75（$_s\delta/_m\delta=1.01$）であり，両者はきわめて良好な対応を示している． ・$_s\delta/_m\delta$ は 0.79～1.44 の範囲にある． 応答せん断力：○ ・応答変位と同様に，中上層部で若干1自由度系の応答値が多自由度系のものに対して過小となる傾向があるが，両者は概ね良好な対応を示している． ・$_sQ/_mQ$ は 0.88～1.15 の範囲にある．
(c)	応答変位：○ ・3Fを除いて，1自由度系と多自由度系の応答値は良好な対応を示している．3Fでは，1自由度系の応答値が多自由度系のものに比して過小となっており，$_s\delta/_m\delta$ は 0.75 である． ・最大層間変形角は，1自由度系では1/76（4F）であり，多自由度系では1/62（3F）である．$_s\delta/_m\delta$ は 0.75～1.12 の範囲にある． 応答せん断力：◎ ・両者の対応は良好である．$_sQ/_mQ$ は 0.94～1.06 の範囲にある．
(d)	応答変位：○ ・検討対象階（最上層）において，1自由度系の応答値が多自由度系のものに比して若干小さくなっているが，その他の層では，両者の対応は概ね良好である． ・最上層における最大層間変形角は，1自由度系および多自由度系でそれぞれ1/45および1/36（$_s\delta/_m\delta=0.81$）である． ・$_s\delta/_m\delta$ は 0.81～1.15 の範囲にある． 応答せん断力：○ ・両者の対応は良好である．$_sQ/_mQ$ は 0.88～1.04 の範囲にある．
(e)	応答変位：○ ・最上層を除き，全層にわたり1自由度系の応答値が多自由度系のものに比して若干小さくなっているが，両者の対応は概ね良好である． ・検討対象層（6F）の最大層間変形角は，1自由度系および多自由度系でそれぞれ1/44および1/38（$_s\delta/_m\delta=0.86$）である． ・$_s\delta/_m\delta$ は 0.78～1.49 の範囲にある． 応答せん断力：○ ・両者の対応は良好である．$_sQ/_mQ$ は 0.88～1.19 の範囲にある．

1.1 地震応答

表 I-1.6 (3)　RC 造 19 層の解析結果

解析モデル	解析結果の概要
(a)	応答変位：△ ・11 F から 15 F において，1 自由度系の応答値が多自由度系のものに比して過小となる傾向がある．特に，多自由度系では 13 F において（高次モードの影響と考えられる）塑性化が顕著であるのに対して，1 自由度系ではそのような傾向を再現することができない．この問題は，高次モードの影響のみならず，せん断系の解析手法そのものがもつ問題も含まれているものと考えられる． ・多自由度系の最大層間変形角は 1/85（13 F）で，$_s\delta/_m\delta$ は 0.70 である． ・$_s\delta/_m\delta$ は 0.70〜1.22 の範囲にある． 応答せん断力：△ ・応答変位と同様に，11 F〜15 F において 1 自由度系の応答値が多自由度系に比して過小となる傾向がある．$_sQ/_mQ$ は 0.80〜1.12 の範囲にある．
(b)	応答変位：○ ・1 自由度系の応答値は上層部において若干過大となる傾向はあるものの，全層にわたり多自由度系のものと概ねよい対応を示している． ・最下層の最大層間変形角は，1 自由度系および多自由度系でそれぞれ 1/146 および 1/113 であり，$_s\delta/_m\delta$ は 0.78 である． ・$_s\delta/_m\delta$ は 0.78〜2.00（最上層を除けば，0.78〜1.31）の範囲にある． 応答せん断力：○ ・下層部（2 F〜9 F）で 1 自由度系の応答値が多自由度系のものに比して過小となる傾向がある．$_sQ/_mQ$ は 0.90〜1.48（最上層を除けば，0.90〜1.13）の範囲にある．
(c)	応答変位：△（×に近い） ・標準モデルと同様に，14 F において多自由度系では高次モードの影響と考えられる塑性化が顕著である． ・多自由度系の最大層間変形角は 1/74（14 F）であり，$_s\delta/_m\delta$ は 0.58 である． ・$_s\delta/_m\delta$ は 0.58〜1.05 の範囲にある． 応答せん断力：△ ・応答変位と同様に，11 F から 17 F において 1 自由度系の応答値が多自由度系のものに比して過小となる傾向がある．$_sQ/_mQ$ は 0.81〜1.04 の範囲にある．
(d)	要再検討 多自由度系における検討対象階（最上層）の復元力特性の設定が不明確．
(e)	応答変位：○ ・検討対象層（10 F）も含め全層にわたり，1 自由度系の応答値が多自由度系の応答値に対して若干小さめであるが，両者の対応はかなり良好である． ・10 F の最大層間変形角は，1 自由度系および多自由度系でそれぞれ 1/56 および 1/46 であり，$_s\delta/_m\delta$ は 0.82 である． ・$_s\delta/_m\delta$ は 0.73〜1.68（最上層を除けば，0.73〜1.20）の範囲にある． 応答せん断力：○ ・下層部（1 F〜8 F において 1 自由度系の応答値が多自由度系のものに比して過小となる傾向がある．$_sQ/_mQ$ は 0.85〜1.31（最上層を除けば，0.85〜1.08）の範囲にある．

1 応答値の推定

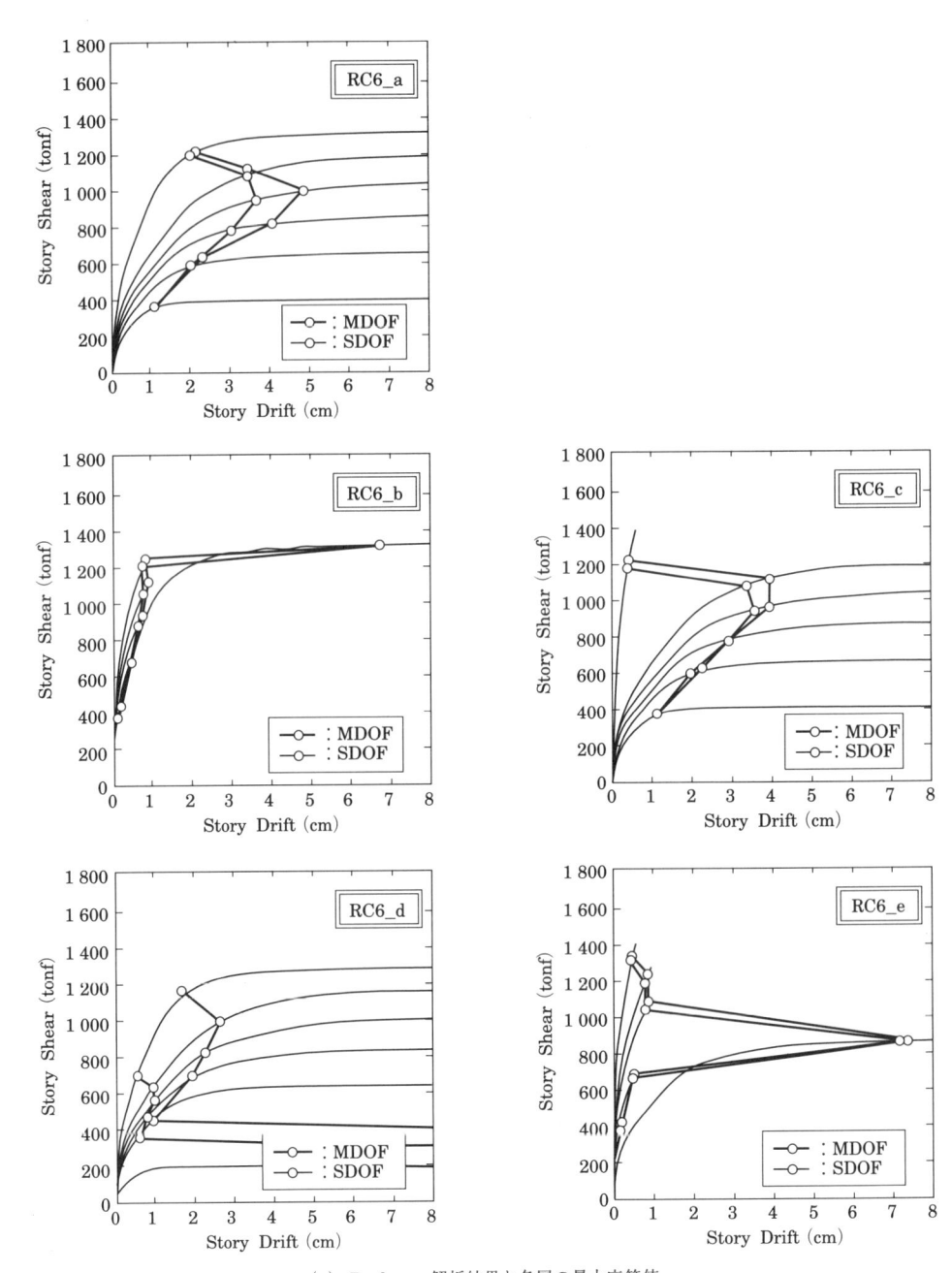

(a) Pushover 解析結果と各層の最大応答値

図 I-1.57 (1) 6層 RC 造建築物の解析結果

1.1 地震応答

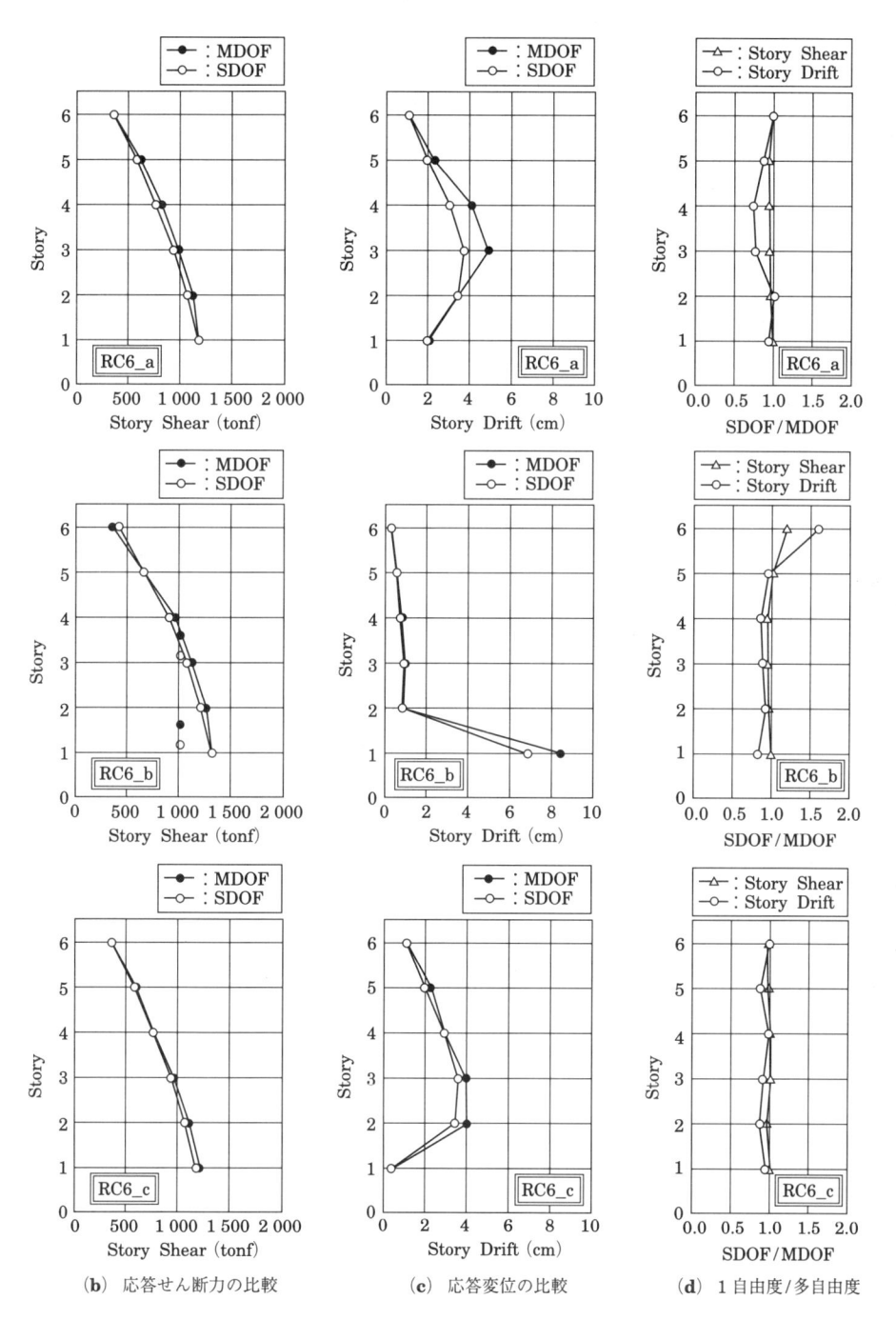

(b) 応答せん断力の比較　　(c) 応答変位の比較　　(d) 1自由度/多自由度

図 I-1.57 (2) 6層RC造建築物の解析結果 (つづき)

1 応答値の推定

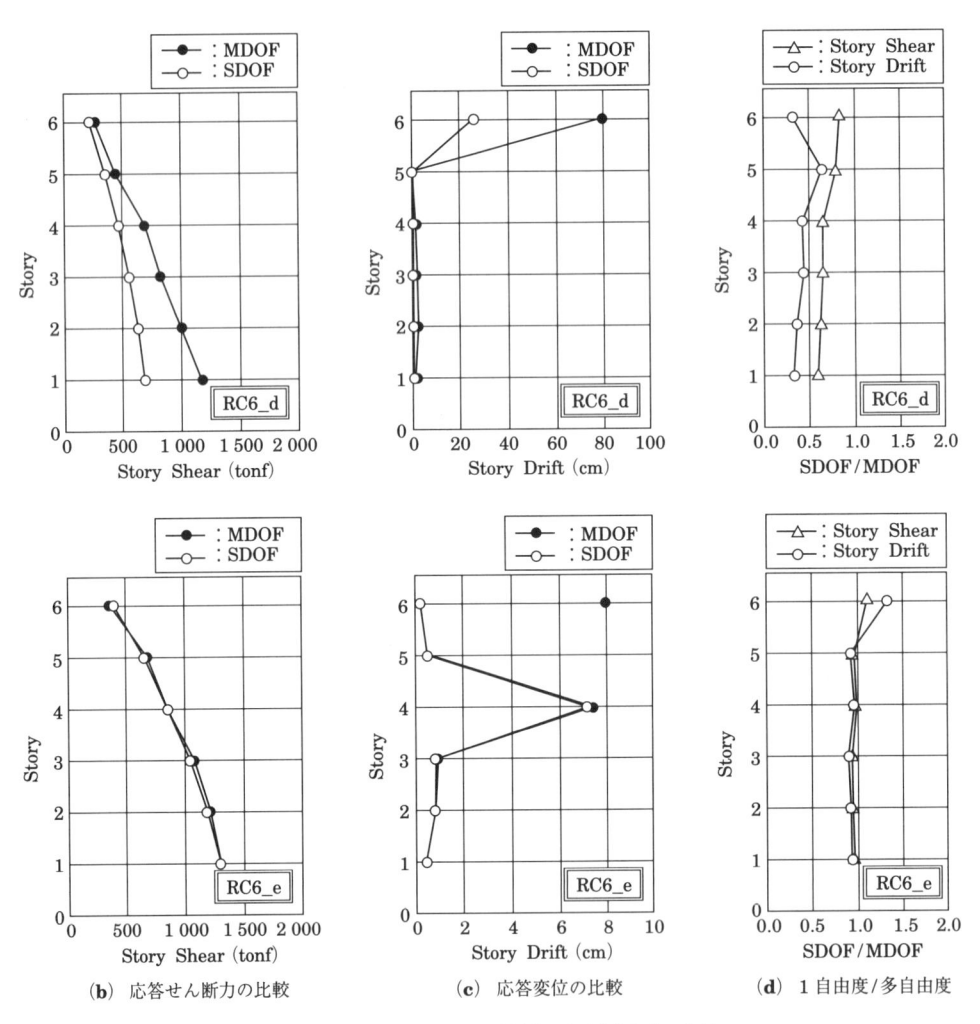

(b) 応答せん断力の比較 (c) 応答変位の比較 (d) 1自由度/多自由度

図 I-1.57 (3) 6層 RC 造建築物の解析結果（つづき）

1.1 地震応答

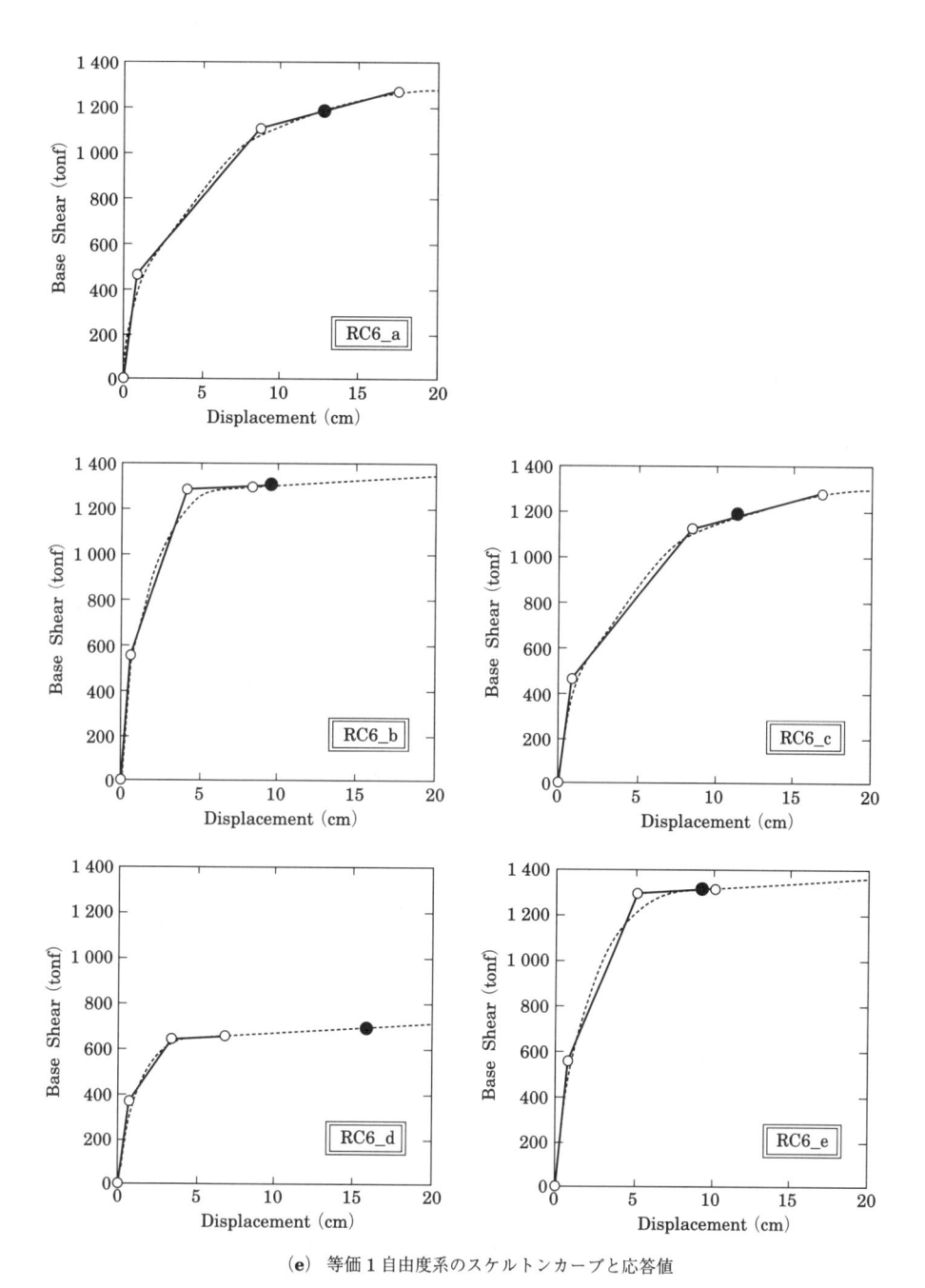

(e) 等価1自由度系のスケルトンカーブと応答値

図 I-1.57 (4) 6層RC造建築物の解析結果（つづき）

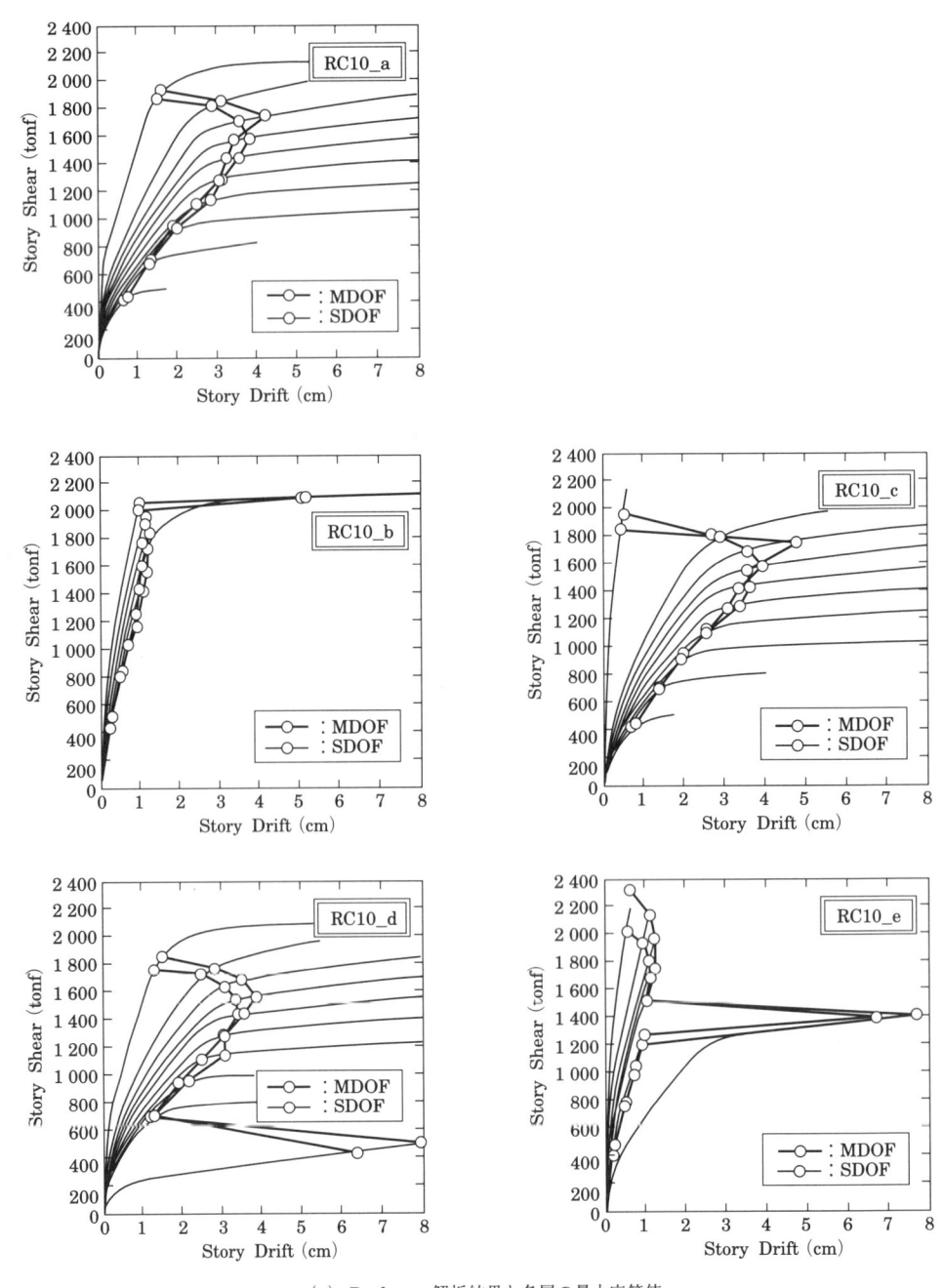

1 応答値の推定

(a) Pushover 解析結果と各層の最大応答値

図 I-1.58 (1) 10層 RC 造建築物の解析結果

1.1 地震応答

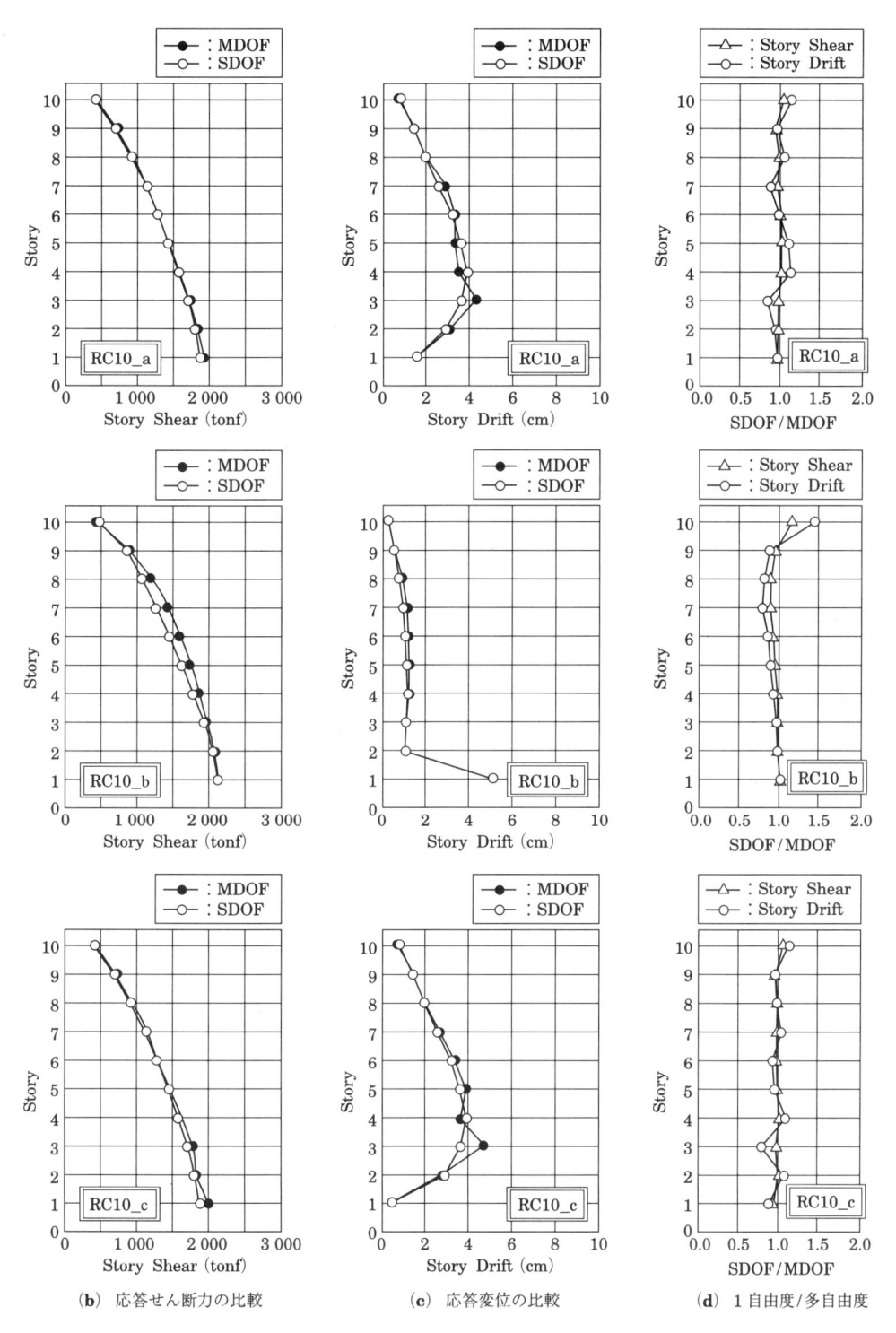

(b) 応答せん断力の比較　　(c) 応答変位の比較　　(d) 1自由度/多自由度

図 I-1.58 (2)　10 層 RC 造建築物の解析結果（つづき）

1 応答値の推定

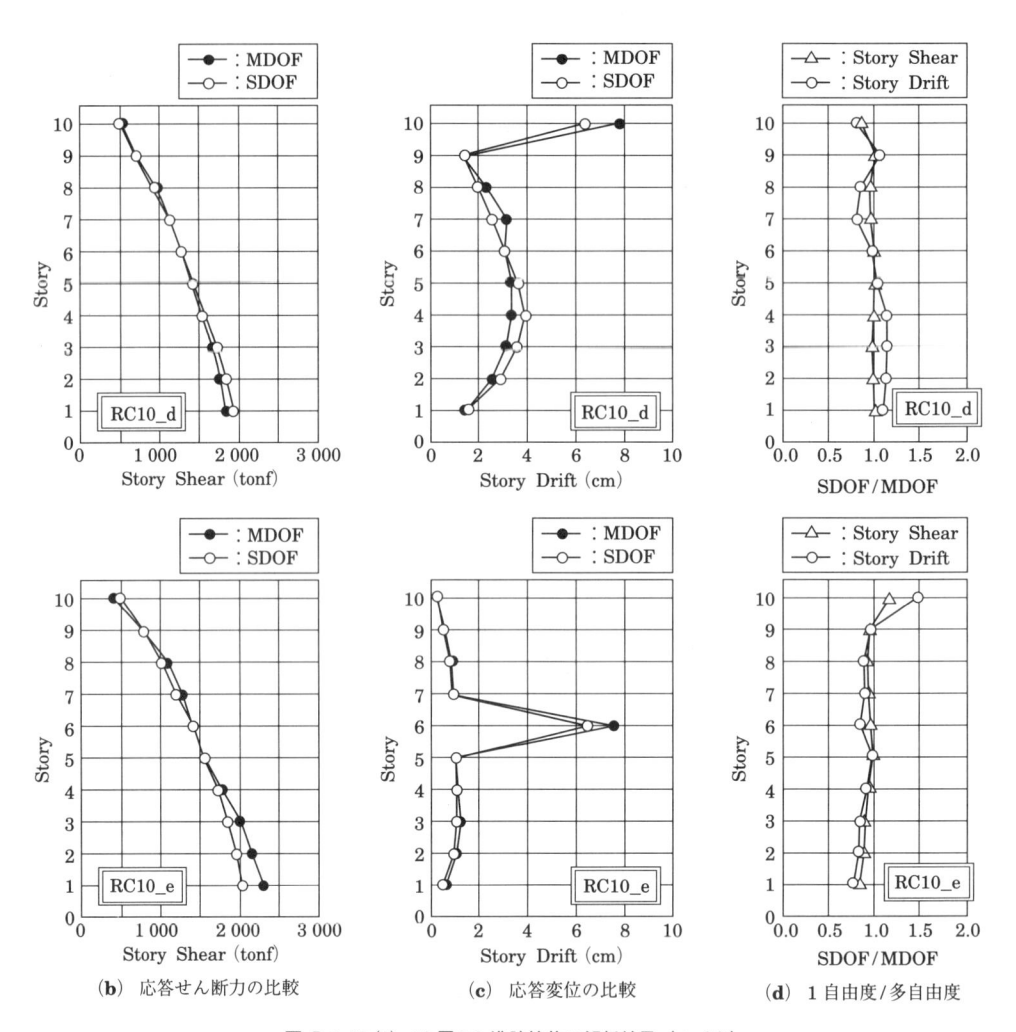

(b) 応答せん断力の比較　　(c) 応答変位の比較　　(d) 1自由度/多自由度

図 I-1.58 (3) 10層RC造建築物の解析結果（つづき）

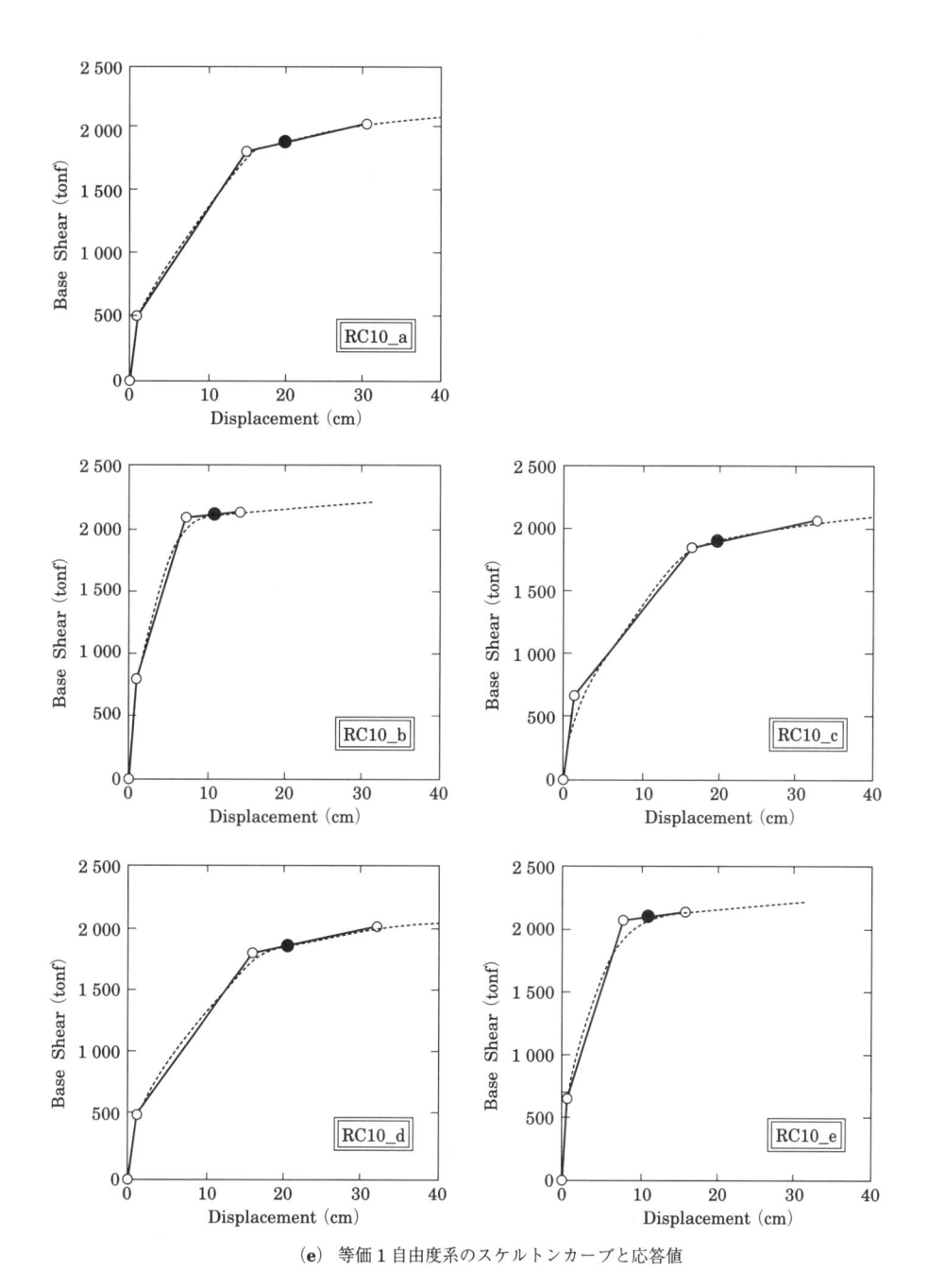

(e) 等価1自由度系のスケルトンカーブと応答値

図 I-1.58 (4) 10層RC造建築物の解析結果(つづき)

1 応答値の推定

(a) Pushover 解析結果と各層の最大応答値

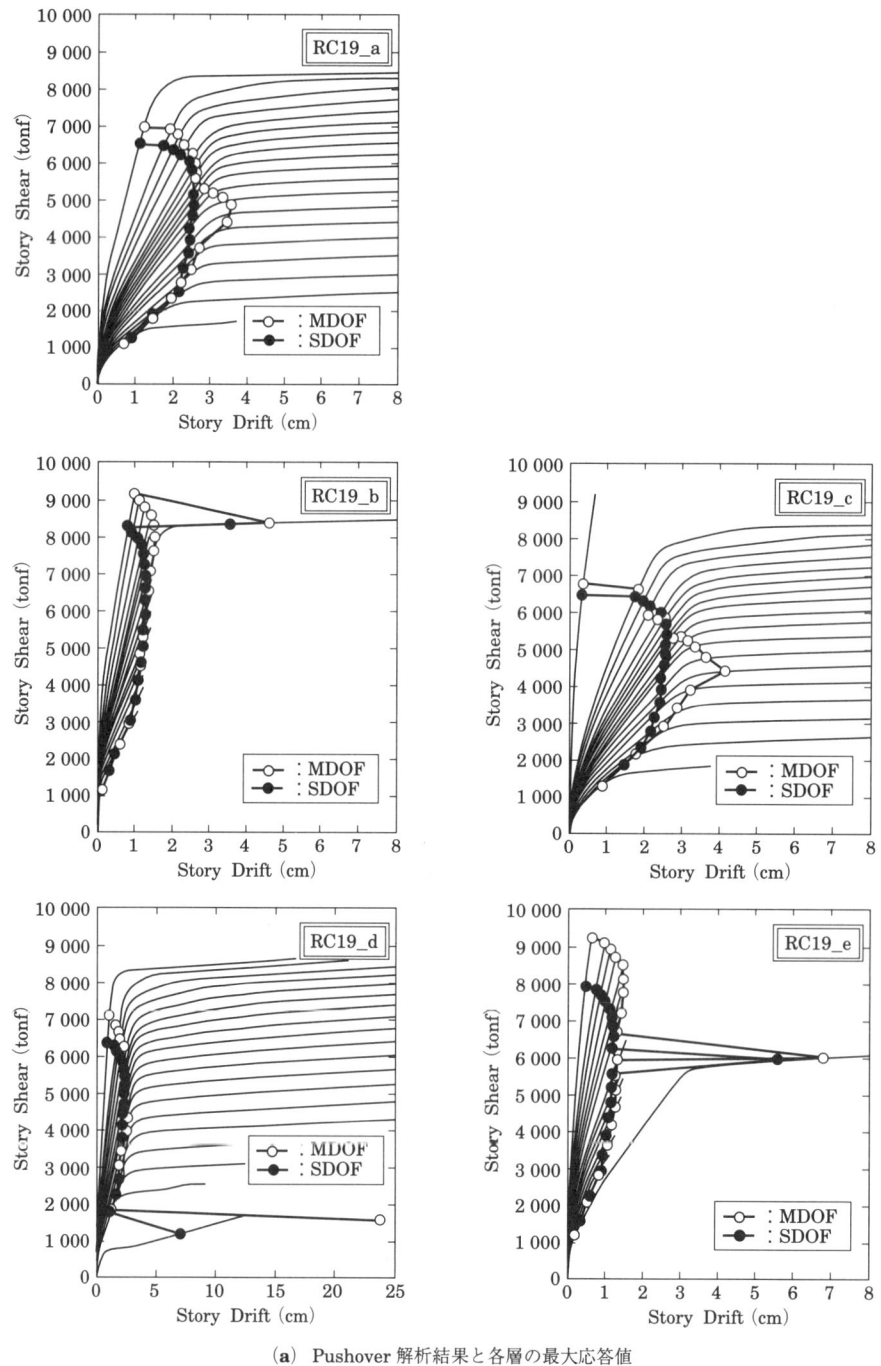

図 I-1.59 (1) 19 層 RC 造建築物の解析結果

1.1 地震応答

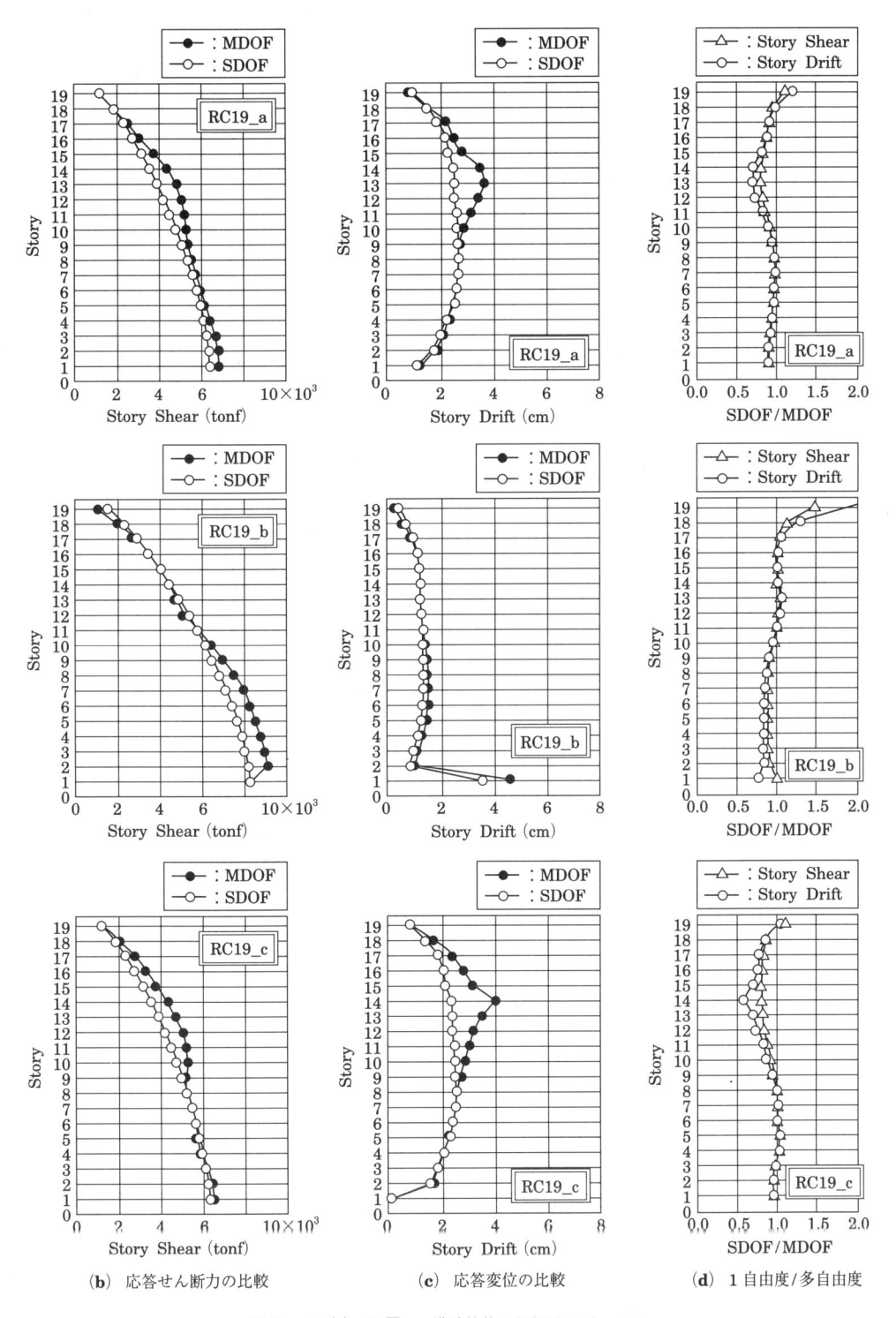

(b) 応答せん断力の比較　　(c) 応答変位の比較　　(d) 1自由度/多自由度

図 I-1.59(2)　19層RC造建築物の解析結果（つづき）

1 応答値の推定

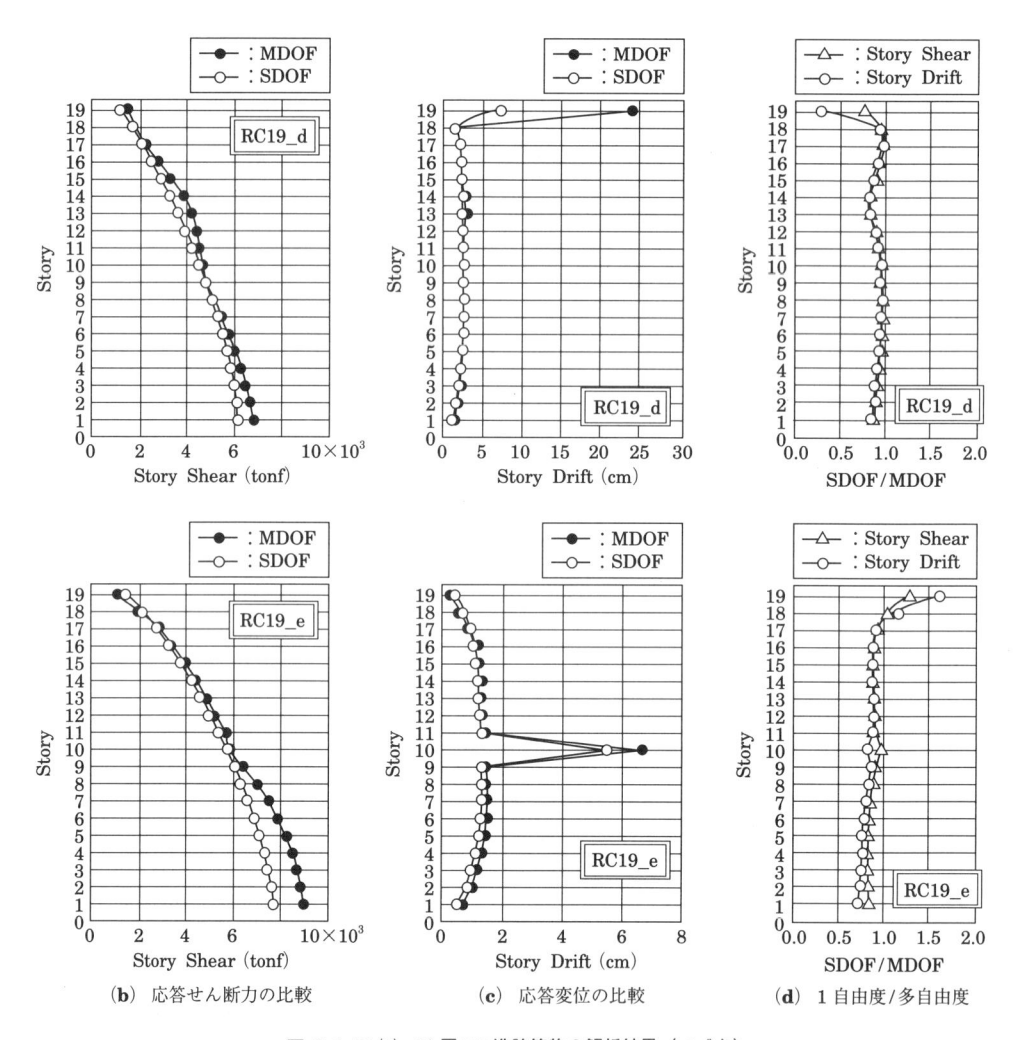

(b) 応答せん断力の比較　　(c) 応答変位の比較　　(d) 1自由度/多自由度

図 I-1.59 (3)　19層RC造建築物の解析結果（つづき）

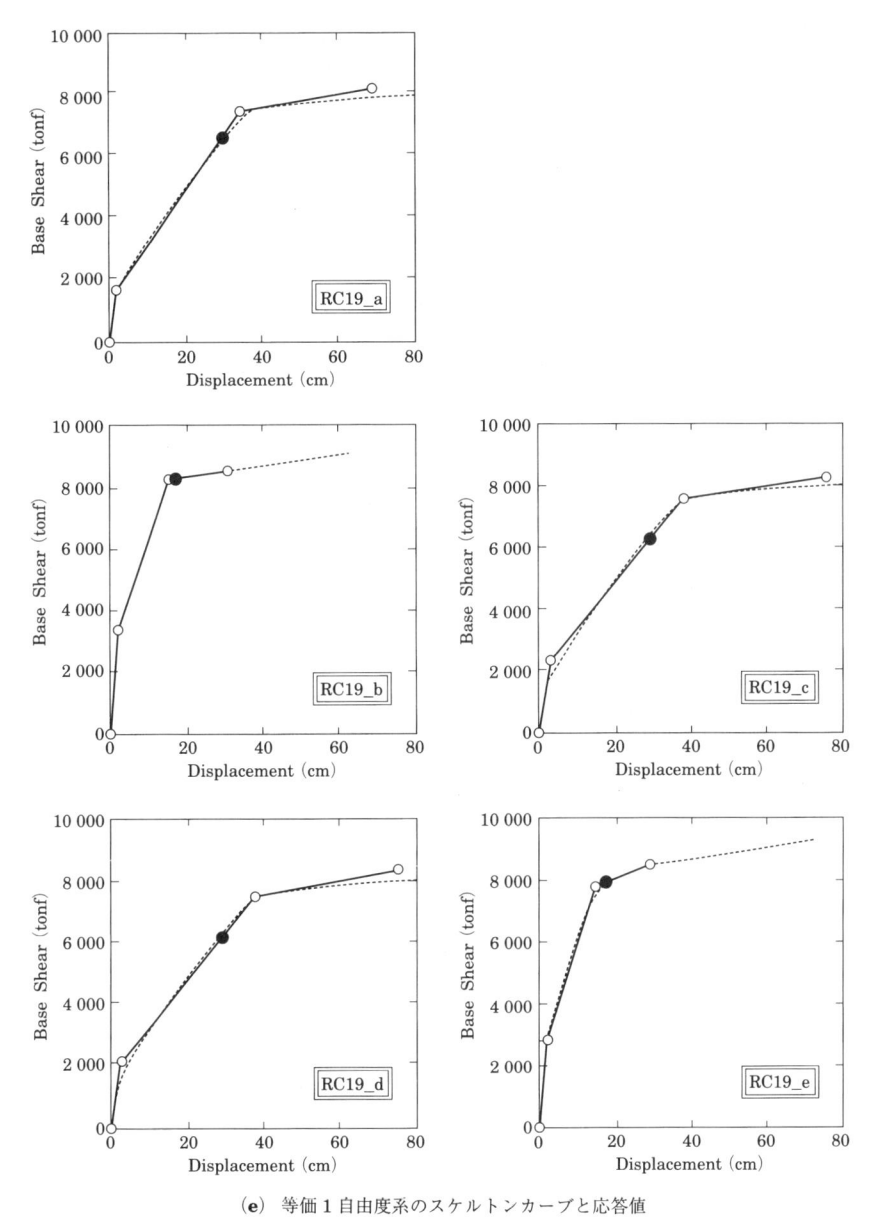

(e) 等価1自由度系のスケルトンカーブと応答値

図 I-1.59 (4) 19層RC造建築物の解析結果（つづき）

d. 解析結果のまとめ

① 標準モデルについて

・低層モデルでは1自由度系の応答値と多自由度系の応答値は良好な対応を示す．

・モデルが高層になるほど，多自由度系では中上層部において高次モードの影響と考えられる応答が認められるのに対して，1自由度系による多自由度置換の応答値はその影響が反映されないため，多自由度系の応答値に比して小さくなる傾向がある．

・各モデル，各層における多自由度系の応答層間変位に対する1自由度系の応答層間変位の比率 $_s\delta/_m\delta$ は，おおむね 0.8～1.1 の範囲にあるが，19層モデルのみ 0.7～1.22 と若干対応が悪い．

・応答層せん断力の比率 $_sQ/_mQ$ に関しては，6層および10層モデルではおおむね 0.95～1.05，

1 応答値の推定

19層モデルではおおむね0.8~1.1の範囲にあり，層間変位の比率に比して若干良い．

② 最下層柔モデルについて
- 低層あるいは高層に関わらず，各層における1自由度系と多自由度系の応答値の対応はおおむね良好である．
- 各モデルにおける最下層（検討対象層）の $_s\delta/_m\delta$ は，おおむね0.8~1.0の範囲にある．
- 各層の $_s\delta/_m\delta$ は，おおむね0.7~1.4の範囲にある．
- $_sQ/_mQ$ に関しては，おおむね0.9~1.15の範囲にある．

③ 最下層剛モデルについて
- 各モデルともに標準モデルと同様に，最下層を除いく各層において1自由度系の応答値が多自由度系の応答値に対して小さくなる傾向があるが，両者はおおむね対応している．
- 高層モデルでは，高次モードの影響で，中上層における1自由度系の応答値が多自由度系のものに対して過小となる傾向がある．
- 各層の $_s\delta/_m\delta$ は，おおむね0.75~1.15の範囲にあるが，19層モデルのみ0.58~1.05と若干対応が悪い．
- $_sQ/_mQ$ に関しては，おおむね0.95~1.05の範囲にあるが，19層モデルのみ0.81~1.04と1自由度系の応答値が多自由度系のものに比して若干小さくなる傾向がある．

④ 最上層柔モデルについて
- モデルによって1自由度系と多自由度系の応答値の適合精度が大きく異なっている．
- 10層モデルでは検討対象階（最上層）も含めて，両者の対応は良好である．
- 一方，6層モデルでは両者の対応はきわめて悪い．特に，最上層において1自由度系の応答値が多自由度系のものに比して過小となる傾向が顕著である．これは，多自由度系では，最上層の履歴復元力においてドリフトが生じたためと推察される．
- また，19層モデルでは最上層の復元力特性の設定がpushover解析の結果と異なっており，再検討の余地がある．

⑤ 中間層柔モデルについて
- 各モデルともに全層にわたり1自由度系の応答値が多自由度系の応答値に対して若干小さくなる傾向が認められるが，両者の対応はおおむね良好である．
- 各モデルにおける検討対象階（weak層）の $_s\delta/_m\delta$ は，おおむね0.8~1.0の範囲にある．
- 各層の $_s\delta/_m\delta$ は，おおむね0.75~1.2の範囲にある．
- $_sQ/_mQ$ に関しては，おおむね0.85~1.2の範囲にある．

⑥ 各モデルともに，各層の $_sQ/_mQ$ は $_s\delta/_m\delta$ に比べて1.0に近い傾向があり，本検討の範囲では，1自由度系と多自由度系の応答値の比較において層せん断力が層間変位よりもよい対応を示している．

⑦ 高層モデルになるほど，多自由度系応答値に対する等価1自由度系応答値の予測精度（$_s\delta/_m\delta$ および $_sQ/_mQ$）に及ぼす要因は，各層の剛性分布の影響よりもむしろ高次モードの影響が支配的になる．

(3) 等価1自由度系への縮約と多自由度系への展開

a．はじめに

一般に，多自由度系の地震応答を算出する方法として2つの方法が考えられる．1つは，弾塑性地

震応答解析により直接，部材の応答を算出する方法（図Ⅰ-1.60の①）であり，もう1つは，縮約した等価一自由度系の応答を算出し，これを多自由度系の応答に展開する方法（図Ⅰ-1.60の②）である．前者について，弾塑性地震応答解析は，動的な応力や変形の分布を把握できる最も有効な方法といえる．しかし，構造物や入力地震動に関する諸因子が地震応答変形分布に及ぼす影響は不明な点が多く，理論的，根本的に解明されていない．そのため，耐震設計において，既定の入力地震動を用いた地震応答解析による解析結果は，あくまで個別の参考値にすぎず，設計規範として一般性をもたせるのは難しい．後者について，その前半部分に相当する縮約一自由度系の応答変位の算定（図Ⅰ-1.60の②b）には，地震動の性質を包括して表現した線形応答スペクトルによる等価線形化法[3]が古くから用いられてきた．さらに，エネルギーの釣合いに着目して一自由度系の応答を評価する方法も提案されてきている．しかし，後半部分に相当する多自由度系への展開方法（図Ⅰ-1.60の②c）については，地震応答変形分布に及ぼす諸因子の影響が未解明であるため，理論的な背景をもって確立された方法はない．

そこで，一自由度系応答を如何に多自由度系の応答に展開するか（図Ⅰ-1.60の②c），という点に的を絞り，まず，弾塑性地震応答解析に基づく地震応答変形分布について構造物と入力地震動に関する諸因子との因果関係を解明する．次に，地震応答変形分布を推定する方法として，モードの重ね合せ，あるいは非線形漸増載荷解析の適用性を検討する．

ここでは，全層降伏型の構造物を対象とする．

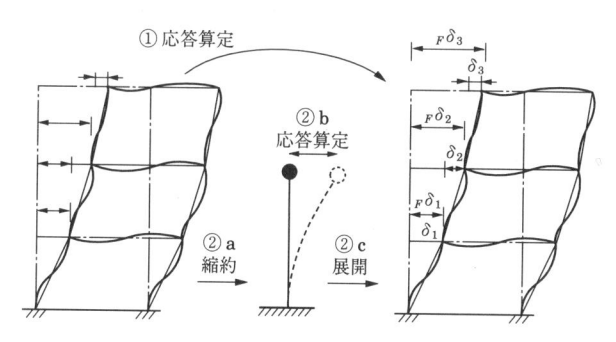

図Ⅰ-1.60 多自由度系の応答算定

b．解析対象
1) 検討用構造物の設定とモデル化

部材断面寸法などの調整により異なる弾性固有周期を有する2種類の12階建て構造物（構造物12a，12b）および3種類の18階建て構造物（構造物18a，18b，18c），合計5種類の構造物を設定する（表Ⅰ-1.7）．

各構造物の共通事項として，階高は各層2.8 m，断面寸法は上層漸減型（柱寸法は3層ごとに5.0 cmずつ変化，梁せいは柱せいの0.95倍，梁幅は梁せいの0.75倍），各階の重量は同一とし，単位面積あたりの慣性質量は1.06 ton/m²とする．各構造物とも無限均等ラーメンで，スパン長さは構造物12a，18a，18cでは5.0 m×5.0 mとし，構造物12b，18bでは5.0 m×7.5 m（検討対象：5.0 mのスパン方向）とする．コンクリート強度は構造物18cを除く構造物では24.0 N/mm²，構造物18cでは30.0 N/mm²を想定する．

各構造物の設計では，1層柱脚と各階梁端に曲げ降伏ヒンジを想定する全体降伏機構を設定し，

1　応答値の推定

表 I-1.7　検討用構造物の弾性固有周期

名称	階数	$_1T$	$_2T$	1層柱寸法
12 a	12 階	0.77 秒	0.28 秒	82× 82 cm
12 b		0.60 秒	0.21 秒	100×100 cm
18 a	18 階	0.80 秒	0.30 秒	100×100 cm
18 b		0.61 秒	0.22 秒	122×122 cm
18 c		1.03 秒	0.39 秒	90× 90 cm

塑性変形を許容する部材の剛性を低下させ，線形応力解析により行う．設計層せん断力係数分布は A_i 分布[20]とする．剛性低減率は各階梁で0.3，1層柱脚で0.7とする．設計ベースシヤー係数は0.30とし，降伏する部材の降伏強度は設計用応力の1.0倍とし，降伏しない部材の降伏強度は設計用応力の1.7倍とする．

また，耐力分布の影響を比較検討するため，構造物12 aに対して，さらに上層の層せん断力係数を割り増しした構造物12 a-tおよび荷重指針[21]によるSRSS合成外力分布とした構造物12 a-sを設定する（表 I-1.8，図 I-1.61）．構造物12 a-tの耐力分布は，最小配筋規定により上層の耐力が割り増されることを間接に想定している．

各構造物は，柱1本とそれに付く梁を，梁の中央で切り出したキの字形の平面骨組にモデル化する（図 I-1.62）．柱，梁は材端塑性バネモデルとし，復元力特性はトリリニア型（降伏点剛性低下率0.3，降伏後剛性は弾性剛性の0.01倍）とし（図 I-1.63），履歴特性にはTakedaモデルを用いる．

2)　入力地震動

入力地震動として，El Centro NS 1940，八戸 EW 1968，神戸海洋気象台 NS 1995，東北大学 NS 1978，Taft EW 1952の5種類を，地動最大速度が0.50 m/sec，あるいは0.75 m/secとなるよ

表 I-1.8　検討用構造物の耐力分布

名称	設計層せん断力係数分布
12 a, 12 b, 18 a, 18 b, 18 c	A_i 分布
12 a-t	A_i 分布＋上層で割り増し
12 a-s	SRSS合成外力分布

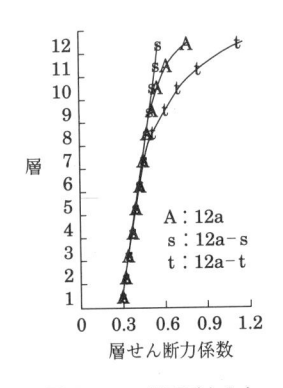

図 I-1.61　設計耐力分布

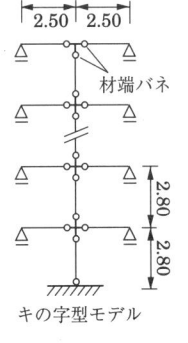

図 I-1.62　骨組のモデル化

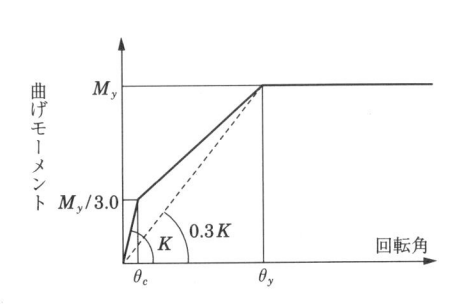

図 I-1.63　柱・梁の復元力特性

う規準化して用いる（表 I-1.9）．各入力地震動の擬似加速度応答スペクトルを図 I-1.64 に示す．同図では，荷重指針[22]による加速度応答スペクトル（$V=0.50$ m/sec，$A=4.50$ m/sec^2）を合せて示す．特に短周期領域に着目すれば，応答加速度が大きくなる周期は，e 50 では 0.20 sec から 0.30 sec まで，ta 50 では 0.20 sec から 0.45 sec まで，k 50 では 0.40 sec 付近である．h 50 と to 50 の短周期領域での応答加速度は小さい．

表 I-1.9　入力地震動

略称	原波	倍率	最大加速度 m/sec^2	最大速度 m/sec
e 50	ens*1	1.48	5.06	
h 50	hew*2	1.40	2.56	
k 50	kns*3	0.554	4.55	0.50
ta 50	taew*4	2.83	4.98	
to 50	tons*5	1.38	3.41	

注）　*1：El Centro NS (1940)
　　　*2：八戸 EW (1968)
　　　*3：神戸海洋気象台 NS (1995)
　　　*4：Taft EW (1952)
　　　*5：東北大学 NS (1978)
e 75…to 75 は，e 50…to 50 をさらに 1.5 倍する．

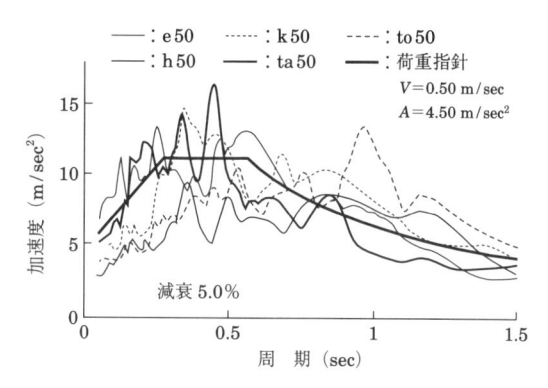

図 I-1.64　入力地震動の加速度応答スペクトル

c．弾塑性地震応答解析

時刻歴地震応答解析を行い，地震応答変形の高さ方向の分布について，その基本的な性質を検討する．地震応答解析では，減衰は瞬間剛性比例型とし，減衰定数は弾性 1 次モードに対して 3.0 % とする．

地震応答解析結果は正負を区別し，梁変形の正は，層間変形を正方向へ増大させる向きとする．ここでは，応答の絶対値は検討の対象ではなく，その相対的な値，分布形状を論ずる．検討用構造物の設計は，各階の梁の塑性率が同一になるように指向したものであるので，特に梁の最大応答塑性率の分布について検討する．層間変形は，梁の変形と柱の変形の和であり，梁の塑性変形によって大きく支配されるため，梁の塑性率の分布と連動して考えることができる．

1) 梁の最大応答塑性率の分布

梁の最大応答塑性率の高さ方向の分布形状はおおむね，下層集中型，中間層集中型，上層集中型，あるいは均等分布型という 4 種類に大別される．均等分布型を指向して設計した骨組でも，すべての入力地震動に対してそれを満足させることは難しい．

第一に，入力地震動の大きさの影響について検討する（図 I-1.65）．骨組と入力地震動の種類の組み合せが同じであっても，入力地震動の大きさの違いにより分布形状も異なる．その違いは 2 種類の型に大別される．1 つの型の例として骨組 12 a の kns, taew では，入力地震動の倍率が大きいほど，分布形状が上層集中型へ変化していく．これらは，応答変形の増大によって骨組の固有周期が長くなり，高次モードの影響が強くなるためと考えられる．もう 1 つの型の例として骨組 12 a の tons が挙げられ，入力地震動の増大に従って変形がさらに顕著に集中する．これは，入力地震動の非定常性が強く，応答変形の増大に伴う周期の伸びの影響が少ないためと考えられる．

第二に，骨組の固有周期と入力地震動の組合せを検討する．前述のように，分布形状は応答変形

1　応答値の推定

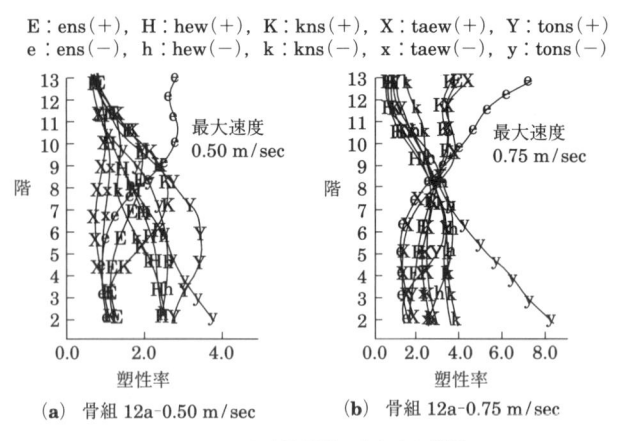

E：ens(+), H：hew(+), K：kns(+), X：taew(+), Y：tons(+)
e：ens(−), h：hew(−), k：kns(−), x：taew(−), y：tons(−)

(a)　骨組 12a-0.50 m/sec
(b)　骨組 12a-0.75 m/sec

図 I-1.65　入力地震動の大きさの影響

の絶対的な大きさに依存する．そこで，1次モードの最大応答変位（後述の式（I-1.37））が比較的近い2組を取上げて比較する（図 I-1.66）．骨組18aと最大速度0.75 m/secの組合せ（a）に対して骨組18bと最大速度0.50 m/secの組合せ（b）を比較し，骨組18aと最大速度0.50 m/secの組合せ（c）に対して骨組18cのと最大速度0.75 m/secの組合せ（d）を比較する．骨組18aと最大速度0.75 m/secの組み合わせ（a）では，ens, kns, taewに対しては上層集中型で，hew, tonsに対しては下層集中型あるいは均等分布に近い．固有周期の短い骨組18bと最大速度0.50 m/secの組合せ（b）では，ens, taewについては最上層への偏りが減り中間層集中型となる．knsについては下層集中型へと大きく変化し，hew, tonsについても，骨組18aより顕著な下層集中型となる．固有周期の長い骨組18cのknsでは，骨組18aよりも顕著に上層に集中する．なお，骨組12aと骨組12bに関しても，骨組18aと骨組18bの関係と類似している．応答変形の分布性状は骨組の階数によらず，骨組の固有周期に依存する．

固有周期の違う3種類の骨組のうち，ensについては，骨組12a, 18aで上層への変形集中が最も顕著であり，knsについては，最も固有周期の長い骨組18cで顕著である．これはいずれも，骨組の2次固有周期と，入力地震動の卓越周期がほぼ一致する時である．逆に，長周期成分が卓越するhew, tonsについては，骨組の固有周期が短い骨組で下層に変形が集中し，入力地震動が増大

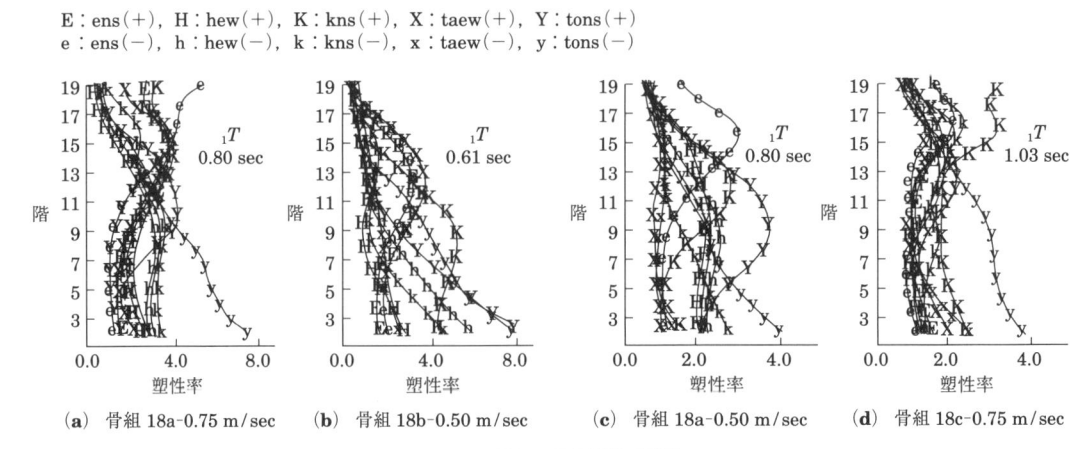

E：ens(+), H：hew(+), K：kns(+), X：taew(+), Y：tons(+)
e：ens(−), h：hew(−), k：kns(−), x：taew(−), y：tons(−)

(a)　骨組 18a-0.75 m/sec　　$_1T$ 0.80 sec
(b)　骨組 18b-0.50 m/sec　　$_1T$ 0.61 sec
(c)　骨組 18a-0.50 m/sec　　$_1T$ 0.80 sec
(d)　骨組 18c-0.75 m/sec　　$_1T$ 1.03 sec

図 I-1.66　骨組の固有周期の影響

するほど，下層への変形の集中が顕著になる．

第三に，骨組の耐力分布の影響を検討する（図Ⅰ-1.67および図Ⅰ-1.65(b)）．上層の耐力が骨組12aと比較して小さい骨組12a-sでは上層の変形が増大し，逆に上層の耐力を割り増しした骨組12-tでは上層の変形が減少する．骨組12a-tのように，上層部の梁が降伏に至らないほど上層部の耐力が高ければ，下層集中型のtonsを除く入力地震動に対して，応答変形は比較的同じ分布形状となる．tonsでは，骨組12aと比較してわずかに下層の応答が増大する．

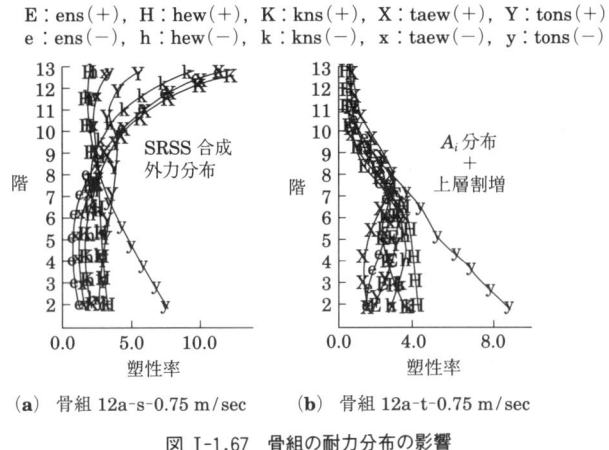

E : ens(+), H : hew(+), K : kns(+), X : taew(+), Y : tons(+)
e : ens(−), h : hew(−), k : kns(−), x : taew(−), y : tons(−)

(a) 骨組12a-s-0.75 m/sec　　(b) 骨組12a-t-0.75 m/sec

図Ⅰ-1.67　骨組の耐力分布の影響

2) 地震応答変形分布の要因

地震応答変形の分布を決定する要因の1つとして，骨組の固有周期と入力地震動の卓越周期の関係が推察される．そこで，ensおよびhewに対して，弾性固有周期0.60 secおよび0.21 secの1自由度系の弾性応答解析を行う．これらの周期は，それぞれ，骨組12bの弾性1次および2次固有周期に対応する．減衰は固有周期0.60 secに対しては，減衰定数を3.0％とし，0.21 secに対しては8.6％とする．

hewに対する固有周期0.21 secの変位応答は，微小振幅の短周期成分を含むものの，正負交番回数が少なく，長周期成分が卓越している．そのため，地動慣性力は静的に作用し，入力地震動とほぼ逆位相の変位応答を生じる．固有周期0.60 secの変位応答との重ね合せを試みると，より短周期の0.21 secの応答に対して，0.60 secの応答は遅延し若干の位相差が生じる．この位相差により，0.60 secの変位応答の上昇域で正の0.21 secの応答が生じる．すなわち，1次モードの変位応答の上昇域で正の2次モードの変位応答が生じ，下層の変位を増大させる結果となる．

このように，入力地震動の長周期成分が卓越し，短周期の応答が小さい時，下層に変形が集中する傾向にある．骨組の固有周期が短いほど，この傾向は顕著である．この型の地震動として，hewのほか，tonsが該当する．

ensでは，入力地震動の短周期成分によって，固有周期0.21 secの変位応答は大振幅の短周期成分を多く含む．0.60 secの変位応答の増大あるいは減少域で，0.21 secの変位応答は正負に振動し，hewほど明確な影響は伺えない．

弾性モードの応答の重ね合せによる検討では，短周期の応答が大きくなる型の入力地震動であるensについては，現象の解明が困難である．そこで，骨組12bのe50に対する応答について，最大応答付近の性状を詳細に検討する（図Ⅰ-1.69）．時刻Xまでは，比較的長周期の波により，1次モードが卓越した応答が生じる．この例では，時刻X付近で変位は負へ向かう．時刻Xにおいて，急

1 応答値の推定

激な加速度の変化があり，これを新たな地動，過渡外力とみなせば，過渡外力は負の加速度である．よって，この過渡外力によって生じる各次モードの応答変位は正の向きである（図 I-1.68 (b)）．瞬間的に生じる高次モードの影響は下層で大きく，上層では定常の1次モードが卓越する．下層の層間変形が低減される結果となる．

上述の現象は，1次振動を励起させる比較的長周期の波の後に，短周期の波が続く時に生じる．ただし，位相差に依存して，下層の応答変位は低減されたり，増幅されたりする．仮に，時刻 X まで完全に定常な1次振動であれば，地動と応答変位の位相差は $\pi+\alpha$（α は非減衰の時 0.0）であるので，ほぼ下層の応答は低減される．

以上のように，入力地震動の特性と構造物の固有周期によって，1次モードから変動して，下層の変形が増大したり，あるいは減少したりする．この変動そのものが微小であっても，曲げひび割れ，曲げ降伏による剛性低下や速度の反転などの諸現象に部材ごとの時間差が生ずれば，1次モードからの変動はさらに増幅される．剛性の低い層に変形が集中するためである．

骨組 12 b の hew, tons に対する応答などでは，前述の如く高次モードが下層の変位を増幅する側で作用するため，下階の梁のみ曲げ降伏し，下層に変形が集中する．骨組 12 a の ens に対する応答などでは，上層と下層の応答に位相差が生じる．上階の梁で塑性進展域，下階の梁で除荷域になる瞬間があり，塑性進展域側の上層に変形が集中する．骨組 12 a-t では，上階で梁が降伏しないため，上層に変形が集中することはない．

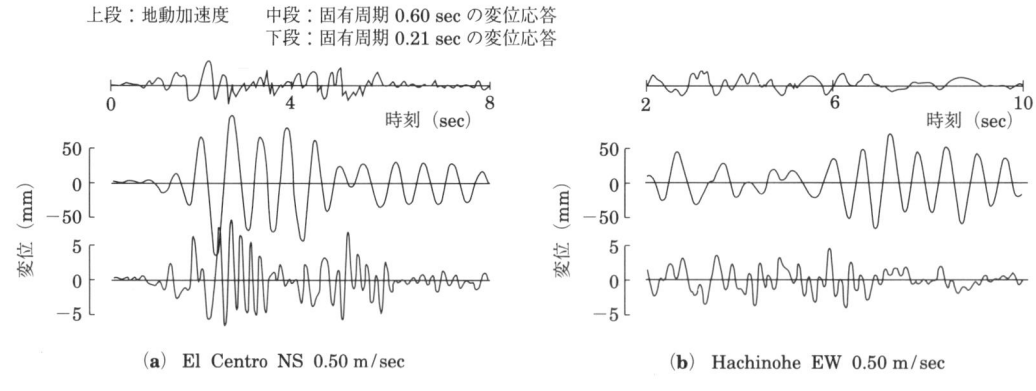

(a) El Centro NS 0.50 m/sec
(b) Hachinohe EW 0.50 m/sec

図 I-1.68 1自由度系の弾性変位応答

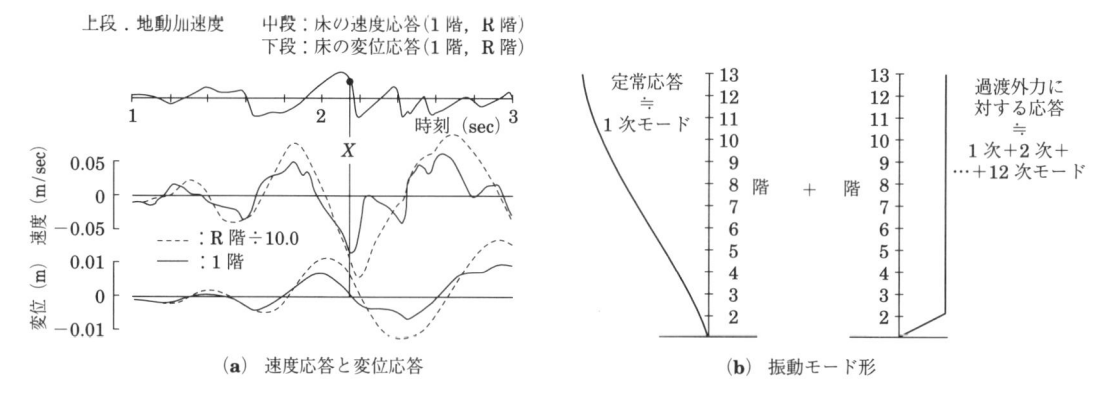

(a) 速度応答と変位応答
(b) 振動モード形

図 I-1.69 定常応答＋過渡外力

3) まとめ

多自由度系の地震応答では,入力地震動や構造物に関する諸パラメーターによって,応答変形の分布も大きく異なる.その性状を概せば,以下のようになる.

- 定常性の強い入力地震動に対しては,1次モードが卓越して,均等な分布となる.
- 固有周期が短い骨組では,長周期が卓越した入力地震動,あるいは非定常性が強い入力地震動に対して,下層に変形が集中する.
- 短周期成分を多く含む入力地震動に対して,上層に変形が集中する傾向がある.これは,入力地震動の卓越周期と骨組の2次固有周期が一致する時に顕著である.
- 骨組の耐力分布が違う場合,前二項の内の一方の変形集中は抑まるが,逆にもう一方の変形集中は増大する.

次項以降では,不確定な入力地震動の影響を包括できる地震応答変形分布の評価方法を検討する.

d. モードの重ね合せ

多自由度系の地震応答は,モードの重ね合せである.ここでは,モードを合成して地震応答変形分布を推定する方法について検討する.

1) 最大応答の上限値の推定

多自由度系の最大応答の上限値は,各次モードの最大応答の絶対値和であると考えれば,$(i+1)$階床の最大応答変位の上限値 $|\delta_i|_{\max}$,i層の最大応答層間変形の上限値 $|\delta_{i+1}-\delta_i|_{\max}$ および i層の最大応答層せん断力 $|Q_i|_{\max}$ は,次式で与えられる.

$$|\delta_i|_{\max} = \sum_{m=1}^{n} |{}_m\beta \, {}_mu_i \cdot |{}_m\delta|_{\max}| \tag{I-1.34}$$

$$|\delta_{i+1}-\delta_i|_{\max} = \sum_{m=1}^{n} |{}_m\beta \, ({}_mu_{i+1}-{}_mu_i) \cdot |{}_m\delta|_{\max}| \tag{I-1.35}$$

$$|Q_i|_{\max} = \sum_{m=1}^{n} \left| \left(\sum_{j=i}^{n} m_i \, {}_m\beta \, {}_mu_i \right) \cdot |{}_ma|_{\max} \right| \tag{I-1.36}$$

ここに,$|{}_m\delta|_{\max}$:m次モードの最大応答変位,
　　　$|{}_ma|_{\max}$:m次モードの最大応答加速度,
　　　${}_m\beta$:m次刺激係数,
　　　${}_mu_i$:i層のm次振動形,
　　　m_j:j階床の質量,
　　　n:階数,

である.

モードの合成に基づく最大応答の上限値と,前項の地震応答解析結果との比較を行う.ここでは,両者を1次モードの最大応答値で規準化する.すなわち,層間変形は1次モードの最大応答変位に対する倍率で表し,層せん断力は1次モードの最大応答せん断力に対する倍率で表す.1次モードの応答変位 ${}_1\delta$ および応答せん断力 ${}_1Q$ は,地震応答解析における各階の床の応答変位 $\{\delta\}$ および各層の層せん断力 $\{Q\}$ を用いて次式により算出する.

$${}_1\delta = \frac{{}_1\beta \{{}_1u\}^T [M] \{\delta\}}{{}_1M} \tag{I-1.37}$$

$${}_1Q = {}_1\beta \{{}_1u\}^T \{P\} \tag{I-1.38}$$

$$P_i = Q_i - Q_{i+1} \quad (i=1, 2, \cdots n-1) \tag{I-1.39}$$
$$\quad = Q_i \quad (i=n)$$

$${}_1M = {}_1\beta \{{}_1u\}^T [M] \{1\} \tag{I-1.40}$$

1 応答値の推定

$$= {}_i\beta \{{}_1u\}^T [M] {}_1\beta \{{}_1u\}$$

ここに，　${}_1\beta$：1次刺激係数，
　　　　　$\{{}_1u\}$：1次振動形，
　　　　　${}_1M$：1次等価質量，
　　　　　$[M]$：質量マトリクス，
　　　　　n：階数，

である．

弾塑性系においては，剛性の変化に伴って1次振動形$\{{}_1u\}$も変化するため，弾性時の振動形を用いる式（I-1.37），（I-1.38）による${}_1\delta$および${}_1Q$は，厳密の意味で1次モードの応答とは言えない．しかし，${}_1\delta$および${}_1Q$は，等価1自由度系（1.1.3(3)g. 付録1)）の地震応答解析によりおおむね評価が可能であり（1.1.3(3)g. 付録2)），等価1自由度系の代表点の応答（図I-1.60の①b）として有力である．地震応答解析結果を${}_1\delta$で規準化して求める分布形は，等価1自由度系から多自由度系へ展開する（図I-1.60の①c）方法の正解に相当する．

モードの合成による上限値は以下である．

$$\frac{|\delta_i|_{\max}}{|{}_1\delta|_{\max}} = \sum_{m=1}^{n} \left| {}_m\beta\, {}_mu_i \cdot \frac{S_d({}_mT, {}_mh)}{S_d({}_1T, {}_1h)} \right| \tag{I-1.41}$$

$$\frac{|\delta_{i+1} - \delta_i|_{\max}}{|{}_1\delta|_{\max}} = \sum_{m=1}^{n} \left| {}_m\beta\, ({}_mu_{i+1} - {}_mu_i) \cdot \frac{S_d({}_mT, {}_mh)}{S_d({}_1T, {}_1h)} \right| \tag{I-1.42}$$

$$\frac{|Q_i|_{\max}}{|{}_ma|_{\max}} = \sum_{m=1}^{n} \left| \left(\sum_{j=i}^{n} m_{jm}\beta\, {}_mu_i\right) \cdot \frac{S_a({}_mT, {}_mh)}{S_a({}_1T, {}_1h)} \right| \tag{I-1.43}$$

ここに，　S_d：変位応答スペクトル値，
　　　　　S_a：加速度応答スペクトル値，
　　　　　${}_mT$：m次固有周期，
　　　　　${}_mh$：m次減衰定数，

である．

簡便な方法として，1次モードと高次モードの最大応答値の比は，荷重指針[21]による加速度応答スペクトル（$V = 0.50$ m/sec，$A = 4.50$ m/sec（図I-1.64））を用いる．振動数比例型の減衰定数によって減衰補正し，m次モードの等価周期 ${}_mT$ は次式とする．

$${}_mT = \sqrt{\frac{{}_1\mu}{{}_1\alpha_y}} \cdot {}_mT_e \quad ({}_1\mu \geq 1.0) \tag{I-1.44}$$

ここに，　${}_mT_e$：m次弾性固有周期，
　　　　　${}_1\alpha_y$：1次モードの降伏点剛性低下率，
　　　　　${}_1\mu$：1次モードの塑性率，

であり，

$${}_1\mu = \frac{{}_1\delta}{{}_1\delta_y} \tag{I-1.45}$$

ここに，${}_1\delta_y$：1次モードの降伏変位（1.1.3(3)g. 付録1)）である．

1次モードと2次モードの等価周期の比が 0.333 の時，2次モードの最大応答加速度の1次モードの最大応答加速度に対する比を図I-1.70に示す．1次等価周期 0.50 sec から 1.50 sec までの領域について，hew, tons では常に荷重指針による比を下回り，2次モードが過大評価される．逆に，ens, kns, taew では2次モードが過小評価される周期帯もあるが，荷重指針に対して 1.60 倍未満

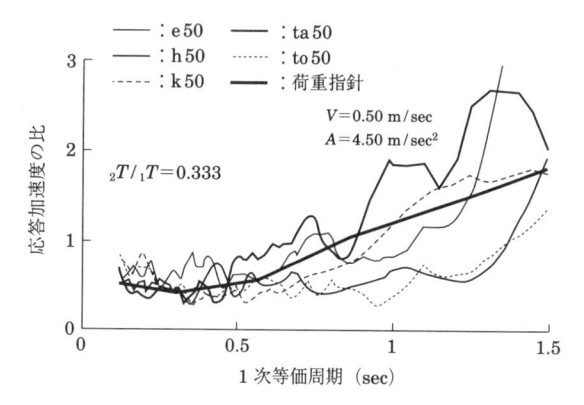

図Ⅰ-1.70 1次モードと2次モードの最大応答の比

に納まる．荷重指針による比は，1次等価周期に対して単調増大であるので，算出される上限値は，応答変形が大きいほど2次モードの影響を強く受けることになる．ens, hew では，1次等価周期約 1.25 sec を境に長周期側で，2次モードの影響が急増する．

骨組12aについて，等価周期として弾性周期を用いて算出した最大応答の上限値の分布を図Ⅰ-1.71 に示す．同図には，各次モードの直和あるいはモードの差分による分布も合せて示す．1次モードから3次モードまでを考慮すれば，最大応答の上限値は，上層から順に，（1次−2次+3次），（1次−2次−3次），（1次+2次−3次），（1次+2次+3次）で与えられる．高次モードほど等価剛性が大きいため，高次モードは，変形よりもせん断力に大きな影響を及ぼす．

等価周期として弾性周期，1次モードの塑性率 $_1\mu$ を 1.0 または 4.0 の時の周期の3種類を用いてモードの合成に基づく最大応答の上限値を算出し，地震応答解析結果と比較する（図Ⅰ-1.72）．

層間変形の分布では，モードの合成に基づく上限値は，均等分布型の地震応答解析結果を良く抑えている．しかし，変形集中型については，モード合成による上限値を上回る最大応答もある．特に上層集中型では，最大応答が，弾性周期を用いた上限値の 2.0 倍を超えるケースが多い．骨組 12 a-s の e 50 に対して，最上層で最大 4.32 倍である．下層集中型では，骨組 18 b の k 50 に対して，最下層で最大 1.93 倍である．1次モードの塑性率は，各々，1.16, 1.67 であり，ともに小さい．1次モードの応答，すなわち全体の応答が小さくても，上限値から大きく外れる可能性がある．上限値を求める際の等価周期を改めても，上限値と最大応答値の差が大幅に改善されることはない．この差は，弾性時の振動形 $\{_m u\}$ を用いて上限値を算定していることに起因すると考えられる．しか

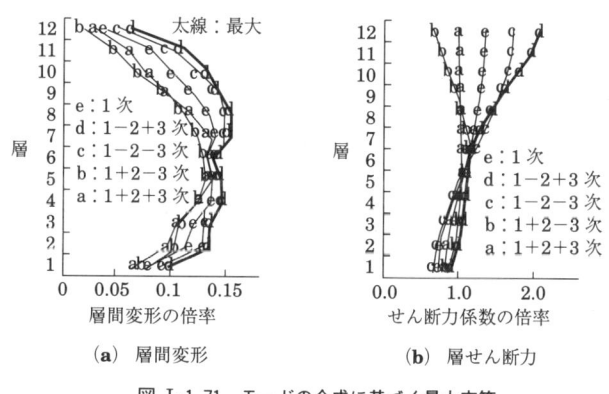

(a) 層間変形　　(b) 層せん断力

図Ⅰ-1.71 モードの合成に基づく最大応答

1　応答値の推定

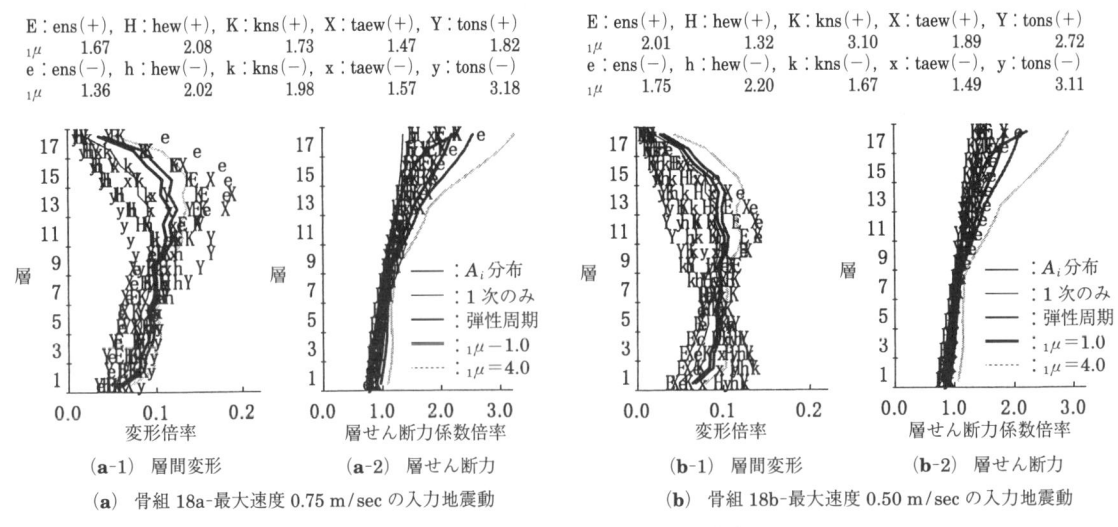

E : ens(+), H : hew(+), K : kns(+), X : taew(+), Y : tons(+)
$_1\mu$　　1.67　　　2.08　　　1.73　　　1.47　　　1.82
e : ens(−), h : hew(−), k : kns(−), x : taew(−), y : tons(−)
$_1\mu$　　1.36　　　2.02　　　1.98　　　1.57　　　3.18

E : ens(+), H : hew(+), K : kns(+), X : taew(+), Y : tons(+)
$_1\mu$　　2.01　　　1.32　　　3.10　　　1.89　　　2.72
e : ens(−), h : hew(−), k : kns(−), x : taew(−), y : tons(−)
$_1\mu$　　1.75　　　2.20　　　1.67　　　1.49　　　3.11

(a-1) 層間変形　　(a-2) 層せん断力
(a) 骨組 18a-最大速度 0.75 m/sec の入力地震動

(b-1) 層間変形　　(b-2) 層せん断力
(b) 骨組 18b-最大速度 0.50 m/sec の入力地震動

図 I-1.72　モードの合成による上限値の推定

し，全層が同時に降伏すること，すなわち，振動モード形が変化しないことを指向した本骨組において，あらかじめ異なる振動形を仮定することは困難である．

層せん断力の分布では，モードの合成に基づく上限値は，いずれの地震応答解析結果も良く抑えている．最大応答層せん断力は降伏耐力に支配されるため，その分布は設計層せん断力分布に近く，動的効果は小さい．

梁変形の分布については，ここでは言及していない．弾性時の柱，梁の変形の割合と，梁の曲げ降伏などの先行後のそれとは明らかに異なる．これを勘案すれば，層間変形の分布よりもさらに上限値の推定が困難である．

2) 地震応答解析結果のモード分解

1.1.3(3)c.の地震応答解析結果をモード分解する．すなわち，m 次刺激関数 $_m\beta\{_mu\}$ により，各階の床の応答変位 $\{\delta\}$ および各層の層せん断力 $\{Q\}$ を n 個（n：階数）のモードに分解する．m 次モードに対応する変位 $_m\delta$ およびせん断力 $_mQ$ は次式により算定する．

$$_m\delta = \frac{_m\beta\{_mu\}^T[M]\{\delta\}}{_mM} \tag{I-1.46}$$

$$_mQ = {_m\beta}\{_mu\}^T\{P\} \tag{I-1.47}$$

$$\begin{aligned}P_i &= Q_i - Q_{i+1} \quad (i=1,2,\cdots n-1) \\ &= Q_i \quad\quad\quad\quad (i=n)\end{aligned} \tag{I-1.48}$$

$$\begin{aligned}_mM &= {_m\beta}\{_mu\}^T[M]\{1\} \\ &= {_m\beta}\{_mu\}^T[M]_m\beta\{_mu\}\end{aligned} \tag{I-1.49}$$

ここに，　　$_m\beta$：m 次刺激係数，
　　　　　$\{_mu\}$：m 次振動形，
　　　　　　$_mM$：m 次等価質量，
　　　　　$[M]$：質量マトリクス，
　　　　　　n：階数，

である．

モードの応答せん断力および応答変位として，骨組 12 b の h 75 に対する応答を図 I-1.73 に示す．1 次モードについて，等価せん断力-等価変位関係は規則的なループを描き，応答変位と応答せん断力は全く同位相である．等価せん断力-等価変位関係の曲線については，等価1自由度系の地震応答解析によって，これとほぼ同様の曲線を得ることができる（1.1.3(3) g. 付録2)）．これに対し，2 次モードの等価せん断力-等価変位関係の曲線は全く不規則であり，応答変位と応答せん断力は位相も周期成分も異なる．むしろ，2 次モードの応答変位は 1 次モードの応答変位と同じ周期成分である．これは，本来 1 次モードであるはずの応答のうち，モード形の変化分に相当する変位が，2 次モードの応答変位に含まれてしまうのである．2 次モードの最大応答変位は，1 次モードの最大応答変位の 0.40 倍であり，弾性変位応答スペクトルによる 0.082 倍に対して著しく大きい．弾塑性系におけるモード分解は，特に変位については困難である．

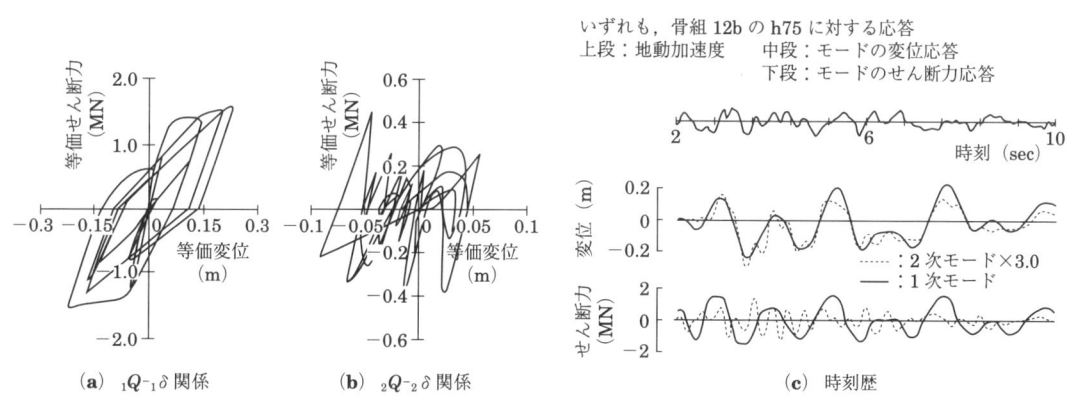

図 I-1.73　m 次の応答せん断力と応答変位

3) まとめ

多自由度系の地震応答をモードの重ね合せで把握しようとする手法は，弾性系においては理論的に明快で容易であるが，弾塑性系においては困難である．層間変形は，振動モード形の瞬間的な変化に大きく依存するためと考えられる．

e. 静的漸増載荷解析

多自由度系における代表点の最大応答変位から各層，各部材の最大応答変形を推定する方法として，静的漸増載荷解析の適用性を検討する．

1) 外力分布・層せん断力分布

漸増載荷解析では，得られる解が仮定した外力分布に大きく依存する．時刻歴地震応答において時々刻々複雑に変化する層せん断力の分布を一定と仮定するのは困難である．そこで，層せん断力の分布の異なる複数の漸増載荷解析を行うことにより，分布の変動を包括することを考える．

ここでは，漸増載荷解析に用いる層せん断力の分布としてモードの直和，モードの差分という 2 種類を設定する．すなわち，2 次モードまでを考慮した $_1Q+_2Q$ 分布（式(I-1.50)）および $_1Q-_2Q$ 分布（式(I-1.51)）である．

$$\frac{Q_i}{Q_1} = \frac{_1Q_i + _2Q_i}{_1Q_1 + _2Q_1} \tag{I-1.50}$$

$$\frac{Q_i}{Q_1} = \frac{_1Q_i - _2Q_i}{_1Q_1 - _2Q_1} \tag{I-1.51}$$

1 応答値の推定

$$\frac{_mQ_i}{_mQ_1} = \frac{\sum_{j=i}^{n} w_j \, _m\beta \, _mu_j}{\sum_{j=1}^{n} w_j \, _m\beta \, _mu_j} \qquad (\mathrm{I}\text{-}1.52)$$

ここに，　Q_i：i 層の層せん断力，

　　　　　$_mQ_i$：m 次モードの i 層の層せん断力，

　　　　　$_m\beta$：m 次刺激係数，

　　　　　$_mu_j$：j 層の m 次振動形，

　　　　　w_j：j 階の重量，

である．

各次モードの1層せん断力の比は式（I-1.53）とする．

$$\frac{_mQ_1}{_1Q_1} = \frac{_mM S_a(_mT, _mh)}{_1M S_a(_1T, _1h)} \qquad (\mathrm{I}\text{-}1.53)$$

ここに，　$_mQ_1$：m 次モードの1層せん断力，

　　　　　S_a：1質点系の加速度応答スペクトル値，

　　　　　$_mT$：m 次固有周期，

　　　　　$_mh$：m 次減衰定数，

　　　　　$_mM$：m 次等価質量（式（I-1.45）），

である．

1.1.3(3) d. でモード分解したモードの等価せん断力 $_1Q$ および $_2Q$ について，最大応答付近の時刻歴を図 I-1.74 に示す．また，次式による $_2Q'$ を同図中に示す．

$$_2Q' = \frac{S_a(_2T, _2h)}{S_a(_1T, _1h)} |_1Q|_{\max} \qquad (\mathrm{I}\text{-}1.54)$$

ここに，　$_1Q$：1次モードの応答せん断力，

　　　　　S_a：1質点系の加速度応答スペクトル値，

　　　　　$_mT$：m 次固有周期，

　　　　　$_mh$：m 次減衰定数，

である．

最大応答付近で2次モードの応答と1次モードの応答の正負の向きは，骨組12bのe75に対しては逆向きに，h75に対しては同じ向きである．いずれも $_2Q$ は $_2Q'$ を上回る時もある．$_1Q$ と $_2Q$ の比を一定値に置換するのは難しいが，当面，$_1Q$ と $_2Q$ の比は，式（I-1.53）に1質点系の弾性加速度応答スペクトル値を代入して算出する．

層せん断力の分布を $_1Q$，$_1Q+_2Q$，$_1Q-_2Q$ 分布とした時の層せん断力係数を，比較のための A_i

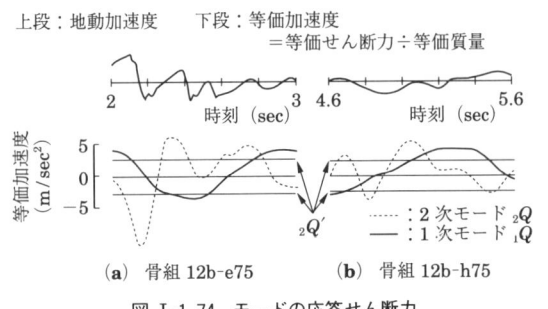

図 I-1.74 モードの応答せん断力

分布とともに図 I-1.75 に示す．各次モードの 1 層せん断力の比を求める際（式（I-1.53））の加速度応答スペクトル値は，荷重指針[22]による加速度応答スペクトル（$V=0.50$ m/sec，$A=4.50$ m/sec^2，図 I-1.64）を用い，振動数比例型の減衰定数によって減衰補正する．$_1Q+_2Q$ 分布は一様分布に近く，$_1Q-_2Q$ 分布は最上層を除く中・上層部で A_i 分布よりも大きな係数をもつ分布である．

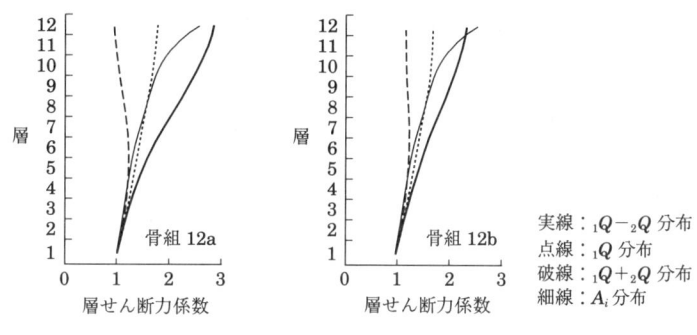

図 I-1.75　層せん断力係数分布

2）代表変位，代表荷重

漸増載荷解析における 1 次等価せん断力 $_1P$ − 1 次等価変位 $_1\delta$ 関係について，層せん断力分布の違いによる影響を検討する．

m 次等価変位 $_m\delta$ および等価せん断力 $_mP$ は，漸増載荷解析で得られる各載荷ステップごとの変位ベクトル $\{\delta\}$ および外力ベクトル $\{P\}$ を用いて次式により算定する．

$$_m\delta = \frac{_m\beta \{_mu\}^T [M]\{\delta\}}{_mM} \tag{I-1.55}$$

$$_mP = {_m\beta}\{_mu\}^T\{P\} \tag{I-1.56}$$

ここに，$_m\beta\{_mu\}$：m 次刺激関数，
　　　　$[M]$：質量マトリクス，
　　　　$_mM$：m 次等価質量（式 I-1.45）

である．

骨組 12b について，$_1P-_1\delta$ 関係，$_2P-_2\delta$ 関係を図 I-1.76 に示す．$_1P-_1\delta$ 関係は，3 種の層せん断力分布について，理論的に一致するのは弾性域のみであるが，塑性域でも差異は小さい．一方，$_2P-_2\delta$ 関係は層せん断力分布の違いにより異なる．特に，1 次モードの降伏と同時に，2 次モードそのものの降伏耐力よりも低い 2 次等価せん断力において $_2P-_2\delta$ 曲線も横ばいとなり，層せん断力分布の違いによる 2 次等価変位の差が増大する．これは，部分的な降伏に伴う降伏した箇所への変形の増大が，間接的に 2 次等価変位として現れるものである．すなわち，1 次モードと 2 次モードが相互に作用することにより，見かけ上の 2 次モードの変位が増大する．降伏箇所，降伏時期は層せん断力分布の微妙な違いに影響されるため，2 次等価変位も層せん断力分布によって大きく異なる．

漸増載荷解析を，多自由度系の等価 1 自由度系への縮約（図 I-1.60 の①a）方法に適用する場合，1 次等価質量，等価変位および等価せん断力をそれぞれ式（I-1.45），（I-1.55），（I-1.56）により求めれば，いずれの層せん断力分布を用いても，得られる等価 1 自由度系の復元力特性はほぼ同じである．

1 応答値の推定

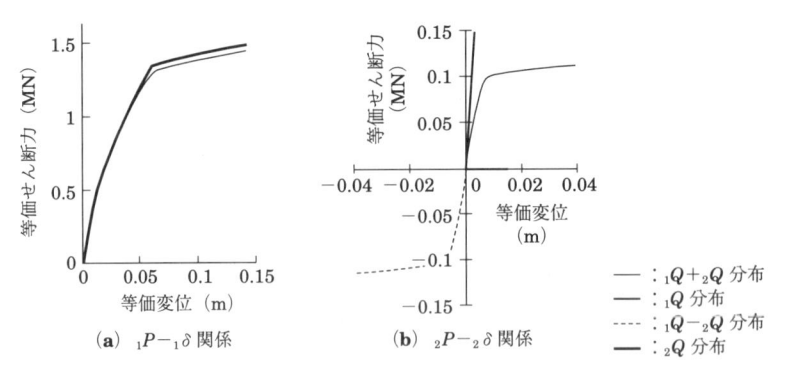

図 I-1.76 m 次の等価せん断力-等価変位関係

(a) $_1P-_1\delta$ 関係
(b) $_2P-_2\delta$ 関係

― ：$_1Q+_2Q$ 分布
― ：$_1Q$ 分布
---- ：$_1Q-_2Q$ 分布
― ：$_2Q$ 分布

3) 変形分布の比較

漸増載荷解析に基づく変形分布と，地震応答解析による応答変形分布を比較する．ここでは，等価1自由度系から多自由度系への展開（図 I-1.60 の①c）方法への適用を検討するため，等価1自由度系の代表点の最大応答変位（図 I-1.60 の①b）が既知である，という前提を設ける．すなわち，漸増載荷結果は，1次等価変位 $_1\delta$ が地震応答解析による1次モードの最大応答変位と等しくなる荷重階を参照する（図 I-1.77）．なお，地震応答解析による1次モードの最大応答変位は，絶対値の最大値とし正負を考慮しない．漸増載荷解析は，層せん断力分布を $_1Q$，$_1Q+_2Q$，$_1Q-_2Q$ 分布とした3種類と，層せん断力係数分布を A_i 分布とした場合の計4種類である．

漸増載荷解析結果と地震応答解析結果について，各階の梁の塑性率を比較して図 I-1.78 に示す．層間変形の分布については，梁の塑性率の分布と関連付けることができる．

設計層せん断力係数の分布を A_i 分布とした骨組では，A_i 分布を用いた漸増載荷解析による梁の塑性率は，各階でほぼ一様に分布する．しかし，地震応答解析結果は，下層集中型，中間層集中型，上層集中型など，いずれかの部分に集中する場合が多く，A_i 分布による漸増載荷解析ではこれらを推定するのは困難である．

これに対し，下層集中型の例である骨組 12 b および 18 b の hew, tons に対する応答は $_1Q+_2Q$

▲：地震応答解析(+)，実線：$_1Q-_2Q$ 分布，点線：$_1Q$ 分布
▼：地震応答解析(−)，破線：$_1Q+_2Q$ 分布，細線：A_i 分布

骨組 12a
ta75

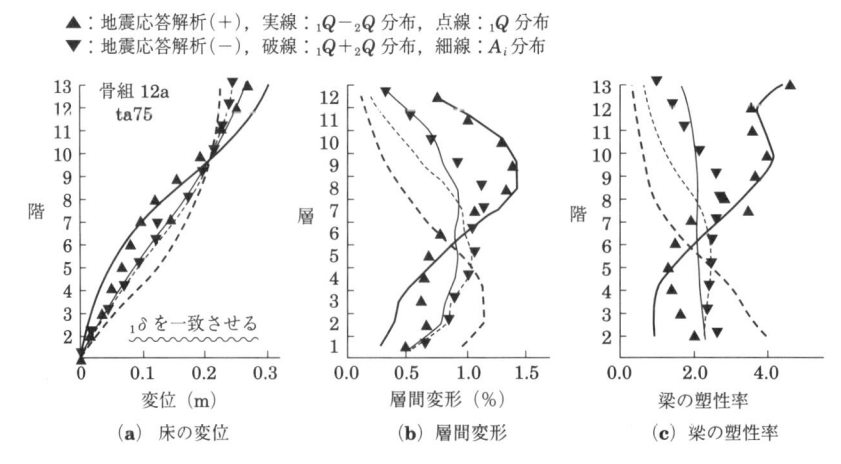

(a) 床の変位
(b) 層間変形
(c) 梁の塑性率

図 I-1.77 漸増載荷解析結果の参照例

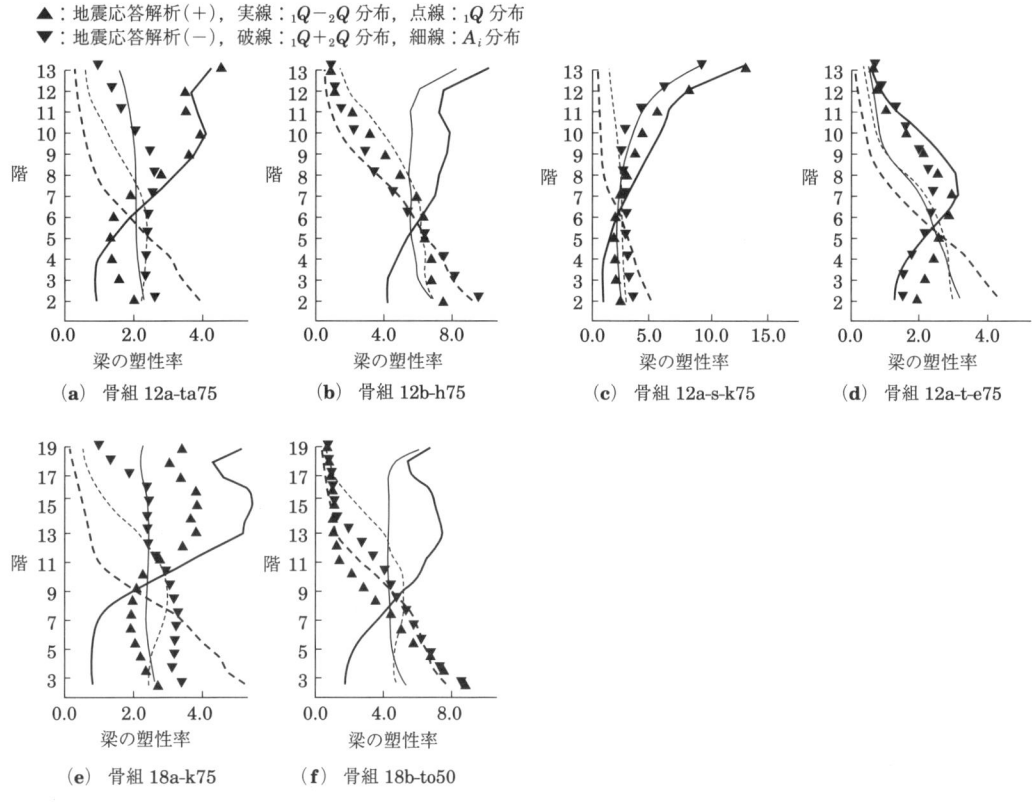

▲：地震応答解析（＋），実線：$_1Q-_2Q$ 分布，点線：$_1Q$ 分布
▼：地震応答解析（−），破線：$_1Q+_2Q$ 分布，細線：A_i 分布

(a) 骨組 12a-ta75
(b) 骨組 12b-h75
(c) 骨組 12a-s-k75
(d) 骨組 12a-t-e75
(e) 骨組 18a-k75
(f) 骨組 18b-to50

図 I-1.78 梁の塑性率の比較

分布により良く近似され，上層集中型あるいは中間層集中型の例である骨組 12 a および 18 a の ens, taew に対する応答は $_1Q-_2Q$ 分布により良く近似される．いずれの解析ケースでも，おおむね，$_1Q+_2Q$ 分布と $_1Q-_2Q$ 分布という２つの漸増載荷解析結果の大きい方の値が，地震応答解析による最大応答の上限値を与えている．$_1Q+_2Q$ 分布が下層部の上限値を与え，$_1Q-_2Q$ 分布が中・上層部の上限値を与える．上層の設計せん断力係数の違いによる変形分布の変化に対しては，$_1Q-_2Q$ 分布の漸増載荷解析結果が追随する．すなわち，$_1Q-_2Q$ 分布の漸増載荷解析結果は，骨組 12 a-s では著しい上層集中型となるが，骨組 12 a-t では小さい変形で収まる．両骨組において，上限値が著しく過小評価あるいは過大評価することはない．12 階建て骨組については，$_1Q$ 分布による解析結果が最大値を与えるのは中低層部のごく一部であり，$_1Q$ 分布による解析は省略できる．18 階建て骨組の 8，9，10 階では，$_1Q$ 分布による解析結果が最大値を与えるため，これも必要である．

$_1Q+_2Q$ 分布と $_1Q-_2Q$ 分布という2つの漸増載荷解析による上限値を上回る地震応答解析結果もある．この過小評価は，$_1Q$ と $_2Q$ の比を一定値とし，$_1Q_1$ と $_2Q_1$ の比を求める際に 1 自由度系の弾性加速度応答スペクトルを用いたことに起因する．また，2 次モードと同様にさらに 3 次モードを考慮することによって改善される場合もある（図 I-1.79）．$_1Q-_2Q+_3Q$ 分布では $_1Q-_2Q$ 分布よりも上層に集中した分布が得られ，$_1Q+_2Q+_3Q$ 分布は $_1Q-_2Q$ 分布よりも顕著な下層集中型となる．

漸増載荷解析に基づいた地震応答変形分布の推定方法として，以下の 3 つを設定し，その精度を比較する．

方法 1：A_i 分布による漸増載荷解析結果を推定値とする．

1　応答値の推定

▲：地震応答解析(+)，実線：$_1Q-_2Q$ 分布，点線：$_1Q$ 分布
▼：地震応答解析(+)，破線：$_1Q+_2Q$ 分布，細線：A_i 分布

(a) 骨組 12a-e50
(b) 骨組 12b-h50

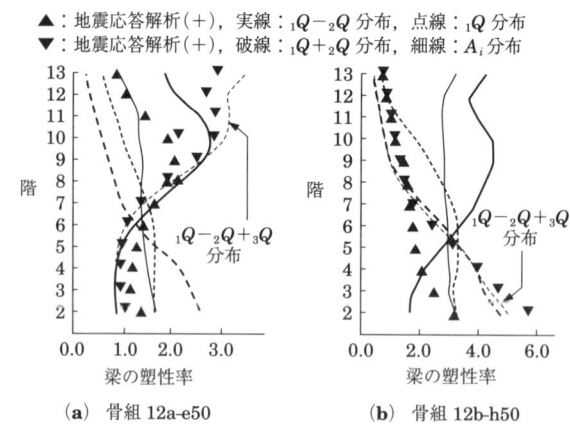

図 I-1.79　3 次モードまで考慮した場合

方法 2：12 階建て骨組では，$_1Q+_2Q$ 分布と $_1Q-_2Q$ 分布という 2 つの漸増載荷解析による大きい方の値を上限値とする．18 階建て骨組では，$_1Q$ 分布を加えた 3 つの漸増載荷解析とする．

方法 3：方法 2 と同様であるが，3 次モードまで考慮した $_1Q+_2Q+_3Q$ 分布と $_1Q-_2Q+_3Q$ 分布を用いる．

各解析ケースにおいて，各階の梁に関する推定値あるいは上限値に対する地震応答解析結果の比を求め，その最大値を図 I-1.80 に示す．

方法 1 では，地震応答解析結果が推定値の 4.0 倍程度に達する場合も多々あり，骨組 18 c の k 99 に対する R 階で最大 6.6 倍である．変形分布のばらつきが比較的少ない骨組 12 a-t でも，推定値の 2.0 倍を超える地震応答解析結果がある．方法 2 では，すべての解析ケースで塑性率の比は 2.0 以下であり，逆に最大値が 1.0 倍を大きく下回ることもなく，非常に良く上限値が与えられる．方法 3 は，方法 2 と比べて大きな精度の向上はない．方法 3 は，顕著な上層集中型や下層集中型に対してのみ精度が向上する．

方法 2 によって，最も合理的に上限値が与えられる．

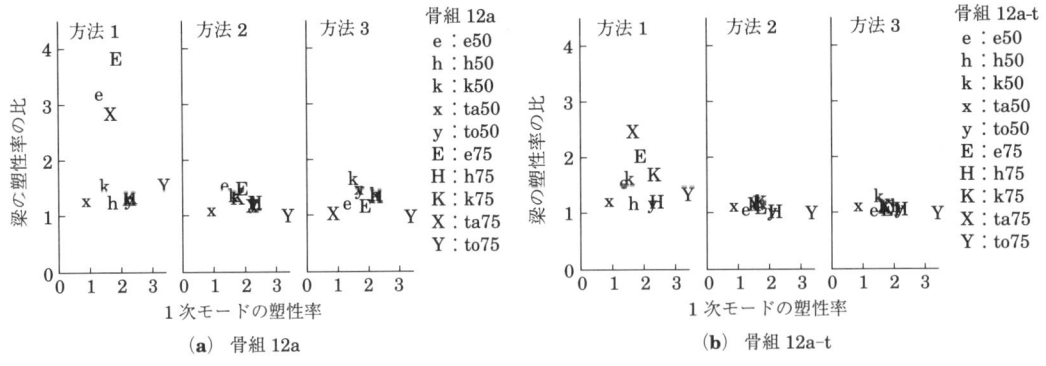

(a) 骨組 12a
(b) 骨組 12a-t

図 I-1.80　漸増載荷解析による推定方法の比較

4) ま と め

層せん断力分布として $_1Q+_2Q$ 分布および $_1Q-_2Q$ 分布の 2 種類を用いた漸増載荷解析により，地震応答解析において未解明な要因による分布の変動をほぼ包括して，地震応答変形分布を推定することができる．

縮約1自由度系と漸増載荷解析を用いた多自由度系の最大応答変形の評価方法をまとめる．

① 等価1自由度系への縮約：適当な水平外力分布を用いた漸増載荷解析を行い，等価1自由度系の等価質量 $_1M$，等価変位 $_1\delta$ および等価せん断力 $_1P$ は，それぞれ式（Ⅰ-1.45），（Ⅰ-1.55），（Ⅰ-1.56）により算定する．

② 等価1自由度系の最大応答変位の算定：この方法については，ここでは言及しない．

③ 多自由度系への展開：層せん断力の分布に $_1Q+_2Q$ 分布および $_1Q-_2Q$ 分布の2種類を用いた漸増載荷解析を行う．漸増載荷結果は，代表点の変位 $_1\delta$ が②の最大応答変位と等しくなる荷重階を参照する．多自由度系の最大応答（層間変形・層せん断力，柱・梁の応力・変形など）の上限値は，2つの解析結果の大きい方で与えられる．

現段階で，上述の方法の適用範囲は，梁降伏先行の全体降伏型の構造物である．さらなる検討により，設計時に想定した崩壊形によらない構造物に適用範囲を広げられる可能性もある．ただし，崩壊形（各節点で柱と梁のどちらにヒンジが生じるか）は明瞭である必要があろう．

f. 全体のまとめ

① 多自由度系の地震応答では，入力地震動や構造物に関する諸パラメーターによって，応答変形の分布も大きく異なる．入力地震動の特性と構造物の固有周期の関係から，分布の定性的な性状は予測できるが，定量化は困難である．

② 多自由度系の地震応答をモードの重ね合せで把握しようとする手法は，弾塑性系においては困難である．それは，振動モード形が変化することに起因する．

③ 2種類の漸増載荷解析を行うことにより，未解明な要因による分布の変動をほぼ包括して，合理的に，地震応答変形分布を推定することができる．ここでは，漸増載荷解析に用いる層せん断力の分布として，モードの直和およびモードの差分という2種類を提案した．

g. 付　　録

1) 等価1自由度系の設定方法

等価質量 $_1M$ は次式による．

$$_1M = {_1\beta}\{_1u\}^T[M]\{1\} \qquad\qquad\qquad (\text{Ⅰ-1.57})$$
$$= {_1\beta}\{_1u\}^T[M]{_1\beta}\{_1u\}$$

ここに，　$_1\beta$：弾性1次刺激係数，
　　　　$\{_1u\}$：弾性1次振動形，
　　　　$[M]$：質量マトリクス，

である．

等価せん断力-等価変位関係は，外力分布を弾性1次モード比例分布とした漸増載荷解析より求める．すなわち，まず，漸増載荷解析における各荷重階について，各階の床の変位 $\{\delta\}$ および各階への作用外力 $\{P\}$ を用いて，等価せん断力 $_1Q$ および等価変位 $_1\delta$ を次式により算出する．

$$_1\delta = \frac{{_1\beta}\{_1u\}^T[M]\{\delta\}}{_1M} \qquad\qquad\qquad (\text{Ⅰ-1.58})$$

$$_1Q = {_1\beta}\{_1u\}^T\{P\} \qquad\qquad\qquad (\text{Ⅰ-1.59})$$

ここに，　$_1\beta$：1次刺激係数，
　　　　$\{_1u\}$：1次振動形，
　　　　$_1M$：1次等価質量，

である．

1 応答値の推定

漸増載荷解析により得られた等価せん断力-等価変位曲線をトリリニア型に置換する（図Ⅰ-1.81）．ここでは，塑性率2程度における消費エネルギーが等価となるように留意して置換する．具体的な方法は，以下の①から⑥までである．

① 降伏点（=第2折れ点）の変位 δ_y を未知数とする．
② 元の曲線の顕著な折れ曲がり点を仮の降伏点とし，その変位を δ_y' と置く．
③ 元の曲線の $2\delta_y' \sim 4\delta_y'$ 間について，最小2乗法によって回帰直線を求める．
④ ③で得られた直線上に真の降伏点があると仮定し，降伏耐力 Q_y を δ_y の関数として表す．
⑤ 梁のひび割れ耐力と降伏耐力の比（=3.0）から，第1折れ点の耐力 Q_c は $Q_y/3.0$ とする．
⑥ $2\delta_y'$ における消費エネルギー E が，元の曲線による消費エネルギーと等価となるとし，δ_y を含む方程式を立てる．

$$E_{at2\delta_{y'}} = \int_0^{2\delta_{y'}} Q \cdot d\delta \tag{Ⅰ-1.60}$$

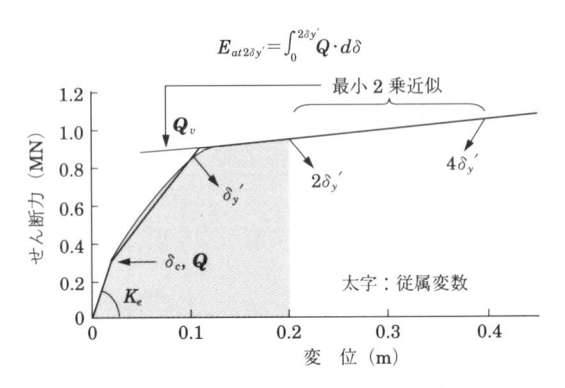

図 Ⅰ-1.81 トリリニア型への置換方法

2) 等価1自由度系の地震応答解析

等価1自由度系に縮約して応答を算定することの妥当性を検証する．ここでは，多自由度系の地震応答解析に基づく1次モードの応答変位 $_1\delta$（式（Ⅰ-1.37））および応答せん断力 $_1Q$（式（Ⅰ-1.38））と，等価1自由度系の地震応答解析に基づく応答変位および応答せん断力を比較する．等価1自由度系への縮約は 1.1.3(3) g. 付録1) に基づいて復元力特性をトリリニア型に置換し，履歴特性にはTakedaモデルを用いる．5個の骨組と3種の入力地震波の組合せについて，応答せん断力-応答変位関係および変位応答時刻歴の比較を図 Ⅰ-1.82 に示す．

いずれの解析ケースでも，等価1自由度系の最大応答変位は多自由度系応答における最大1次等価変位の1.0～1.15倍である．正負の符号を考慮すると，骨組12aおよび18aのk50の負側についてのみ過小評価で，各々，0.91倍，0.95倍である．骨組18bのh50の正側で1.22倍，骨組18cのk75の負側で1.22倍と過大な値である．その他の違いとして，3次剛性が合わない，骨組18cのe75では履歴形状が合わない，特に，骨組12aおよび18aのk50について，大振幅後の小振幅サイクルで応答が一致しない，などが挙げられる．おおむね，等価1自由度系の応答解析により，多自由度系の応答 $_1\delta$ および $_1Q$ を評価することができる．

1.1 地震応答

太線：多自由度系応答の1次モード成分
細線：等価1自由度系応答

(a) El Centro NS 0.50 m/sec　　(b) Hachinohe EW 0.50 m/sec　　(c) JMA Kobe NS 0.50 m/sec

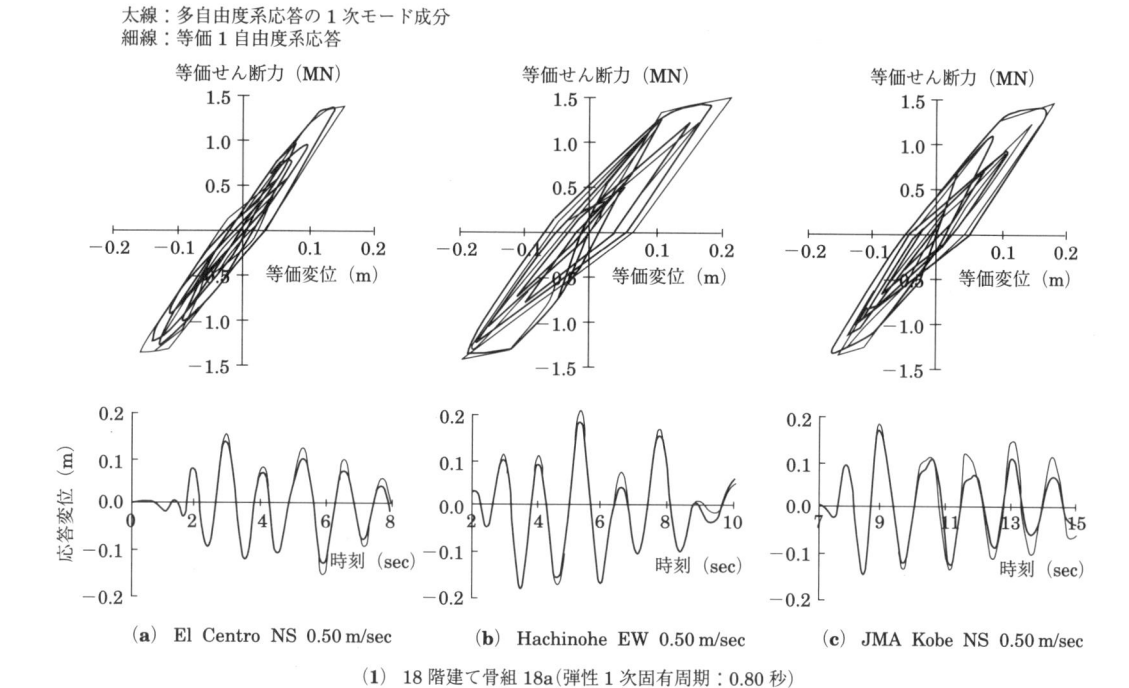

(1) 18階建て骨組 18a（弾性1次固有周期：0.80秒）

図 I-1.82 (1)　多自由度系応答と等価1自由度系応答との比較

太線：多自由度系応答の1次モード成分
細線：等価1自由度系応答

(a) El Centro NS 0.50 m/sec　　(b) Hachinohe EW 0.50 m/sec　　(c) JMA Kobe NS 0.50 m/sec

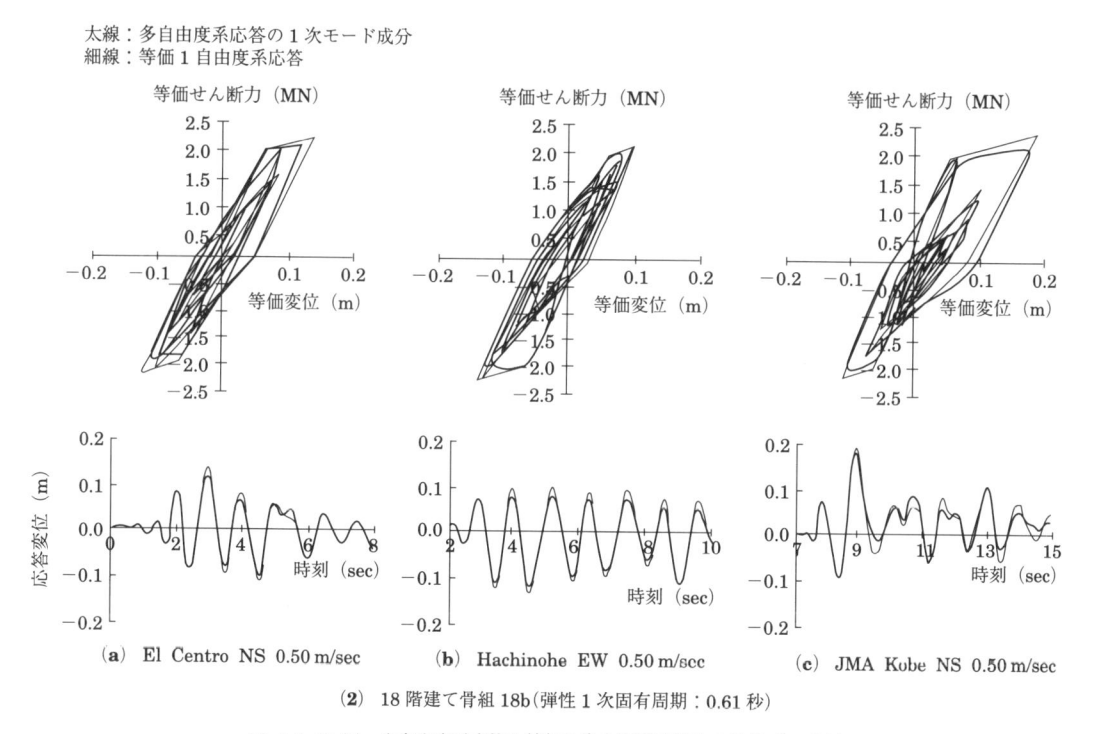

(2) 18階建て骨組 18b（弾性1次固有周期：0.61秒）

図 I-1.82 (2)　多自由度系応答と等価1自由度系応答との比較（つづき）

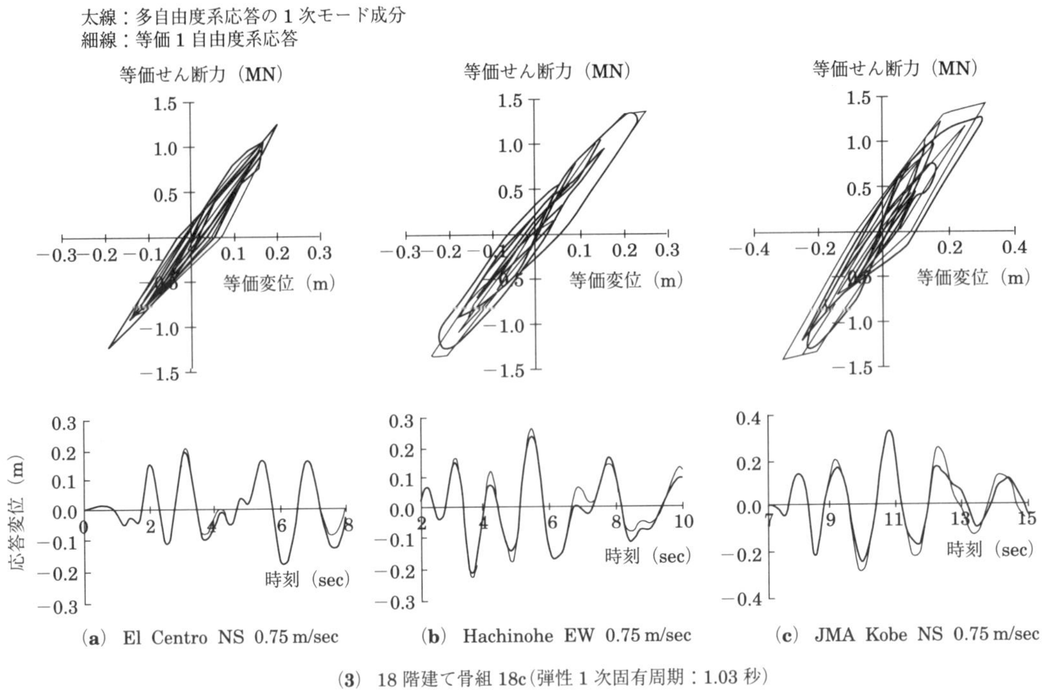

1 応答値の推定

太線：多自由度系応答の 1 次モード成分
細線：等価 1 自由度系応答

(a) El Centro NS 0.75 m/sec
(b) Hachinohe EW 0.75 m/sec
(c) JMA Kobe NS 0.75 m/sec

(3) 18 階建て骨組 18c（弾性 1 次固有周期：1.03 秒）

図 I-1.82 (3)　多自由度系応答と等価 1 自由度系応答との比較（つづき）

1.1.4　RC 造部材の等価粘性減衰定数

RC 造部材の等価粘性減衰定数 h_{eq} の傾向を検討するために，NewRC プロジェクトの一環として実験が行われた試験体の実験値と計算値をいくつか比較した．等価粘性減衰定数の実験値 h_{eq}（実験値）の求め方は，図 I-1.83 に示すとおりである．実験で得られた復元力特性を用いて，荷重の正側と負側に分けて h_{eq}（実験値）を求めてある（1.1.2(2) 参照）．

また，等価粘性減衰定数の計算値 h_{eq}（計算値）は，等価線形化手法において，Degrading Tri-linear モデル（武田モデル）を用いた場合の等価粘性減衰定数とし，以下の式で求めた（1.1.2(2) 参照）．

$$h_{eq}(\text{計算値}) = \frac{1}{\pi}\left(1 - \frac{1}{\sqrt{\mu}}\right)$$

図 I-1.84～図 I-1.103 に，実験値と計算値を示す．図では，同一変形で2回以上繰り返し加力を行った場合に，第 1 回目および第 2 回目以降の h_{eq}（実験値）を区別し，それぞれ，△印および○印で表示した．また，復元力特性の図のもとに各試験体の破壊モードおよび降伏変形も示した．

その結果，ほとんどの試験体において，h_{eq}（実験値）は，h_{eq}（計算値）を上回っていた．

1.1 地震応答

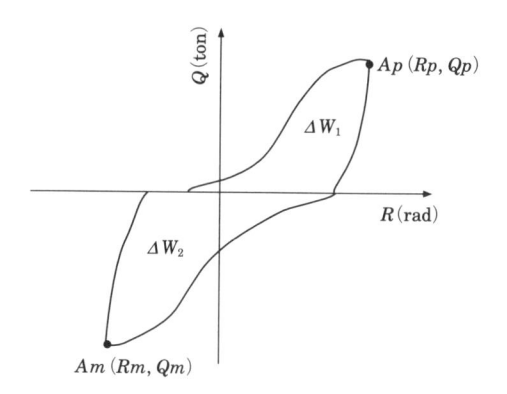

h_{eq} （実験値）$= \Delta W_1 / (2 \cdot \pi \cdot W_1)$　$(Q \geq 0)$
　　　　　　$= \Delta W_2 / (2 \cdot \pi \cdot W_2)$　$(Q \leq 0)$
$W_1 = Rp \cdot Qp / 2$
$W_2 = Rm \cdot Qm / 2$

図 I-1.83　等価粘性減衰定数 h_{eq} の求め方

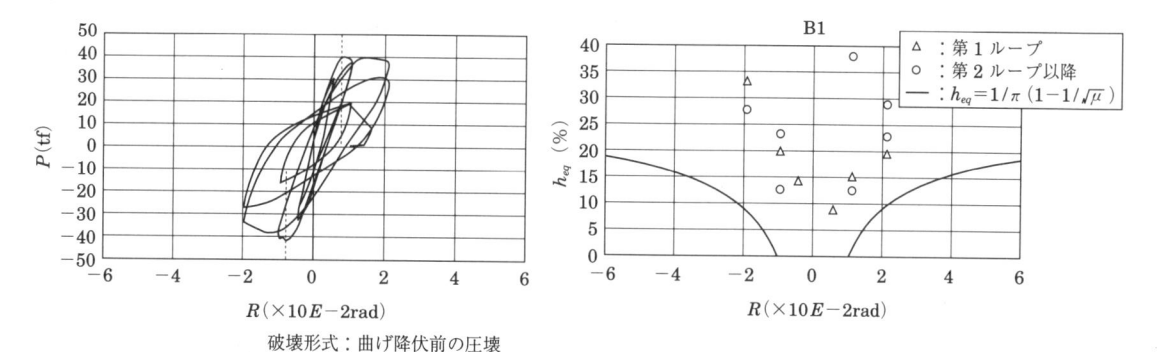

破壊形式：曲げ降伏前の圧壊
降伏変形：$Ry = 0.768 (\times 10E-2\text{rad})$（剛性が急激に低下する時の変化をグラフから読み取った）

図 I-1.84　New RC 柱試験体 B1[22] の等価粘性減衰定数

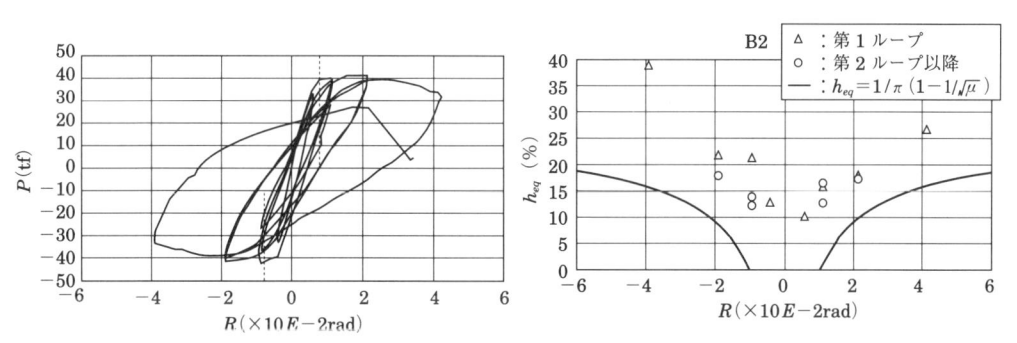

破壊形式：曲げ降伏前の圧壊
降伏変形：$Ry = 0.805 (\times 10E-2\text{rad})$（剛性が急激に低下する時の変化をグラフから読み取った）

図 I-1.85　New RC 柱試験体 B2[22] の等価粘性減衰定数

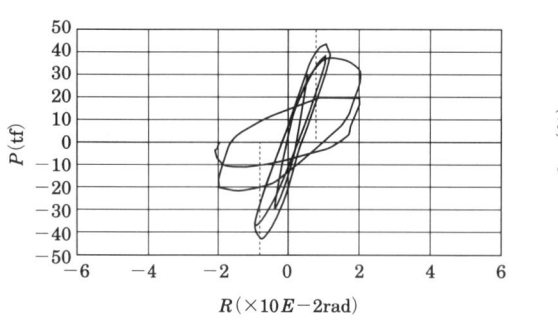

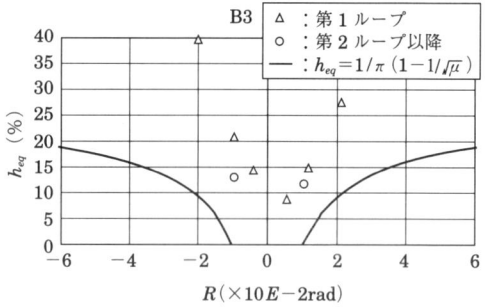

1　応答値の推定

破壊形式：曲げ降伏前の圧壊
降伏変形：$Ry=0.823$（$×10E-2$rad）（剛性が急激に低下する時の変化をグラフから読み取った）

図Ⅰ-1.86　New RC 柱試験体 B 3 [22] の等価粘性減衰定数

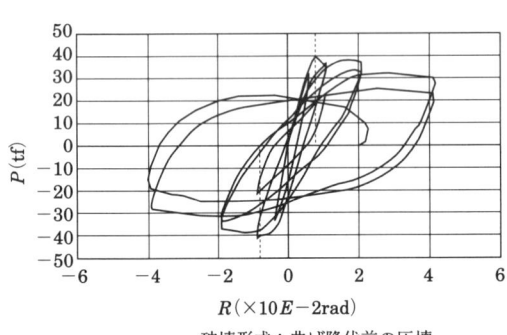

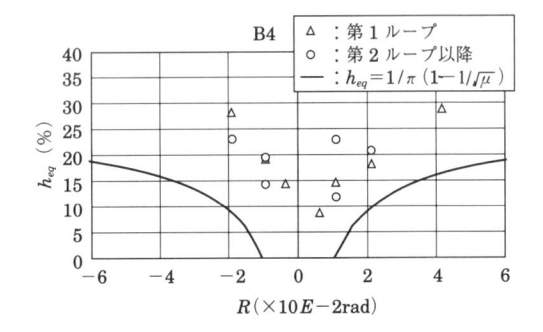

破壊形式：曲げ降伏前の圧壊
降伏変形：$Ry=0.800$（$×10E-2$rad）（剛性が急激に低下する時の変化をグラフから読み取った）

図Ⅰ-1.87　New RC 柱試験体 B 4 [22] の等価粘性減衰定数

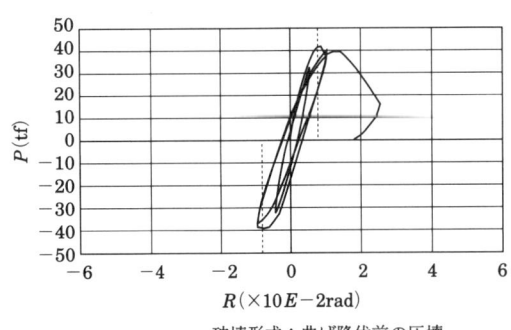

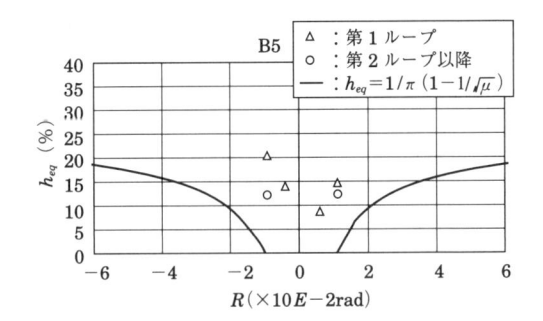

破壊形式：曲げ降伏前の圧壊
降伏変形：$Ry=0.767$（$×10E-2$rad）（剛性が急激に低下する時の変化をグラフから読み取った）

図Ⅰ-1.88　New RC 柱試験体 B 5 [22] の等価粘性減衰定数

1.1 地震応答

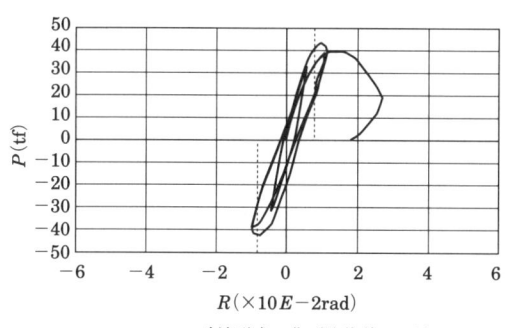

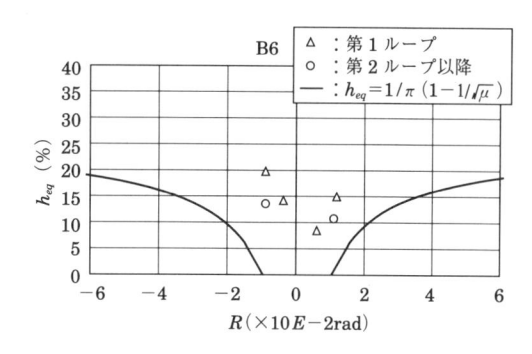

破壊形式：曲げ降伏前の圧壊
降伏変形：$R_y=0.867(\times 10E-2\text{rad})$（剛性が急激に低下する時の変化をグラフから読み取った）

図 I-1.89　New RC 柱試験体 B6[22] の等価粘性減衰定数

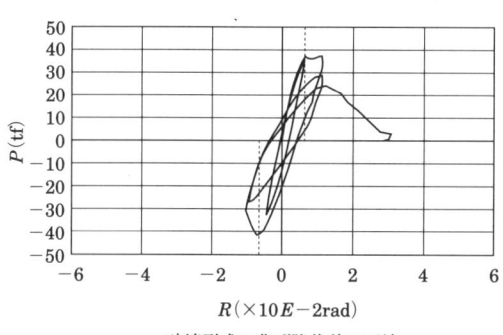

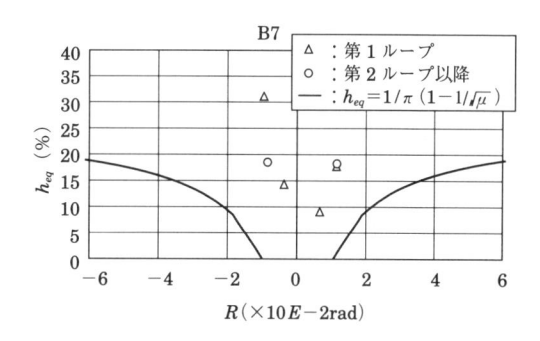

破壊形式：曲げ降伏前の圧壊
降伏変形：$R_y=0.634(\times 10E-2\text{rad})$（剛性が急激に低下する時の変化をグラフから読み取った）

図 I-1.90　New RC 柱試験体 B7[22] の等価粘性減衰定数

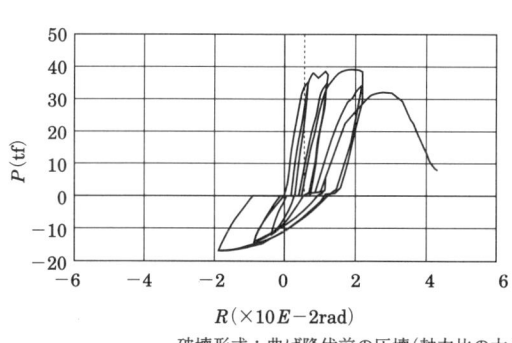

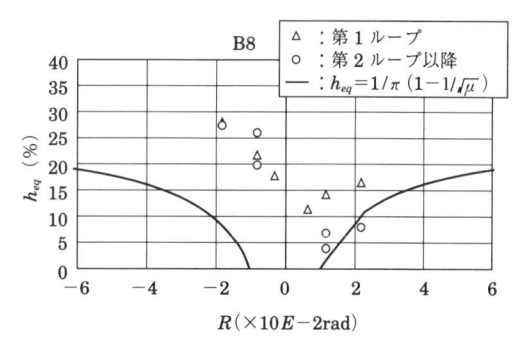

破壊形式：曲げ降伏前の圧壊（軸力比の大きい正側）
　　　　：曲げ降伏（軸力比の小さい負側）
降伏変形：$R_y=0.544(\times 10E-2\text{rad})$（正側，剛性が急激に低下する時の変化をグラフから読み取った）
　　　　：$R_y=1.000(\times 10E-2\text{rad})$（負側，引張鉄筋降伏データなし，$R=1/100$ とした）

図 I-1.91　New RC 柱試験体 B8[22] の等価粘性減衰定数

1 応答値の推定

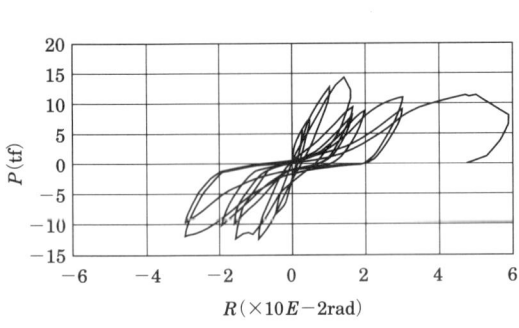

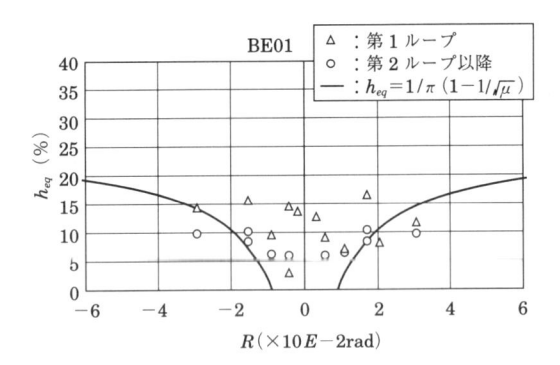

破壊モード：曲げ降伏後のせん断破壊
降伏変形　：$Ry=0.92(\times 10E-2\text{rad})$（引張鉄筋降伏時）

図 I-1.92　New RC はり試験体 BE 01 [23] の等価粘性減衰定数

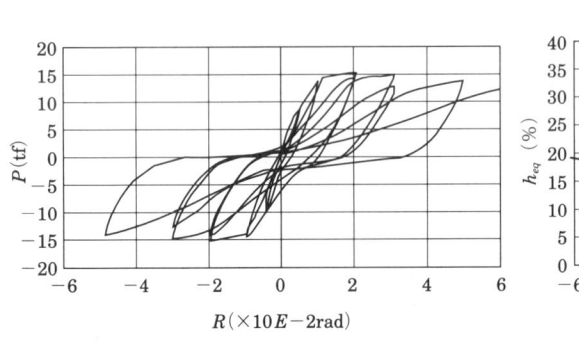

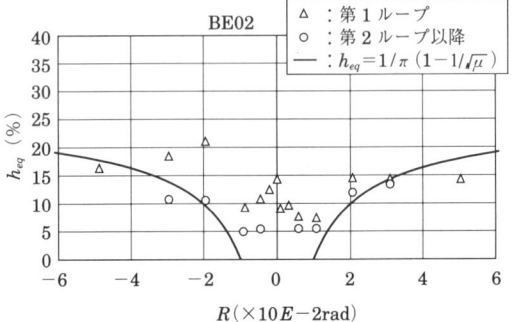

破壊モード：曲げ降伏後の付着破壊
降伏変形　：$Ry=0.94(\times 10E-2\text{rad})$（引張鉄筋降伏時）

図 I-1.93　New RC はり試験体 BE 02 [23] の等価粘性減衰定数

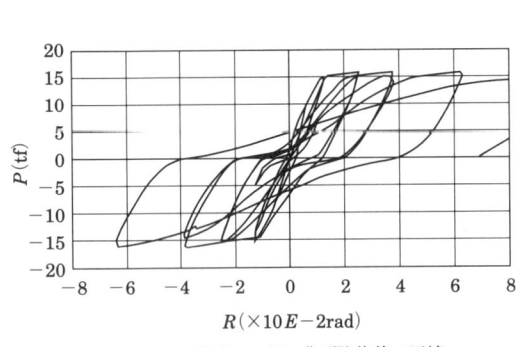

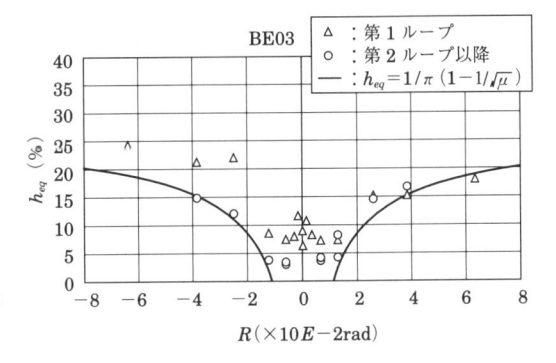

破壊モード：曲げ降伏後の圧壊
降伏変形　：$Ry=1.06(\times 10E-2\text{rad})$（引張鉄筋降伏時）

図 I-1.94　New RC はり試験体 BE 03 [23] の等価粘性減衰定数

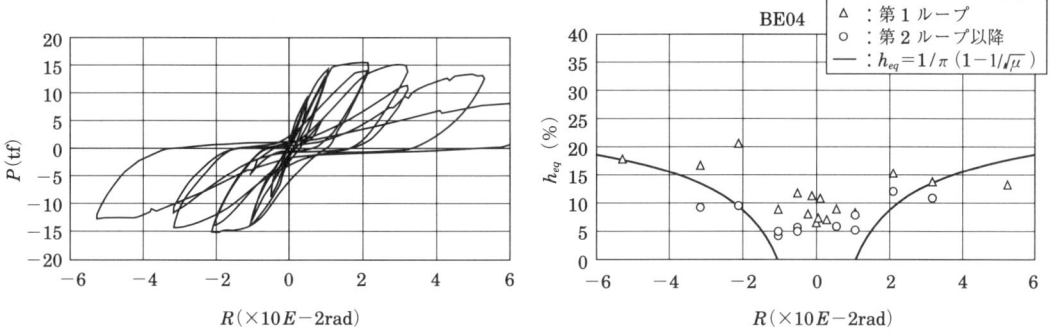

1.1 地震応答

破壊モード：曲げ降伏後の付着破壊
降伏変形　：$Ry=1.05$（$\times 10E-2$rad）（引張鉄筋降伏時）

図 I-1.95　New RC はり試験体 BE 04[23] の等価粘性減衰定数

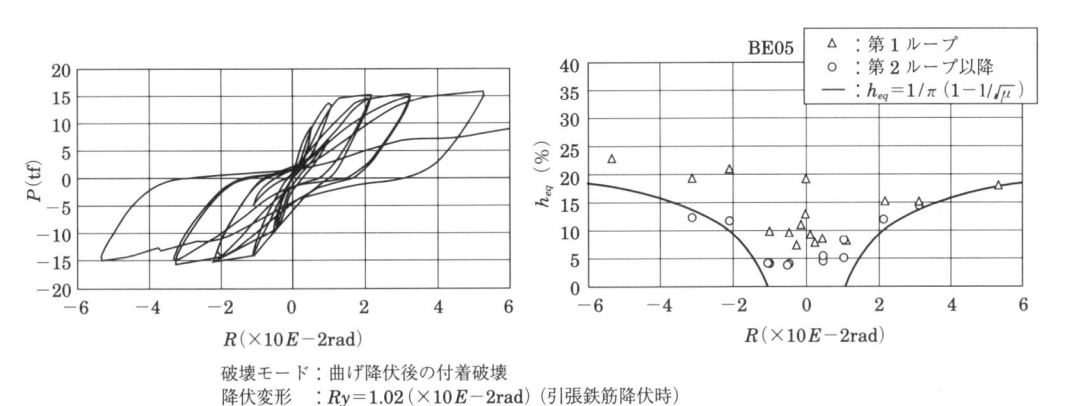

破壊モード：曲げ降伏後の付着破壊
降伏変形　：$Ry=1.02$（$\times 10E-2$rad）（引張鉄筋降伏時）

図 I-1.96　New RC はり試験体 BE 05[23] の等価粘性減衰定数

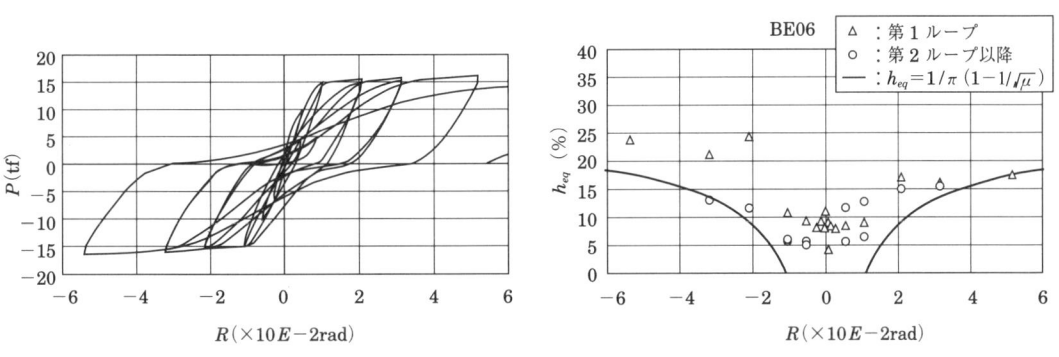

破壊モード：曲げ降伏後の圧壊
降伏変形　：$Ry=1.06$（$\times 10E-2$rad）（引張鉄筋降伏時）

図 I-1.97　New RC はり試験体 BE 06[23] の等価粘性減衰定数

1 応答値の推定

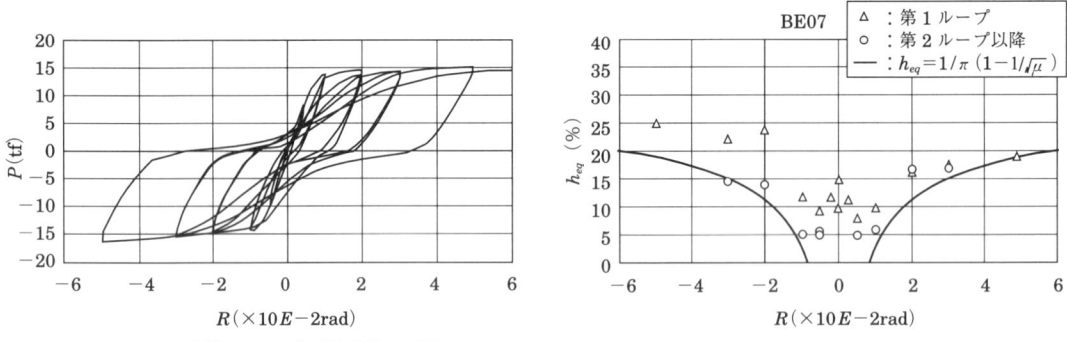

破壊モード：曲げ降伏後の圧壊
降伏変形　：$Ry=0.84(\times 10E-2\text{rad})$（引張鉄筋降伏時）

図 I-1.98　New RC はり試験体 BE 07 [23] の等価粘性減衰定数

破壊モード：曲げ降伏後のせん断破壊
降伏変形　：$Ry=1.05(\times 10E-2\text{rad})$（引張鉄筋降伏時）

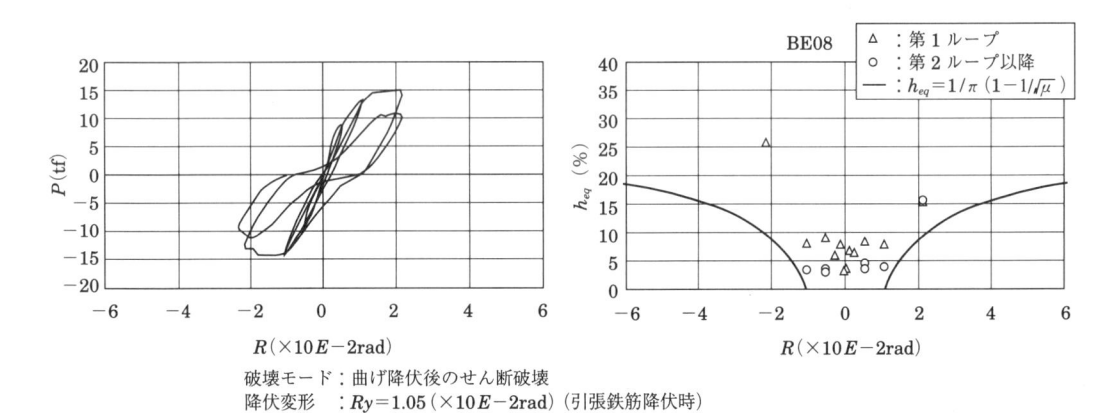

図 I-1.99　New RC はり試験体 BE 08 [23] の等価粘性減衰定数

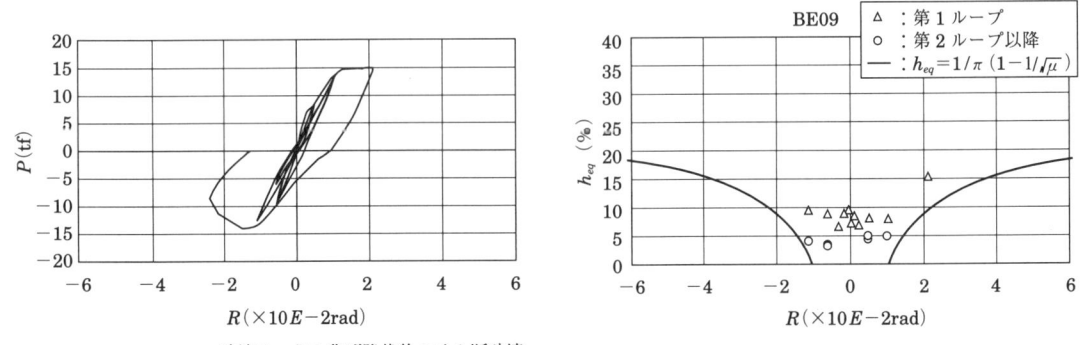

破壊モード：曲げ降伏後のせん断破壊
降伏変形　：$Ry=1.06(\times 10E-2\text{rad})$（引張鉄筋降伏時）

図 I-1.100　New RC はり試験体 BE 09 [23] の等価粘性減衰定数

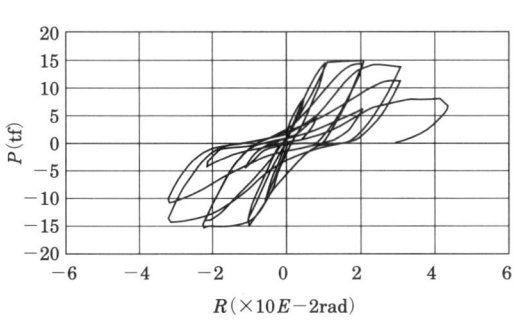

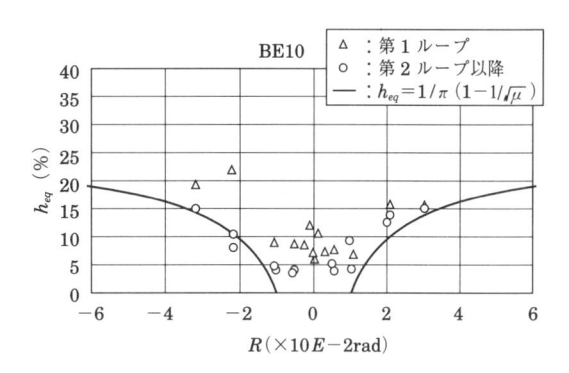

1.1 地震応答

破壊モード：曲げ降伏後のせん断破壊
降伏変形　：$Ry=0.99$（×10E−2rad）（引張鉄筋降伏時）

図 I-1.101　New RC はり試験体 BE 10 [23] の等価粘性減衰定数

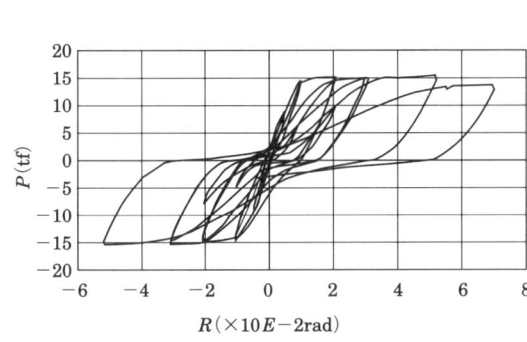

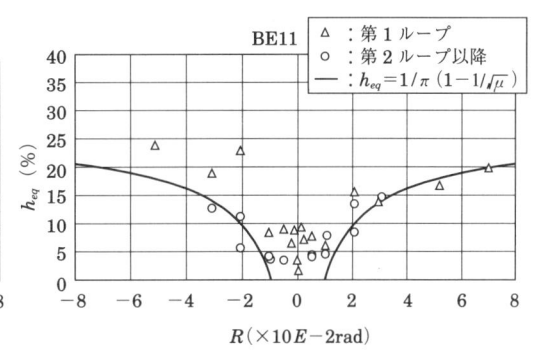

破壊モード：曲げ降伏後の圧壊
降伏変形　：$Ry=0.97$（×10E−2rad）（引張鉄筋降伏時）

図 I-1.102　New RC はり試験体 BE 11 [23] の等価粘性減衰定数

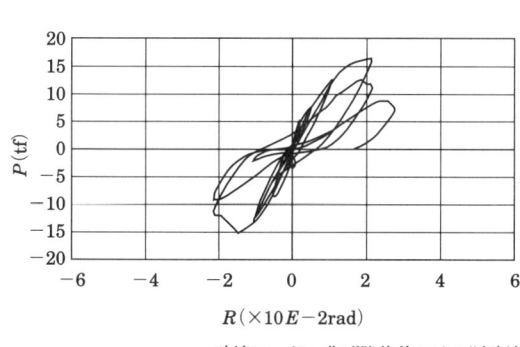

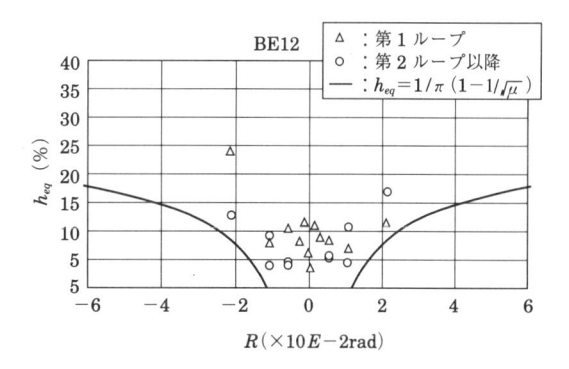

破壊モード：曲げ降伏後のせん断破壊
降伏変形　：$Ry=1.18$（×10E−2rad）（引張鉄筋降伏時）

図 I-1.103　New RC はり試験体 BE 12 [23] の等価粘性減衰定数

1　応答値の推定

◎参考文献

1) Gulkan, P. and M.A.Sozen：Inelestic Response of Reinforced Concrete Structures to Earthquake Motions, Journal of ACI, Vol.71, No.12, 1974.12.
2) Shibata, A. and M.A.Sozen：Substitute Structure Method for Seismic Design in R/C, Proc.ASCE, Vol.102, No.ST1, 1976.1.
3) 柴田明徳：等価線形系による非線形地震応答の解析に関する一考察, 東北大学建築学報, 第16号, 1975.3.
4) 長橋純男：最大瞬間入力エネルギーによる地震動強さの評価, 日本建築学会学術講演梗概集B, pp.329-330, 1992.
5) 秋山宏, 宮崎光生：エネルギー入力増分に着目した応答予測, 免震構造設計指針, 日本建築学会, pp.454-458, 1993.
6) 矢花修一, 和泉正哲：地震時のエネルギー授受に着目した非線形応答推定, 第9回日本地震工学シンポジウム, Vol.2, pp.1633-1638, 1994.
7) 伊藤保, 曽田五月也：地震エネルギー入力の非定常性を考慮した建築物の最大応答予測, 日本建築学会大会学術講演梗概集B, pp.635-636, 1994.
8) 衣笠秀行, 野村設郎：RC構造物のエネルギーに基づく設計法開発のための基礎的研究, 日本建築学会構造系論文集, 第486号, pp.85-94, 1996.
9) 中村友紀子, 壁谷澤寿海：等価減衰を考慮したスペクトルによる応答の推定, 構造工学論文集, Vol.44B, pp.313-318, 1998.
10) 中村孝也, 堀則男, 井上範夫：地震動エネルギーの入力過程を考慮した鉄筋コンクリート造建物の応答最大変形推定法, 構造工学論文集, Vol.44B, pp.359-368, 1998.
11) 中村孝也, 堀則男, 井上範夫：瞬間入力エネルギーによる地震動の破壊特性評価と応答変形の推定, 日本建築学会論文報告集, No.513, pp.65-72, 1998.
12) 岩崎智哉, 中村孝也, 堀則男, 井上範夫：擬似速度応答スペクトルを用いた瞬間入力エネルギーの推定方法, 日本地震工学シンポジウム, pp.2579-2584, 1998.
13) 中村友紀子, 壁谷澤寿海：RC構造の地震時最大塑性応答変形のエネルギー入力速度による推定, コンクリート工学年次論文報告集, pp.251-256, 1996.6.
14) 中村友紀子, 壁谷澤寿海：地震動特性にもとづく最大塑性変位応答に関する研究, Vol.43B, 構造工学論文集, 1997.3, pp.485-492.
15) 中村友紀子, 壁谷澤寿海：地震動の位相特性による応答の減衰依存性の定式化, 日本建築学会大会学術講演梗概集, Vol.B-2(構造Ⅱ), pp.427-428, 1998.9.
16) 中村友紀子, 壁谷澤寿海：瞬間エネルギーを用いた等価線形化法による弾塑性応答変形の推定, 第10回日本地震工学シンポジウム論文集, 1998.11.
17) Freeman S.A.：Prediction of Response of Concrete Buildings to Severe Earthquake Motion, Douglas McHenry International Symposium on Concrete and Concrete Structures, SP-55, American Concrete Institute, Detroit, Michigan, pp.589-605, 1978.
18) 日本建築学会：地震荷重-地震動の予測と建築物の応答, 3章建築物の応答, pp.85-160, 1992.5.
19) 北川良和, 大川出, 鹿島俊英：設計用入力地震動作成手法, 建築研究資料, 建設省建築研究所, No.83, 80pp, 1994.11.
20) (財)日本建築センター：建築物の構造規定, 1997.
21) (社)日本建築学会：建築物荷重指針・同解説, 1993.
22) 青山博之 他：高強度コンクリートを用いたRC柱に関する実験的研究, 日本建築学会大会学術講演梗概集C, 構造Ⅱ, pp.831-836, 1990.
23) 藤沢正視 他：高強度コンクリートはりの靱性確保に関する研究, 日本建築学会大会学術講演梗概集C構造Ⅱ, pp.277-282, 1990.

1.2　風荷重に対する応答値の推定

　建築物に加わる荷重に関する研究の現状を反映した指針のひとつに日本建築学会による建築物荷重指針[1]が挙げられるが, 1993年に改訂が行われており, 最新の研究成果が盛り込まれているといえる. この指針においては, 風荷重は構造骨組用と外装材用とに分けて取扱われており, 前者は柱, 梁などの構造骨組の設計に用いるもので, 後者は外装仕上材およびその下地構造材ならびにそれら

の接合部を設計する場合に適用するものである．構造骨組と外装材などの風荷重が異なるのはそれぞれの寸法および振動特性が大きく相違するためである．

2000年6月に施行された建築基準法の風荷重に関する告示は，これら最新の知見が反映されている．

建築物の風圧力に対する弾性応答はその規模や構造特性によって異なり，その算定方法も異なったものとなる．住宅のような小規模建築物の場合には，準定常的に風荷重を評価することが可能で，剛性の高い建築物であれば準静的な算定法により応答値が求まる．一方，規模の大きい建築物では規模効果が無視できず，剛性が低くスレンダーな建築物では共振効果が無視できなくなるが，鉄筋コンクリート造建築物の場合，一般には風荷重による骨組応答は検討する必要がほとんどない．

従来，外装材などの耐風設計は必ずしも十分に行われない場合があったが，外装材は建築物の内部空間の強風による損壊を防止する重要な役割を担っており，その耐風設計は構造骨組を設計する場合と同様に入念に行われるべきものである．

◎参考文献
1) 日本建築学会：建築物荷重指針・同解説，1993.6.

1.3 積載荷重に対する応答値の推定

積載荷重の設計用荷重値は昭和22年の日本建築規格でその骨子ができあがっており，その後，ほぼ同様の数値が用いられてきた経緯がある．常時荷重は調査が繁雑なため実情を評価することが困難であるが，建築基準法・同施行令でも積載荷重は実況によるとしており，社会の変化によって荷重値も変化するものと考えられるため，荷重に関する最新の情報の提供は重要なことである．これに応じる形で，日本建築学会による建築物荷重指針[1]が1993年に改訂された．

ここでは，この学会指針に示されている積載荷重の算定法と床のたわみ算定法および振動算定法についての考え方を示す．

1.3.1 積載荷重の算定

鉛直荷重および動的外乱に対する重量としての積載荷重の具体的な設定方法について，建築物荷重指針を引用して以下に説明する．
① 設計対象とする室の用途および部材を決め，積載荷重の基本値を得る．
② 荷重低減をするかどうかを決め，低減しない場合は略算値を設計用積載荷重値とする．
また，低減する場合は次ステップに進む
③ 面積による低減をする場合は影響面積を計算し，その値より面積低減係数を求める．
④ 層数による低減をする場合は支える床の数から層数低減係数を求める．
⑤ 基本値に面積低減係数および層数低減係数を掛け合せ，設計用積載荷重値とする．
⑥ 床や梁の設計に当たり，物品の移動や人間の挙動に伴う動的効果の影響を必要に応じて考慮する．
⑦ 設計対象とする室の用途に応じ，動的外乱に対する重量を得る．
各項目についての補足説明を以下にまとめる．

1 応答値の推定

(1) 積載荷重の基本値

積載荷重は等価等分布荷重（想定する積載荷重による荷重効果（応力・変形など）と等価となる等分布荷重）の形で定める．積載荷重の基本値 L は下式により算定する．

$$L = L_0 \times C_E \times C_{R1} \times C_{R2} \qquad (\text{I-1.61})$$

ここに，　L_0：基本積載荷重強さ（kgf/m^2），
　　　　　C_E：等分布換算係数，
　　　　　C_{R1}：面積低減係数，
　　　　　C_{R2}：層数低減係数，

である．

以下に式(I-1.62)に含まれる各変数について説明する．

a．基本積載荷重強さ

室の用途ごとに面積 18 m^2 に対する人間および物品の平均重量の統計量をもとに，非超過確率99％の値として与えられる（表 I-1.10）．解析に用いたデータは通常使用状態における実測調査により得られたものであり，用途として，① 住宅の居室，② ホテルの客室（ユニットバスを含まない），③ 事務室・研究室，④ 百貨店・店舗の売場，⑤ 電算室（配線部分を含まない），⑥ 自動車車庫および自動車通路，⑦ 一般書庫，⑧ 劇場・映画館・ホール・集会場・会議室・教室など人間荷重が主体となる用途の8つに分類されている．なお，上記以外の用途に関しては，上記の用途を参考に荷重強さを設定するか，別途検討する必要がある．

表 I-1.10　基本積載荷重強さ[1]

室用途	(1)	(2)	(3)	(4)	(5)	(6)	(7)	(8)
基本積載荷重強さ（kgf/m^2）	100	50	160	210	350	220	480	180

ただし，(1)：住宅の居室，(2)：ホテルの客室（ユニットバスを含まず），(3)：事務室，(4)：店舗の売場，(5)：電算室（配線部分を含まず），(6)：自動車の車庫および通路，(7)：一般書庫，(8)：劇場，会議室，教室など人間荷重が主体となる用途．

b．等分布換算係数

対象とする部材，室の用途により配置の状態の荷重効果に及ぼす影響が異なるため，部材ごとかつ室の用途ごとに定められている．荷重指針では，便宜的に等価等分布荷重の解析で得られた非超過確率99％の値と平均重量（基本積載荷重強さ）の非超過確率99％の値との比率として示されている（表 I-1.11）．等価等分布荷重の算定は対象部材ごとに弾性応力解析を行っており，床版はコンクリート・スラブを想定している．また，解析対象とした領域は影響面積である．

c．面積低減係数

想定する面積が大きくなると荷重が平面的に均されて，積載荷重における単位面積当たりの荷重

表 I-1.11　等分布換算係数[1]

計算対象部位 \ 室用途	(1)	(2)	(3)	(4)	(5)	(6)	(7)	(8)
床	1.8	2.0	1.6	1.8	1.6	1.8	1.6	1.6
大梁・柱・基礎	1.2							

ただし，各室用途番号に対応する用途内容は表 I-1.10 に従う．

値のばらつきは小さくなる．基本積載荷重強さと等分布換算係数は面積 18 m² における値であるため，それよりも広い面積を想定した場合は面積低減係数を用いて荷重値を小さくすることができる．面積低減係数の算定方法は用途により異なり，以下の算定式によるものとする．

基本積載荷重強さの項で示した①～⑦の用途の場合，

$$C_{R1}=0.6+\frac{1.6}{\sqrt{A_I}} \tag{I-1.62}$$

基本積載荷重強さの項で示した⑧の用途の場合，

$$C_{R1}=0.7+\frac{1.3}{\sqrt{A_I}} \tag{I-1.63}$$

ここに，A_I：影響係数（m²）（ただし，$A_I \geqq 18$ m² とする）である．

d．層数低減係数

積載荷重によって生じる柱の軸方向圧縮力はその柱が支える各階の積載荷重を建築物の高さ方向に累積した値となるため，柱の支える床数が増加すると各階でのばらつきが均され，単層だけを支える柱のばらつきよりも小さくなる．層数低減係数は基本積載荷重強さの項で示した①～⑦の用途の場合，以下の算定式によるものとする．

$$C_{R2}=0.6+\frac{0.4}{\sqrt{n}} \tag{I-1.64}$$

ここに，n：支える床の数である．

なお，⑧の用途においては，人間の偏在が考えられるため層数低減係数を考慮することはできない．また，面積低減係数と層数低減係数の積は 0.4 以上でなければならない．

(2) 積載荷重の動的効果

床や梁の設計にあたっては，物品の移動や人間の挙動に伴う動的効果の影響を考慮しなければならない．一般に人間の行動に起因する動的な荷重効果は床の耐力に影響を及ぼす程のものではなく，動的効果によって生じる床の振動により，そこに居住する人が不快となるような居住性が問題となる場合が多い．しかし，ロック・コンサートにおける聴衆の足踏みやエアロビクス，ジャズ・ダンスなどによる動的荷重は当該建築物の耐力に影響を及ぼすだけでなく，周辺建築物への振動伝搬などの問題を起こすことがある．また，車の走行などによる動的効果はその状況によりかなり異なるため設計値として具体化するのは困難であるが，十分な配慮が必要である．

(3) 地震荷重算定用積載荷重

地震荷重算定用積載重量は同一用途において常時作用している物品荷重の平均値であり，各用途ごとに定められている．

1.3.2 床のたわみ算定法

鉄筋コンクリート造曲げ部材のたわみに影響を及ぼす要因はコンクリートのひび割れ，クリープ，乾燥収縮などの物性要因とスパン長さや鉄筋比，部材寸法などの断面特性のほか，荷重の大きさやその分布，支持条件など多岐にわたっているため，これらを考慮した長期たわみの予測を行うことは容易でない．

日本建築学会の鉄筋コンクリート構造計算規準[2]では，一方向帯スラブの長期載荷実験結果の報

1　応答値の推定

告を整理した結果，弾性たわみ計算値に対する長期たわみの倍率を便宜的に一律16倍に設定した時の長期たわみが許容値以下となるような最小スラブ厚さを提示しているが，梁や床スラブの長期たわみの制御をよりきめ細かく行う場合には，上記各要因の影響を考慮したたわみ予測式の確立が望まれる．

床スラブのたわみの算定法および物性要因と断面特性を勘案した長期たわみ予測式について，学会規準を引用して以下に説明する．

(1)　床スラブのたわみ

床スラブの長期たわみ量が過大化する原因を探る目的で，わが国で実施された一方向帯スラブの長期載荷実験結果をもとに，長期たわみ量の実情把握を行った結果によれば，長期たわみ量 δ_L は弾性たわみ計算値 δ_e に対して，両端固定の場合12〜18倍，単純支持の場合6〜12倍程度となっている．これらの研究結果に基づき，ここでは周辺固定スラブにおける弾性たわみ量 δ_e に対する長期たわみ量 δ_L の増大率 ϕ/α_y（ここで，ϕ：クリープ係数，α_y：部材の弾性曲げ剛性に対する降伏時剛性低下率）を16と設定する．

周辺固定床スラブのたわみ量算定においては二方向性を考慮する必要があるが，二方向帯スラブに関する長期載荷実験がほとんど実施されていないこと，一方向帯スラブのたわみ性状が二方向帯スラブのたわみ性状とほぼ同様弾性解析があることなどから，一方向帯スラブの長期載荷実験結果を周辺固定床スラブの長期たわみ算定用として使用する．ここでは，弾性たわみ量 δ_e の近似式として下式を用いる．

$$\delta_e = \frac{1}{32} \times \frac{\lambda^4}{1+\lambda^4} \times \frac{\omega \times \ell_x^4}{E \times t^3} \tag{I-1.65}$$

ここに，$\lambda = l_y/l_x$，$\omega = \gamma_1 \times t + \omega_p$，
　　　　l_y：スラブ長辺長さ，
　　　　l_x：スラブ短辺長さ，
　　　　ω：床スラブの全荷重，
　　　　γ_1：鉄筋コンクリートの単位体積重量，
　　　　t：スラブ厚さ，
　　　　ω_p：積載荷重と仕上荷重との和，

$$\delta_L = 16\delta_e \tag{I-1.66}$$

(2)　小梁付き床スラブのたわみ

小梁付き床スラブには図I-1.104に示すように，大梁に平行して小梁を1本配置するものと2本配置するもの（以下，それぞれ日型，目型床スラブ）のほか，小梁が交差する田型および囲型床スラブなどがあるが，ここでは主に日型および目型床スラブの扱い方について解説する．

この種の床スラブにあっては，図I-1.105のように相対する大梁との間に大きなたわみ差を生じ，大梁に沿って過大なひび割れと大梁に囲まれた領域の大たわみ発生などの障害を起こした例が多く報告されている．

このような障害を防止するためには，小梁のたわみが過大とならないようにその曲げ剛性の適正化を図る必要がある．

一般に，小梁付き床スラブのたわみは小梁の断面形状のみならず床スラブの短辺スパン L_x，長

1.3 積載荷重に対する応答値の推定

辺スパン L_y の違いによるほか，図 I-1.104 に示すようにそれが組み込まれる架構の状態によって変動する．特に単一のスパンや建築物の端部のスパンでは，小梁の取付く大梁のねじれ変形の小梁たわみへの影響が大きいことに注意を要する．

小梁のたわみ δ_b の略算式を表 I-1.12 に示す．算定手順としては，両端固定の小梁のたわみ δ_0 とこれに直交する大梁のたわみ δ_{Bx} を求めて，両者の和を連続スパン（内スパン）小梁の δ_b とする．次に，端部のスパン（外スパン）および単一のスパン（単スパン）の δ_b は種々の寸法の小梁付き床スラブの弾性解析結果などを参考にして定めた図 I-1.106 に示す係数 μ をかけることにより求める．通常の場合，小梁のスパンが9m以下程度では，μ の値は外スパンで1.5，単スパンで2.2程度としてよい．

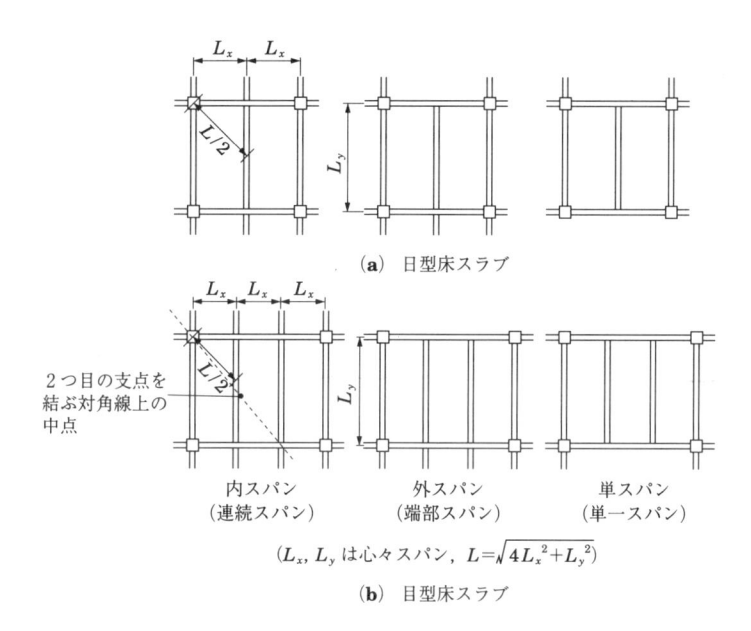

(a) 日型床スラブ

2つ目の支点を結ぶ対角線上の中点

内スパン（連続スパン）　外スパン（端部スパン）　単スパン（単一スパン）

(L_x, L_y は心々スパン，$L=\sqrt{4L_x^2+L_y^2}$)

(b) 目型床スラブ

図 I-1.104　小梁つき床スラブの架構形式[2]

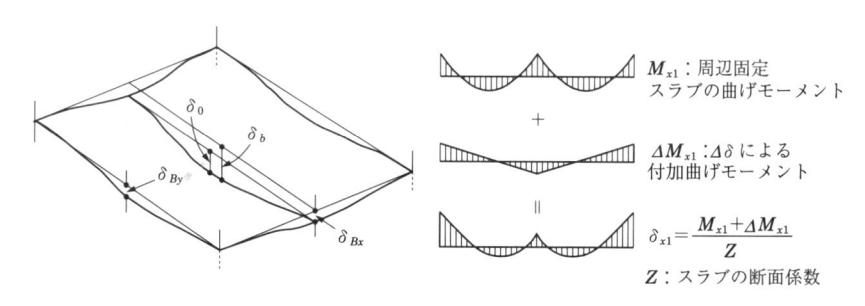

M_{x1}：周辺固定スラブの曲げモーメント

ΔM_{x1}：$\Delta\delta$ による付加曲げモーメント

$\delta_{x1}=\dfrac{M_{x1}+\Delta M_{x1}}{Z}$

Z：スラブの断面係数

$\delta_b=\delta_0+\delta_{Bx}$（小梁たわみ＋直交大梁のたわみ）
$\Delta\delta=\delta_b-\delta_{By}$（小梁と平行大梁のたわみ差）

図 I-1.105　小梁のたわみによる床スラブの曲げモーメントの変動[2]

1 応答値の推定

表 I-1.12 小梁付き床スラブのたわみ略算式[2]

- I_b, I_{B_x}, I_{B_y}：小梁，直交大梁，平行大梁の断面2次モーメント
- B_b, B_x：小梁，直交大梁の有効幅
- δ_0：両端固定の小梁のたわみ
- δ_{B_x}：両端固定の直交大梁のたわみ
- δ_{B_y}：両端固定の平行大梁のたわみ
- w：単位面積荷重
- $w_b = wL_x +$（小梁自重）
- $P = wL_xL_y +$（小梁全自重）

		日型床スラブ	目型床スラブ
内スパン	δ_0：小梁のたわみ	$\dfrac{w_b}{384\,EI_b}L_y^4$	$\dfrac{w_b}{384\,EI_b}L_y^4$
	δ_{B_x}：直交大梁のたわみ	$\dfrac{P(2L_x)^3}{192\,EI_{B_x}}$	$\dfrac{P(3L_x)^3}{162\,EI_{B_x}}$
	δ_b	$\delta_0 + \delta_{B_x}$	$\delta_0 + \delta_{B_x}$
	δ_{B_y}：平行大梁のたわみ	$\dfrac{wL_xL_y^4}{384\,EI_{B_y}}$	$\dfrac{wL_xL_y^4}{384\,EI_{B_y}}$
	$\varDelta\delta$	$\delta_b - \delta_{B_y}$	$\delta_b - \delta_{B_y}$
外スパン	δ_b	δ_b（内スパン）$\times (0.3\lambda_0 + 1.05)$　　ただし，$\lambda_0 = L_y/6$（L_y：単位 m）	
	$\varDelta\delta$	δ_b（外スパン）$- \delta_{B_y}$（内スパン）$\times \mu_1$	
単スパン	δ_b	δ_b（内スパン）$\times (0.7\lambda_0 + 1.15)$	
	$\varDelta\delta$	δ_b（単スパン）$- \delta_{B_y}$（内スパン）$\times \mu_2$	

注）μ_1, μ_2 は内スパンの δ_{B_y} に対する外スパンおよび単スパンの δ_{B_y} の比率．

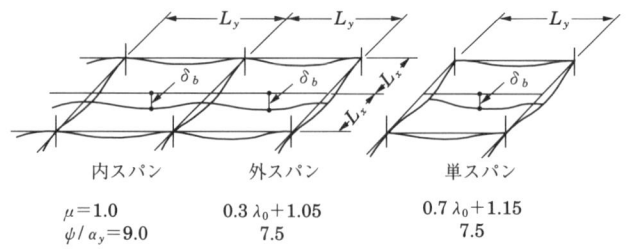

　　　　　内スパン　　　外スパン　　　単スパン
　　$\mu = 1.0$　　　$0.3\lambda_0 + 1.05$　　$0.7\lambda_0 + 1.15$
　　$\psi/\alpha_y = 9.0$　　　7.5　　　　　　　7.5

μ：内スパンの弾性たわみ δ_b に対する外スパン，単スパンの δ_b の比率
$\lambda_0 = L_y/6$（L_y：単位 m, ただし $L_y \geq 6$ m）
ψ/α_y：長期たわみ増大率

図 I-1.106 内スパン小梁のたわみ δ_b に対する外スパンおよび単スパンのたわみ倍率 μ と長期たわみ増大率 Ψ/α_y[2]

1.3 積載荷重に対する応答値の推定

(3) 物性要因と断面特性を勘案した長期たわみ予測式

コンクリートの曲げひび割れおよびクリープと収縮を考慮した床スラブ，梁部材の長期たわみ予測式を下式のように弾性たわみに対する倍率で表す．

$$\text{長期たわみ} = (K_1 + K_2 + K_3) \times \text{弾性たわみ} \qquad \text{式(I-1.67)}$$

ここに， K_1：ひび割れによる倍率，
K_2：クリープによる倍率，
K_3：乾燥収縮による倍率，

弾性たわみ：設計荷重作用時の弾性剛性 $(E_0 \times I_0)$ を用いたたわみ，
である．

それぞれの係数については，表 I-1.13～表 I-1.15 を参照して決める．これらの表はクリープ係数 $\phi = 3.0$，乾燥収縮ひずみ $S_n = 4 \times 10^{-4}$ として設定している．一般にはこれらの数値を用いてよいが，乾燥が著しいため，例えば $S_n = 6 \times 10^{-4}$ を使用する場合には，表 I-1.15 の数値を 1.5 倍した値を用いる．

この式(I-1.67)から得られる長期たわみは予想平均たわみであるため，環境条件，材料・施工のばらつきなどを考慮し，予想平均たわみを 1.5 倍した予想最大たわみが許容値以下になるように床スラブ小梁の設計を行うことが望ましい．

表 I-1.13～表 I-1.15 では，圧縮筋の影響も考慮し，複筋比 1.0 と 0.0 のケースを準備しており，中間筋は複筋比に応じて取扱う．

固定支持梁の場合，端部，中央部の断面形状について K_1，K_2，K_3 を求め，その平均値を部材のたわみ倍率とみなす．また，床スラブの場合，短辺方向の端部，中央部について同様の手法で部材のたわみ倍率を求める．

表 I-1.13 ひび割れ剛性の曲率増加倍率 K_1（弾性曲率 ϕ_0 も含む）（$\phi_0 = M_d/EI$ に対する倍率）[2]
$E = 2.1 \times 10^6$ (kgf/cm^2)，$n = 10$

厚さ a_t/bD	床スラブ $dt = 3$ cm				梁部材 $dt = 5$ cm			梁部材 $dt = 7$ cm		
	12 cm	15 cm	20 cm	30 cm	50 cm	70 cm	100 cm	50 cm	70 cm	100 cm
0.2 %	10.01 9.84	8.72 8.70	7.66 7.66	6.78 6.73	6.78 6.73	6.34 6.26	6.06 5.93	7.47 7.46	6.78 6.73	6.32 6.24
0.3 %	7.13 7.07	6.20 6.20	5.43 5.41	4.80 4.73	4.80 4.73	4.49 4.38	4.27 4.14	5.30 5.27	4.80 4.73	4.47 4.36
0.4 %	5.65 5.63	4.90 4.90	4.29 4.25	3.79 3.69	3.79 3.69	3.54 3.41	3.36 3.22	4.18 4.13	3.79 3.69	3.52 3.40
0.5 %	4.74 4.74	4.11 4.10	3.59 3.54	3.17 3.06	3.17 3.06	2.95 2.82	2.81 2.65	3.50 3.43	3.17 3.06	2.94 2.81
0.6 %	4.12 4.12	3.57 3.55	3.12 3.05	2.74 2.62	2.74 2.62	2.56 2.41	2.43 2.27	3.04 2.96	2.74 2.62	2.55 2.40
0.8 %	3.34 3.33	2.88 2.84	2.51 2.41	2.21 2.06	2.21 2.06	2.06 1.89	1.95 1.77	2.44 2.34	2.21 2.06	2.05 1.88
1.0 %	2.85 2.83	2.65 2.39	2.14 2.02	2.02 1.72	2.02 1.72	1.75 1.57	1.66 1.47	2.08 1.95	2.02 1.72	1.74 1.56

注) 上段は $a_c = 0$ のケース，下段は $a_c = a_t$ のケース．

1 応答値の推定

表 I-1.14　クリープ係数 $\phi = 3.0$ による曲率増加倍率 K_2（$\phi_0 = M_d/EI$ に対する倍率）[2]
$E = 2.1 \times 10^5$ (kgf/cm²), $n = 10$

厚さ a_t/bD	床スラブ $dt = 3$ cm				梁部材 $dt = 5$ cm			梁部材 $dt = 7$ cm		
	12 cm	15 cm	20 cm	30 cm	50 cm	70 cm	100 cm	50 cm	70 cm	100 cm
0.2 %	3.33 3.30	2.80 2.63	2.38 1.98	2.04 1.49	2.04 1.49	1.88 1.26	1.77 1.11	2.31 1.87	2.04 1.49	1.87 1.25
0.3 %	2.94 2.86	2.46 2.10	2.10 1.55	1.79 1.13	1.79 1.13	1.64 0.95	1.55 0.84	2.03 1.45	1.79 1.13	1.64 0.95
0.4 %	2.71 2.46	2.27 1.77	1.93 1.28	1.64 0.93	1.64 0.93	1.51 0.77	1.43 0.67	1.87 1.20	1.64 0.93	1.51 0.77
0.5 %	2.56 2.17	2.14 1.53	1.82 1.08	1.55 0.77	1.55 0.77	1.43 0.64	1.34 0.56	1.76 1.02	1.55 0.77	1.42 0.63
0.6 %	2.45 1.95	2.05 1.35	1.73 0.94	1.48 0.67	1.48 0.67	1.36 0.55	1.28 0.47	1.68 0.88	1.48 0.67	1.35 0.54
0.8 %	2.30 1.62	1.92 1.09	1.62 0.75	1.38 0.52	1.38 0.52	1.26 0.42	1.19 0.36	1.57 0.69	1.38 0.52	1.26 0.42
1.0 %	2.20 1.38	1.64 0.91	1.55 0.61	1.18 0.41	1.18 0.41	1.21 0.33	1.13 0.28	1.50 0.57	1.18 0.41	1.21 0.33

表 I-1.15　収縮ひずみ $S_n = 4 \times 10^{-4}$ による曲率増加倍率 K_3（$\phi_0 = M_d/EI$ に対する倍率）[2]
$E = 2.1 \times 10^5$ (kgf/cm²), $n = 10$

厚さ a_t/bD	床スラブ $dt = 3$ cm				梁部材 $dt = 5$ cm			梁部材 $dt = 7$ cm		
	12 cm	15 cm	20 cm	30 cm	50 cm	70 cm	100 cm	50 cm	70 cm	100 cm
0.2 %	4.23 4.23	3.51 3.51	2.96 2.91	2.64 2.41	2.64 2.41	2.48 2.17	2.36 2.01	2.89 2.80	2.64 2.41	2.47 2.16
0.3 %	2.78 2.78	2.29 2.29	2.00 1.88	1.78 1.55	1.78 1.55	1.67 1.39	1.60 1.29	1.95 1.81	1.78 1.55	1.67 1.39
0.4 %	2.06 2.06	1.72 1.68	1.52 1.37	1.35 1.13	1.35 1.13	1.27 1.01	1.21 0.93	1.48 1.32	1.35 1.13	1.26 1.00
0.5 %	1.63 1.63	1.39 1.32	1.23 1.07	1.09 0.88	1.09 0.88	1.02 0.78	0.98 0.72	1.19 1.03	1.09 0.88	1.02 0.78
0.6 %	1.34 1.34	1.17 1.08	1.03 0.87	0.92 0.71	0.92 0.71	0.86 0.63	0.82 0.58	1.01 0.84	0.92 0.71	0.86 0.63
0.8 %	1.01 0.98	0.89 0.78	0.78 0.63	0.70 0.50	0.70 0.50	0.65 0.45	0.62 0.41	0.76 0.60	0.70 0.50	0.65 0.45
1.0 %	0.82 0.76	0.72 0.60	0.63 0.48	0.56 0.38	0.56 0.38	0.53 0.34	0.50 0.31	0.62 0.46	0.56 0.38	0.53 0.34

注）　本来，収縮たわみはモーメントに関係しないが，各鉄筋比における M_d を使って ϕ_0 を求め，この値との比較で示している．

なお，対象断面にひび割れが生じない場合は $K_1=1.0$ となる．ひび割れ発生の有無により，クリープと乾燥収縮による倍率は異なるが，表 I-1.14，表 I-1.15 には安全側の値としてひび割れ剛性を用いて計算した K_2，K_3 を掲げた．

弾性剛性あるいはひび割れ剛性を選定するためのひび割れモーメントを下式のように設定する．

$$M_c = 1.6\sqrt{F_c}\,(b \times D^2/6) \quad (単位\ kg\cdot cm) \tag{I-1.68}$$

ここに，　F_c：コンクリートの設計基準強度　（単位 kgf/cm²），
　　　　　b：部材幅　（単位 cm），
　　　　　D：部材せい　（単位 cm），

である．

瞬時外力を受ける時のひび割れモーメントは $1.8\sqrt{F_c}\,(b \times D^2/6)$ を採用することが多いが，今回は持続荷重を対象としているため，若干低めの値としている．この計算式は長期たわみの予測を簡便にできるように提案しており，その妥当性は実験データとの比較検討からおおよそ確認されている．

ここで示した長期たわみ量の算定は弾性たわみ量にひび割れ，クリープ，乾燥収縮による倍率をまとめて乗じることによりなされているが，それぞれの影響因子によるたわみ量を制限するための手法としては実用的とはいえない．例えば参考文献3)では，クリープ，収縮ひび割れなどによるたわみ量をそれぞれ独立に評価できるような算定式が提示されており，将来的にはこのように各種の荷重に対するたわみ量を明確に分離して評価することが必要であろう．

1.3.3　曲げひび割れ幅算定法

ここでは，日本建築学会のプレストレスト鉄筋コンクリート指針[4]からプレストレスト鉄筋コンクリート造部材の曲げひび割れ幅の算定方法を引用して説明する．

部材の曲げひび割れ幅は以下に示す計算式および算定図表のいずれによっても算定することができる．算定図表による場合にはきわめて短時間で簡単に求めることができるが，計算式による算定値と同じか若干大きな値を算出するため，実際の設計計算ではまず算定図表を用いるのがよい．なお，その値が所定の制限値を超える場合，計算式によるか設計変更をする．

(1) ひび割れ幅計算式による算定

平均ひび割れ幅 W_{av}，最大ひび割れ幅 W_{max} の算定式をそれぞれ式(I-1.69)，式(I-1.70)に示す．

なお，式(I-1.74)の根号の中が負の時には同じ σ_t の値を用い，式(I-1.75)，式(I-1.76)の等号によって $\varepsilon_{t\cdot av}$ を算定する．

$$w_{av} = l_{av} \times \varepsilon_{t\cdot av} \tag{I-1.69}$$
$$w_{max} = 1.5\,w_{av} \tag{I-1.70}$$

ここに，　l_{av}：平均ひび割れ間隔　（式(I-1.71)による）．
　　　　　$\varepsilon_{t\cdot av}$：平均鉄筋ひずみ　（式(I-1.72)または式(I-1.74)による）．

$$l_{av} = 2(c + s/10) + k\phi/p_e \tag{I-1.71}$$

　　　$c = (c_s + c_b)/2$，スラブの場合 $c = c_b$
　　　　　c_s, c_b：部材の側面および底面でのコンクリートのかぶり厚さ．
　　　　　　s：鉄筋の中心間隔．

1　応答値の推定

はりの場合 $k=0.1$.
スラブの場合 $k=0.0025\,t\,(k\leqq0.1)$.

　　　　　t：スラブの厚さ.
　　　　　ϕ：鉄筋の直径.

$P_e = a_t/A_{ce}$

　　　　　a_t：引張鉄筋の断面積.
　　　　　A_{ce}：コンクリートの有効引張断面積（鉄筋の重心とその重心が一致する引張側コンクリートの断面積）.
　　　　　b：梁幅.

$$\varepsilon_{t\cdot av}=\frac{1}{E_s}\left(\sigma_t-k_1k_2\frac{F_t}{p_e}\right) \qquad (\mathrm{I}\text{-}1.72)$$

　　　　　E_s：鉄筋のヤング係数.
　　　　　σ_t：ひび割れ断面における鉄筋応力.

$$k_1k_2=1/(2\times10^3\,\varepsilon_{t\cdot av}+0.8) \qquad (\mathrm{I}\text{-}1.73)$$

　　　　　F_t：コンクリートの引張強度.

式 (I-1.73) に式 (I-1.74) を代入して $\varepsilon_{t\cdot av}$ について解くと下式が得られる.

$$\varepsilon_{t\cdot av}=\frac{(2\times10^3\,\sigma_t-0.8E_s)+\sqrt{(2\times10^3\sigma_t-0.8E_s)^2-8\times10^3E_s(F_t/p_e-0.8\sigma_t)}}{4\times10^3E_s} \qquad (\mathrm{I}\text{-}1.74)$$

ただし,

$$\varepsilon_{t\cdot av}\geqq 0.4\,\sigma_t/E \qquad (\mathrm{I}\text{-}1.75)$$

かつ

$$\varepsilon_{t\cdot av}\geqq (\sigma_t-1\,050)/E_s \qquad (\mathrm{I}\text{-}1.76)$$

とする.

コンクリートの乾燥収縮 ε_{sh} の影響, すなわち, これによるひび割れ幅の増加分を考慮する場合には, 式 (I-1.69) の $\varepsilon_{t\cdot av}$ を $\varepsilon_{t\cdot av}+\varepsilon_{sh}$ に置き換えればよい.

なお, 図 I-1.107 に示したひび割れ幅算定図の (b) における実線部分が式 (I-1.75), 式 (I-1.76) を満足する $\varepsilon_{t\cdot av}$ の範囲である. 式 (I-1.75), 式 (I-1.76) を満足しない場合および式 (I-1.74) の根号の中が負となる場合は, 同図の実線と点線の境界を表す破線の左側の領域に入るので, この場合の $\varepsilon_{t\cdot av}$ はその σ_t に対する破線位置の値をとればよい.

(2)　ひび割れ幅計算図表による算定

ひび割れ幅算定図表（図 I-1.107）を使用した, 平均ひび割れ間隔, 平均鉄筋ひずみ, 最大ひび割れ幅の算定方法を以下に簡単に説明する.

a.　平均ひび割れ間隔 l_{av} の算定

梁の場合には図 I-1.107 (a) を用い, 部材幅 b (cm), 鉄筋のかぶり厚さ c (cm), 鉄筋本数 m (本) および鉄筋径 ϕ (mm) などの数値により l_{av} (cm) の目盛りを読み取る.

スラブの場合には図 I-1.107 (b) を用い, 鉄筋間隔 s (cm), かぶり厚さ c (cm), スラブ厚 t (cm) および鉄筋径 ϕ (mm) などの数値より l_{av} の目盛りを読み取る. その値を図 I-107 (c) の [r] 軸上にプロットする.

1.3 積載荷重に対する応答値の推定

(a) l_{av} の算定

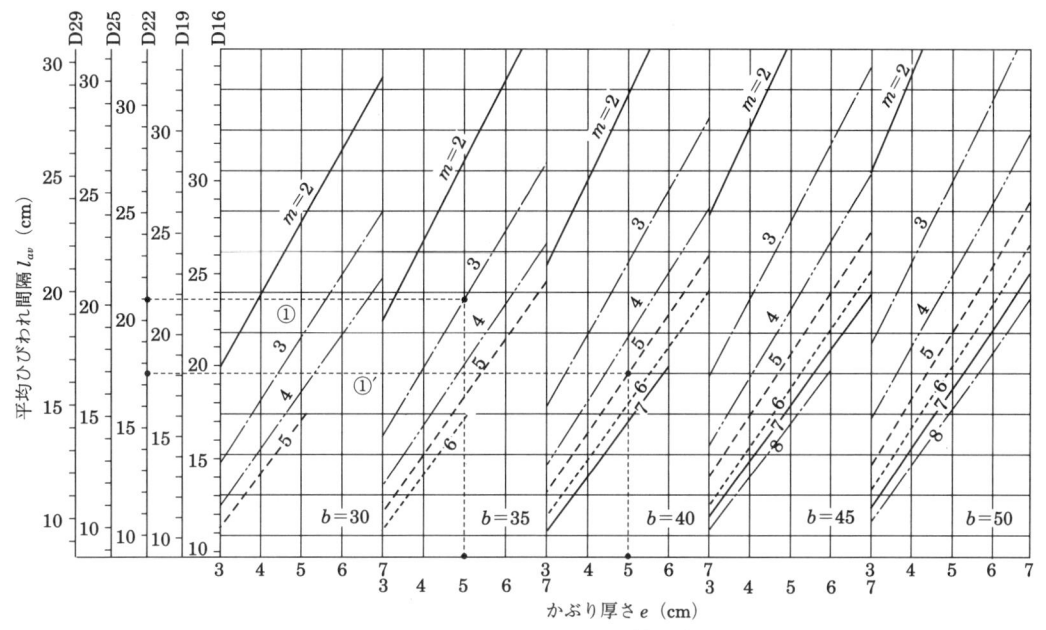

(a-1) はりのひび割れ間隔

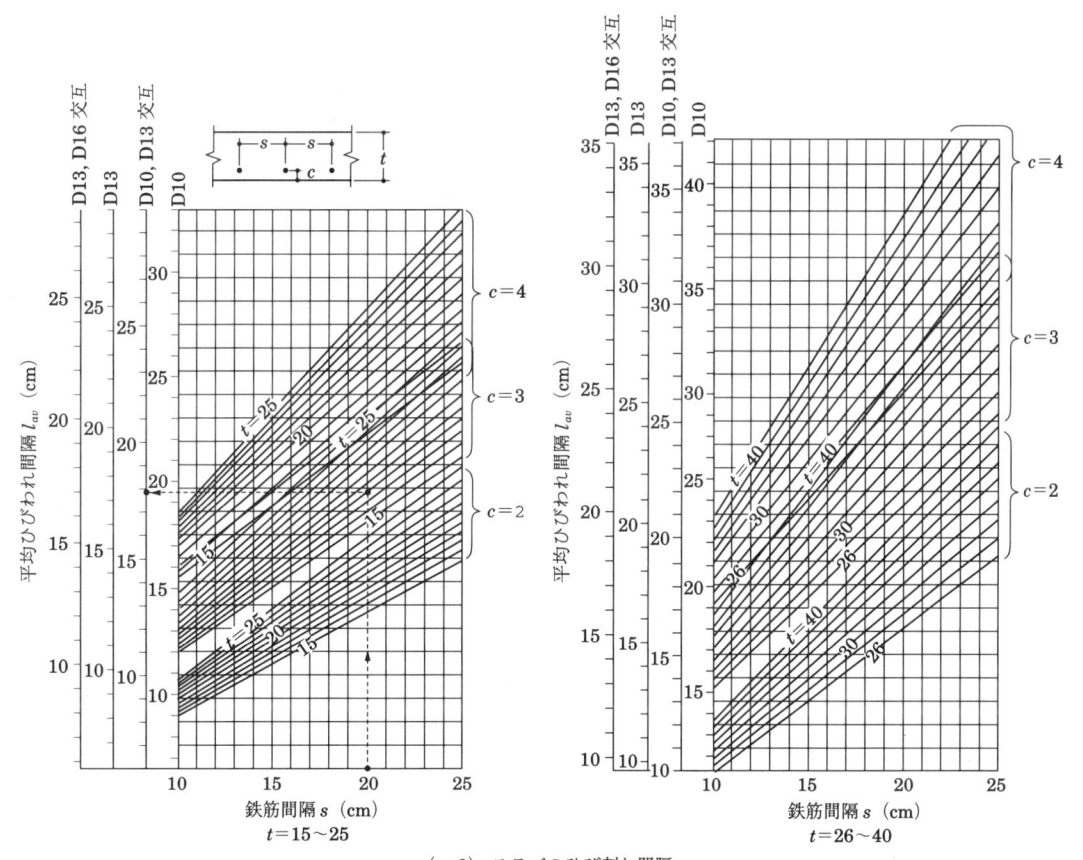

(a-2) スラブのひび割れ間隔

図 I-1.107 (1) ひび割れ幅算定図表

1　応答値の推定

(b)　$\varepsilon_{t \cdot av}$ の算定

F_t/p_e の計算図表

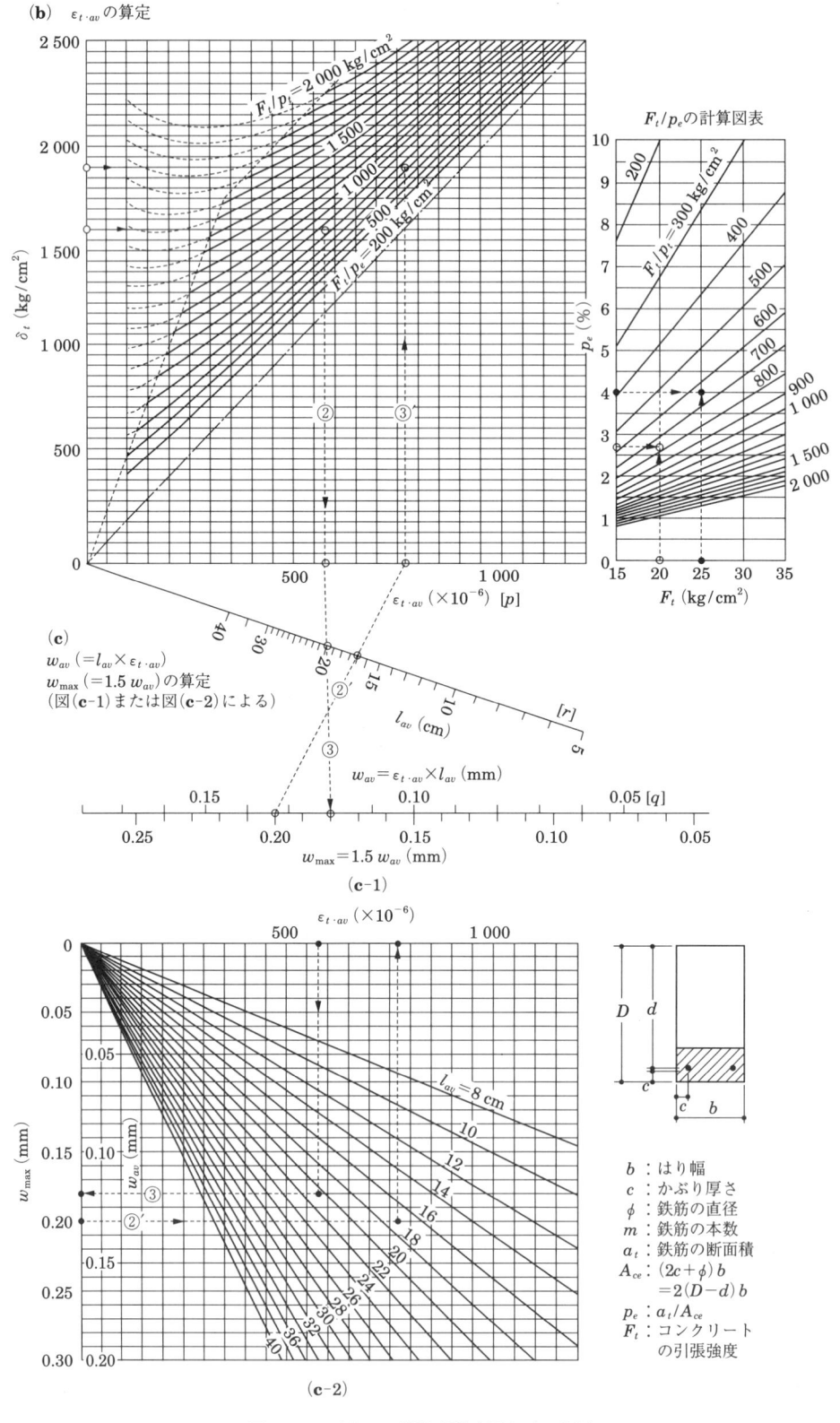

(c)　$w_{av}(=l_{av} \times \varepsilon_{t \cdot av})$
$w_{max}(=1.5\, w_{av})$ の算定
(図(c-1)または図(c-2)による)

(c-1)

(c-2)

b：はり幅
c：かぶり厚さ
ϕ：鉄筋の直径
m：鉄筋の本数
a_t：鉄筋の断面積
A_{ce}：$(2c+\phi)b$
　　　$=2(D-d)b$
p_e：a_t/A_{ce}
F_t：コンクリート
　　　の引張強度

図 I-1.107 (2)　ひび割れ幅算定図表（つづき）

b. 平均鉄筋ひずみ $\varepsilon_{t\cdot av}$ の算定

図 I-1.107 (b) を用い，有効引張鉄筋比 p_e，コンクリートの引張強度 F_t （$=0.07 F_c$ としてよい）（kgf/cm^2）により，図から F_t/p_e の値を求め，同図縦軸に σ_t （kgf/cm^2）の値をとり，右に移動して上に求めたの F_t/p_e 値の曲線との交点から下に進めば横座標の値が $\varepsilon_{t\cdot av}$（×10^{-6}）を与える．乾燥収縮 ε_{sh} がある場合は $\varepsilon_{t\cdot av}+\varepsilon_{sh}$ の位置に点をとる．

c. 最大ひび割れ幅 $w_{\max}$ の算定

図 I-1.107 (c) において，l_{av} （cm）の値は [r] 軸上に，また $\varepsilon_{t\cdot av}$（$+\varepsilon_{sh}$）（×10^{-6}）の値は [p] 軸上にプロットされているので，この2点を結ぶ線を [q] 軸上まで延長してその目盛りを読めば $w_{\max}$ （mm）と w_{av} （mm）が求まる．図 I-1.107 (d) を用いる場合も容易に理解できる．

1.3.4 床の振動算定法

ここでは，日本建築学会の鉄筋コンクリート構造計算規準[2]から床スラブの振動の算定法を引用して以下に説明する．

長方形スラブの1次固有振動数と，特に振動に対する居住性が問題となるような場合の衝撃応答値の計算について述べる．単純支持長方形スラブの固有振動数 f_v は下式で表される．

$$f_v = \frac{\pi}{2l_x^2}\left(1+\frac{l_x^2}{l_y^2}\right)\sqrt{\frac{D_1}{\rho \times t}} \tag{I-1.77}$$

ここに， l_x：スラブ短辺長さ，

l_y：スラブ長辺長さ，

$D_1 = E\times t^3/12(1-\nu^2)$：曲げ剛性，

ρ：密度（単位体積重量/重力加速度），

t：スラブ厚さ．

なお，振動数計算では，l_x, l_y は梁心間のスパンをとるものとする．図 I-1.108 は式（I-1.77）の数値および周辺固定時の近似解を表す．実際の床スラブの固有振動数は弾性固定あるいはむしろ単純支持に近い場合が多い．一般的には大梁が振動モードの節となり，その動的なねじり拘束は静的な場合に比べてはるかに小さいため，単純支持の条件で計算してもよい．比較的事例の多い1方向小梁を有する場合の振動数算定図を図 I-1.109 に示す．

プレス機械やその他の衝撃を受ける床スラブの挙動は振動系の動的応答によらなければならない．床スラブを厳密な振動系に置くならばきわめて自由度の高いものになるが，自由度数を相当に減らした質点系に置換しても，動的挙動の実質的な部分（1次モード）は損なわれない．衝撃効果を設計段階で検討する場合，1自由度系でも十分実用的であるのはこの理由による．そこで，床スラブの1自由度系置換と衝撃応答解の例を以下に示す．

単純支持長方形スラブの集中荷重が作用する場合のばね定数 k は単位たわみを生じさせる集中荷重の大きさに等しいため次式で表される．

$$k = \frac{P}{\delta} = \frac{E \times t^3}{\alpha \times l_x^2} = \frac{D_1}{C_1 \times l_x^2} \tag{I-1.78}$$

ここに，C_1：辺長比 l_y/l_x によって決る係数．

一方，1質点1自由度系の固有振動数 f_v とばね定数 k の関係は質量 M_e を介して下式で表される．

$$f_v = \frac{1}{2\pi}\sqrt{\frac{k}{M_e}} \tag{I-1.79}$$

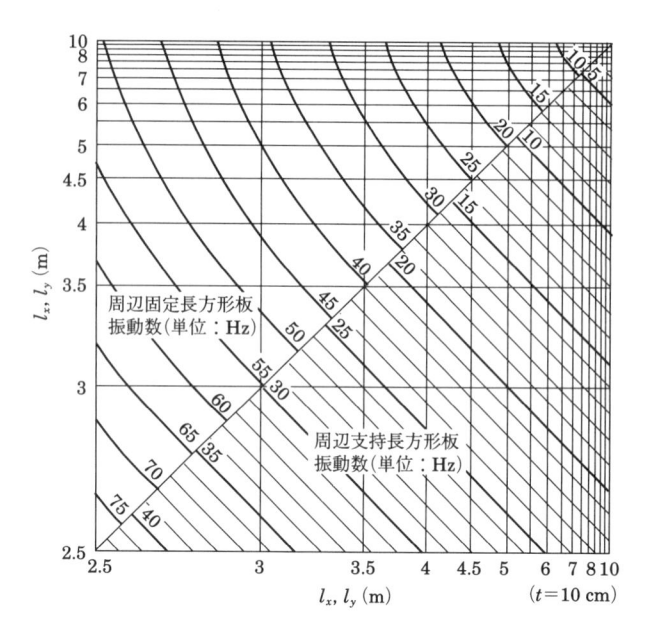

1 応答値の推定

図 I-1.108 長方形板の1次固有振動数算定図表[2]

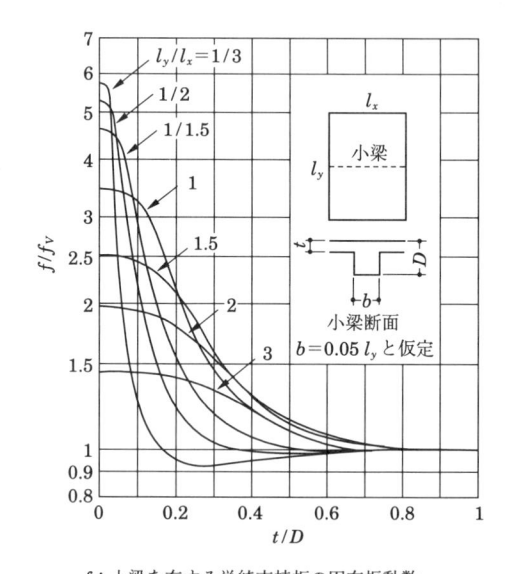

図 I-1.109 1向小梁を有する単純支持板の固有振動数[2]

f：小梁を有する単純支持板の固有振動数
f_V：小梁を無視した場合の単純支持板の固有振動数

式（I-1.80）の f_v，k の代わりに式（I-1.77），式（I-1.78）を用いれば，M_e は単純支持長方形スラブの中央にある加振源によって励起される1次固有振動に対応する有効質量を表し，長方形スラブの全質量 M との関係は次式で示される．

$$M_e = \frac{(l_y^3/l_x^3)}{\pi^4 \times C_1(1+(l_y^2/l_x^2))^2} M \tag{I-1.80}$$

周辺固定の場合も併せて，有効質量の計算結果を図 I-1.110 に表す．

質量 M_e とばね k からなる1質点1自由度系の衝撃応答は衝撃パルスの形状，作用時間および系

1.3 積載荷重に対する応答値の推定

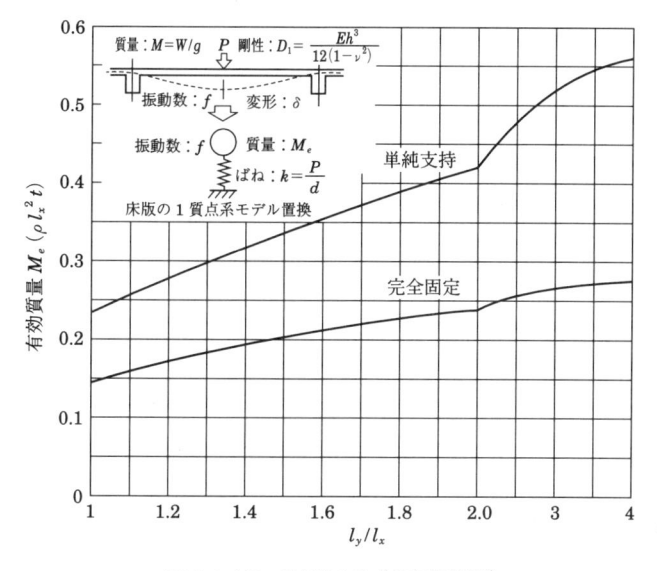

図 I-1.110　長方形スラブの有効質量[2]

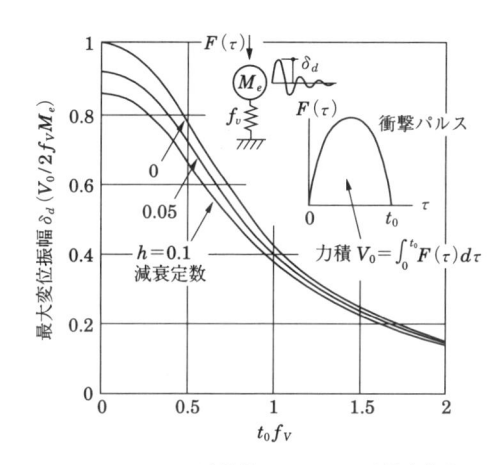

図 I-1.111　正弦衝撃パルスによる応答変位[2]

の減衰定数によって影響されるが，基本的には衝撃パルスの力積（力を作用時間で積分したもので単位は力×時間）V_0 に比例する．図 I-1.111 には正弦パルスに対する応答変位の計算結果を表した．

◎参考文献

1) 日本建築学会：建築物荷重指針・同解説, 1993.6.
2) 日本建築学会：鉄筋コンクリート構造計算規準・同解説, 1988.12.
3) Comite Euro-Internationaldu Beton：CEB-FIP Model Code 1990/Design Code, 1991.6.
4) 日本建築学会：プレストスト鉄筋コンクリート（Ⅲ種PC）構造設計・施工指針・同解説, 1986.1.

1 応答値の推定

1.4 積雪荷重に対する応答値の推定

　建築物に加わる荷重に関する研究の現状を反映した指針のひとつに日本建築学会による建築物荷重指針[1]が挙げられるが，1993年に改訂が行われており，これらの問題点に対する最新の研究成果が反映されているといえよう．また，1998年にまとめられた性能評価に基づく各種設計荷重の指針（案）報告書[2]には，その後の研究により拡張された考え方が盛り込まれている．

　2000年6月に施行された建築基準法の雪荷重に関する告示は，これら最近の知見が反映されている．

　雪荷重に対する骨組の安全性を検証する際の応答値算定にあたっては，部材の復元力として非線形性を考慮する事もできる．使用性に対する骨組の応答値算定にあたっては，部材の復元力特性が，線形性が成立する範囲で行うことが望ましい．また，構造部材以外の建築物の部分における応答値算定は，骨組の変形に基づき算定する．

◎参考文献
1) 日本建築学会：建築物荷重指針・同解説，1993.6.
2) 建築研究振興協会：性能評価に基づく各種設計荷重の指針（案）報告書，1998.3.

1.5 劣化の算定

　劣化とは物理的，化学的および生物的要因により物の品質や性能が経年的に低下することをいい，火災や地震などによる経年的な変化でない性能低下のことは劣化とはいわない．

　鉄筋コンクリート造建築物の躯体の劣化は塩害やアルカリ骨材反応による早期劣化現象を除けば，仕上材などの非構造部材の劣化に比べて，劣化が表面に現れて直接目にみえるようになるまでの期間が比較的長い．また，躯体の劣化そのものは表面に現れず，仕上材などの非構造部材の劣化を通して目にみえるようになることも多いため，建築物の一般利用者や居住者にとって，それがどの程度の劣化であるかの識別が困難な場合が多い．しかしながら，構造躯体に関する劣化はそれが表面に現れてきた時には，建築物にとって致命的な損傷になっていることがあるため，それを適切に調査，診断することは非常に重要である．

　部材の劣化を対象とした調査，診断および補修方法が日本建築学会の耐久性調査指針[1]にまとめられており，劣化度の判定基準が示されている．ここでは，その判定基準の考え方を引用して示すとともに，国土開発技術研究センターの劣化診断技術指針[2]から中性化速度式を引用して説明する．また，中性化による構造機能の低下は鉄筋腐食による様々な耐力低下と関連させるのが妥当と考えられる．鉄筋の腐食速度式には実用的なものが少ないが，ここではその研究の一端を紹介する[3]．

1.5.1 劣化度判定基準

　鉄筋コンクリート造建築物や部材の劣化限度には，鉄筋腐食が始まった時点あるいは鉄筋腐食の条件がそろった時点とする考え方，鉄筋腐食によってかぶりコンクリートにひび割れが生じた時点とする考え方，鉄筋腐食によって構造耐力上の低下が起きたと考えられる時点とする考え方とがある．第一の考え方は，例えば，コンクリートの中性化がかぶり厚さの深さまで進行した場合に劣化の限度とする考え方である．しかしながら，鉄筋の位置まで中性化が進行しても，ただちに鉄筋の

腐食が始まる訳ではない．また，一般に，鉄筋腐食の条件がそろって鉄筋腐食が始まっても，その時点では表面には大きな変化がみられないことが多いが，コンクリートに鉄筋の腐食によるひび割れが発生すると，その後の鉄筋腐食は急速に進行し，短期間の内にかぶりコンクリートの剥落へとつながることがある．そのため，鉄筋腐食によってひび割れが発生した時点は補修を行うためのひとつの目安となる．また，鉄筋腐食に係わる劣化が鉄筋腐食によるひび割れとして顕在化していなくても，コンクリート表面にさび汁がにじみ出しているような場合には，劣化要因を内在している可能性が高く，放置しておくとさらに劣化が進行し，広範囲の補修が必要となるケースも考えられる．そのため，こうした場合においても補修が必要となる．

以上の考え方から，外観の劣化症状および鉄筋の腐食グレードに基づく劣化度評価基準を表Ⅰ-1.16 に示す．劣化度の判定は建築物の部位・部材ごとに行い，さらに東西南北の各面についてそれぞれ診断する．

表中のそれぞれの劣化度に対する補足説明を以下にまとめる．
① 健全：鉄筋の腐食状況からみて激しい劣化要因は有していないと考えられる．
② 軽度：鉄筋の腐食状況に対しては潜在的な劣化要因を有している可能性がある．
③ 中度：外観上の劣化症状は軽微ではなく，コンクリート片の落下など，日常安全性に問題が生じる可能性がある．
④ 重度：損傷が著しく，コンクリート片の落下など日常安全性に問題があると考えられる．また，場合によっては構造安全性に問題があることも考えられる．

表Ⅰ-1.16 劣化度評価基準[1]

劣化度	評 価 基 準	
	外観の劣化症状	鉄筋の腐食状況
健 全	目立った劣化症状はない	鉄筋の腐食グレードはⅡ以下である
軽 度	鉄筋に沿う腐食ひび割れは見られないが，乾燥収縮による幅 0.3 mm 未満のひび割れや錆汚れなどが見られる	腐食グレードがⅢの鉄筋がある
中 度	鉄筋腐食によると考えられる幅 0.5 mm 未満のひび割れが見られる	腐食グレードがⅤの鉄筋がある
重 度	鉄筋腐食による幅 0.5 mm 以上のひび割れ，浮き，コンクリートの剥落などがあり，鉄筋の露出が見られる	腐食グレードがⅤの鉄筋がある
		腐食グレードがⅤの鉄筋はないが，大多数の鉄筋の腐食グレードはⅣである

注） 鉄筋の腐食グレードは表Ⅰ-1.17 による．

表Ⅰ-1.17 鉄筋腐食度評価基準[1]

グレード	評点	評 価 基 準
Ⅰ	0	腐食がない状態，または表面にわずかな点錆が生じている状態
Ⅱ	1	表面に点錆が広がって生じている状態
Ⅲ	2	点錆がつながって面錆となり，部分的に浮き錆が生じている状態
Ⅳ	4	浮き錆が広がって生じ，コンクリートに錆が付着し，断面積で 20% 以下の欠損を生じている箇所がある状態
Ⅴ	6	厚い層状の錆が広がって生じ，断面積で 20% を超える著しい欠損を生じている箇所がある状態

1 応答値の推定

　ここでの日常安全性とは人間や器物に対する安全性のことであり，構造安全性とは建築物や部材の構造的安全性のことである．腐食ひび割れが生じるとかぶりコンクリートが剥落する危険性が高くなり，人が出入りする建築物においては，これ以上の劣化の進行は許されない．そのため，劣化度が中度になると何らかの補修が必要である．さらに重度の劣化では構造安全性にも問題をきたす可能性があるため，補修の検討が必要となることもある．なお，軽度の場合には，劣化要因が内在する可能性があり，劣化進行の予測を行って補修あるいは劣化抑制工法の要否を決定することになる．

1.5.2　中性化速度の算定

　大気中の炭酸ガスによるコンクリート表面からの中性化の進行を経過時間の関数として表したものが中性化速度式である．図 I-1.112 に示したように，一般大気中における中性化速度は環境条件（大気中の炭酸ガス濃度，温度，湿度，仕上材など）を主とする外的要因およびコンクリート自体の性能・品質（ポロシチー，透気性，含水率，強度，セメントの種類，調合条件，施工条件など）を主とする内的要因によって，複雑な影響を受けることが知られている．定常状態における炭酸ガスのコンクリート中への拡張が中性化を生じさせるものと仮定すると，中性化深さ C は経過時間 t の平方根に比例するという次式が導かれる．これは通常，$\sqrt{t}$ 則と呼ばれ，最も一般的に用いられている．

$$C = A\sqrt{t} \tag{I-1.81}$$

　式（I-1.81）における係数Aは中性化速度係数とも呼ばれるもので，A の値が大きいほど中性化速度が大きくなる．係数 A は図 I-1.112 に示したような多くの外的および内的要因によって定まる複雑な関数である．

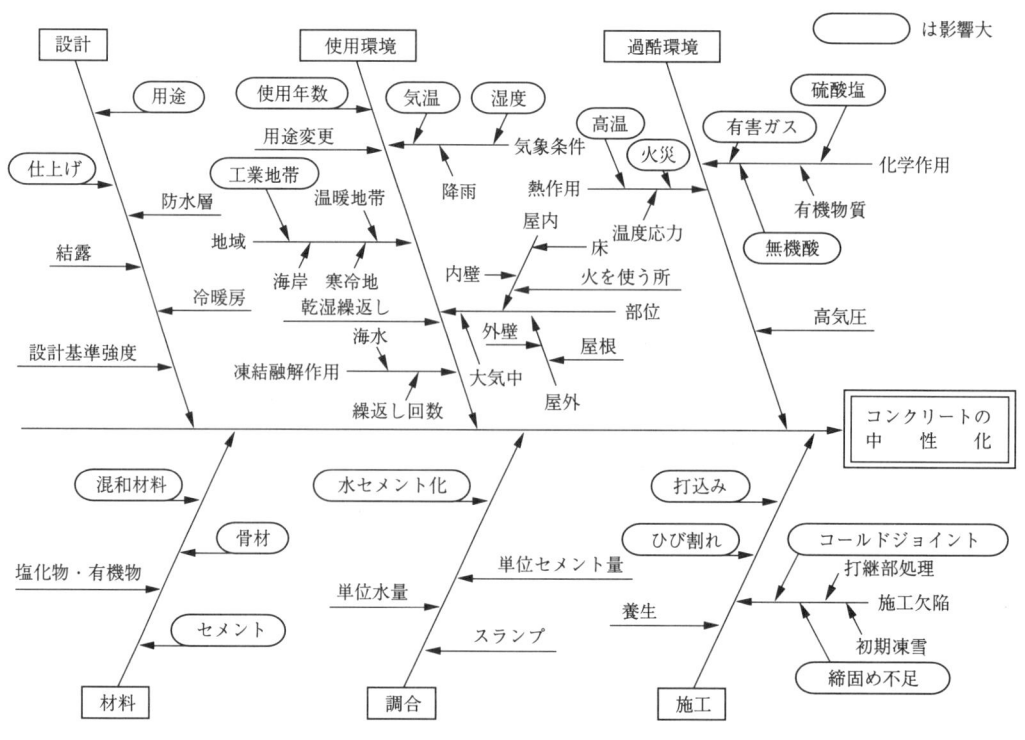

図 I-1.112　中性化速度の特性要因[3]

わが国においては，古くから中性化速度式についての研究がなされており，既存コンクリート構造物の実態調査，試験体の暴露試験や中性化促進試験などの結果または理論的考察に基づいて，種々の実用的な中性化速度式が提案されている[3]が，ここでは岸谷による算定式について説明する．

$$\left. \begin{array}{l} t=\dfrac{0.3(1.15+3x)}{R^2(x-0.25)^2}C^2 \quad (x \geq 0.6) \\ t=\dfrac{7.2}{R^2(4.6x-1.76)^2}C^2 \quad (x \leq 0.6) \end{array} \right\} \quad (\text{I-1.82})$$

ここに，　t：C まで中性化する期間（年），
　　　　　x：強度上の水セメント比，
　　　　　C：中性化深さ（cm），
　　　　　R：中性化比率（表 I-1.34参照）

本式を用いる場合には，x が強度上の水セメント比であることに留意しなければならない．強度上の水セメント比とは，AE剤やAE減水剤を用いることによって増加する空気量に対応する強度低下を見込んで補正した水セメント比のことである．したがって，AE剤やAE減水剤を使用する場合には，実際の水セメント比とは異なり，強度上の水セメント比は実際の水セメント比より大きな値となっている．今日では，「強度上の水セメント比」の考え方は用いられておらず，水セメント比といえば実際の水セメント比のことである．このため，本式を用いてAEコンクリートの中性化速度式を求める場合には，表 I-1.18の表面活性剤による中性化比率 R の値の取扱いに注意しなければならない．和泉らの実験結果[5]から判断すると，AE剤やAE減水剤を使用する場合には，x に実際の水セメント比を用い，表面活性剤による中性化比率 R の値を1.0とすれば，今日のコンクリートに適用できるものと考えられる．

表 I-1.18　コンクリートの種類別中性化比率[3]

セメントの種類	骨材の種類	川砂・川砂利			川砂・火山れき			火山れき		
	表面活性剤の別	プレーン	AE剤	AE減水剤	プレーン	AE剤	AE減水剤	プレーン	AE剤	AE減水剤
普通ポルトランドセメント		1.0	0.6	0.4	1.2	0.8	0.5	2.9	1.8	1.1
早強ポルトランドセメント		0.6	0.4	0.2	0.7	0.4	0.3	1.8	1.0	0.7
高炉セメント（スラグ 30～40%）		1.4	0.8	0.6	1.7	1.0	0.7	4.1	2.4	1.6
高炉セメント（スラグ 60% 前後）		2.2	1.3	0.9	2.6	1.6	1.1	6.4	3.8	2.6
シリカセメント		1.7	1.0	0.7	2.0	1.2	0.8	4.9	3.0	2.0
フライアッシュセメント（フライアッシュ 20%）		1.9	1.1	0.8	2.3	1.4	0.9	5.5	3.3	2.2

注）軽量コンクリート（1種および2種）の R は川砂・川砂利コンクリートと川砂・火山れきコンクリートの中間程度である．

1.5.3　鉄筋腐食速度の算定

塩害と構造耐力の統合は，塩化物イオンの浸透および引続き発生する鉄筋腐食によって，鉄筋の力学的特性およびコンクリートの付着特性などが低下して，構造耐力が低減するまでを結び付けることである．これを時系列で表したものが図 I-1.113 である．各時期はそれぞれ以下のように説明される．

1　応答値の推定

- 潜伏期：コンクリート中への外部塩化物イオンの侵入および鉄筋近傍における腐食発生限界量までの塩化物イオンの蓄積段階．
- 進展期：水と酸素の供給もとにおける継続的な腐食の進行段階．
- 加速期：軸方向のひび割れ発生以降の急速な腐食段階．
- 劣化期：腐食減量が増大し，部材としての耐荷力に影響を及ぼす段階．

時系列に従って潜伏期から劣化期まで連続して予測できるモデルの研究は少なく，各段階を分離して予測する手法が採られている．潜伏期のモデル化は文献7)などに詳細に記述されており，進展期のモデル化についての研究と比較して多くの研究が行われている．しかしながら，潜伏期を予測する塩化物イオンの浸透モデルおよび進展期以降を予測する鉄筋の腐食速度モデルは物理化学および電気化学から引用した理論に基づいて構築されており，あまり実用的であるとはいえない．また，腐食ひび割れが発生した後の現象を定量化する加速期以降のモデル化についての研究は十分に行われているとはいえない状況にある．

ここでは，鉄筋径，かぶり厚さ，水セメント比などのパラメーターを用いた，比較的実用に向いた腐食速度の実験式[8]を紹介する．

$$q = \frac{d}{c^2}\left\{-0.51 - 7.60 \times N + 44.97 \times \left(\frac{W}{C}\right)^2 + 67.95 \times N \times \left(\frac{W}{C}\right)^2\right\} \quad (\text{I-1.83})$$

ここに，　　q：腐食速度（mg/cm²/年），
　　　　　　d：鉄筋径（mm），
　　　　　　c：かぶり厚さ（mm），
　　　　W/C：水セメント比，
　　　　　　N：NaCl（％）．

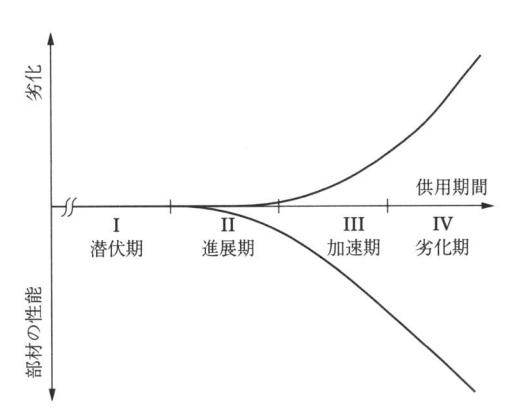

図 I-1.113　塩害と構造耐力の低下[6]

◎参考文献

1) 日本建築学会：鉄筋コンクリート造建築物の耐久性調査・診断および補修指針・同解説，1997.1.
2) 国土開発技術研究センター建築物耐久性向上技術普及委員会編：建築物の耐久性向上技術シリーズ－建築構造編 I－鉄筋コンクリート造建築物の耐久性向上技術，技報堂出版，1986.6.
3) 日本コンクリート工学協会：コンクリート構造物の構造・耐久性耐環境問題研究委員会報告書，1998.7.
4) 岸谷孝一，西澤紀昭 他編：コンクリート構造物の耐久性シリーズ 中性化，技報堂出版，1986.8.
5) 和泉意登志，嵩英雄，押田文雄，西原邦明：コンクリートの中性化に及ぼすセメントの種類，調合および養生条件の影響について，第7回コンクリート工学年次講演会論文集，pp.117-120，1985.6.
6) 土木学会：コンクリート構造物の維持管理指針(案)，コンクリートライブラリー，No.81，1995.

7) 日本コンクリート工学協会：セメントコンクリートの反応モデル解析の現状と今後の展望，反応モデル解析研究会報告書（I），1996.
8) 森永　繁：鉄筋の腐食速度に基づいた鉄筋コンクリート建築物の寿命予測に関する研究，東京大学学位論文，1986.

参考資料-1　地震動に対する構造解析

資-1.1　構造解析の種類と組合せ

　弾性範囲の構造物の挙動に関しては，スペクトル解析，モード重ね合せ法により応答の解析的表現が可能である．一方，構造物の終局耐震性に係わる非線形領域の構造物の応答は，運動方程式を数値積分によって解く，時刻歴応答解析が唯一の厳密解を得る方法である．その場合には，復元力特性を含めて，構造物の応答を支配するパラメーターはきわめて多く，解析結果が設計された構造物の応答に正しく対応したものであることを判断するためには，構造物の応答と構造パラメーター間の対応関係に関する一般的知識が必要とされる．また，設計された構造物の材料特性，部材特性を確定することは困難であり，それらの変動幅における応答の変動をも予測しなければならず，そのためにも構造物の応答に関する知識の蓄積が必要である．

　これらに鑑み，本文では，地震時に構造物に作用する水平力を静的な力に置き換えた静的解析によることを基本としている．静的解析として，非線形漸増解析（荷重増分法，変位増分法）がある．静的非線形解析法はRC造建築物の部材の応力，変形を精度よく評価できる有効な解析方法であり，計算機の利用状況を考えれば非線形解析はますます一般的に使用されると予想される．

　ただし，整形で低層の場合等では，線形解析と塑性解析を限界状態の種類に応じて適切に組合せて用いることができる．例えば，使用限界状態の検討では線形解析，修復限界状態と安全限界状態の検討では塑性解析を用いる方法がある．塑性解析は非線形解析に比較すると格段に少ない計算量で済む．ただし，塑性解析では，構造物の機構形成時の耐力は特定されるが，不静定構造の応力は特定されない．線形解析等何らかの解析を援用して応力を定める必要がある．また，水平耐力はきわめて大きな塑性変形時におけるものであることに注意する必要がある．修復限界状態における耐力の算定には別の仮定が必要になる．

資-1.2　非線形解析
資-1.2.1　構造物および部材のモデル化

　構造物および部材モデルは，釣合い条件と適合条件を満足し，建築物の力学挙動を適切に表現しうるものを用いる．また，部材の復元力特性はコンクリートのひび割れ，鉄筋の降伏等の弾塑性挙動を適切に反映して評価する必要がある．

資-1.2.2　静的水平力による非線形増分解析

　非線形解析では一般に増分解析法がよく用いられる．この解析法は，まず各部材ごとに剛性変化のルールを定めておき，水平力（あるいは水平変形）を段階的に増加させ，各段階ごとに各部材の応力状態を調べ，各部材の剛性をその応力状態に応じて変化させながら，建築物が所定の強度あるいは変形に達するまで解析を行う方法である．一般には，地震力算定用重量は各階の床重心位置に集中しているものとみなしている．また，地震力の作用位置は特別な場合を除き，モデル上の梁軸心位置としてよい．高層建築物，塔状比が大きな建築物，保有耐力が小さく応答変形が大きくなる

1　応答値の推定

建築物等は，軸方向力と水平変形によるP-δ効果を考慮する必要がある．

資-1.2.3　平面骨組モデルによる非線形解析
(1)　モデル化の考え方

静的漸増載荷解析では，骨組を，部材モデルで構成される平面骨組を剛床仮定により連結したモデルにモデル化してよい．この場合，立体骨組モデルによる線形解析結果を適宜参照して立体的な挙動を把握する必要がある．非線形解析でも立体的なモデルを用いるのが望ましいのは，立体的な挙動により平面モデルによる解析精度が十分でなくなる場合で，① 偏心によってねじれ変形が生じる場合，② 柱（耐震壁側柱）の軸方向変形による直交梁，直交壁の応力が無視できない場合，③ 斜めの地震力に対する解析，④ 柱，耐震壁の2軸曲げの影響が大きい場合，⑤ 立体的な耐震壁を有する構造の場合等である．①，②に対しては，擬似的に立体骨組を構成する平面骨組モデルによって解析する方法も可能である．③は平面骨組解析による結果を重ね合せて算定してもよい．④は通常降伏ヒンジが生じる脚部のみ影響があり，別途部材レベルで検討する方法もある．⑤は，その立体的な挙動がきわめて重要になるので，非線形解析でも立体的なモデルを用いるのが望ましい．ただし，立体挙動を再現できる厳密に検証された耐震壁モデルは確立していないので，静的漸増解析では，擬似的に立体骨組を構成する平面骨組モデルによって解析する方法も可能である．この場合，立体骨組モデルによる線形解析結果等を適宜参照して，立体的な挙動の影響を把握する必要がある．簡略には，主軸方法では直交耐震壁のフランジ効果を全幅で考慮し，斜め方向は平面保持仮定によって脚部を部分的に取り出して，部材レベルで別途検討する方法が可能である．

(2)　部材のモデル化

柱梁部材は線材に置換することが一般的である．柱および梁の塑性変形を表すモデルとして，現在最も一般的に用いられているのは，部材端部に剛塑性バネを設ける方法である．通常，柱には曲げ変形，せん断変形，軸方向変形を，梁には曲げ変形とせん断変形を考慮する．しかし，梁軸方向の拘束が大きい場合には，梁の軸方向変形を考慮することが重要である．このようなモデルを用いない場合は，柱や耐震壁のせん断力負担率は解析的に算定されるものと異なることに注意する必要がある．柱の曲げ降伏モーメントは曲げと軸力の相関関係を考慮して定める．通常，曲げと軸力の相関関係を漸増解析の途中で考慮するのは困難なので，変動軸力のレベルを予測して予め復元力特性を設定する方法でもよい．耐震壁のモデル化の方法としては，① 中央の柱のみに置換するモデル，② 曲げ抵抗を表す両側の柱と主にせん断抵抗を表す中央の柱に置換するモデル，または，③ ブレースに置換するモデル，がある．いずれも基礎下の剛性，浮き上がり等の影響を適切に考慮する必要がある．平面骨組モデルでは，耐震壁付帯柱に接続する直交梁の影響も大きいので，軸バネ等によってその効果を評価できるモデルとすることが望ましい．

資-1.2.4　立体骨組モデルによる非線形解析
(1)　部材のモデル化

立体解析では，柱および耐震壁に2方向曲げと軸方向力の3軸降伏相関関係を考慮した，立体解析のための部材モデルが必要になる．柱および耐震壁の立体解析でよく用いられるモデルには，多方向曲げバネモデル，塑性論モデルおよびマルチスプリングモデルがある．この中ではマルチスプリング（M-S）モデルがよく用いられるが，これは，柱部材の材端における材軸直交方向面内に，材料の応力度-ひずみ度関係に基づいた複数個の軸方向バネを設け，柱に対する2方向曲げと軸力

の3軸降伏相関係数を考慮するものである．梁は，平面骨組解析の部材モデルと同じモデルでも十分である．また，柱・梁とも通常部材のねじり剛性は無視される．耐震壁は，両側の側柱に立体柱モデルを用いて，壁部分の曲げとせん断抵抗を考慮したモデルがよく用いられる．ただし，コア壁では，曲げとせん断抵抗の評価に直交壁の影響を適切に考慮する必要がある．

資-1.2.5　スラブおよび基礎の扱い

スラブの面内剛性が十分大きく，かつスラブと周辺架構が剛に接合されている場合には，建築物各層の慣性質量が層の重心位置に集中するものとしてよい．平面における床スラブの欠損が大きい場合や，吹き抜けが存在すること等により剛床仮定が成立しない場合には，スラブの変形を考慮してモデル化する．また，基礎構造に関しては，1階柱脚近辺や基礎構造の力の流れや応力性状を精度よく把握するため，地上階，地下階，基礎構造を含めたモデルを用いることが望ましい．地上階と地下階を別々に解析する場合には，境界部での応力と変形の適合条件が設計上問題とならない範囲で満足していることを確認する必要がある．さらに，地盤および杭の変形が建築物の全体変形に及ぼす影響が大きい場合には，これらを適切に考慮した解析を行わなければならない．

資-1.2.6　部材の降伏点剛性の評価

梁部材の降伏点剛性低下率は，特別な研究によらない場合，以下の式を用いてよい．

$$\alpha_y = (0.043 + 1.64\, n p_t + 0.043\, a/D + 0.33\, \eta_0)(d/D)^2 \tag{I-1.96}$$

ここで，　　α_y：弾性剛性に対する降伏点剛性の低下率，
　　　　　　n：ヤング係数比，
　　　　　　p_t：引張鉄筋比，
　　　　　a/D：シアスパン比，
　　　　　　η_0：軸力比，
　　　　　　d：有効せい，
　　　　　　D：部材せい

上記の式はスラブのない試験体から導かれた実験式なので，T型梁の剛性低下率の評価方法には注意を要するが，厳密に確立した方法はない．一般に，T型梁の弾性剛性にこの降伏点剛性低下率をそのまま適用するのは過大評価になり，一方，降伏点ではT型の効果を完全に無視してしまうのは過少評価になる傾向がある．

降伏点剛性におけるより精度の高い評価法は，研究の段階にあり，部材実験等と比較して精度を確認することにより，その他の評価方法を用いてもよい．

耐震壁の降伏点剛性の簡便な略算式はないが，以下の方法により，比較的簡単な計算で降伏変形を評価できる．まず，曲げ変形は断面の曲げ解析によって評価する．曲率分布を解析によって定めてもよいが，煩雑なので，むしろ簡略に曲率の分布がモーメントに比例すると仮定した方がよい．この仮定の方がヒンジ領域の広がり等が間接的に考慮されて実験結果に近い値になる．せん断強度時のせん断変形角は，斜め方向のコンクリートの圧縮歪みから一義的に決ると仮定して，例えば0.004 rad. 程度の値を仮定する．せん断ひび割れ点とせん断強度時の変形角を直線で補間すれば，曲げ強度時のせん断変形が算定できる．降伏変形は，曲げ降伏時の曲げ変形とせん断変形の和として評価すればよい．

資-1.3 線形解析

資-1.3.1 線形解析の原則

線形解析は，部材剛性に立脚した方法を用いる．部材の弾性剛性を算定するための断面2次モーメントは全断面について求める．またT形梁および壁付き柱などのT形断面をもつ部材では適切に評価した有効幅を加えたものとする．

耐震壁および壁形の部材ではせん断変形を考慮しなければならない．

資-1.3.2 修復限界状態の部材剛性

修復限界状態で降伏ヒンジを想定する部材の剛性は，原則として，降伏点剛性とする．修復限界状態で降伏ヒンジを想定しない部材の剛性は，計算される設計用応力レベルに応じて，ひび割れ等の影響を考慮し適切に剛性を低下させる．

資-1.3.3 スラブの水平力伝達

スラブの水平力伝達は，これを適切に考慮する．

資-1.3.4 応力の再配分

部材の応力は，使用限界状態の目標性能達成に支障のない範囲で再配分することができる．

資-1.4 塑性解析

塑性解析は，設定した全体降伏機構において降伏ヒンジに曲げ終局強度を仮定し，設計用の水平力分布に対して機構形成時の釣合い条件を満足する方法を用いる．ヒンジ領域以外の応力は，線形解析による応力にもとづいて適切に評価する．

具体的な方法としては，外力分布を仮定して，仮想仕事法あるいは必要に応じて仮想仕事法と節点振り分け法を組合せた方法を用いる．仮想仕事法は，層全体としての保有水平耐力は求められるが，個々の柱や壁の応力は一般には求められない．フレーム構造で柱部材の応力を略算的に算定するには，層せん断力を例えば線形解析による分布を参照するなどして，適切に応力を振り分ける必要がある．耐震壁フレーム構造の場合には，柱のモーメントを節点振り分け法で定め，この時の柱部材のせん断力を全せん断力から引いた値を耐震壁のせん断力とするのが比較的精度がよい．

安全限界状態の確認では，塑性解析による応力を曲げ強度の上昇，動的増幅，解析の精度を考慮して割増ししたものとする．

2 限界状態と限界値の設定

2.1 限界状態の意味

2.1.1 建築物の基本性能

> a．建築物の基本性能は，「安全性」と「使用性」および「耐久性」である．
> b．建築物の基本性能は，工学的な状態量の大きさに基づいて表される．
> c．「安全性」は，建築物内外の空間を保持し，倒壊などから人命を保護する機能についての性能で，社会通念上不可欠と考えられる性能である．
> d．「使用性」は，建築物の機能のうち，安全性以外に関する建築物の用途に応じて必要とされる使用上の機能についての性能で，一般的には非常時には機能が発揮されなくとも許容される性能である．
> e．「耐久性」は，安全性や使用性の時間変化率に関する性能である．
> f．「修復性」は，建築物の基本性能（安全性，使用性，および耐久性）の維持に関する性能であり，維持管理や性能低下時の修復の容易性，ならびにその時の建築物の機能代替に係わる費用や容易性の観点から任意に定められる性能である．
> g．性能評価指針案には，安全性，修復性，使用性が基本構造性能として設定されている．

建築物には多くの機能が期待されている．建築物の性能は，これらの機能がどのように達成されるかということであろう．建築物の機能は，一般的に用いられる言葉でいえば，例えば，「安全性」，「美感」，「空間保持」，「外界との遮断」などの言葉によって表現される．建築物には多くの複雑な機能が期待されており，それらは，住み手の好みや必要性，それぞれの時代による価値観の移り変わりにより変化し，さらにこれらの機能が，複雑に網の目のように互いに連係している．したがって，構造性能は，建築物の性能の中の1つの独立した性能ではありえない．

構造設計においては，これらの機能を構造設計の立場から整理し，建築物が保有するべきこれらの機能を，

① 地震や台風などの場合にも建築物の空間を保持し，倒壊などから人命を保護する機能で，社会通念上不可欠と考えられている機能である「安全機能」，

② 室内空間の遮音性，床のたわみ，設備のエレベーター機能のように，非常時には，ある程度発揮されなくても我慢することにより許容でき，建築物の所有者が法令の定める水準を下回らない範囲において，自らの責任の下でかなり自由に選択しうる機能である「使用機能」，

のいずれかに入れて取扱うことがことが行われている．この意味において，「使用機能」は，建築構造物の機能全体の集合の中における，「安全性に係わる機能」の集合の補集合として考えることができる．この2つが，建築物の性能を考える上で最も基本的な概念である．

そこで，安全機能に関する性能を「安全性」とし，使用機能に関する性能を「使用性」とする．建築構造物の耐久性の概念は，ここで述べた安全性と使用性が時間の進行とともに低下する速度を

2 限界状態と限界値の設定

指したものである.ゆえに耐久性は,安全機能と使用機能から派生する性能として位置づけられる.そこで,以下においては,表 I-2.1 に示すように「安全機能」に関する性能を「安全性」,「使用機能」に関する性能を「使用性」とし,これらに,耐久性を併せて建築物の基本性能と定義する.

基本性能は,建築物の機能に基づいて定義されものであり,「美感」などの一部の性能を除けば,床の変位,加速度,歪度等の工学的な状態量として記述され,それらの状態量と許容限界値との比較によって,使用性や,安全性が定量的に定義される.

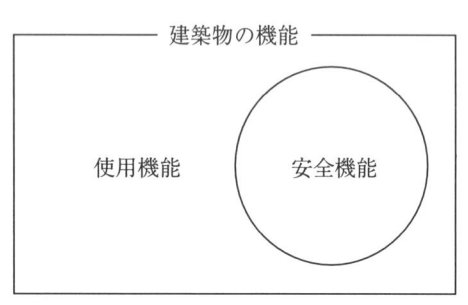

図 I-2.1 使用機能と安全機能

表 I-2.1 建物構造物の基本性能の分類

基本性能	説　明
安全性	構造物に作用する荷重・作用に対して,人命を保護する機能を有していること.社会通念上その必要性が選択の余地なく認められていると考えられるもの.
使用性	構造物に作用する荷重・作用に対して,安全性能以外の建物に期待される一定の「機能」を有していること.「機能性」,「居住性」,「日常安全性」など. 建築物に期待される「機能」の範囲や質は,時代や価値感,経済状態,建物用途により異なるものであり,建築物の所有者が法令で定める水準を下回らない範囲において,自らの責任の下でかなり自由に選択しうる.
耐久性	安全性と使用性の経時劣化の時間的変化(速度)に関する性能.材料の選択,工法の選択により,耐久性能に差が生じるので設計の対象となる.

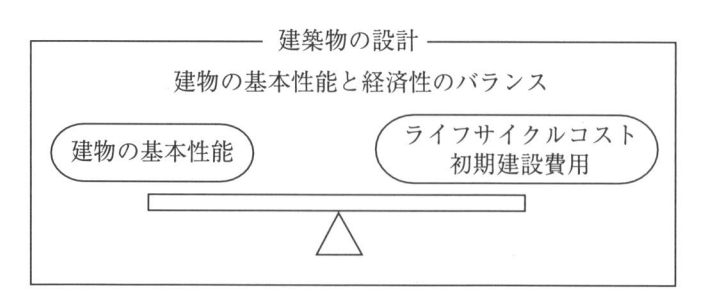

図 I-2.2 建物の機能と経済性のバランス

2.1 限界状態の意味

これに対して，維持管理の容易さや，用途変更の容易さ，地震後の復旧の容易さのような性能も，建築物の構造性能として取扱われる．これらは，「修復性」とも呼ばれている．修復性は，床の変位，加速度，歪度等の工学的な状態量に基づき，その建築物の修復経費，機能が損なわれている期間に必要な代替措置のための経費などの価値量にして考えることが必要である．価値量は，例えば貨幣的価値の数値にすれば，「修復性」を定量的に表すことができる．この際，修復は，上述の基本性能である「安全機能」や「使用機能」の水準をあるレベルに保つことを目標として行われる．地震後の復旧の目標も同様である．したがって，「修復性」に関する性能を定量化するためには，「安全機能」や「使用機能」を定義する工学量を使って修復のレベルを定義し，そのために必要な価値量として間接的に取扱うことが必要となる．

以上のことを勘案し，構造性能評価指針案では，基本構造性能として「安全性」，「修復性」，「使用性」を設定している．なお，そこでは耐久性は，それぞれ基本構造性能において，性能の時間変化率として考慮することとしている．

建築計画の行為は，図 I-2.2 に示されるように，建築物に予想される機能である「安全性」，「使用性」の2つの建築物の基本性能のレベルを設定し，その実現に必要な初期建設費，ライフサイクルコストなどの経済性能の両方のバランスを考慮して行われるプロセスである．このプロセスは，建築主と設計者の双方が建築物の性能に関して共通の認識に基づいて，必要な性能のレベルと予定する維持管理経費や初期建設費用のバランスを建築主が判断して目標性能レベルを選び，設計者がそれを実現するよう設計することが理想的である．

しかし，従来の設計法においては，そのバランスの判断と評価の主体が誰であり，どのように行われているかがきわめて曖昧になっている．その原因には，構造設計の実務においては，構造設計者が建築主に対して，建築物の性能レベルをわかりやすく説明することが必ずしも容易ではなかったことがあげられる．そのため建築主は，性能レベルの設定を構造設計者に委ねるしかないのが実状であった．一方，構造設計者は，初期建設費を低くしたいという建築主の希望を第一に取入れて，初期建設コストを最小にするように，最低基準すれすれの設計にすることが多いものと予想される．構造設計者が最低基準以上の性能を付与するように設計する場合にも，設計者の経験に基づく高度な工学的判断が行われる一方で，そこで得られる性能を建築主に理解されるように客観的に表示する方法がないので，そのような設計は，建築主と構造設計者の信頼関係がある場合に限られてきた．

性能評価における限界状態と限界値の設定は，そういった建築主と構造設計者の関係を改めて，建築主が主体になって要求性能の実現に関わっていけるようにするための手段となるものである．

2 限界状態と限界値の設定

2.1.2 基本性能の項目

> a. 基本性能の項目は，建築物の基本性能を表す工学的な状態量を分類したものである．
> b. 安全性を表す項目は，① 構造物内外の空間の確保，② 構造部材・非構造部材の脱落・飛散による危害の防止，③ 設備機器・什器の落下・転倒・移動による危害の防止，④ 安全な避難経路に分類される．
> c. 使用性を表す項目は，① 使用性能（感覚的（視覚的/触覚的）），② 日常安全性，③ 気密性・防水性・遮音性，④ 可動部分に関する機能保持，⑤ 設備機器の機能保持，⑥ 什器の機能保持に分類される．
> d. 各項目の状態は，原則として，建築物の各部分について，それぞれの部分に起こる現象に対応した i) 部材の変形量，ii) コンクリートのひび割れ幅，iii) 床の応答加速度，iv) 層間変形，v) 損傷エネルギー量などの工学量に対応付けて定量化される．

建築物の性能評価の基本となる「基本性能」の中身をより具体的かつ詳細に規定する「基本性能の項目」を考える．「各項目の状態」は，工学量として定量的に表現できるようにしておかなければならない．

「安全性」，「使用性」および「耐久性」の基本性能のそれぞれに含まれる項目とそれに関する物理現象を，表 I-2.2 に示す．

基本性能の項目の分類は，構造体，非構造部材，建築設備などの対象とする建築の部位による方法が考えられる．表 I-2.2 においては現象に着目した分類としている．「美感」のような性能を除けば，ある機能が損なれる時，必ず原因となる物理現象があり，それに対応する工学原理がある．

表 I-2.2 性能項目

基本性能	基本性能の項目	関連する物理現象の例	基本性能の項目を規定する工学量の例
安全性	a. 構造物内外の空間の確保	剛体転倒，損傷，崩壊，倒壊，落階	鉛直力残余支持強度，転倒復元力，最大変形，塑性率，崩壊機構形式
	b. 構造部材・非構造部材の脱落・飛散による危害の防止	構造部材に取り付けられた部材の脱落・飛散	部材加速度，強制変形
	c. 設備機器・什器の落下・転倒・移動による危害の防止	構造部材に取り付けられた設備機器の転倒・落下・移動	部材加速度，強制変形
	d. 安全な非難経路の確保	ドア開閉・非難誘導具の損傷	部材加速度，強制変形
使用性	a. 使用性能（感覚的（視覚的/感覚的））の確保	たわみ・傾斜・破損・凹凸・段差・振動・きしみ音・ひび割れによる美感の変化	部材変形，傾斜，剛性損傷
	b. 日常安全性	床面の凹凸・段差などにより生じる歩行者のつまづきなど	部材変形，傾斜，剛性損傷
	c. 気密・防水・遮音・断熱性の確保	たわみ・ひび割れ・破損による外気・水・音・熱の侵入	部材変形，傾斜，剛性損傷
	d. 可動部分に関する機能保持	破損・変形による機構の破損	部材加速度，強制変形
	e. 設備機器の機能保持	振動・変形・傾斜による設備機器の破損	部材変形，傾斜，剛性損傷
	f. 什器の機能保持	什器の破損	部材変形，傾斜，剛性損傷
耐久性	a. 安全性，使用性の低下	材料劣化	中性化，断面欠損

例えば，安全性は，力による破壊・変形，物体の落下のような物理現象と密接に関与している．構造設計は，工学原理に基づいて行われ現象を数式モデルにして取扱っているので，現象を扱うモデルと機能が明快に対応するようにするには，性能項目をこのように分類すると都合がよい．「美感」のような心理学的な現象は「感覚的」なものとして，独自の項目とした．

それぞれの項目は，それぞれの現象に対応した工学量である，a：最大変形，b：残留変形，c：残留ひび割れ幅，d：床の応答加速度，e：最大層間変形，f：損傷エネルギー量などに対応させてより定量的に定義される．これらは，建築物の規模や種類立地条件によらず，共通に評価できる物理量として選ばれるものである．これらの数値の組合せは，その建築物の状態を表す量として，工学的に取扱うことができるようになる．

2.1.3 荷重および外力

> a．ある特定の建築物の構造性能は，その建築物に作用する内部的あるいは外部的な物理的・化学的要因の下で，その建築物の基本性能の性能項目に対応した各状態量の組み合せによって表現される．
> b．内部的あるいは外部的な物理的・化学的要因は，建築物の設定耐用期間に作用するすべての荷重および外力の時刻暦を考慮し，耐用期間中に起こる非可逆的な損傷と維持保全・修復計画を考慮する．

建築構造物の機能は，建築物の内部的なあるいは外部的な物理的・化学的な要因によって，低下することがある．建築構造物の性能評価においては，このような要因を「荷重および外力」として取扱う．建築物に作用する荷重および外力には，固定荷重，積載荷重のようにほぼ一定で建築物の設定耐用期間中の変動が小さいもの，風圧力，雪積荷重のように，ある期間作用するもの，地震動のように，瞬間的に作用し，まれに非常に大きくなるものがある．潮風・大気汚染・凍結融解のように，環境による影響も荷重として考える．建築構造物の性能は，このように複雑な条件の影響を考慮して評価される．

建築構造物の性能には，発生する荷重の時間的順序の要因も大きな影響を及ぼす．殊に地震動は，特殊な性格を有する．建築構造設計では，不確定な大きさの地震動に対しての安全性を考慮する際，材料の弾性範囲を超えた領域の不可逆的な挙動を期待している．つまり，弾性範囲を超える力が作用した場合には，塑性変形が生じても崩壊は免れることができることを期待している．このことは，もし弾性範囲を超える大きな地震力が作用すると，荷重を取り除いても損傷が残ることを意味している．そのため，再使用するためには修復が不可欠となる．さらにその後再び地震が発生することもある．建築構造物は計画耐用期間が長いので，このような荷重の長期間の時刻暦の考慮が重要である．

建築物は消費材と異なり大量の資源を使い長期間に渡って使用される耐久財であり，社会的な財産の一部を構成していることを考慮すれば，建築物の性能評価は，一回だけの荷重の作用に対して行われるだけでは十分でなく，建築物が使用を想定している設定耐用期間に働く荷重・作用の生起の繰り返しを考慮して行われることが望ましい．

従って，最も正確に建築物の性能評価を行う方法は，次のようなものとなろう．すなわち，対象とする建築物の設定耐用期間中に作用するすべての荷重および外力の時刻暦と，建築物の挙動を推

2 限界状態と限界値の設定

定するための工学モデルを用い，図 I-2.3 に示すように，建築物の設定耐用期間中のすべての事象をシミュレートし，建築物の応答を調べその状態を推定し，必要な維持経費を推定する評価手法である．この結果を使えば，その途中の建築物の性能レベルのみならず，想定される初期建設経費や維持管理経費を含むトータルのライフサイクルコストの推定が行うことができる．しかし，特定の建築物について，建築物が耐用期間に遭遇するすべての荷重・作用を網羅して考慮し，シミュレーションを行って性能を予測し，ライフサイクルコストを推定する方法は，建築物の性能評価を著しく煩雑で困難にする．そのため，現実の設計においては，性能評価が可能なレベルにまで単純化する必要がある．

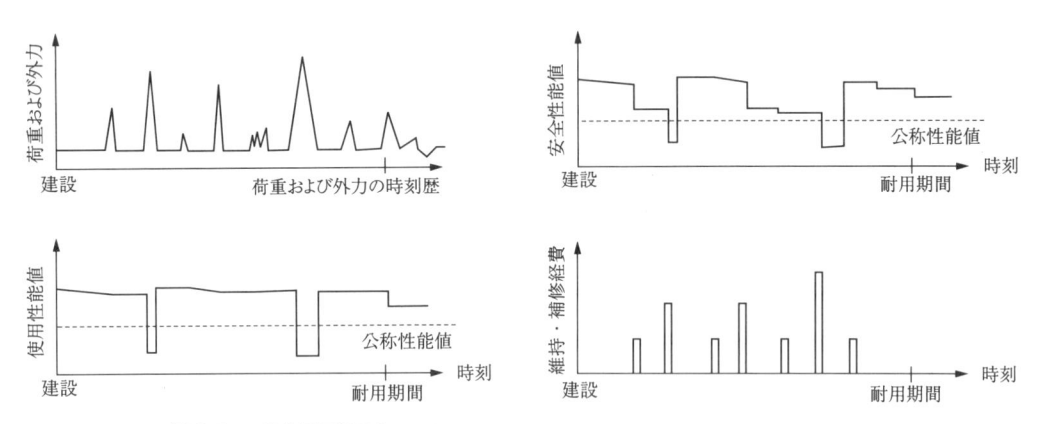

図 I-2.3 設定耐用期間中の現実的な荷重および外力の履歴と性能評価条件の設定

2.1.4 性能評価条件

a．建築物の設定耐用期間に作用するすべての荷重の時刻歴（変動）を考慮して行う性能評価と近似的に等価な方法として，大きな荷重が一回作用すると考える「性能評価条件」を設定し建築物の性能評価を行う．
b．標準的な性能評価条件として，「安全性評価条件」，「使用性評価条件」および「修復性評価条件」を設定する．
c．安全性評価条件は，安全性の評価に適切な指標を与える性能評価条件とする．
d．使用性評価条件は，使用性を評価に適切な指標を与える性能評価条件とする．
e．修復性評価条件は，建築物の設定耐用期間中に数回程度まれに起こる短期的な荷重および外力により安全性や使用性が損なわれた場合，元の性能への復旧と復旧までの機能代替に必要なコストの大きさに関する適切な指標を与える性能評価条件とする．

実用的な性能評価においては，図 I-2.3 に示すように，建築物が耐用期間に遭遇するすべての荷重の時刻歴を考慮したシミュレーションを行う方法をとらずに，簡略化した方法の性能評価が行われる．そこでは，建築物が設定耐用年数を通じて遭遇する，典型的な大きさの荷重が一回作用すると考えた条件の下で建築物の性能を評価し，それらの結果を総合して代表値として用いることが現実的である．この場合に用いられる代表的な荷重のことを「性能評価条件」と定義する．性能評価条件は，建築物の荷重および外力のシナリオであり，荷重および外力の組合せおよび生起順序と

2.1 限界状態の意味

して表される．

　安全性評価条件は，安全性を評価するために適切な条件である．安全性評価は，「建築物の倒壊による人命の安全」のように，いかなる非常時であっても確保されなければならない安全性を評価することを目的としているため，通常，安全性評価はきわめて大きな荷重を使ったシナリオで行われることになる．

　使用性は，安全性と異なり，日常的に作用する比較的小さな荷重により性能評価が行われる．しかし，非常時において，使用性がどの程度損なわれても許容するかに関する建築主の判断に基づき任意の荷重の大きさを設定したシナリオによって，使用性の評価を行うこともできる．

　修復性評価条件は，次のような性能を評価するために設定されたものである．すなわち，一時的に発生する荷重に対して，修復に要する費用や機能が損なわれた期間の機能確保を行うための代替コスト，機能回復に必要なコストを評価しようとするものである．したがって，性能評価に使われる荷重の大きさは，任意である．しかし，建築物の経済的価値は社会的に大きいので，耐用年数に数回程度の稀な荷重に対して損傷が生じたり，機能が一時的に失われたりすると，修復に要する費用や機能が損なわれた期間の機能確保を行うための代替コスト，機能回復に必要なコストが初期建設費に匹敵するほど莫大になり得る．そこで，特に，ライフサイクルコストを最適にするなら，その値が最も鋭敏に影響を及ぼす程度の大きさの荷重を用いるのが適切であり，直感的には設定耐用年数に数回起る程度の荷重を含むシナリオとなろう．これらを考慮して具体的にどのように修復性能評価条件を設定するかについては，今後の研究が必要である．なお，建築基準法施行令には，基本性能（安全性，使用性，耐久性）の低下に対する修復を要さないための限界として損傷限界が設定され，また，そのための性能評価条件が定められている．

　このように，それぞれの性能評価はその目的が異なるが，これらは建築物の多様な性能を語るために必要なものである．

表 I-2.3　性能評価条件

性能評価条件	説　明
使用性評価条件	日常的な使用条件と，予め設定した維持保全計画[*1]の下で，日常的に作用する荷重・作用の範囲における，使用性および耐久性を評価する条件．
修復性評価条件	日常的な使用条件と，予め設定した維持保全計画[*1]を考慮し，ある時点で作用する荷重・作用を受け，それが取り除かれた後の安全性，使用性，および耐久性の低下を復旧させることの容易さを評価する条件．
安全性評価条件	日常的な使用条件と，予め設定した維持管理計画[*1]を考慮して，ある時点で稀に作用する大きな荷重・作用に対して，安全性を評価する性能評価条件．

注）　*1　維持保全計画には，(1)建築物の耐用期間中メンテナンスなしで性能を発揮させる，(2)定期的にメンテナンスを行う，(3)劣化後の状況を予測して評価しメンテナンスしない，などの例が考えられる．

2 限界状態と限界値の設定

2.1.5 限界状態と限界値

> a．性能評価条件のもとにおける，各基本性能の項目の状態量の値を「応答値」という．
> b．性能評価条件ごとに，「応答値」を評価するための閾値を「限界値」と呼ぶ．それらの限界値の組のことを「限界状態」という．
> c．安全性評価条件の応答値を評価するための限界値の組を「安全限界状態」という．
> d．使用性評価条件の応答値を評価するための限界値の組を「使用限界状態」という．
> e．修復性評価条件の応答値を評価するための限界値の組を「修復限界状態」という．

ある性能評価条件を設定すれば，設計された建築物を工学モデルによりモデル化し，シミュレーションによってその建築物の性能項目に関する状態量の組を推定することができる．この状態量の組のことを「応答値」と呼ぶ．応答値は，膨大な数値の組によって表されるその建築物の状態であり，具体的には，建築物の部分ごとの変形や応答加速度，ひび割れ幅などがそれに相当する．

一方，性能を評価する場合に，それらとの比較のために閾値となる状態量を設定しておく必要がある．これらは，構造設計者にとっては，直接，設計の目標性能を表すものとしても用いることができ，これらの状態量のそれぞれの値を「限界値」と呼ぶ．これらの「限界値」の組を「限界状態」と呼ぶ．

安全性，使用性，および修復性の評価に用いられるそれぞれの限界状態は，「安全限界状態」，「使用限界状態」，および，「修復限界状態」と呼ばれる．したがってこれらを表す限界値は，「安全性」，「使用性」および「耐久性」からなる3つの基本性能を規定する性能項目によって表される状態量によって定義される．

2.1.6 性能評価と性能指標

> 性能評価は，基本性能の項目について規定される限界状態を基準として行う．

すべての基本性能の項目に関して，応答値が限界値が上回っている（下回っている）という状態は，その建築物の性能を包絡面として規定するが，実際の設計された建築物においては，すべての性能項目が同時に限界値に達していることはありえない．そのため，設計される建築物の性能と，その建築物が満たしている限界状態により定義される性能が丁度一致することはありえない．これに加えて，応答量の数値によって規定される多くの工学的な性能は，構造設計者にとって厳密な意味をもっていたとしても，それらは，必ずしも建築主にとって理解が容易な性能表示になっているとは言い難い．すなわち，限界状態による性能の表現にはこれらの2つの問題点が残っている．

このような課題を解決するためには，各種応答値を集約して性能指標として定式化する手法が有

表 I-2.4 性能指標の例

性能評価の対象となる性能	性能評価条件	性　能　指　標
使用性	使用性評価条件	機能別の機能レベルの指標
修復性	修復性評価条件	使用性・安全性の完全復旧に必要なコストに対応する指標
安全性	安全性評価条件	目標安全性が確保される荷重の大きさの指標

2.1 限界状態の意味

効である．そのため，今後さらに適切な性能指標の開発を進めていく必要がある．性能指標は，基本性能の項目に対応する応答値の組合せから，多対一で算出される数値のことであり，限界状態で定められる性能をより抽象化して得られるものである．「性能指標」には，表Ⅰ-2.4のような例が考えられる．

今後必要とされるであろう安全性の性能評価に使われる性能指標について具体的に考える．例えば，地震時の構造物内の空間の確保に関する安全性がどの程度なのかを表す方法を考える．これを，図Ⅰ-2.4に示す．性能評価にあたっては，まず，各種の工学モデルを用いて，安全性評価条件の下での各部材の変形量や破壊モードなどの応答を推定する．次に床や柱の鉛直残余耐力が建築物を支持できなくなる点を限界点とみなし，そのような状態にいたらしめる地震動の大きさを求める．この地震動と標準地震動の比の値を性能指標とすることになる．その結果は，「この建築物は，標準地震動の1.2倍の地震動でも，部材損傷によって構造物内外の空間が確保できる部材の強度とじん性がある」というようにその性能を表示することができる．

地震動の倍率で耐震性能を評価する方法は，将来，地震工学の発達によって想定される地盤効果の精密化や震源モデルの発達によって，設計地震動のレベルに変更が生じた場合にも，同じ性能評価の結果を簡単に読み替えて利用することができる長所がある．安全性を表す基本性能の項目は，構造物内の空間の確保に関するものだけではない．建築部材の落下や，避難経路の確保など異なった観点からの安全性がある．これらについても，同じように性能指標を定義すれば，安全性能は，図Ⅰ-2.4のようなレーダーグラフとして表現することができる．このように，基本性能の項目ごとに安全性能が表現できれば，より的確にその建築物の性能を，建築主にわかりやすく示すことができるようになるものと思われる．

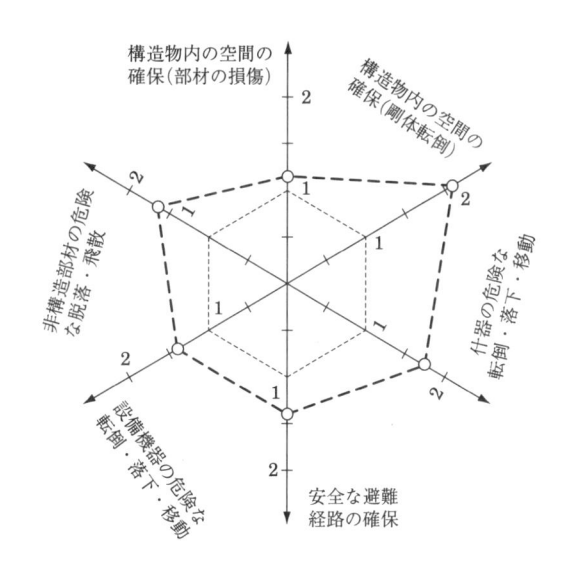

耐震安全性の性能表示の一例
応答値が限界値に達する時の地震動の大きさの標準地震動に対する倍率

図Ⅰ-2.4　ある特定の建築物の耐震安全性能の評価結果の一例

次に修復性の指標値化について考える．修復性の性能指標値は，次のように求められる．すなわち，想定する性能評価条件に対して生じる部材の損傷に関する応答値を，工学的なモデルを用いたシミュレーションで推定する．次に，部材に生じる損傷の程度と修復が必要となる密度と部位の大

2　限界状態と限界値の設定

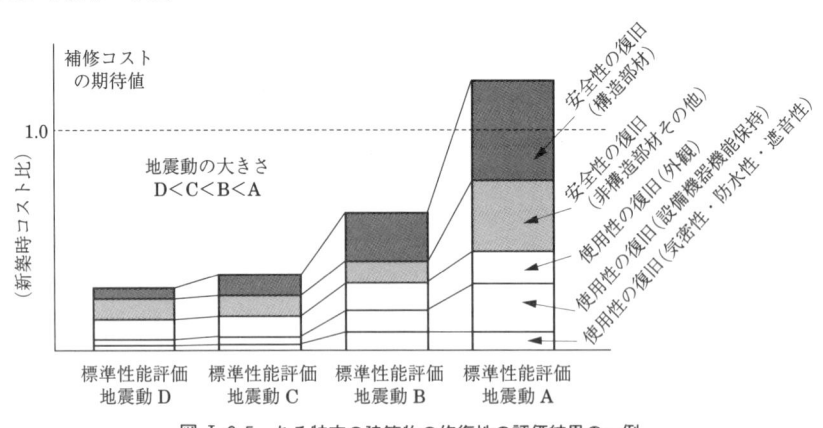

図 I-2.5　ある特定の建築物の修復性の評価結果の一例

きさを見積もり，これらに修復に必要な経費の重み付けを施して建築物全体について加えあわせる．このようにして得られる数値が，損傷回復に必要なコストの指標値である．損傷回復に必要な経費は，安全性の修復に要するものと使用性の回復に要するものを分離して積算することが可能になる．例えば，図 I-2.5のように，それらの値を，異なる荷重レベルに対して算出すれば，コストと性能の関係について具体的に表すことができる．

最後に，使用性に関する性能指標値について考える．安全性指標値や，修復性指標値は，状態量を集約して指標化するほうが建築主にとって理解しやすいのに対して，使用性に関する指標値は，1つに集約して表す必要性は少ない．これは，使用性の評価で考える機能は，日常の生活で利用する機能であり，それぞれの機能が具体的であるためその意味が建築主に理解し易いからである．例えば，エレベーターが地震で停止する地震動の加速度や，予測される床たわみの値の大きさなど，使用性に関する判断に必要な情報を詳細に提示しても，建築主はそれを理解することが可能である．

すべての建築主が同じ使用性のレベルを必要としているわけではないので，性能指標値を1つに集約することは，かえって建築主が必要に応じて使用性に関する性能を選択できるようにする自由度が小さくなる．したがって，機能の種類に応じて多数の性能指標値を設定することが望ましいものと考えられる．

◎参考文献
1)　日本建築学会：建築物の耐久計画に関する考え方，1988.
2)　日本建築学会：非構造部材の耐震設計指針・同解説および耐震設計・施工要領，1985.
3)　日本建築防災協会：改訂版既存鉄筋コンクリート造建築物の耐震診断基準・同解説，1991.

2.2　限 界 状 態

2.2.1　安全限界状態

(1)　安全限界状態の定義

安全限界状態とは，建築物の内外の人命に直接及ぼす危険が回避できるかどうかを評価するために設定される限界状態をいう．性能評価においては，この限界状態が基本構造性能の1つである安全性を評価するための条件となる．すなわち，安全性の評価においては，各種荷重および外力による建築物やその各部分の応答の状態が，安全限界状態を越えないことを検証するものである．具体

的には，性能評価項目（構造骨組の安全性，建築部材の安全性，設備機器の安全性，什器の安全性，地盤の安全性）ごとに，以下の5項目に分類できる．

① 構造骨組の安全限界状態：鉛直荷重支持部材の支持能力の低下等が人命の危険度から許容される限界の値に達する状態．

② 建築部材の安全限界状態：構造部材・非構造部材の脱落・飛散等が人命の危険度および避難の観点から許容される限界の状態．

③ 設備機器の安全限界状態：設備機器の落下，転倒，移動等が人命の危険度および避難の観点から許容される限界の状態．

④ 什器の安全限界状態：什器の落下，転倒，移動等が人命の危険度および避難の観点から許容される限界の状態．

⑤ 地盤の安全限界状態：地盤の崩壊や変状等による建築物の状態が，人命の危険度および避難の観点から許容される限界の値に達する状態．

限界状態設計法では終局限界状態という用語が用いられているが，これは設計において，工学量で取扱うことができる範囲内のある状態を終局限界状態として設定するものであり，必ずしも安全性が確保される限界の状態を示しているわけではない．これに対し安全限界状態は，人命に直接危害を及ぼさない限界の状態という，安全性能に直接結びつく状態を表す概念である．このように，両者は似ているが同じものではないことから，表現も異なる用語を用いている*．

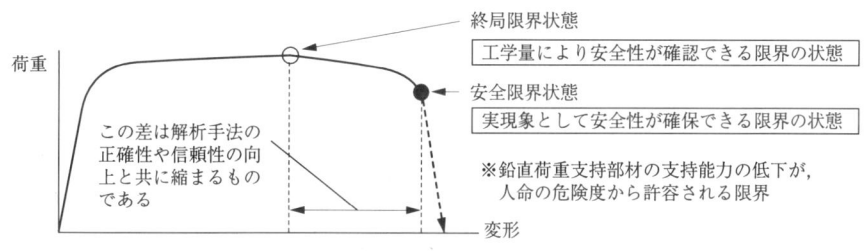

図 I-2.6 フレーム系構造骨組の荷重-変形関係における安全限界状態と終局限界状態のイメージ

(2) 意義と背景

建築物には，荷重および外力が作用した時に人命を保護するという機能が求められる．この機能は，損なわれることは許容されないと大多数の人が判断するものであり，建築基準法にも人命保護のために最低限必要な安全性が規定されている．本ガイドラインでは，社会の多様化する要求に対応するために，安全性の水準設定はこの最低基準を下回らない範囲で建築主と設計者の合意により設定されることを基本と考えている．したがって，想定する安全性の水準は多様である．

このように多様な安全性の水準を想定する理由は，以下のように考えることができる．設計や評

---

* 安全限界状態は上述のような概念であるため，現状では必ずしもその限界状態を工学量を用いて正確に設定できるわけではない．したがって，実際の性能の評価，検証においては，予測が可能な範囲で限界値を設定することが現実的である．この場合，安全限界状態を表す工学量には，従来の終局限界状態を表す工学量を用いることも考えられるため，本ガイドラインの2.3.1項に示す安全限界値設定のための工学量については，現在利用できる考え方の例として終局限界状態の考え方も引用している．しかし，このような場合においても設定した安全限界値は人命に直接危害を及ぼす危険が生じない限界を代表するものであるため，評価においては人命の保護が確保されていることのみが表示されることとなる．つまり，安全限界値を安全側の値に設定しても，安全性能評価の結果においては安全性の確保のみが示され，その性能レベルは2.1.6項のように荷重の大きさで表すことができる．

2 限界状態と限界値の設定

価においては，予め地震などの外力の大きさを想定し設計または評価の条件として設定する．もし，完璧な性能評価が可能で，性能に全く余裕のないぎりぎりの評価がなされたと仮定すると，想定する外力を少しでも上回る外力が作用した場合には，人命の安全性が保証されないような破壊が生じることを意味する．一方，建築基準法は最低基準であるため，想定する外力の大きさは必ずしも起こりうる最大の外力を規定しているわけではない．したがって，建築主は建築基準法を上回る大きさの外力設定を設計者に要求する権利を有している．このような要求に対応するためには，安全性についても多様な水準が設定され得る必要がある．

安全性は人命の保護の観点からの基本構造性能であり，財産の保全を評価の観点とする修復性や機能および居住性の確保を評価の観点とする使用性とは，評価の目的が異なる．安全性評価では，人命に直接及ぼす危険が回避できるか否かのみが評価の目的であるため，建築物の多様な性能を語るためには，2.2.2項に述べる使用性や，2.2.3項に述べる修復性の評価も合せて行う必要がある．すなわち，安全性の評価だけでは，人命に直接及ぼす危険は回避できるが，修復が不可能なほどの損傷が生じたり，使用上支障が生じるような状態が生じるか否かは評価されないことに注意が必要である*．

(3) 荷重および外力

安全性評価の目的は人命保護であり，これはいかなる非常時であっても確保されなければならないと社会通念上認められているものである．したがって，安全性評価における荷重および外力としては，通常はまれに作用する（きわめて大きな）一時的な荷重および外力を用いる．荷重および外力の種類にはさまざまなものがあるが，鉄筋コンクリート造の安全性を評価する上では，一般には地震動が最も重要な項目である．

(4) 性能評価の方針
a. 性能評価項目の選択と安全限界状態の設定

安全限界状態では，構造骨組の安全性，建築部材（構造部材，内外装材）の安全性，設備機器の安全性，什器の安全性，地盤の安全性という5つの性能評価項目が考えられている．性能評価にあたっては，要求性能に照らし合せて適切に性能評価項目を選択し，選択された性能評価項目ごとに安全限界状態を設定する．安全限界状態の設定にあたっては，構造骨組の状態と建築部材，設備機器，什器および地盤の状態，さらに材料の状態との関係を適切に考慮する必要がある．例えば，材料のひずみおよび応力レベルを勘案して部材の安全限界状態を設定し，これらから適切な手法により構造骨組としての安全限界状態を求めるといった方法が考えられる．

---

* この例として，1995年兵庫県南部地震において，設計で想定した梁曲げ降伏先行型の全体崩壊形を示したRCフレーム構造の建築物があげられる．この建築物は，人命に危害を及ぼすような鉛直荷重支持部材の支持能力の喪失は免れたが，各部材の損傷が大きかったことから，修復に掛かる費用，期間，および修復方法などが検討され，結果的には修復ではなく，取壊して建て替える方法が採用された．このように，建築基準法の要求だけでは，損傷を受けた場合の修復の容易さは評価されず，建築主の要求（漠然とした要求かもしれないが）は必ずしも満足されないこととなる．これは，構造骨組の修復性についての例であるが，その他の部分の修復性や，建築物の使用性（機能性や居住性）についても，安全性だけでは評価できない．よって，建築物の総合的な性能を評価するためには，建築主の要求に従って，安全性評価とは評価の観点が異なる修復性や使用性の評価も併せて行う必要がある．

b. 荷重レベルの選択

主荷重のレベル（非日常的な極大値）は，建築基準法で規定する大きさ以上で任意に設定する．構造性能の水準は，荷重および外力の大きさと限界状態との組合せで表示されるが，安全限界状態は人命の保護の観点から一義的に決められているので，建築構造物の性能評価における安全性の水準は荷重および外力の大きさにより設定されることとなる．

荷重の組合せについては，性能評価指針案では「ほぼ一定の値をとり続ける固定荷重を除きいずれかの荷重および外力を主となる荷重とし，これが非日常的な極大値に達した場合を考え，その他の荷重は日常的な値を取ることとして組合せてよい」としている．荷重および外力とその組合せの設定については，詳しくは性能評価指針案を参照されたい．

c. 性能評価項目ごとの安全性評価と建築物の安全性評価

構造骨組，建築部材，設備機器，什器，地盤についてそれぞれ設定された安全限界状態は，その総てについて安全性の条件を満足しなければならない．すなわち，1つでも満足されない条件がある場合には，建築物の構造安全性は確保されないこととなる．したがって，建築物全体の性能評価にあたっては，基本的にはいずれかの性能評価項目が最初に安全限界状態に達した時点を建築物の安全限界状態と考える．

建築物の各評価対象の安全性は，構造物の抵抗機構をコントロールすることによりいずれも同様に向上するとは限らない．例えば，強度抵抗型の構造骨組は強度を上げることにより構造骨組自体の地震に対する安全性は高まるが，骨組の応答加速度も大きくなるために設備機器や什器の安全性が確保されなくなることも考えられる．設計においては，このような各評価対象の間の兼ね合いを考慮し，それぞれが適切な状態に収まるように構造システムを設定することが肝要である．

なお，構造骨組の安全限界状態は，主として鉛直荷重支持部材の状態で判断すること，および，地盤の安全性評価は，地盤そのものではなく地盤変状に起因する建築物の状態で判断することに注意が必要である．なお，ここで鉛直荷重支持部材とは，鉛直荷重を支持している構造部材のうち，その支持能力の喪失が床の落下を引き起こし，結果として層崩壊や部分崩壊など人命に直接危害を及ぼすおそれのある状態を生じさせうるものをいう．

(5) 性能評価項目

安全限界状態における性能評価項目は，2.2.1 (1)項「安全限界状態の定義」に示した5つの限界状態のうち設備機器と什器をまとめ，また，地盤の崩壊や変状に起因する構造骨組や建築部材に係わる危害の防止はそれぞれ，構造骨組と建築部材の大項目で取扱うことにより，下記a.〜c.の3つの項目とその中の小項目に分類される．

これらの小項目は，いずれもここに書かれた状態が生じても安全上支障のない場合や支障のないように特別な対策を講じる場合には安全限界状態とはならない．

a. 構造骨組の鉛直支持能力の喪失による危害の防止（表 I-2.5）

この項目は，建築物内外の空間の確保が目的である．ここでは，構造骨組が鉛直支持能力を喪失することによって生じる，建築物の内外の人命に直接及ぼす危険を回避するために，構造骨組の転倒，隣接建築物との衝突，構造部材の破壊，崩壊機構形および冗長性を評価のための小項目として取上げる．

a-1 転 倒

構造骨組の転倒は，建築物内部だけでなく外部空間の確保も損なわれ，人命に直接及ぼす危険度

2 限界状態と限界値の設定

表 I-2.5 構造骨組の安全限界状態

項　目	構造骨組の安全限界状態
	a．構造骨組の鉛直支持能力の喪失による危害の防止（建築物内外の空間の確保）
a-1　構造骨組の転倒	転倒モーメントに対する下記のような抵抗力の喪失が生じない限界 　1）地盤の安定性の喪失 　　・地滑り，崖崩れ，斜面崩壊，地盤の液状化，側方流動，地割れ等による地盤の安定性の喪失 　2）地盤の支持性能の喪失 　　・杭を支持する地盤の鉛直支持能力の喪失 　　・直接基礎を支持する地盤の滑り破壊や液状化による鉛直支持能力の喪失 　　・杭頭に作用する引き抜き力に対する地盤の引き抜き抵抗力の喪失 　　・建築物のロッキングによる転倒モーメントに対する抵抗力の喪失 　3）地盤の過大な変状・変形 　　・不同沈下 　　・剛性低下に伴う地盤の水平変形 　4）鉛直荷重支持基礎部材の破壊 　　・鉛直荷重支持基礎部材の圧縮破壊 　　・構造骨組の定着部分の引張破壊や基礎の破壊による浮き上り 　　・水平力や水平強制変形による鉛直荷重支持基礎部材の破壊
a-2　隣接建築物との衝突	過大な水平変位により衝突しない限界 （建物の変形が敷地境界線を超えない限界）
a-3　構造部材の破壊	鉛直支持能力を喪失する下記のような構造部材の破壊が生じない限界 　1）部材の圧縮破壊，せん断破壊，座屈，付着割裂破壊など 　2）部材と部材の接合部の圧縮破壊，せん断破壊など （これらの破壊は，コンクリートの圧縮や曲げ圧縮破壊，主筋の座屈や破断，せん断補強筋の降伏や破断，接合面の滑りなどの材料の状態に深く関係する）
a-4　崩壊機構形	ある期間持続して作用する荷重に対して，全体崩壊機構または部分崩壊機構が形成されない限界
a-5　冗長性	想定よりはるかに大きな，あるいは想定外の外乱（大火災，ガス爆発，大型車両や航空機等の衝突などの人為的ミスや不慮の事故）に対して安全性が損なわれない限界

注）ここに書かれた状態が生じても安全上支障のない場合や，支障のないように特別な対策を講じる場合には安全限界状態とはならない．

はきわめて高い．その原因としては，地盤の崩壊や変状，または，鉛直荷重支持部材の破壊（基礎の破壊も含む）に起因する転倒モーメントに対する抵抗力の喪失などが考えられる．したがって，安全性の評価にあたっては，転倒を引起すような地盤の変状（地盤の安定性の喪失，地盤の支持能力の喪失，地盤の過大な変状・変形），および，鉛直荷重支持部材（基礎を含む）の破壊が生じない限界が安全限界状態となる．

1）地盤の安定性の喪失

地盤の安定性の喪失としては，地震・豪雨や風化・化学的浸食などによる地滑り，崖崩れ，斜面崩壊，地盤の液状化，側方流動，地割れなどが考えられる．敷地地盤の安定性が擁壁などにより確保されている場合には，擁壁の状態も考慮する必要がある．

2）地盤の支持性能の喪失

地盤の支持性能の喪失としては，常時荷重・地震荷重・負の摩擦力などの荷重および外力に対して，構造骨組の転倒や破壊の誘因となるような，鉛直支持能力の喪失および引抜き抵抗力の喪失な

2.2 限界状態

どが考えられる．なお，ここで地盤とは，杭基礎の場合には杭先端以深の地盤と杭周辺地盤の双方を含むものとする．

鉛直支持能力の安全限界状態は，杭基礎については杭頭部に作用する常時・地震時などの鉛直荷重や，負の摩擦力により，杭を支持する地盤が鉛直支持能力を喪失しない限界の状態，直接基礎については，常時・地震時などの鉛直荷重により，直接基礎を支持する地盤が滑り破壊や液状化により鉛直支持能力を喪失しない限界の状態をいう．この限界状態を越えると，地盤の破壊や過大な変形により杭や基礎が沈下して，構造骨組の転倒や構造部材の破壊（a-3参照）などを生じる可能性がある．

引抜き抵抗力の安全限界状態は，基礎底面に作用する水圧，地下壁に作用する偏土圧，水平方向の外力に起因して杭頭に作用する引抜き力により地盤が引抜き抵抗力を喪失し，建築物が転倒する直前の状態をいう．また，直接基礎の場合は，建築物のロッキングによる浮き上がりで，転倒が生じる直前の状態をいう．

3) 地盤の過大な変状・変形

地盤の過大な変状・変形としては，構造骨組の転倒や構造部材の破壊（a-3参照）などを生じるような不同沈下や剛性低下に伴う地盤の水平変形などが考えられる．

不同沈下の安全限界状態は，杭頭部に作用する常時・地震時の鉛直荷重，杭周面に作用する負の摩擦力により，杭先端以深の地盤が沈下し，構造骨組の転倒を引起す限界の状態などをいう．

地盤の水平変形の安全限界状態は，地盤に作用する水平荷重により地盤が過大に変形し，2)に示す地盤の支持性能の喪失や，4)に示す鉛直荷重支持基礎部材の破壊を引き起こさない限界の状態をいう．

4) 鉛直荷重支持基礎部材の破壊

鉛直荷重支持基礎部材の破壊に対する安全限界状態としては，構造骨組を転倒に至らしめるような圧縮側における鉛直荷重支持基礎部材の破壊，引張側における構造骨組の定着部分の破壊や基礎の破壊による浮き上がり，水平力や水平強制変形による鉛直荷重支持基礎部材の破壊などが考えられる．

a-2 隣接建築物との衝突

隣接建築物との衝突については，衝突した場合に構造骨組にどのような力が作用しどのような状態になるかの予測が現状では難しいことから，衝突しないことを安全限界状態として考えるべきであろう．この場合，評価方法としては当該建築物と隣棟の振動性状を予測し衝突の有無を判断することが原則である．具体的には，応答値として両建築物の予想される最大変形の和を取り，限界値には隣棟間隔を取ることが考えられる．ただし，隣接する敷地に将来新たな建築物が建設されることも考えられることから，当該建築物の変形が敷地境界線を超えない限界を安全限界状態とするといった方法も考えられる．なお，隣接建築物との衝突については，直接基礎における建築物底面の摩擦や側面の抵抗の喪失による建築物の水平移動なども必要に応じて考慮する必要がある．

a-3 構造部材の破壊

構造骨組の破壊は，鉛直支持能力を喪失するような構造部材の破壊に置き換えて考える．鉛直荷重支持部材の破壊が構造骨組の破壊に直結するか否かは，その部材が無くても構造骨組の安全性が確保されるか否かということから判断される．

鉛直荷重支持部材の鉛直支持能力の喪失に結びつく破壊形式としては，部材および部材と部材の接合部の圧縮破壊やせん断破壊，部材の座屈および付着割裂破壊などが挙げられる．これらの破壊

は，コンクリートの圧縮や曲げ圧縮破壊，主筋の座屈や破断，せん断補強筋の降伏や破断，接合面の滑りなどの材料の状態に深く関係するので，材料の状態と部材の状態との関係を適切に考慮して，安全限界状態を設定する必要がある．

じん性を期待するようなフレーム系の構造骨組では，部材が降伏し設計で期待するじん性能を発揮するまでは，上記のような破壊が生じないように設計において配慮する必要がある．このような曲げ系の破壊では，じん性のある挙動を示した後の過大な変形や過度の繰り返しによる鉛直支持能力の喪失が安全限界となるが，これには，一般にコアコンクリートの曲げ圧縮破壊，主筋の座屈，曲げ降伏後のせん断破壊および付着割裂破壊などが考えられる．このような曲げ系の破壊の場合には，P-δ効果を適切に考慮する必要がある．

a-4 崩壊機構形

地震に対しては，部分崩壊機構や全体崩壊機構が形成されてもエネルギー吸収の観点から安全性が確保されるのであれば，これらの崩壊機構の形成自体は安全限界状態とはならない．この場合の安全限界状態は，a-1～a-3に示した転倒，隣接建築物との衝突および鉛直荷重支持部材の破壊である．

一方，風，積雪，積載のようにある期間持続して働くような荷重に対しては，全体または部分崩壊機構の形成は構造不安定の状態を生むため許容されない．よって，これらの場合には全体または部分崩壊機構が形成されない限界が安全限界状態となる．

なお，いずれの場合にも，想定しない崩壊形が生じないことを配筋方法などにより適切に検討する必要がある．

a-5 冗長性

本ガイドラインで設定された安全限界状態に対する設計では，対象の構造物に工学量で評価される冗長性を付与することは要求されていない．したがって，想定よりはるかに大きな，あるいは想定外の外乱に対しての安全性は評価しなくてもよいし，現状の技術では的確にしえないともいえる．ここで，想定外の外乱とは，大火災，ガス爆発，大型車両や航空機等の衝突など人為的ミスや不慮の事故などによるものをいう．

この項目の背景の1つは，ISO 2394「構造物の信頼性に関する一般原則」の中の基本要求条件で，使用限界状態および終局限界状態の要求に加えて，強じんさ（Robustness）を有することとされていることによる．また，電算機や宇宙船などの設計においては，装置の一部が故障した際，代わりに機能を果す代行能力を備えることに対して冗長性（Redundancy）という言葉が使われている．これらを背景に，諸外国の最近の規準改訂では，建築構造物に対する「強じんさ」や「冗長性」の定義および工学量を含む工学的評価法が論議されてきた．しかしながら，現状では，上記の特殊な外乱に対する事象発生頻度の評価や解析モデルの設定などに関する妥当な性能評価手法が確立されていないため，本ガイドラインの性能評価では含まないこととする．

ただし，鉄筋コンクリート構造物では，有効な配筋法を工夫するなどして部材のじん性を通常の要求範囲を越えて改善したり，架構の不静定次数を適切に増やすことによって，潜在的に冗長性をもたせることは可能である．したがって，設計者の工学的判断によって，ある程度の冗長性を付与することは可能であり，推奨される．

b. 建築部材の脱落・飛散による危害の防止（表 I-2.6）

構造部材や非構造部材の一部または全部が脱落・飛散することによって生じる，建築物の内外の人命に直接及ぼす危険を回避するために，脱落，飛散を評価のための小項目として取上げる．また，

2.2 限界状態

表 I-2.6 建築部材の安全限界状態

項　目	建築部材の安全限界状態
	b. 建築部材の脱落・飛散による危害の防止
b-1 脱　落	・構造部材の接合部の破壊による脱落 ・非構造部材の面内強制変形による破壊 ・非構造部材の慣性力などの面外荷重による破壊 ・非構造部材の取り付け部の破壊による脱落 ・非構造部材のそれ自体の破壊による脱落
b-2 飛　散	・ガラス等の面外荷重による破壊 ・ガラス等の面内強制変形による破壊 ・部材の変形に伴うかぶりコンクリートや仕上げ材の剥落・飛散
b-3 変　形	・建築部材の変形により生ずるドアの開閉不能，避難誘導具の損傷等の避難路の封鎖
b-4 地盤の支持性能の喪失や地盤の過大な変状・変形	・建築部材の状態が b-1，b-2，b-3 に示す安全限界状態となるような不同沈下など

注）ここに書かれた状態が生じても安全上支障のない場合や，支障のないように特別な対策を講じる場合には安全限界状態とはならない．

建築部材の変形によるドアや避難路の封鎖も安全限界状態であることに留意が必要である．なお，ここで建築部材とは，構造部材および非構造部材の総称である．

構造部材は基礎，基礎ぐい，壁，柱，梁などの横架材，床版，屋根版，小屋組，土台，斜材で，荷重および外力を支えるものをいう．

非構造部材は下記のものをいう．

① 構造骨組や部材を保護し，または建築物の空間・環境を構成する部位とその構成要素：屋根葺き材，天井，外壁およびその仕上げ（カーテンウォールを含む），窓，扉，構造上重要でない間仕切り，フリーアクセスフロア，エキスパンジョイントなど．

② 構造部材に連続しているが耐震要素から除外して考えるもの：腰壁，たれ壁，袖壁などで計算上考慮されないもの，外部非常階段，バルコニー，パラペット，ひさしなど．

③ 機能上建築物から突出して取付けられる付加工作物など：煙突，広告塔，看板など．

b-1 脱　落

建築部材の脱落に対する安全限界状態には，プレキャスト床部材などの構造部材の接合部の破壊による脱落，内外装材の面内強制変形による破壊・慣性力などの面外荷重による破壊・取付け部の破壊による脱落，建築物から突出しているものや屋外階段の取付け部の破壊や慣性力によるそれ自体の破壊による脱落などが考えられる．特に外装材のように厳しい環境におかれる部材にあっては，部材自体や取付け部の耐久劣化による構造性能の低下も適切に考慮する必要がある．

b-2 飛　散

建築部材の飛散に対する安全限界状態には，ガラスの面外荷重による破壊・面内強制変形による破壊や，部材の変形に伴うかぶりコンクリートや仕上げ材の剥落・飛散などが考えられる．また，上記 b-1 の脱落に起因する飛散もあるが，これについては脱落自体が安全限界状態である．

b-3 変　形

建築部材の変形に対する安全限界状態には，建築部材の変形によって生じるドアの開閉不能，避難誘導具の損傷などの避難路の封鎖が考えられる．

2 限界状態と限界値の設定

b-4 地盤の支持性能の喪失や地盤の過大な変状・変形

地盤の支持性能の喪失や過大な変状・変形に対する安全限界状態としては，これによる建築部材の状態が b-1，b-2，b-3 に示す安全限界状態となるような不同沈下などが考えられる．

c．設備機器，什器の転倒・脱落・移動による危害の防止（表 I-2.7）

構造骨組および構造部材の変形・振動に起因して，設備機器や什器が落下，転倒，移動することによって生じる建築物の内外の人命に直接及ぼす危険を回避するために，転倒，脱落，移動，変形および破損を評価のための小項目として取上げる．これらによるドアや避難路の封鎖も安全限界状態であることに留意が必要である．

なお，ここで設備機器とは空調機・発電器・変圧器・配管・配線・ファイコイルユニット・スプリンクラーなどの設備関係機器，エレベータ・エスカレータ・走行クレーンなどの輸送運搬機器，電算機・通信機・電話交換機などの電子機器，避難梯子などの避難誘導具等をいう．

また，什器とは設備機器以外の建築物への設置物で，家具，調度品，テレビなどの電気・電子機器，医療器具，書籍，ピアノ，食器等をいう．

表 I-2.7　設備機器・什器の安全限界状態

項　目	設備機器・什器の安全限界状態
	c．設備機器，什器の転倒・脱落・移動による危害の防止
c-1　転　倒	・設備機械，屋外・屋上設置物，家具，ピアノ，テレビ，調度品，医療器具などの転倒
c-2　脱　落	・空調機械，照明機器，設備配管，屋外や屋上の設置物，エレベータ，調度品，避難誘導具などの脱落
c-3　移　動	・機器類，屋外・ベランダ・屋上の設置物，家具，ピアノ，テレビ，調度品，食器，書籍類，タンスの引き出しの移動，飛び出しなど
c-4　変形および破損	・電気配線のショート，ガス管の破損など
c-5　地盤の支持性能の喪失や地盤の過大な変状・変形	・設備機器や什器の状態が c-1，c-2，c-3，c-4 に示す安全限界状態となるような不同沈下など

注）ここに書かれた状態が生じても安全上支障のない場合や，支障のないように特別な対策を講じる場合には安全限界状態とはならない．

c-1　転　倒

設備機器および什器の転倒に対する安全限界状態には，設備機械の転倒，屋外・屋上設置物の転倒，家具・ピアノ・テレビ・調度品・医療器具の転倒などが考えられる．

c-2　脱　落

設備機器および什器の脱落に対する安全限界状態には，空調機械・照明機器・設備配管・屋外や屋上の設置物・エレベータ・調度品・避難誘導具の脱落などが考えられる．

c-3　移　動

設備機器および什器の移動に対する安全限界状態には，機器類の移動，屋外・ベランダ・屋上設置物の移動，家具・ピアノ・テレビ・調度品・食器・書籍類・タンスの引出しの移動，飛び出しなどが考えられる．

c-4 変形および破損
設備機器の変形および破損に対する安全限界状態には，電気配線のショート，ガス管の破損などが考えられる．

c-5 地盤の支持性能の喪失や地盤の過大な変状・変形
地盤の支持性能の喪失や過大な変状・変形に対する安全限界状態としては，これによる設備機器や什器の状態が c-1，c-2，c-3，c-4 に示す安全限界状態となるような不同沈下などが考えられる．

2.2.2 使用限界状態
(1) 使用限界状態の定義
使用限界状態とは，建築構造物の供用期間中に日常的に作用する荷重・作用および日常的な使用条件と維持管理条件に対して，その構造物が要求される機能，居住性，耐久性および日常生活安全性を確保できる限界の状態をいう．設計においては，この限界状態が建築構造物の基本構造性能の1つである使用性の評価条件となる．具体的には，使用性能評価項目ごとに以下の5項目に分類できる．

① 構造骨組の振動，たわみ，傾斜が，使用者の感覚障害，建築物の機能障害および設定速度以上の耐久性劣化を引起す限界の値に達する状態．

② 建築構造部材および非構造部材の振動，たわみ，傾斜，段差や凹凸が，使用者の感覚障害，建築物の機能障害および設定速度以上の耐久性劣化，日常生活安全性を損なう限界の値に達する状態．

③ 構造骨組および構造部材・非構造部材の変形または振動により，設備・機器の使用に支障をきたし，その結果として建築物の機能に障害を生じさせる，居住性あるいは日常生活安全性を損なう限界の状態．

④ 構造骨組および構造部材・非構造部材の変形または振動により，什器が，その機能に障害を引起す限界の状態．

⑤ 地盤の支持能力の低下や変形，変状，振動が，使用者の感覚障害，建築物の機能障害，敷地の通行障害を引起す，あるいは日常生活安全性を損なう限界の状態．

なお，建築物に期待される「機能」および「居住性」の範囲や質は，時代や建築主の価値観，経済状態，建築物の用途により異なるものであり，建築主が法令で定める水準を下回らない範囲で自らの責任においてかなり自由に選択できるものである．また，「耐久性」の確保についても，設定される供用年数，補修を含む維持管理条件により異なるものであり，設計者と協議のうえ建築主が自らの責任においてある程度選択できるものである．

上記②，③および⑤項目中の「日常生活安全性」とは，通常要求される「機能」および「居住性」を確保するだけでは，満足されない日常生活上の安全性をいう．

(2) 意義と背景
「使用限界状態」とは全く新しい概念ではなく，それと終局限界状態を設定した限界状態設計法は，1955年に初めてソ連で採用され[1]，また，1970年にはCEB/FIPのコンクリート構造物設計施工指針にも取入れられている．ただし，それらの設計法の中では，使用限界状態が厳密に細かくは規定されておらず，例えば，CEB-FIP Model Code：1990[2]では，一般要求事項に対応する使用限界状態は，

2 限界状態と限界値の設定

① 過度のひび割れ現象 (excessive craking) や過度の圧縮応力 (excessive compressive stresses) のように, 永久歪 (irreversible strains) や微小ひび割れ (microcracks) を生じる限界の局所的構造の損傷.
② 非構造要素に許容できない損傷を生じる変形や, 構造要素および非構造要素の使用や外観を過度に阻害する変形.
③ 不快感や使用性の損失およびその警鐘を与える振動.

と示されているにすぎない. 同様に, ニュージーランド規準である NZS 4203:1992[3] においても, 建築物の使用限界状態に達するのは, 変形 (deformation), 振動応答 (vibratory response), 劣化 (degradation), あるいは他の五感で知覚し得る要因 (other physical aspects) により建築物がその使用目的に適合しなくなった時 (unfit for its intended use), としているにすぎない.

また, 使用性の確保については, 従来の許容応力度設計法や終局強度型設計法を用いた建築物の構造設計においても, 重要な設計目標の1つとして挙げられ, 何らかの形でその対策が講じられている. 例えば, 現行の鉄筋コンクリート構造計算規準[4]で周辺固定床スラブの長期たわみを短辺有効スパン長さ l_x の 1/250 以下 (弾性たわみでは, $l_x/4\,000$ 以下) になるよう設定しているのは, スラブの剛性不足による過大なたわみ, ひび割れや振動障害を防ぐためである.

本ガイドラインでは, 使用限界状態を従来のものより厳密に細かくとりあげ, その工学的意味を明確にし, 実際の設計に反映しようとするものである.

なお, ここでは, 従来から構造物の使用性に関する要求目的として挙げられている機能性および居住性に加え, 「日常生活安全性」をあげているが, これは, 建築物の欠陥や所有者の維持管理の不備により第三者に傷害や死亡事故が生じた場合, 被害者には民法において損害賠償請求権が認められており, このことを使用性に加えることは, 現在の法制度上必要不可欠であろう. 例えば, 店舗などで客が床の凹凸や表面状態の問題で転倒し負傷した場合や, 建築物の外壁タイルの落下による人身事故の損害賠償訴訟は少なからずあり, これらは, 従来の機能性や居住性の確保の問題の範疇を越えることに起因する場合もある. また, ある共同住宅においては, 部屋の気密性の欠如による隣室からのガス漏れが原因で一酸化炭素中毒による障害をうけた原告に対し, 被告の共同住宅所有者は, 原告の請求する損害賠償全額の支払が命じられた例*があるが, これも, 部屋の気密性確保の従来の目的である遮音性の確保や冷暖房効率を高めるといった観点からは評価しえないものである.

(3) 荷重および外力

使用限界状態で考慮される荷重および作用の種類は, 主として構造物自重, 仕上げ内外装材, 積載荷重, 積雪荷重, 頻度の高い風荷重, 頻度の高い地震荷重, 温度変化, 乾燥収縮, 凍結融解や空気中の炭酸ガスや塩分濃度などの環境条件, 通常歩行や車両走行による振動などが評価の対象となる.

(4) 性能評価の方針
a. 性能評価項目の選択と使用限界状態の設定

使用限界状態では, 構造骨組, 建築部材 (構造部材および非構造部材), 設備機器, 什器および

---

* 大森文彦[5]によれば, ある共同住宅において, 部屋の気密性の欠如による隣室からのガス漏れが原因で一酸化炭素中毒による障害を受けた原告に対し, 被告の共同住宅所有者は, 原告の請求する損害賠償全額の支払いが命じられた.

地盤の使用性という5つの評価項目が考えられている．性能評価にあたっては，要求性能に照らし合せて適切に性能評価項目を選択し，選択された性能評価項目ごとに使用限界状態を設定する．使用限界状態の設定にあたっては，構造骨組の状態と建築部材，建築部品，設備機器，什器および地盤の状態，さらに使用材料の状態との関係を適切に考慮する必要がある．例えば，部材の使用限界状態の設定にあたっては，部材に直接作用する積載荷重などによる応力の効果に加え，構造骨組の不同沈下などによる応力，さらには，材料の温度特性やクリープ特性なども総合的に勘案して部材の使用限界状態を設定する必要がある場合もある．

b．荷重および外力レベルの選択

荷重および外力の種類は上記 2.2.2 (3)項に挙げたとおりであるが，その大きさについては，建築物の用途に応じて居住者や使用者の要求するレベルの使用性に見合ったものとし，構造物の供用期間と想定する荷重および外力の発生頻度を考慮し，法令で要求される大きさ以上とする．

(5) 性能評価項目

使用限界状態における性能評価項目は，前記(1)使用限界状態の定義で挙げられた5項目に大別されるが，以下に各項目の主要因子をあげる．

a．構造骨組の使用性

ここで構造骨組とは，純ラーメン形式，一部耐震壁をもつラーメン形式，壁構造形式，およびフラットスラブ形式などの架構をいう．

a-1 感覚障害

構造骨組の使用限界状態における感覚障害の例としては，以下のものが考えられる．

1) 構造骨組の水平方向の揺れ

構造骨組の水平方向の揺れの要因としては，風，地震，交通による水平振動が考えられるが，それらの固有周期，加速度振幅および発生頻度などを適切に評価し，居住者の感覚障害を生じないよう構造骨組の剛性を選ぶ必要がある．また，この揺れにより，視覚および触覚に不快感を与えるひび割れや残留たわみが構造部材および非構造部材に生じないよう構造骨組の剛性を選ぶ必要もある．

2) 構造骨組の鉛直方向の揺れ

構造骨組の鉛直方向の揺れの要因としては，地震および交通による鉛直振動が考えられるが，構造屋根の形式によっては，風による鉛直振動も考えられる．したがって，水平方向の揺れと同様に，それらの固有周期，加速度振幅および発生頻度などを適切に評価し，居住者の感覚障害を生じないよう構造骨組の剛性を選ぶ必要がある．

3) 構造骨組のたわみおよび傾斜

感覚障害を起こさせる構造骨組の永久たわみや傾斜を生じる原因としては，地盤の支持力の低下，不同沈下および地盤の変形や変状が考えられる．したがって，地盤の状態にあった基礎構造およびその支持形式を選択し，基礎梁を主として架構に適切な剛性をもたせなければならない．すなわち，この項目の評価は，地盤の使用限界状態と併せて行う必要がある．また，特殊な事情により使用限界状態で設定される地震荷重や風荷重が極端に小さい場合などには，架構の剛性を適切に選択し，軽微な地盤の不同沈下，変形や変状による影響を受けないように設計することも必要であろう．

a-2 機能障害

構造骨組が建築物の機能障害を引起す要因としては，同骨組の傾斜，たわみ，揺れ，および沈下

2　限界状態と限界値の設定

が考えられる．

1) 構造骨組の傾斜およびたわみ

構造骨組の傾斜およびたわみによる機能障害は，設備機器の誤動作，給排水設備のトラブルやドアの開閉困難など，および什器に生じる障害や，屋根の傾斜やたわみによる水勾配の障害や水溜まりが考えられる．これらの障害が生じないよう建築部材，設備機器および什器の使用限界状態と併せて構造骨組の傾斜やたわみを制限する必要がある．

2) 構造骨組の水平方向および鉛直方向揺れ

構造骨組の揺れによる慣性力や加速度が設備機器の誤動作を生む場合があるので，使用限界状態で設定される風，地震，交通による構造骨組の振動を抑制あるいは制御する必要がある．

3) 沈　下

構造骨組や地盤の沈下により，周辺道路やペディストリアンデッキなど建築物外部からのアクセスに障害を生じたり，外部からの給配水管の接続部に障害が生じることがあるので，それらの沈下量を適切に評価し抑制する必要がある．

b．建築部材の使用性

建築部材の使用限界状態による感覚障害，機能障害，耐久性の劣化，生活安全性に対する障害の例としては以下のものが考えられる．

b-1　感覚障害

1) 床の面外方向の揺れ

床の面外方向の揺れの要因としては，歩行，リズム運動による共振，交通による振動，風や地震による振動が考えられる．これらの振動に対して感覚障害を生じないよう床の剛性を確保する必要がある．

2) 床，梁，小梁，天井，柱，壁，階段等のたわみ

建築構造部材のたわみの要因としては，自重および積載荷重による即時たわみやクリープ，乾燥収縮，温度応力，地震や風荷重による構造骨組の変形や不同沈下が考えられる．これらのたわみが感覚障害を引き起こさないよう，部材の応力レベルや歪みのレベルを制限する必要がある．

3) 床，柱，壁等の傾斜

これらの傾斜の要因としては，構造骨組の変形や不同沈下が考えられる．したがって，この項目は，構造骨組の使用限界状態と併せて評価されるべきものである．

4) 柱，梁，床，壁，仕上げ材等のひび割れ

これら建築部材のひび割れの要因としては，構造骨組の変形や不同沈下，クリープ，乾燥収縮，熱膨張，応力集中，凍結融解などが考えられる．また，これらひび割れの幅の大きさ，数，間隔の予測は，部材の耐久性評価にも重要となる．したがって，この項目については，考慮されるべき要因が多く実際には，適切な評価がかなり難しい．

5) 床，天井，壁等の平面仕上げ面の段差

これら段差の要因としては，構造骨組の変形や不同沈下，および床面においては，歩行や車両走行などによる摩耗が考えられる．特に床面の段差の発生防止は，単に感覚障害だけの問題ではなく，生活安全性の確保に重要となる．

6) 仕上げ，柱，梁，壁，床等の破損

これら部材の破損の要因としては，構造骨組の変形や不同沈下，車両の通行や機器の移動に際しての衝突が考えられる．

7) カーテンウォールやガラス窓の振動およびきしみ音

これらの振動やきしみ音により感覚障害が生じる場合の主原因は，風や交通振動である．これらに対しては，部材の剛性をあげ，取付けをしっかり行うことである程度防ぐことができるが，その工学的評価は難しい．

b-2 機能障害

1) 気密性，遮音性，断熱性に対する障害

これらが損なわれる要因としては，構造骨組の変形や部材の応力集中による仕上げ材の目開き，床や壁のひび割れや破損，ドアや窓など開口部の取付け方法の不適切さや耐久性の不足による損傷などが考えられる．また，気密性の確保は，遮音性や断熱性の確保にも関連するだけでなく，場合によっては，外部や隣室からの有毒ガスの侵入を防ぐなど生活安全性にも関連する．

2) 防水性に対する障害

防水性が損なわれる要因としては，防水層の破損または老朽化，水勾配の不適切さによる水溜まりの発生，床・壁・柱などのひび割れや破損，仕上げ材の目開きなどが考えられる．防水性の確保は，建築物の耐久性評価にも重要な要因となる．

3) 可動部分に関する機能の障害

ドア，窓，可動間仕切り，可動本棚，プールやドームの屋根，クレーンガーダー，建具などの可動部分に対する障害の要因としては，構造骨組の変形や不同沈下，応力集中，温度応力などによるそりや変形が考えられる．

b-3 生活安全性に対する障害

構造骨組の変形や部材の応力集中，風や地震による揺れおよび交通振動，使用材料の耐久性劣化などによる外壁タイル，看板，装飾品の落下などの危険性に対する評価が特に必要となる場合もある．また，同様の原因による部屋の気密性の阻害が，共同住宅などの場合には，隣室からのガス漏れなどの原因となり，生活安全性を損なうこともある．公共建築物や大型店舗においては，構造骨組の変形，部材の応力集中や歩行・車両走行による摩耗により生じる避難経路上の凹凸や段差については，特に慎重な評価が必要である．

c. 設備機器の使用性

設備機器の使用限界状態については，① 設備機器の破損や破壊，② 設備機器の機能停止，③ 設備機器の誤動作，④ 設備機器ドアの開閉障害，が考えられるが，その要因として，構造骨組および部材の振動，変形，傾斜，並びに設備機器自身に生じる変形，速度，加速度が評価されなければならない．設備機器には，エレベーター，給排水，照明，配電盤，スプリンクラー，上下水道，電気・ガス・空調器具および設備，通信設備，TVアンテナ，放送設備，工場生産設備などがある．

設備機器が停止し，その建築物の機能に障害を生じさせる場合でも，それがセーフティスイッチなどの作動による生活安全確保のための一時的なものであり，容易に再稼働できる場合には，この使用限界には含めない．

d. 什器の使用性

什器の使用限界状態は，①什器の破損または破壊，②タンスの引出しや扉の開閉不能など，什器の使用不可能状態が考えられる．これらの要因には，構造骨組および部材の振動，変形，傾斜や什器自身に生じる変形，速度，加速度などが考えられる．

建築物の機能が什器に密接に依存している例としては，病院が考えられる．キャスターがついている什器については，キャスターをフリーにした方が転倒に安全であることが，実験的に確認され

ているが，病院の什器においては，その使用目的や状況において必ずしもキャスターをフリーにできないことも考慮する必要がある．

e．地盤の使用性
地盤の使用限界状態としては，以下のものが考えられる．
① 使用者の感覚障害および生活安全性の阻害や，建築物の機能障害を引起す地盤の変形および変状など．
② 使用者の感覚障害や建築物の機能障害を引起す地盤の振動

それらの要因としては，以下の例が考えられる．
① 地盤の支持能力低下による地盤沈下（圧密沈下や即時沈下など）や残留水平変位などがあり，地盤の化学的性質（pH など）も併せて考慮する必要がある．

また，地盤単独ではなく，杭などを含む基礎構造を含めて考慮する必要がある．
② 地震動，交通振動，工事振動など，感覚障害や機能障害を引起すあらゆる振動の発生源が要因である．

これらの評価にあたっては，当該建築物の供用期間中における地盤の状態変化（例えば，圧密沈下，豪雨等による地盤の沈下，流失や強度，剛性の変化，地下水位の変動，地盤環境の変化など）を適切に判断する必要がある．

2.2.3 修復限界状態

(1) 修復限界状態の定義
修復性の性能評価は，建築物供用期間中に頻繁には発生しない継続時間の短い荷重および外力（地震・風・積雪など）を受けて，その荷重が取り除かれた時に発生している「安全性」，「使用性」，「耐久性」の機能低下が，どの程度の容易な補修によって元の機能に回復させうることができるかについて行われる．修復限界状態は，このような性能評価を行うための限界値の組のことである．

(2) 意義と背景
1995 年の兵庫県南部地震や，1994 年のノースリッジ地震被害の経験から，耐震技術が発達していると考えられている地域においても地震の規模によっては膨大な額の経済的損失が発生する可能性があることが明らかになった．兵庫県南部地震とノースリッジ地震の直接被害総額は，それぞれ，約 10 兆円，約 150 億ドル（日本円で 2 兆円）と見積もられている．これらの地震は，それほど壊滅的な大地震とはいえず，現行の構造設計法により設計された建築物では，建築物の倒壊などによる死傷者がほとんどなく，建築物が大地震に対してもおおむね十分な安全性能を有していることが確かめられた．しかしその反面，被災した建築物の損傷の程度が個々の建築物でかなり異なっていることも明らかとなり，大部分の建築物では被害が軽微で補修が不要だった一方で，大きな破損が生じて再使用のために大規模な補修が必要となる場合が目立った．

これは，大部分の建築物では，耐震設計の目標が建築基準法令で要求されている最低基準である「建築物の倒壊からの人命の保護」に重点がおかれて設計されており，部材の破損の程度や機能の喪失の程度を直接目標として設計されることがなかったためであることが考えられる．しかも，必ずしもこのことが，一般の建築主に理解されているわけではなかった．つまり，建築主が建築物に予想する耐震性能と，構造設計者が考えている耐震性能との間に乖離が生じており，必ずしも建築主が期待する設計が行われていないのである．そこで，今後の構造設計法には，「建築物の倒壊か

らの人命の保護」はもとより，建築主のニーズに応じた機能・財産の維持保全を図る方法が組み込まれていることが必要であると考えられる．

そのために導入されるのが，修復限界状態の性能評価である．建築主が，修復に必要な経費に関する情報を予め考慮した上で建築計画を決定することが可能になれば，建築主は必要な初期建設費用の上昇分を考慮して，それに応じた地震後の機能回復が迅速に行われるような建築計画を選択することが可能になる．

(3) 荷　　重

修復性評価の対象となる荷重には，地震荷重，風荷重および積雪荷重がある．これらの荷重の共通点は，いずれも短期間に作用する荷重であり，被災した後，損傷が軽微に留まって，その建築物が補修されて再度使用される種類の荷重であることである．

修復性評価条件で考える荷重の種類や大きさをどのように設定するかは，修復性評価の目的に応じて異なるものと考えられる．例えば，ライフサイクルコストを最適化するためには供用期間中に数回発生する程度の大きさの荷重が作用するようにすることが適切であろう．すなわち，最適化しようとする目標性能の種類に応じて，適切な荷重が選択されなければならない．

(4) 性能評価の方針

修復限界状態の性能評価を行う意義は，直接的にはどの程度の容易な補修によって元の機能に回復させうることができるかを評価することにある．修復性評価の目的は，それを具体的に定量的に評価することである．その際にはその建築物に期待されている安全性と使用性を復元するために必要な「補修費用」と，「復旧に必要な時間」とが合理的に結びつく指標にすべきである．

修復性能でいう補修の容易性を，設計された建築物について総合的に判断する方法には，様々な方法が考えられる．これらを以下に列挙する，

① 最も補修が必要となる部材の補修の容易さの程度を評価する方法，
② ある一定以上の補修が必要となる部材の割合を評価する方法，
③ 平均的な補修の程度を評価する方法，
④ 補修の程度による重み付けを考慮して建築物全体について加えあわせる方法，

などである．①や②の方法は，③や④に比べて比較的単純である．しかし，最も損傷した部分のみを評価の対象とするので，修復経費との良い対応は得られないことが予想される．現状では，④の方法が，復旧コストとの対応を考えると最も明確であるが，その重み付けの方法やその信頼性について現在は定説はなく，今後の研究に待たなければならない．

安全性を回復するための補修とそれ以外に対する補修では，補修の目的が異なっているので，補修費用に違いが生じる．したがって，それらを分けて考慮する必要もある．建築部材の補修の容易さは，同じ建築物の中であっても，部材の構面，階，位置により一様ではなく千差万別である．したがって，補修が必要となる部材数と必要な補修の容易さの程度を総合的に判断して建築物全体の修復性を評価できるような方法とすることが望ましい．

そこで，④の方法の1つの例として，次のような方法が考えられる．

性能を元のレベルに修復するために要する「修復経費」をその尺度とする．ここで，修復経費は，「安全性」，「使用性」，「耐久性」を元の性能レベルにもどすための値とするものである．

修復経費の算定は，さまざまな因子が関係しており一意には決まらない．選択できる補修工法が

複数存在する．工法によって修復に必要な経費は異なる．復旧するまでの損失も評価しにくい．また物価の変動や，社会状況によって経費は変動する．このように，厳密な経費を算出することは著しく困難である．そこで，補修に必要な経費を基本として簡略にした指標を用いる．この指標を修復経費指標とする．

修復経費指標は，建築物の部分について，その部分に生じている損傷の程度に応じた「単位修復経費指標」にその部分の大きさ（面積や体積）を乗じ，すべての部分について加算して求める．「単位修復経費指標」は，基本的には，一般的な補修工法を想定して損傷程度と修復経費を関係付ける．「修復経費指標」は，構造部材，非構造部材，設備など対象部材別に集計したり，安全性に関する修復経費，使用性に関する修復経費など，修復する機能別に集計すれば，それぞれ費目別の修復性を区別して評価することになる．これらによって，建築物の修復性に関する性能がより詳細に表現できる．修復経費指標の具体的な定式化は，今後の研究開発に待たねばならない．

(5) 性能評価項目

修復限界状態における性能評価項目は，① 安全性，② 使用性，③ 耐久性，に関するものに大別される．以下においては，これらについて述べる．

a．安全性の修復に関する性能評価

ややまれに一時的に生じる荷重が発生した後，その建築物を再使用する場合，「安全性を予め定められた性能のレベルに回復させるために補修がどの程度容易か」という観点から，補修の容易さを評価する性能評価項目がここに含まれる．

a-1 破 壊

構造部材の材料自体に破壊が生じるとその強度や剛性に低下が生じる．そのため，再度起こることが予想される安全限界状態で想定する荷重に対して程度の差こそあれ何らかの安全性の低下が起ることになる．そのため，建築物を再使用するためには，何らかの補修が必要となる．

補修の容易さは破壊の程度のみならず，構造部材の部材の位置（内部/外部/地中）によって決る補修工事の難易度，補修に必要な仮設構造の量や種類，補修に要する時間などによって左右される．補修の容易さは，これらを考慮した上で，損傷との対応から予め定めた最大応答変形や，最大層間変位角などから定めなければならない．

a-2 転 倒

構造物には，地震時に発生する支持地盤の変形に伴って，基礎や杭に損傷が発生し，不同沈下が生じる場合がある．これに伴って建築物の傾斜が起こるが，単に使用性の低下のみならず，再度発生する荷重に対して，安全性が低減しているおそれがある．特に，搭状比の高い建築物や，常時の転倒モーメントが作用する建築物においては，基礎の健全性は安全上重要である．

b．使用性の修復に関する性能評価

使用性に係わる修復性は，建築物を構成する部分を補修し，使用性を元の性能に復旧するための修復の容易性である．

使用性能の回復は，対象とする性能に応じて，① 建築部材の感覚障害の回復，② 気密性・防水性・遮音性などの機能障害の回復，③ 可動部分の機能障害からの回復，④ 設備機器に関する機能性の回復に分類される．しかし，一箇所の修復によって，複数の性能の回復が図られる．そこで，使用性能の修復の容易性を考慮する場合，重複して補修コストを算出することのないように，修復の対象物別に，修復事項を分類した．修復事項と，修復が対象とする使用性能の対応を表 I-2.8

に示す．

b-1 構造部材の残留変形の回復

修復限界で考慮する荷重が作用すると，残留変形によって不快感を引起す可能性がある．これらの残留変形を補修しなくとも，安全性に支障はないが，部材の残留変形により，触覚的・視覚的に不快感が引き起こされる場合には，これを補修する必要があると建築主が判断する場合がある．また，残留変形によって，構造材や仕上げ材に，凹凸・段差が生じて触覚的・視覚的に不快感を引き起こしたり，日常安全性が損なわれる場合がある．エレベーターや配管など，設備によっては，構

表 I-2.8 建物の使用性と修復事項との対応

修復事項	建築物の使用性能			
	建築部材の感覚障害の回復	気密性・防水性・遮音性などの機能障害の回復	可動部分の機能障害からの回復	設備機器に関する機能の回復
a. 構造部材の残留変形の回復	・柱・壁などの鉛直支持部材の水平残留変位修復 ・床・はりなどの水平支持部材の鉛直残留変位修復 ・構造材や仕上げ材の残留凹凸・段差修復	関連する部分の残留変形修復	関連する部分の残留変形修復	関連する部分の残留変形修復
b. 部材の剛性回復	・剛性の回復			
c. 構造体の全体の傾斜の回復	・傾斜直し		・傾斜直し	・傾斜直し
d. 内装材の修復	壁紙 板張り 左官仕上げ・タイル張り仕上げ 直天井 釣り天井 システム天井 フリーアクセスフロア	壁紙 板張り 左官仕上げ・タイル張り仕上げ 直天井 釣り天井 システム天井		フリーアクセスフロア
e. 鉄筋コンクリート非構造部材の修復	・非構造壁の補修	・非構造壁の補修	・ドア開閉機能回復	
f. 鉄筋コンクリート以外の非構造部材の修復	・ドア・サッシの補修	・屋根防水材や，外装材のシール補修		
g. 設備装置，輸送運搬機器，電子機器などの修復				・設備装置の補修 エレベーター 給排水 照明・配電盤 スプリンクラー 上下水道 電気・ガス 空調 通信 アンテナ 放送設備 工場生産設備

2　限界状態と限界値の設定

造部材の残留変形を補修しなければ，機能が回復しない場合がある．よって，これらを補修する必要が生じてくる場合がある．

b-2　部材の剛性回復

修復限界で考慮する荷重が作用すると，床の剛性低下によってひき起こされる不快な共振や，きしみ音が発生する可能性がある．これらを補修する必要がある．これらの補修経費を考慮して，剛性低下の限界値を定める．

b-3　構造体の全体の傾斜の回復

建築物に残留傾斜があり，触覚的・視覚的に不快感を引起す限界値から定まる評価項目である．想定した荷重に対して，生じる傾斜を推定することは，現在の技術では著しく困難と考えられ，地盤・基礎構造の部材の破壊の有無を検討することが可能な評価方法であろう．

b-4　内装の修復

構造体の変形に追従できずに生じる，内装の仕上げや部材の破損の程度がその評価項目である．破損の程度は，対象としている部分の種類により変形への追従性が異なっているので，一律には定められず個別に設定する必要がある．対象となる内装には次のようなものがある．

- 壁紙
- 板張り
- 左官仕上げ・タイル張り仕上げ
- 直天井
- 釣り天井
- システム天井
- フリーアクセスフロア

b-5　鉄筋コンクリート非構造部材の修復

構造体の変形に追従できずに生じる非構造壁などのひび割れやコンクリートの破損に対して補修が行われる．構造性能は低下しないが，使用性を修復するために補修を行う必要がある．エキスパンションジョイントの衝突による部材の破損も考えられる．

b-6　鉄筋コンクリート以外の非構造部材の修復

修復限界で考慮する荷重が作用した時に生じる部材の変形によって，気密性・防水性・遮音性に問題を引起す限界値から定まる評価項目である．例えば，構造体や非構造部材の変形によって，屋根防水材や，外装タイル，外装シーリング，などの損傷の補修経費を考慮する．対象となる非構造部材には，次のようなものがある．

- 金属カーテンウォール
- プレキャストカーテンウォール
- 穴あきPC板帳壁
- ALCパネル帳壁
- コンクリートブロック帳壁
- 石張り・れんが張り
- 左官仕上げ
- タイル張り仕上げ
- 乾式間仕切り壁
- ガラス窓

2.2 限界状態

- 扉
- 屋根ふき材

b-7 設備装置，輸送運搬機器，電子機器などの修復

建築物に含まれるさまざまな設備機器の機能は，建築構造の変形や破損により損なわれる場合がある．工場，病院，研究所など，特殊な精密機器では，大きな振動よりに設備の機能が停止したり修理が必要となる場合がある．限界値は，それぞれの設備機器により個別に存在することになる．

設備関係機器には，空調機，発電機，変圧器，配管，配線，ファンコイルユニット，スプリンクラー，輸送運搬機器（エレベータ，エスカレータ，走行クレーンなど），電子機器（電子計算機，通信機，電話交換機など）などがある．

対象となる設備・機器には，次のようなものがある．

- エレベーター
- 給排水
- 照明・配電盤
- スプリンクラー
- 上下水道
- 電気・ガス
- 空調
- 通信
- アンテナ
- 放送設備
- 工場生産設備

c. 耐久性の修復

建築物を構成する部分を補修し耐久性を元の性能に復旧するための修復がある．鉄筋コンクリート造の場合には，地震によってひび割れなどの損傷があると，耐久性の低下を招くことは，明らかである．この場合，安全性と使用性の修復のために用いられる補修工法は，同時に耐久性を修復するためにも役立つことが多いが，これらは修復の目的・観点が異なるために，耐久性の修復の観点からは必ずしも十分であるとは言えない．したがって，耐久性に対する修復は，これらとは別に考慮する必要がある．

◎参考文献

1) 鹿島出版会：設計の基本知識，1993.
2) COMITE EURO-INTERNATIONAL DU BETON：CEB-FIP Model Code 1990, 1991.
3) Standards New Zealand, Code of practice for GENERAL STRUCTURAL DESIGN AND DESIGN LOADINGS FOR BUILDINGS, NZS4203, 1992.
4) 日本建築学会：鉄筋コンクリート構造計算規準・同解説，1999.
5) 大森文彦：今月の判例，部屋の気密性，建築雑誌，Vol.113, No.1421, p.6, 1998.4
6) 日本建築学会：非構造部材の耐震設計指針・同解説および耐震設計・施工要領．
7) 日本建築防災協会：既存鉄筋コンクリート造建築物の耐震診断基準同解説．
8) 日本建築学会：構造目地を設けた鉄筋コンクリート造二次壁に関する研究資料，1988.
9) 国土開発技術研究センター編：鉄筋コンクリート造建築物の耐久性向上技術，1988.
10) 空気調和・衛生工学会：建築設備耐震設計指針・同解説，1985.

2.3 限界値の設定

2.3.1 安全限界値設定のための工学量と設定値の意味

a. 構造骨組の鉛直支持能力の喪失による危害の防止（表 I-2.9）

a-1 転 倒

1) 地盤の安定性の喪失（地滑り，崖崩れ，斜面崩壊，地盤の液状化，側方流動など）

地盤の安定性の喪失に係わる安全限界値は，安定性を喪失しない限界の地盤応力または変形が考えられる．これらは，地盤形状と地盤構成要素の特性により信頼できる方法で算定する．

敷地地盤の安定性の喪失に関する限界値の種類としては，想定する常時荷重（水圧・土圧）または地震荷重（地震時水圧・土圧）に対して，滑りに抵抗する力，せん断強度，抵抗モーメントなどが考えられる．何を限界値とするかは応答値の算定法とペアで決められるが，いずれにしても地盤のせん断強度の評価が基本となる．例えば，破壊面（滑り面）を仮定する極限平衡法では抵抗力や抵抗モーメントが，有限要素法に代表される応力解析法では地盤のせん断強度が用いられる．

具体的な限界値の設定には，下記の資料などが参考となる．

- 建設省総合技術開発プロジェクト「新建築構造体系の開発」・基礎 WG 報告書「建築物を対象とした基礎・地盤の性能評価ガイドライン（1998）」
- 日本建築センター「地震力に対する建築物の基礎の設計指針」
- 日本建築学会「建築基礎構造設計指針（1998）」

2) 地盤の支持性能の喪失

杭基礎の鉛直支持能力（地盤への押し込み側）については，杭頭部に作用する常時・地震時の鉛直荷重，杭周面に作用する負の摩擦力により杭を支持する地盤が鉛直支持能力を喪失する時の限界値を，単杭について，① 杭の鉛直載荷試験による杭頭または杭先端荷重と沈下量の関係や各土層の周面摩擦力-変位関係，② 杭の鉛直支持力式（N 値，一軸圧縮強さなどの静力学特性から推定した極限支持力），③ 地盤-杭の非線形解析（3 次元有限要素法，荷重伝達法，境界要素法など）結果，などを用いて適切に設定する．なお，群杭として挙動する場合には，群杭の支持力機構を考慮した極限支持力を考慮して限界値を設定する．また，液状化の可能性がある地盤では，液状化の程度に応じて周面摩擦力を低減あるいは無視して限界値を設定するほか，液状化層の上部についても杭に沿った水道の影響を考慮して適切な限界値を設定する．

直接基礎の鉛直支持能力については，地盤の滑り破壊に対する支持力は，常時荷重に対しては塑性釣合いを生じさせる滑り線を適切に仮定し，滑り線上のせん断抵抗の総和を用いる方法があり，滑り線を対数螺旋と仮定した支持力算定式などが用いられている．地震により特定の地層が液状化する場合には，液状化層のせん断強度が拘束圧の低下に従って低下すると考えて低減する必要がある．液状化地盤のせん断強度は，液状化後の残留せん断強度と N 値の関係などを用いて適切に判断する．

引抜き抵抗力（地盤からの引抜き側）に対しては，基礎底面に作用する水圧，地下壁に作用する偏土圧，風荷重や地震荷重により杭頭に作用する引抜き力により地盤が引抜き抵抗力を喪失する時の限界値を，i) 杭の引抜き試験による最大引抜き荷重，ii) 杭の鉛直載荷試験による最大摩擦力，iii) 杭の引抜き抵抗式（N 値，一軸圧縮強さなどの静力学特性から推定した摩擦力と杭自重より算定した最大引抜き抵抗力に地盤の不均一性や引抜き力の作用期間などを考慮したもの），などを用いて適切に設定する．

2.3 限界値の設定

具体的な限界値の設定には，下記の資料などが参考となる．
・建設省総合技術開発プロジェクト「新建築構造体系の開発」・基礎WG報告書「建築物を対象とした基礎・地盤の性能評価ガイドライン（1998）」
・日本建築センター「地震力に対する建築物の基礎の設計指針」

表I-2.9 構造骨組の安全限界限界値の設定

項　目	現　象	判定に用いる工学量と限界値
a-1 転倒	1) 地盤の安定性の喪失（地滑り，崖崩れ，斜面崩壊，地盤の液状化，側方流動など）	・安定性を喪失しない限界の地盤応力（滑りに抵抗する力，せん断強度，抵抗モーメントなど）または変形
	2) 地盤の支持性能の喪失	・杭を支持する地盤が鉛直支持能力を喪失する時の限界支持力または変形 ・地盤の滑り破壊に対する支持力 ・液状化地盤のせん断強度 ・杭頭に作用する引き抜き力により地盤が引き抜き抵抗力を喪失する時の限界抵抗力または変形
	3) 地盤の過大な変状・変形（不同沈下）	・構造骨組を転倒に至らしめる地盤の相対沈下量や絶対沈下量，不同沈下量，基礎梁の傾斜角，構造骨組の限界傾斜角など
	4) 基礎の破壊	・基礎梁・基礎スラブ・杭のせん断強度や定着強度 ・基礎スラブの押し抜きせん断強度 ・基礎梁と基礎スラブの接合部のせん断強度 ・地下壁のせん断強度 ・杭の極限支持力 ・杭頭接合部のせん断強度，など
a-2 衝突	隣接建物との衝突	・敷地境界線と建築物との距離 ・隣棟間隔から既設建築物の最大変形量を差し引いた変形量
a-3 構造部材の破壊	鉛直荷重支持部材の支持能力の喪失	鉛直荷重支持部材が最初に支持能力を喪失する時の架構の抵抗力および変形，または部材の抵抗力および変形
	1) 圧縮破壊	・鉛直荷重支持部材の最大圧縮抵抗力（クリープを考慮する）やその時の部材変形
	2) 引張破壊	・鉛直荷重支持部材の引張耐力 ・主筋破断時の部材強度や部材変位
	3) 座屈	・鉛直荷重支持部材の座屈耐力 ・主筋座屈時の部材強度や部材変位
	4) せん断破壊	・鉛直荷重支持部材のせん断耐力やその時の部材変形
	5) 付着割裂破壊	・鉛直荷重支持部材の付着割裂耐力（せん断力）やその時の部材変形
	6) 押し抜きせん断破壊	・床や基礎スラブの押し抜きせん断耐力
	7) 定着破壊，継手破壊	・鉛直荷重支持部材の定着強度や継手強度 ・定着破壊や継手破壊時の部材せん断力や変形
	8) 接合部（joint部）の破壊	・接合強度や接合部破壊が生じる場合の部材の抵抗力または変形
	9) 支圧破壊	・鉛直荷重支持部材コンクリートの支圧強度または支圧破壊が生じる時の部材抵抗力や変形
a-4 崩壊機構形	持続荷重に対する構造骨組の全体崩壊機構または部分崩壊機構の形成（片持ち部材の降伏，部材の3点ヒンジの形成，床のイールドラインの形成など）	・部材の崩壊機構形成時の架構抵抗力や変形
a-5 冗長性		・工学量の設定に代わる工学的判断が必要（配筋の工夫や架構の不静定次数の増加など）

2 限界状態と限界値の設定

- 日本建築学会「建築基礎構造設計指針（1988）」

3) 地盤の過大な変状・変形（不同沈下）

過大な地盤変状・変形に対する限界値としては，構造骨組を転倒に至らしめる地盤の相対沈下量や絶対沈下量，不同沈下量，基礎梁の傾斜角，構造骨組の限界傾斜角などが考えられる．

具体的な限界値の設定には，下記の資料などが参考となる．

- 建設省総合技術開発プロジェクト「新建築構造体系の開発」・基礎 WG 報告書「建築物を対象とした基礎・地盤の性能評価ガイドライン（1998）」
- 日本建築センター「地震力に対する建築物の基礎の設計指針」
- 日本建築学会「建築基礎構造設計指針（1988）」

4) 基礎の破壊

鉛直荷重支持基礎部材の破壊に対する限界値としては，基礎梁・基礎スラブ・杭のせん断強度や定着強度，基礎スラブの押し抜きせん断強度，基礎梁と基礎スラブの接合部のせん断強度，地下壁のせん断強度，杭の極限支持力，および杭頭接合部のせん断強度などが考えられる．

具体的な限界値の設定には，下記の資料などが参考となる．

- 建設省総合技術開発プロジェクト「新建築構造体系の開発」・基礎 WG 報告書「建築物を対象とした基礎・地盤の性能評価ガイドライン（1998）」
- 日本建築センター「地震力に対する建築物の基礎の設計指針」
- 日本建築学会「建築基礎構造設計指針（1988）」
- 日本建築学会「鉄筋コンクリート造建築物の靱性保証型耐震設計指針・同解説（1999）」

a-2 隣接建築物との衝突

衝突に関する安全限界値の1つの考え方として，敷地境界線と建築物との距離を限界変形とする方法が考えられる．同一敷地内の建築物については，隣棟間隔から既設建築物の最大変形量を差引いた変形量が限界変形として考えられる．直接基礎の建築物の水平変形は，基礎底面の摩擦力などを用いて滑らないことを確認する方法が考えられる．

a-3 構造部材の破壊

鉛直荷重支持部材が鉛直支持能力を喪失する時点を確定することは，一般にはきわめて難しい．したがって，実験などにより安全限界変形が確定できる場合以外は，鉛直荷重支持部材の鉛直支持能力の喪失が生じないことが確認できる範囲で（安全限界状態に達する以前の状態で）限界変形を設定することとなる．鉛直方向力に対する限界値は，鉛直荷重支持部材の鉛直支持力を基本とする．

一方，水平方向力に対しては，各部材の復元力特性を適切にモデル化した上で非線形荷重増分解析を行い，鉛直荷重支持部材が最初に鉛直支持能力を喪失する直前の点を，構造骨組の限界変形とすることを基本とする．各鉛直荷重支持部材が鉛直支持能力を喪失する点は部材寸法と材料特性により信頼できる方法で算定する．なお，水平方向の安全限界変形を大きな値とする場合には，P-δ効果を適切に考慮する必要がある．

地震荷重に対する安全限界状態のひとつの考え方としては，日本建築学会の「鉄筋コンクリート造建築物の靱性保証型耐震設計指針・同解説(1999)」が参考となる．ここでは，以下の限界状態に達しないことを確認することとしている（用語は同文献による）．

① 降伏ヒンジの塑性変形が終局変形に達する状態．

② 一部の層における部分降伏機構が形成される状態．

③ 部材の脆性破壊，鉛直荷重支持能力の喪失．

④ 基礎構造の破壊による建築物の倒壊.

そのため，部材ヒンジ部の塑性変形能力やせん断力伝達機構の破壊が生じないことの確認，非ヒンジ領域における脆性破壊が生じないことの確認，および軸力制限などを行うこととしている．また，終局限界変形は，設計限界変形時（地震直後においても建築物としての最低限の機能を維持し，補修をすれば再使用が可能である程度の損傷状態に留めることが目標）の構造物の全体層間変形角の 1.5 倍以上の変形を確保することとしている．なお，特に検討しない場合の限界値としては，下記が紹介されている.

ⅰ) 純フレーム構造で 1/80 以下，耐震壁フレーム構造で 1/100 以下.
ⅱ) 静的非線形解析で得られるベースシヤー Q と全体層間変形 δ の関係で，設計限界変形時における Q-δ 曲線のひずみエネルギー（面積）が 2 倍以上.
ⅲ) 簡略に全体降伏機構によるメカニズムが形成された変形.

いずれも，脆性破壊（せん断破壊，付着割裂破壊）の防止，および降伏ヒンジの塑性変形の確保（軸力制限，せん断力伝達機構の保持など）がなされていることが前提であり，またこの指針の構造規定も満足している必要がある.

これ以外の地震に対する安全限界変形の考え方として，「架構設計変形は，静的漸増載荷解析による水平力の和と静的外力の重心位置の変形の関係を示す曲線上で，応答限界変形（1/120 rad 以下）までの面積（仕事量）の 2 倍の面積（仕事量）を確保できる骨組の変形で，設計者が定める．(New RC 構造設計ガイドライン（案）(1993))」というものや，「設計建築物の復元力特性が要求復元力特性を上回ることを確認する．その時の設計保証変形は設計限界変形の 2 倍（C_B=0.3 で 1/50，C_B=0.35 で 1/60，C_B=0.4 で 1/75）とする．(鉄筋コンクリート造建築物の終局強度型構造設計指針・同解説（案）(PRESSS 構造設計指針（案）) (1993)」などがある．なお，これらの考え方や値を採用する場合には，文献等の適用範囲を適切に考慮する必要がある.

また，非常に簡略的な考え方ではあるが，建築基準法施行令の構造特性係数（D_s）から限界変形を読み替えることもできる．これは，一般に応答変位は，エネルギー一定則（$\mu=(1/D_s^2+1)/2$）に基づき算定される変位と変位一定則（$\mu=1/D_s$）に基づき算定される変位との間に位置することを考慮し，安全側に変位一定則に基づく変位を安全限界変位とするという考え方である．なお，ここで μ は限界塑性率である．ちなみにこの方法によると，D_s より算定される変位は，エネルギー一定則と変位一定則でそれぞれ，D_s=0.30 に対して μ=6.06 と μ=3.33，D_s=0.55 に対して μ=2.15 と μ=1.82 となる．なお，この場合には D_s を設定するための構造ランク，部材種別が関係することに注意が必要である.

風荷重に対する安全限界変形は，地震荷重に対する場合と同様に設定することが基本であるが，荷重の繰り返しに対する特別な検討を行わない場合には，各部材をほぼ弾性範囲に留める方法が考えられる.

以下に，鉛直荷重支持部材の各破壊パターンにおける限界値設定の考え方を示す．いずれの項目も，その破壊による鉛直支持能力の喪失が，評価の観点である.

1) 圧縮破壊

限界値としては，鉛直荷重支持部材の圧縮耐力が考えられる．これは，部材の断面寸法と必要に応じてクリープを考慮した材料特性の安全限界応力度により信頼できる方法で算定する．コンクリートの圧縮クリープ破壊が生じる応力に関する統計的な資料は少なく，ばらつきも大きいが，おおまかには荷重継続時間の対数軸と載荷荷重の間には 3 ヶ月程度までは直線関係があるようであ

る．

　また，じん性型部材の大変形後の圧縮破壊に対しての限界値としては，コアコンクリートの曲げ圧縮破壊により鉛直支持能力が喪失されない限界の部材変位などが考えられる．限界部材変位は，コンクリートの限界ひずみを用いてヒンジ領域の限界曲率を計算し，ヒンジ長さを適切に設定することにより算出する方法がある．横拘束コンクリートの変形能力については，日本コンクリート工学協会「靭性部材配筋詳細研究委員会報告書（1990）」の「圧縮部コンクリートと横拘束補強」や，日本建築学会「靭性設計小委員会報告書（終局強度型耐震設計法に関連する最新の研究成果）（1992）」等に詳しい記述がある．なお，限界部材変形については，日本建築学会「鉄筋コンクリート造建築物の靭性保証型耐震設計指針・同解説（1999）」の5章が参考となる．

　2）　引張破壊

　限界値としては，鉛直荷重支持部材の引張耐力や主筋破断時の部材強度や部材変位などが考えられる．これは，部材の断面寸法と材料特性より算定する．柱主筋の段落し部については，日本建築センター「建築物の構造規定（1997）」に設計の1つの考え方が述べられている（下記 2.3.1 a-3 3) 項参照）．

　3）　座　屈

　部材の座屈に関する限界値としては，鉛直荷重支持部材の座屈耐力が考えられる．鉛直荷重支持部材の弾性座屈耐力は，部材寸法と両端の支持条件および材料のヤング係数により信頼できる方法で算定する．座屈耐力は，日本建築学会「鉄筋コンクリート構造計算規準・同解説（1999）」に計算式や設計における考え方の解説がある．

　一方，主筋の座屈に関する限界値としては，主筋座屈時の部材強度や部材変位が考えられる．その考え方は，主筋座屈時のコンクリートの限界ひずみを用いて，上記 2.3.1 a-3 1) 項「圧縮破壊」のじん性型の部材と同様に算定することができる．また，日本建築学会「鉄筋コンクリート造建築物の靭性保証型耐震設計指針・同解説（1999）」の5章には，座屈を防止する軸力の制限の考え方が示されている．なお，日本建築センター「建築物の構造規定（1997）」では，耐震壁やブレースの側柱やピロティ柱の段落とし部において，引張と圧縮の繰り返し荷重による主筋の座屈やその後の主筋の破断を防止するために，部材断面の全主筋に引張降伏が生じないようにすることを推奨している．

　4）　せん断破壊

　限界値としては，鉛直荷重支持部材のせん断耐力やせん断破壊時の部材変形などが考えられる．これらは，部材寸法と材料特性により信頼できる方法で算定する．また，部材の降伏後の特性も考慮する必要がある．日本建築学会「鉄筋コンクリート造建築物の終局強度型耐震設計指針・同解説（1990）」の6章，7章に述べられている，柱，梁，耐震壁，柱梁接合部のせん断強度式や，日本建築学会「鉄筋コンクリート造建築物の靭性保証型耐震設計指針・同解説（1999）」の6章，7章，8章に述べられている，柱，梁，耐震壁，柱梁接合部のせん断強度式などが参考となる．

　5）　付着割裂破壊

　限界値としては，鉛直荷重支持部材の付着割裂耐力や付着割裂耐力時の部材のせん断強度もしくは部材変形などが考えられる．これらは，部材寸法と材料特性により信頼できる方法で算定する．また，部材の降伏後の主筋の応力状況も考慮する必要がある．日本建築学会「鉄筋コンクリート造建築物の終局強度型耐震設計指針・同解説（1990）」の6章に述べられている，柱，梁主筋の付着強度や，日本建築学会「鉄筋コンクリート造建築物の靭性保証型耐震設計指針・同解説（1999）」

2.3 限界値の設定

の6章に述べられている，柱，梁の付着破壊の影響を考慮したせん断信頼強度などが参考となる．

6) 押し抜きせん断破壊

限界値としては，床や基礎スラブの押し抜きせん断耐力が考えられる．押し抜きせん断強度は，日本建築学会「鉄筋コンクリート構造計算規準・同解説（1999）」の「11条 フラットスラブ」や，「20条 基礎」に解説されている考え方や算定式などが参考となる．

7) 定着破壊，継手破壊

限界値としては，定着強度や継手強度，または定着破壊や継手破壊が生じる部材せん断力や変形などが考えられる．定着・継手の強度の考え方については，日本建築学会「鉄筋コンクリート構造計算規準・同解説（1999）」の16，17条に解説されている資料，日本建築学会「鉄筋コンクリート造建築物の終局強度型耐震設計指針・同解説（1990）」の7章に述べられている「梁および柱主筋の定着」に関する解説，および，日本建築学会「鉄筋コンクリート造建築物の靱性保証型耐震設計指針・同解説（1999）」の8章に述べられている「梁および柱の通し配筋」や「梁主筋の折り曲げ定着」に関する解説などが参考となる．

8) 接合部（joint部）の破壊

限界値としては，接合強度や接合部破壊が生じる場合の部材や層の変形などが考えられる．接合強度は，接合に使用される材料の特性と抵抗機構および破壊性状を考慮して適切に設定する．例えば，シヤーコッターを有する場合には，破壊性状に応じてコンクリートの支圧強度や直接せん断強度を用い，これに変形の適合を考慮した上で鉄筋のダウエル作用による強度を累加するといった方法などが考えられる．

9) 支圧破壊

限界値としては，コンクリート基礎底面のPC杭または鋼管杭等との接合部，プレストレストコンクリートの緊張材定着部，プレキャスト部材の接合部，ト型柱梁接合部等の主筋折り曲げ部等における，コンクリートの支圧強度が考えられる．支圧強度は，日本建築学会の「鉄筋コンクリート終局強度設計に関する資料（1987）」や，日本建築学会「プレストレストコンクリート設計施工規準・同解説（1998）」の許容支圧強度などが参考となる．

10) その他の破壊

必要に応じて，その他の破壊についての限界状態と限界値を適切に設定する．

a-4 崩壊機構形

持続荷重に対する構造骨組の全体崩壊機構または部分崩壊機構の形成，片持ち部材の降伏，部材の3点ヒンジの形成，床のイールドラインの形成などが安全限界状態として考えられる．

a-5 冗長性

配筋の工夫や架構の不静定次数の増加により冗長性を高めることは可能であるが，限界状態や限界値の設定は容易ではない．よって，冗長性については，工学量の設定に代わる工学的判断を設計者が適切に行う必要があろう．

b. 建築部材の脱落・飛散による危害の防止（表 I-2.10）

建築部材の脱落に関する限界値としては下記のようなものが考えられるが，いずれも適切な資料，適切なモデル化による解析，または実験等に基づき値を設定する必要がある．この時，建築物の重要性，建築部材の種類，避難に及ぼす影響などに応じて安全限界状態（許容破壊限度など）を設定し，実験などに基づいて安全限界状態に対応する限界値を設定する．日本建築学会「非構造部材の耐震設計指針・同解説および耐震設計・施工要領（1985）」や，1998年度日本建築学会大会・材料

2 　限界状態と限界値の設定

表 I-2.10　建築部材の安全限界限界値の設定

項　目	現　象	判定に用いる工学量と限界値
b-1　脱　落	1) 接合部・取り付け部の破壊 2) 面内強制変形による破壊 3) 面外慣性力による破壊	・建築部材の接合部・取り付け部の最大抵抗力やその時の建築部材の変形 ・脱落に至らない限界の建築部材の面内変形 ・脱落に至らない限界の建築部材の面外抵抗力
b-2　飛　散	1) 面外荷重によるガラスの破壊，仕上げ材などの剥落 2) 面内強制変形によるガラスの破壊，仕上げ材などの剥落	・飛散に至らない限界の建築部材の面外抵抗力 ・飛散に至らない限界の建築部材の面内変形
b-3　変　形	1) ドアやエレベータドアの開閉不能 2) 避難路の封鎖，避難誘導具の使用不可能	・ドアやエレベータドアが開閉不能となる建築部材の変形 ・避難路の封鎖や，避難誘導具の使用不可能が生じるような損傷を受ける時の建築部材の抵抗力や変形
b-4　地盤の支持性能の喪失や地盤の過大な変状・変形	不同沈下など	・上記 b-1～b-3 の状態が生じない限界の地盤の不同沈下量

施工部門研究協議会資料「非構造部材の耐震設計・施工の諸問題」などが参考となる．

b-1　脱　落

1) 建築部材の接合部・取付け部の破壊

限界値としては，接合部，取付け部の最大抵抗力などが考えられる．

2) 建築部材の面内強制変形による破壊

限界値としては，脱落に至らない限界の建築部材の面内変形などが考えられる．

3) 建築部材の面外慣性力による破壊

限界値としては，脱落に至らない限界の建築部材の面外抵抗力などが考えられる．

b-2　飛　散

1) 面外荷重によるガラスの破壊，仕上げ材などの剥落

限界値としては，飛散に至らない限界の建築部材の面外抵抗力などが考えられる．

2) 面内強制変形によるガラスの破壊，仕上げ材などの剥落

限界値としては，飛散に至らない限界の建築部材の面内変形などが考えられる．

b-3　変　形

限界状態は，下記の状態などに対して適切に設定する．

1) ドアやエレベータドアが開閉不能となる建築部材の変形

2) 避難路が封鎖される，または，避難誘導具が使用不可能となる損傷を受ける建築部材の変形

b-4　地盤の支持性能の喪失や地盤の過大な変状・変形

限界値としては，上記 b-1～b-3 の状態が生じない限界の地盤の不同沈下量などが考えられる．

c．設備機器，什器の転倒・脱落・移動による危害の防止（表 I-2.11）

設備機器，什器の転倒・脱落・移動に関する限界値としては下記のようなものが考えられるが，いずれも適切な資料により値を設定する必要がある．日本建築センター「建築設備耐震設計・施工指針（1982）」，日本建築学会「非構造部材の耐震設計指針・同解説および耐震設計・施工要領（1985）」，および金子美香「地震時の家具の挙動」（日本建築学会・建築雑誌 1997 年 10 月号, pp.64）

表 I-2.11 設備機器・什器の安全限界限界値の設定

項　目	現　　　象	判定に用いる工学量と限界値
c-1　転　倒	1) 取り付け部の破壊 2) 加速度による転倒	・設備機器・什器の取り付け部の最大抵抗力 ・転倒限界加速度と設備機器・什器の卓越振動数の関係に形状と定着性能を考慮する
c-2　脱　落	1) 取り付け部の破壊 2) 設備機器・什器自体の破壊	・設備機器・什器の取り付け部の最大抵抗力 ・設備機器・什器自体の最大水平抵抗力やその時の変形
c-3　移　動	1) 取り付け部の破壊 2) 加速度による移動	・設備機器・什器の取り付け部の最大抵抗力 ・移動限界加速度と摩擦係数の関係
c-4　変形および破損	1) 取り付け部の破壊 2) 設備機器・什器自体の破壊	・設備機器・什器の取り付け部の最大抵抗力 ・設備機器・什器自体の最大水平抵抗力やその時の変形

などが参考となる．

c-1　転　倒
1) 取付け部の破壊

限界値としては，取付け部の最大抵抗力などが考えられる．

2) 転倒が生じない限界の加速度

限界値は，転倒限界加速度と設備機器，什器の卓越振動数の関係に形状と定着性能を考慮して，適切に設定する．

c-2　脱　落
1) 取付け部の破壊

限界値としては，取付け部の最大抵抗力などが考えられる．

2) 設備機器・什器自体の破壊

限界値としては，設備機器・什器自体の最大抵抗力などが考えられる．

c-3　移　動
1) 取付け部の破壊

限界値としては，取付け部の最大抵抗力などが考えられる．

2) 移動限界加速度と摩擦係数の関係

限界値には，移動限界加速度と摩擦係数の関係を適切に考慮する．

c-4　変形および破損
1) 取付け部の破壊

限界値としては，取付け部の最大抵抗力などが考えられる．

2) 設備機器・什器自体の破損

限界値としては，設備機器・什器自体の最大抵抗力やその時の変形などが考えられる．

c-5　地盤の支持性能の喪失や地盤の過大な変状・変形

限界値としては，上記 c-1～c-4 の状態が生じないような限界の不同沈下量などが考えられる．

2.3.2　使用限界値設定のための工学量と設定値の意味

鉄筋コンクリート造建築物の使用性を確保するためには，感覚障害および機能障害の防止，居住性および日常生活安全性の確保，耐久性の確保が必要となり，その検討項目の数はかなり多いが，実際には，1つの検討項目を満足すれば，同時に他の複数項目を自動的に満足する場合も少なくない．したがって，設計者の判断で，必要な検討項目を限定し，それらについてのみ計算や検討を行い，

他の項目については，自動的に満足されるとしてよい．例えば，構造部材の剛性に絡む検討項目としては，構造部材の過大なたわみや傾斜の防止，振動障害の防止などがあり，これら項目については，設計者の工学的判断で支配的外乱や作用応力を選び，検討項目を限定することが可能である．また，修復限界状態や安全限界状態に対し要求される部材強度や剛性が，使用性から要求される部材剛性よりも，部材断面決定に支配的になることが十分予測できる場合もあり，他の限界状態に対する検討で使用限界状態を自動的に満足する項目もあろう．ただし，厳密な意味での性能評価という観点から，各設定限界値を超えないという確認だけでなく，限界値に対する余裕度を数値的に示す必要のある項目については，省略することなくその検討が必要となる．

a．構造骨組の使用性
a-1　感覚障害
1) 構造骨組の水平方向の揺れ

頻繁な風および地震による水平振動については，建築物の並進振動の一次固有振動数と再現周期1年の最大加速度を，水平振動に関する性能評価基準（建築物の振動に関する居住性能評価指針・同解説[1]）に照合し，その基準を満足するように構造骨組の剛性を決める．交通による水平振動についても同様に扱ってよいが，対象が鉄道交通などのようにより定常的な外乱の場合は，主要な振動モードとの共振についての検討も必要であろう．

2) 構造骨組の鉛直方向の揺れ

頻繁な地震および，屋根の構造形式によっては風による鉛直振動についても，建築物の鉛直振動の一次固有振動数と再現周期1年の最大加速度を，鉛直振動に関する性能評価基準[1]に照合し，その基準を満足するように構造骨組の剛性を決める．交通による鉛直振動についても上記2.3.2 a-1 1)項「構造骨組の水平方向の揺れ」と同様，共振に対する検討が必要．

3) 構造骨組のたわみおよび傾斜

感覚障害を起こさせる構造骨組の永久たわみや傾斜は，主として地盤沈下による基礎の不同沈下や傾斜によるので，圧密沈下量を計算し，建築基礎構造設計指針[2]の「建築物の許容最大沈下量」以下となるよう基礎の設計を行い，場合によっては，地盤改良設計（参考：建築物のための改良地盤の設計および品質管理指針[3]）などの選択もあろう．また，隣接地の掘削や重量構造物の建設が予測され，それによる土圧の変化が大きい場合は，その検討を行う必要もある．

基礎の不同沈下が，建築物一部に過大な永久たわみを与える可能性のある場合は，不同沈下量にあわせて，自重，積載荷重，積雪荷重を考慮し，構造骨組の弾性変形およびクリープ変形量を計算し，部材変形角が許容値以下となるよう剛性を与える．また，温度応力の大きい場合については，それも加味して検討を行う．

a-2　機能障害
1) 構造骨組の傾斜およびたわみ

2.3.2 a-1項の感覚障害で述べられた項目と同様に，圧密沈下量を計算し，基礎の不同沈下に伴う構造骨組の傾斜（角度）およびたわみ（相対変位および対応スパンに対する比）を計算する．また，構造骨組の局所的な傾斜やたわみについても不同沈下量にあわせて，自重，積載荷重，積雪荷重，温度応力等を考慮し，弾性変形およびクリープ変形量を計算し求める．これが，設備機器の誤動作を生じる限界傾斜角，給排水設備のトラブルやドアの開閉困難となる限界値（スパン比で1/300）および什器に生じる障害や，屋根の傾斜やたわみによる水勾配の障害や水溜まりを生じる限界値を超えないように設計する．また，基礎梁では，変形角 $\geq 1/1\,000$ で有害なひび割れが生じ

2.3 限界値の設定

る限界（建築基礎構造設計指針[2]）とされている．

2) 構造骨組の水平方向および鉛直方向揺れ

風，地震，交通による構造骨組の振動による最大加速度および慣性力を計算し，設備機器の誤動作を生む限界値を超えないようにする．

3) 沈　下

上記 2.3.2 a-2 1)の項目で計算された地盤の沈下量および構造骨組の傾斜およびたわみから生じる地盤に対する相対変位を計算し，周辺道路やペディストリアンデッキなど建築物外部からのアクセスに障害を生じたり，外部からの給配水管の接続部に障害が生じる限界値を超えないように設計する．

b. 建築部材の使用性

b-1　感覚障害

1) 床の面外方向の揺れ

歩行，リズム運動による共振，交通による振動，風や地震による床の面外方向の揺れの固有周期と最大加速度を計算する．これらの振動に対して建築物の用途に応じた環境係数（日本建築学会RC規準[4]）を選択し，床振動に対する性能評価基準（建築物の振動に関する居住性能評価指針・同解説[1]，日本建築学会RC規準[4]など）に照合し，感覚障害を生じないよう床の剛性を確保する．

2) 床，梁，小梁，天井，柱，壁，階段等のたわみ

評価対象部材の自重および積載荷重による即時たわみやクリープ，乾燥収縮，温度応力による変形に加え，地震や風荷重による構造骨組の変形や不同沈下によるたわみを求め部材角を計算する．床スラブを例にとれば，長期荷重によるたわみでスパン長さの1/250以下とする（日本建築学会RC規準[4]）．それに対応する弾性たわみがスパン長さの1/4 000以下[4]として，簡略的に計算してもよい．

3) 床，柱，壁等の傾斜

これらの傾斜については，上記 2.3.2 b-1 2)項で計算される最大たわみから計算できる．感覚障害の限界値としては，当面は機能障害から決る限界値と同等と考え，スパン長さの1/200から1/300程度と考えて良いであろう．

4) 柱，梁，床，壁，仕上げ材等のひび割れ

構造骨組の変形や不同沈下，クリープ，乾燥収縮，熱膨張，応力集中，凍結融解を対象にプレストレスト鉄筋コンクリート（III種PC構造設計・施工指針・同解説[5]）の方法等を参考にひび割れ幅を算定する．感覚障害の限界値となるこれらひび割れの幅の大きさ，数，間隔については，居住者の感覚によるところが大きいが，ひび割れ幅については，当面は，耐久性の確保から決る0.2 mm程度[5]が限界と考えて良いであろう．

5) 床，天井，壁等の平面仕上げ面の段差

これら段差は，上記 2.3.2 b-1 2)項で計算される値を用いて良い．天井および壁については，その限界値は仕上げ材により決る値となる．床面については，歩行者の感覚に依存し，段差の高さだけでなく勾配が問題となるが，建築物の用途に応じて，例えば病院などでは，かなり厳しい値となろう．なお，コンクリート打ち放し仕上げ床面に対する歩行や車両走行などの摩耗による段差については，交通量や走行車両の種類に応じて評価されなければならない．特別な研究によらない場合は，ニュージーランド規準（NZS 3101[6]）の如く，床の用途と交通の種類とに応じて，使用コンクリートの圧縮強度の下限値を規定することも当面の方法として考えられる．

2　限界状態と限界値の設定

6)　仕上げ，柱，梁，壁，床等の破損

　これらに破損を与える変形が，構造骨組の変形や不同沈下による場合については，上記2.3.2 b-1 2)項で計算される変形量を用い，その限界値としては，使用材料の圧縮，引張，せん断に対する破壊限界歪みや破壊限界応力を用いてよい．車両の通行や機器の移動に際しての衝突による場合については，建築物の用途に応じた検討がなされなければならない．

7)　カーテンウォールやガラス窓の振動およびきしみ音

　これらの風や交通による振動やきしみ音については，振動解析である程度予測可能であろうが，その限界値の評価は現状では簡単に行えない．当面は，それら部材および取付け具の剛性を十分にあげ，取付けをしっかり行うことで対策とせざるを得ない．

b-2　機能障害

1)　気密性，遮音性，断熱性に対する障害

　上記2.3.2 b-1項で評価された構造骨組の変形や部材の応力集中による仕上げ材の目開き，床や壁のひび割れの幅，間隔および数を算定し，限界値以下に抑えるよう設計する．限界値については，建築物の用途に応じて異なるが，コンクリートひび割れ幅については，当面は，耐久性の確保から決る0.2 mm程度が限界値と考えて良いであろう．

2)　防水性に対する障害

　床・壁・柱などのひび割れや破損，仕上げ材の目開きなどについては，上記2.3.2 b-1 1)とほぼ同じ扱いとなるであろう．防水層の破損または老朽化，水勾配の不適切さによる水溜まりの発生については，防水層の厚さおよび使用材料によって，限界値が異なるので，個別の検討が必要．

3)　可動部分に関する機能の障害

　上記2.3.2 b-1 2)項で計算される構造骨組の変形や不同沈下，応力集中，温度応力などによる部材のそりや変形が限界値を超えないよう設計する．その限界値については，対象となるドア，窓，可動間仕切，可動本だな，プールやドームの屋根，クレーンガーダー，建具などの周辺構造枠への取付け方法に依存するところが大きいので個々の検討を要する．なお，ドアや扉の開閉が困難になる限界値として，鋼構造限界状態設計規準(案)同解説[7]では，柱の層間変形角で1/200以下となっている．

b-3　生活安全性に対する障害

　構造骨組の変形や部材の応力集中，風や地震による揺れおよび交通振動，使用材料の耐久性劣化などによる外壁タイル，看板，装飾品の落下などの危険性に対する評価は，それらの取付け方法に依存するので個々のケースで検討を要する．同様に，共同住宅における隣室間の気密性や，公共建築物や大型店舗における避難経路上の凹凸や段差に関連する生活安全性確保のための限界値は，建築物の用途に応じて個々のケースによる検討が必要．

c．設備機器の使用性

　前述の項目2.3.2 a.項および b.項で既に計算された構造骨組および部材の振動，変形，傾斜から設備機器自身に生じる変形，速度，加速度を計算し，それらが設備機器固有の破損限界値，設備機器の機能停止の限界値，設備機器の誤動作の限界値，設備機器ドアの開閉に関する限界値を超えないよう設計する．設備機器が停止し，その建築物の機能に障害を生じさせる場合でも，それがセーフティスイッチなどの作動による生活安全確保のための一時的なものであり，容易に再稼働できる場合には，この使用限界には含めないのが一般的である．

2.3 限界値の設定

d. 什器の使用性

什器についても，前述の項目 a および b で既に計算された構造骨組および部材の振動，変形，傾斜から，什器自身に生じる変形，速度，加速度を計算し，什器の破損限界値，タンスの引出しや扉の開閉に関する限界値を超えないよう設計する．ただし，限界値を超える場合，構造骨組や部材の設計変更より，使用什器の剛性や強度を改善するほうが一般的には経済的である．

e. 地盤の使用性

地盤の使用限界状態としては，地盤の支持能力低下による地盤沈下（圧密沈下や即時沈下など）や残留水平変位，地盤の化学的性質（pH など）を評価する必要がある．それらの限界値については，地盤単独ではなく，杭などを含む基礎構造の選択，セメント系固化材等を用いた地盤改良などを含めて個々に検討する必要がある．場合によっては，豪雨等による地盤の沈下や流失，それにともなう地盤の強度および剛性の変化，地下水位の変動，地盤環境の変化なども適切に評価されなければならない．

[資 料]

使用限界状態に係わる項目と対応する関連項目の一覧を表 I-2.12 に示す．

表 I-2.12 使用限界限界値の設定

項 目（目標）	荷重の種類	荷重頻度	現 象	部材範囲	判定に用いる工学量	限界値の例
振動障害1（感覚障害の防止）	歩行，運動，作業等の活動，および機器の振動または有効衝撃	通常の使用状態	共振による不快感	床	振動数，変位，速度，加速度，減衰定数，環境係数（1）	床スラブの振動評価曲線，振動感覚曲線（1）または，建築物の振動に関する居住性能評価指針による数値
振動障害2（感覚障害の防止）	風および地震荷重	再現周期20年で，1年間の超過確率5％程度	架構の水平振動による不快感	架構	水平振動に関する振動感覚の基準（周期，加速度振幅）	建築物の振動に関する居住性能評価指針による数値
振動障害3（感覚障害の防止）	交通荷重および地盤振動	通常の使用状態	床の上下及び水平振動による不快感	床および架構	上下および水平振動に関する振動感覚の基準（周期，加速度振幅）	建築物の振動に関する居住性能評価指針による数値
たわみ1（感覚障害の防止，美観の維持，屋根床等の水勾配の維持）	固定，積載，積雪，風荷重	常時（風荷重は再現周期20年で，1年間の超過確率5％程度）	屋根の垂れ下りおよびむくり，天井のなみうち，床のたわみおよびなみうち，壁の面外変形，ガラスのしなり	屋根，天井，床，壁，ガラス	（弾性たわみ＋長期付加変形）/スパン	鉄筋コンクリート構造計算基準による値（例えば，弾性たわみ $\leq l_x/4000$，長期たわみ $\leq l_x/250$）など

2 限界状態と限界値の設定

表 I-2.12 使用限界限界値の設定（つづき）

項　目 （目標）	荷重の種類	荷重頻度	現　象	部材範囲	判定に用いる工学量	限界値の例
たわみ 2 （美観の維持および稼働部分の機能維持）	固定，積載，積雪荷重	常　時	内装材，外装材のひび割れ，窓および扉の開閉困難，移動間仕切りの移動困難	梁	（弾性たわみ＋長期付加変形）／スパン	長期たわみ $\leq l_x/300$ (2)
たわみ 3 （美観の維持および稼働部分の機能維持）	固定，積載，積雪，風，地震荷重	常時（風，地震荷重は，再現周期 20 年で，1 年間の超過確率 5％程度）	内装材，外装材のひび割れ，窓および扉の開閉困難，移動間仕切りの移動困難	架　構	層間変形角	層間変形角 $\leq 1/200$ (2)
たわみ 4 （美観および気密性，防水性の維持）	固定，積載，積雪，風，地震荷重，温度応力，乾燥収縮	常時（風，地震荷重は，再現周期 20 年で，1 年間の超過確率 5％程度）	内装材，外装材，部材表面仕上げ材，防水層が，変形に追従できないためのひび割れ破損	内装材，外装材，部材表面仕上げ材，防水層	（弾性たわみ＋長期付加変形）／スパン	仕上げ材料，防水材料等のひび割れ限界値
傾斜，不同沈下 （美観および耐久性の維持）	固定，積載，積雪，風，地震荷重，土圧，地盤沈下	常時（風，地震荷重は，再現周期 20 年で，1 年間の超過確率 5％程度）	傾斜による不快感や美観の喪失，耐久設計上有害なひび割れの発生	建物全体または一部，基礎	圧密沈下	許容最大沈下量（独立基礎で 3 cm）や変形角（1/1000）など
ひび割れ 1 （美観および耐久性の維持）	固定，積載，積雪，風，地震荷重，乾燥収縮，温度応力	常時（風，地震荷重は，再現周期 20 年で，1 年間の超過確率 5％程度）	耐久設計上有害なひび割れの発生や美観の喪失	柱，梁，床，壁，屋根	ひび割れ幅	許容ひび割れ幅，例えば 0.2 mm (4)
ひび割れ 2 （美観および耐久性の維持）	変形適合，乾燥収縮，温度応力	常時（周辺構造の変形を評価する風，地震荷重は再現周期 20 年で，1 年間の超過確率 5％程度）	耐久設計上有害なひび割れの発生や美観の喪失	内装材，外装材	ひび割れ幅	許容ひび割れ幅，例えば 0.2 mm (4)
機械的摩耗 （床の美観の維持および損傷の防止）	通常歩行，車両走行	常　時	床表面の摩耗	床　面	床材の耐摩耗性と車両の重量，車輪の種類に応じた値	用途に応じた値

注）(1) 鉄筋コンクリート構造計算規準，(2) 鋼構造限界状態設計規準，(3) 建築基礎構造設計指針，(4) プレストレスト鉄筋コンクリート（Ⅲ種 PC）構造設計・施工指針

2.3 限界値の設定

ニュージーランド規準（NZS 4203）では，1992年より限界状態設計法に移行しているが，使用限界状態における構造部材の変形制限の推奨値として，表 I-2.14 に示す値を示している．表中，長期積載荷重とは，建築物の使用年数 50 年を仮定し，その期間の平均積載荷重をいうが，また，その超過確率は 5 % ととしている．同じく表中の短期積載荷重とは，再現周期 20 年を仮定し，1 年間における超過確率を 5 % としたものである．

1990 年の CEB-FIP モデルコードでも限界状態設計法が使われているが，使用限界状態における各種部材のたわみ制限値は示されておらず，構造物の外観，非構造材の健全性，構造物および設備の機能維持などを考慮して適切に決める事としか示されていない．ただし，解説の中で，構造部材のたわみ制限の参考値としてスパン長さ/300 があげられている．

米国の UBC 規準（UBC：1994）や ACI 規準（ACI 318-95）では，限界状態設計法とはなっていないが，設計用長期荷重下での構造部材のたわみ制限は示されており，これが，使用限界状態におけるたわみ制限の 1 つの指標値を示しているといえる．表 I-2.13 に ACI 規準の構造部材のたわみ制限値を示すが，UBC 規準もほぼ同じである．

表 I-2.13 ACI 規準：ACI 318-95 におけるたわみ制限

構造部材タイプ	考慮された対象たわみ	たわみ制限
大変形によって損傷を生じる非構造部材を取り付けていない，または支持していない陸屋根	積載荷重 L による瞬時たわみ	スパン長さ/180[*2]
大変形によって損傷を生じる非構造部材を取り付けていない，または支持していない床	積載荷重 L による瞬時たわみ	スパン長さ/360
大変形によって損傷を生じる非構造部材を支持またはそれを取り付けている屋根および床構造	非構造部材を取り付け後の全たわみ（全ての支持荷重による長期たわみ＋付加的積載荷重による瞬時たわみ）[*1]	スパン長さ/480
大変形によっても損傷を生じ難い非構造部材を支持またはそれを取り付けている屋根および床構造	非構造部材を取り付け後の全たわみ（全ての支持荷重による長期たわみ＋付加的積載荷重による長期たわみ＋付加的積載荷重による瞬時たわみ）[*1]	スパン長さ/240

注） [*1] クリープや収縮による付加的長期たわみは，瞬時たわみに係数 λ をかけたもの．
$\lambda = \xi(1+50\rho')$
ここに，ρ'＝圧縮鉄筋比（単純梁および連続梁ではスパン中央の，片持ち梁では，支持端の）ξとは，支持荷重の継続が 5 年以上の場合で 2.0，12 ヶ月で 1.4，6 ヶ月で 1.2，3 ヶ月で 1.0 をとる．
[*2] スパン長さは，部材支持部と一体化されていない場合は，内のりスパン＋部材せいとするが，支持部の中心間距離以下として良い．

2　限界状態と限界値の設定

表 I-2.14　ニュージーランド規準 NZS4203：1992 における使用限界状態のたわみ制限推奨値

性能評価項目	構造要素	補足説明	たわみ制限	荷重条件	考慮対象の現象
感覚障害 視覚障害			（注1）	（注2）	
	屋　根	垂木，母屋	スパン/300	固定＋長期積載荷重	垂れ下がり，たわみ
		外仕上げ材	スパン/85	$Q_b = 1\,\mathrm{kN}$	凹凸
	天　井	平滑仕上げ	スパン/500	固定荷重	波打ち
		テクスチャー仕上げ	スパン/250	固定荷重	波打ち
		吊り構造	スパン/360	固定荷重	波打ち
	天井サポート		スパン/360	固定荷重	垂れ下がり
	ガラス支持材性		スパン/400	風荷重	湾曲
	柱		高さ/500	固定荷重：風荷重	水平移動
	床		スパン/300	固定＋長期積載荷重	波打ち
			スパン/180	固定＋長期積載荷重	垂れ下がり，たわみ
	梁	梁たわみ方向の照準線	スパン/500	固定＋長期積載荷重	垂れ下がり，たわみ
		梁直交方向の梁下端の照準線	スパン/250	固定＋長期積載荷重	垂れ下がり，たわみ
視覚以外の感覚障害	壁		高さ/150	風荷重	面圧
			高さ/200	$Q_b = 0.7\,\mathrm{kN}$（注3）	衝撃力
	床		1 mm 以下	$Q_b = 1.0\,\mathrm{kN}$（注4）	一次的振動
		加速度制限	0.01 g 以下	風荷重	揺れ
機能障害	陸屋根		スパン/400	固定＋長期積載荷重	排水
			スパン/500	固定＋積雪，氷，雨	水たまり
	壁		高さ/300	風荷重	面内変形
	床	一般用	スパン/400	固定＋短期積載荷重	垂れ下がり，たわみ
		専門技術用	スパン/600	固定＋短期積載荷重	垂れ下がり，たわみ
	まぐさ，窓や入口の横木		スパン/240 又は 25 mm 以下	固定＋短期積載荷重	ドアや窓の開閉障害
非構造材の保護	屋　根	脆い外仕上げ材	スパン/150	風荷重	ひび割れ
	天　井	密閉システム	スパン/200	固定＋短期積載荷重：風荷重	ひび割れ
	壁	脆い外仕上げ材	スパン/150	風荷重	ひび割れ
	ガラス支持材	ガラス等の取り付けられた外壁，カーテンウォール	スパン/250 ガラスのクリアランスの2倍	風荷重：地震荷重 風荷重：地震荷重	面内変形 面内変形
	組積造壁		高さ/600	風荷重：地震荷重	面内変形
			高さ/400	風荷重：地震荷重	面圧
	プラスター，せっこうボード壁		高さ/400	風荷重	面内変形
			高さ/200	風荷重：地震荷重	面圧
			高さ/200	$Q_b = 0.7\,\mathrm{kN}$	衝撃力
	移動間仕切り		高さ/160	$Q_b = 0.7\,\mathrm{kN}$	衝撃力
	その他の壁		高さ/300	風荷重：地震荷重	面圧
	門形フレーム		配置間隔/200	風荷重：地震荷重	面内変形（注5）
	床	組積造壁の支持	スパン/500	固定＋短期積載荷重	壁のひび割れ
		フレーム壁の支持	スパン/300	固定＋短期積載荷重	接合部ひび割れ

注1）　スパンおよび高さは，いずれも内のり寸法．
　2）　ここでの積載荷重は，使用限界状態用の積載荷重で，長期積載荷重＜短期積載荷重．
　3）　壁高さの中間点に 0.7 kN の集中荷重．
　4）　1.0 kN の集中荷重に対したわみが 1 mm 以上ある場合は，振動障害の可能性あり．
　5）　門形フレームト剛性の高い壁などの間に挿入された外壁材の過度の変形を防ぐため．

2.3.3 修復限界値設定のための工学量と設定値の意味

a. 安全性復旧の修復性評価

構造部材の損傷と最大応答変形の対応は，部材の寸法・配筋によって影響を受けるほか，部材の曲げ降伏，せん断破壊，付着破壊，圧縮破壊，引っ張り破壊といった部材の破壊モードの影響が大きい．また，部材と部材の接合部を有するプレキャストコンクリート部材では，これらの接合部の破壊も重要な要素であり，それ以外の特殊な破壊形式も考慮しておく必要がある．

a-1 破 壊

これらの補修は，ひび割れ補修，コンクリート補修，鉄筋補修などに分類される．修復工法としては，①表面処理，②樹脂注入，③モルタル充填，④部材交換，⑤コンクリート打ち直し，⑥鉄筋交換などを想定する．

表I-2.15 修復限界状態（安全性修復：破壊）

項 目	現 象	対象範囲	判定方法	限界値
破 壊	曲げ破壊 せん断破壊 付着破壊 その他破壊	柱	損傷の種類と程度との対応から予め定めた部材変形角と限界値との比較	補修経費を考慮して定めた値．例えば，ひび割れ発生時の変形角・降伏時変形角・終局時変形角など
	曲げ破壊 せん断破壊 付着破壊 その他破壊	梁	損傷の種類と程度との対応から予め定めた部材変形角と限界値との比較	ひび割れ変形角 降伏変形角 終局変形角
	曲げ破壊 せん断破壊 その他破壊	柱・梁接合部	損傷の種類と程度との対応から予め定めた層間変形角と限界値との比較	破壊モード 接合部破壊限界変形角
	曲げ破壊 その他破壊	片持ち梁	損傷の種類と程度との対応から予め定めた部材モーメントと限界値との比較	ひび割れモーメント 降伏モーメント
	曲げ破壊 せん断破壊 局部破壊 その他破壊	耐震壁	損傷の種類と程度との対応から予め定めた部材変形角限界値との比較	ひび割れ変形角 降伏変形角 終局変形角
	曲げ破壊 せん断破壊 その他破壊	床スラブ 屋根スラブ 階段スラブ	将来の課題	
	曲げ破壊 せん断破壊その他破壊	基礎ばり プーチング 杭	将来の課題	
	隣接構造の衝突による部材の破壊その他破壊	その他	エキスパンションジョイント間隔と変形量の大小	エキスパンションジョイント間隔

a-2 転 倒

基礎構造の残余性能を評価する場合に，地盤自身の残余性能を現在の技術で判定することは著しく困難と考えられる．地盤・基礎構造の部材の破壊の有無を検討することが現在の技術で可能な評価方法であろう．

2 限界状態と限界値の設定

表 I-2.16 修復限界状態（安全性修復：転倒）

項　目	現　象	対象範囲	判定に用いる工学量	限界値
転　倒	地盤の変形による不同沈下	基礎を含む構造物全体または，部分	将来の課題	不同沈下の有無
	液状化による不同沈下	基礎を含む構造物全体または，部分	将来の課題	液状化の有無
	基礎杭の破壊による不同沈下	基礎を含む構造物全体または，部分	将来の課題	杭の支持力喪失の有無

b．使用性復旧の修復性評価

b-1 構造部材の残留変形の回復

鉄筋コンクリート造の場合，残留変形の回復は一般に非常に困難である．実際には，一定の許容範囲内の残留変形であれば，補修を行わないことが多いものと考えられる．これらの補修経費を考慮して限界値を定める．

b-2 構造部材の剛性回復

構造部材の剛性回復は，① 樹脂注入，② プレストレス導入などの方法が考えられる．

表 I-2.17 修復限界状態（構造部材の残留変形の回復）

項　目	現　象	対象範囲	判定に用いる工学量	限界値
残留変位	荷重による構造部材の最大変形	天　井	スパン/定数	
	荷重による構造部材の最大変形	床	スパン/定数	
	荷重による構造部材の最大変形	外装材		
	残留変形	屋　根	水平残留変位角	
	残留変形	壁	水平残留変位角	
	残留変形	梁	残留変位角	
	残留変形	柱	水平残留変位角	
凹凸・段差	不同沈下，部分的損傷などによる段差	床 階段など	段差高さ 凹凸高さ	
	部分的損傷などによる段差	壁	段差高さ 凹凸高さ	
	不同沈下，部分的損傷などによる段差	エキスパンションジョイント	段差高さ 凹凸高さ	
	不同沈下，部分的損傷などによる段差	天　井	段差高さ 凹凸高さ	

2.3 限界値の設定

表 I-2.18 修復限界状態（構造部材の剛性回復）

項 目	現 象	対象範囲	判定に用いる工学量	限界値
剛性低下	床ひび割れによる剛性低下	床・屋根	将来の課題	使用性減少の生じる剛性値

b-3 構造物の傾斜の回復

地盤の液状化により上部構造には全体傾斜が生じるが構造的な被害がみられない場合がある．このような場合には，基礎を補強して建築物全体を立て起こす場合がある．このような事例があるので，参考にして修復経費を算定して，限界値を定める．

表 I-2.19 修復限界状態（構造物全体の傾斜）

項 目	現 象	対象範囲	判定に用いる工学量	限界値
傾 斜	不動沈下 杭破損 液状化	基 礎 フーチング 杭	将来の課題	傾斜の立て起こしによる補修経費を考慮して定めるもの

b-4 内装材の修復

鉛直部材に取付けられた内装材は，当該部材に地震力によって生じる層の最大層間変位角や，風圧力によって生じるたわみを強制変形と考えて，被害程度を推定する．天井やフリーアクセスフロアは，床最大応答加速度から作用する水平力を算定し，被害程度を推定する．必要な補修経費を考慮して限界値を定める．

表 I-2.20 修復限界状態（内装材の修復）

項 目	現 象	対象範囲	判定に用いる工学量	限界値
内装材の修復	構造体の最大変形に伴う内装材の破損	壁 紙	最大層間変位角 残留層間変形角	材料・工法に応じて，補修経費を考慮して定める限界値
		板張り		
		左官仕上げ		
		タイル		
		直天井	最大床応答加速度	
		釣り天井		
		システム天井		
		フリーアクセスフロア		

b-5 鉄筋コンクリート非構造壁の修復

当該部材の層の最大層間変位角を強制変形と考えて，被害程度を推定し，次のような補修工法を想定した補修経費を考慮して，限界値を定める．

① 無被害またはヘアークラック程度（強制変形角 0.2 から 1×10^{-3}）では，多くの場合補修の必要はない．

② 小破程度の破壊（強制変形角 $1 \sim 2 \times 10^{-3}$）では，外見上あるいは雨仕舞いのために，エポキシ樹脂注入などの補修を行う．

③ 中破以上の破壊（強制変形角 $2 \times 10^{-3} \sim$）では，撤去してコンクリートの打ち直しを行う．

2 限界状態と限界値の設定

表 I-2.21 修復限界状態（鉄筋コンクリート非構造壁の修復）

項 目	現 象	対象範囲	判定に用いる工学量	限界値
非構造壁の修復	構造体の最大変形に伴う非構造壁の破損	垂れ壁	層間変位角との対応から予め定められた損傷量	材料・工法に応じて，補修経費を考慮して定める限界値
		腰 壁		
		雑 壁		
		その他		

b-6 鉄筋コンクリート以外の非構造壁の修復

当該部材の層の最大層間変位角を強制変形と考えて，被害程度を推定し補修経費を算出して，限界値を定める．層間変形角と損傷の関係の一例を表 I-2.23，I-2.24 に示す．

表 I-2.22 修復限界状態（鉄筋コンクリート以外の非構造部材）

項 目	現 象	対象範囲	判定に用いる工学量	限界値
非構造部材	構造体の強制変形に伴う損傷・変形	金属カーテンウォール	最大層間変形角および残留変形角	工法に応じて，補修経費を考慮して定める限界値
		プレキャストカーテンウォール	最大層間変形角および残留変形角	
		穴あきPC板帳壁	最大層間変形角および残留変形角	
		コンクリートブロック帳壁	最大層間変形角および残留変形角	
		石張り・れんが張り	最大層間変形角および残留変形角	
		左官仕上げ	最大層間変形角および残留変形角	
		タイル張り仕上げ	最大層間変形角および残留変形角	
		乾式間仕切り壁	最大層間変形角および残留変形角	
		ガラス窓	最大層間変形角および残留変形角	
		扉	最大層間変形角および残留変形角	
		屋根ふき材	最大層間変形角および残留変形角	

2.3 限界値の設定

表 I-2.23 非構造部材の層間変位追従性

試験体 \ 層間変位	1/500 (4mm)	1/250 (8mm)	1/125 (16mm)	1/60 (32mm)	1/30 (64mm)	1/15 (128mm)
コンクリートブロック		(外周はだ割かれ)	▲(12mm)▲ ブロックひび割れ,同ひび割れ(大量)		(ひび割れ破壊)	
ガラスブロック		(外周はだ割かれ)	▲ ガラスブロック破壊 目地ひび割れ	▲ ブロック破片落下		
ALC版縦積み		(外周はだ割かれ)	▲ ALC版表面剥離	▲ 縦目地ひび割れ	▲ ALC版ひび割れ	▲ (135mm) 縦目地鉄筋溶接部破断
ALC版横積み		(外周はだ割かれ)	▲(12mm)▲ 上横目地ひび割れ 中パネルひび割れ	▲(28.8mm) 下横目地ひび割れ		
アルミサッシはめ殺し		(サッシ枠接合部変形)	(ガスケットはずれ)		▲ ガラスひび割れ 取付金物落下	▲ ▲ ガラスひび割れ ガラス全面破壊
アルミサッシ引違い		(サッシ枠接合部変形)	(ガスケットはずれ)	(取付金物落下)	▲(114mm) クレセント破壊	
軽量鉄骨下地 フレキシブルボード			▲(12mm)▲ 隅部ひび割れ 胴縁チャネルの開き		▲(48mm)▲ ビスめり込み ボードひび割れ	
軽量鉄骨下地 ラスシートモルタル塗り		▲ 初期ひび割れ拡大	(胴縁チャネルの開き)	▲ 胴縁とモルタルの離れ (ラスシートの引き裂き)	▲ ビスの頭抜け	
木造下地 石こうボード		(下地のゆるみ,くぎのゆるみ)	▲ 柱脚の浮き	▲ くぎの浮き,めり込み	▲ ボード倒壊	
木造下地 ワイヤレスモルタル塗り			(ステープルの抜け)	▲ ステープルの抜け(上下で顕著) (木ずりにひび割れ)		

注) ( )内は徐々に進行する破壊.

[出典] 坂本功・伊藤弘・山下武則:非耐力壁の層間変位追従性に関する研究(その2),昭和52年度日本建築学会大会学術講演梗概集.

b-7 設備装置,輸送運搬機器,電子機器などの修復

エレベーター,クレーンなど,可動部分がある設備機器,ドア,窓などの開口部の開閉機能,可動間仕切りなどの設備は,構造体の変形によって,その機能が損なわれる場合がある.これらは,建築物の最大層間変位角および,床応答加速度との対応で補修経費を算定する.この際,装置の補修・修繕・交換のためのアクセシビリティを考慮して,修復経費の評価を行い,限界値を定める.

2 限界状態と限界値の設定

表 I-2.24 修復限界状態（設備装置，輸送運搬機器，電子機器などの修復）

項目	現象	対象範囲	判定に用いる工学量	限界値
設備装置，輸送運搬機器，電子機器の修復	振動による停止	エレベーター	応答加速度	設備の種類に応じて，補修経費を考慮して定める限界値
	構造体の変形に追従できないで生じる機能喪失		最大層間変形角 残留層間変形角	
	構造体の変形に追従できないで生じる破損	給排水配管	最大変形角 残留変形角	
	免震層の変形	免震層の配管	最大層間変形角 残留変形角	
	構造体の変形による機能喪失	クレーンガーダー	最大変形角 残留変形角 残留傾斜角	
		照明・配電盤	最大変形角 残留変形角	
		可動間仕切り	最大変形角 残留変形角 残留傾斜角	
		スプリンクラー	最大変形角 残留変形角	
		上下水道		
		電気		
		ガス		
		空調		
		通信		
		アンテナ		
		放送設備		
	構造体の変形による機能喪失	工場生産設備	最大変形角 残留変形角	
	振動による停止		応答加速度	

c．耐久性能復旧の修復性評価

安全性と使用性修復のために用いられる補修工法は，同時に耐久性を修復するためにも役立つものである．修復にあたっては，安全性の修復は行われることは当然であるものと考えると，耐久性修復のみを目的とした修復が必要な場合は，当初から計画している場合を除くと少ないと考えられる．ただし，補修にあたって，使用性能に関する補修を省略する場合には，耐久性に対する修復を

表 I-2.25 修復限界状態（耐久性）

項目	現象	対象範囲	判定に用いる工学量	限界値
ひび割れ	変形に伴う曲げひび割れ，せん断ひび割れ	構造部材	残留ひび割れ幅	補修経費を考慮して定める限界値
破損	変形に伴うコンクリート剥落等	構造部材	部材応力度	

注）ひび割れ：ひび割れによるコンクリートの中性化，鉄筋の腐食などから決まる耐久性を容易に回復できる範囲．使用する材料の種類や，環境条件により異なる．
　　破損：コンクリート破損によるコンクリートの中性化，鉄筋の腐食などから決まる許容値で，いずれも，耐久性に容易に回復できる範囲．使用する材料の種類や，環境条件により異なる．

考慮する必要がある．

◎参考文献

1) 日本建築学会：建築物の振動に関する居住性能評価指針・同解説．
2) 日本建築学会：建築基礎構造設計指針，1988．
3) 日本建築センター：建築物のための改良地盤の設計及び品質管理指針，1997．
4) 日本建築学会：鉄筋コンクリート構造計算規準・同解説，1999．
5) 日本建築学会：プレストレスト鉄筋コンクリート（Ⅲ種PC）構造設計・施工指針・同解説，1986．
6) Standards New Zealand：Concrete Structures Standard. NZS3101，1995．
7) 日本建築学会：鋼構造限界状態設計規準(案)同解説，1990．
8) Standards New Zealand：Code of practice for GENERAL STRUCTURAL DESIGN AND DESIGN LOADINGS FOR BUILDINGS，NZS 4203，1992．
9) International Conference of Building Officials，Uniform Building Code，Vol.2，Structural Engineering Design Provisions，1994．
10) American Concrete Institute，ACI 318-95 Building Code Requirements for Structural Concrete，1995．
11) 日本建築学会：非構造部材の耐震設計指針・同解説および耐震設計・施工要領．
12) 日本建築防災協会：既存鉄筋コンクリート造建築物の耐震診断基準同解説．
13) 日本建築学会：構造目地を設けた鉄筋コンクリート造二次壁に関する研究資料，1988．
14) 国土開発技術研究センター編：鉄筋コンクリート造建築物の耐久性向上技術，1988．
15) 空気調和・衛生工学会：建築設備耐震設計指針・同解説，1985．

参考資料-2 シナリオによる被害想定と性能評価項目

資-2.1 はじめに

　鉄筋コンクリート造建築物の建設に伴って遭遇する種々の荷重により，建築物には相応の被害が生じる．この被害を事前に想定する方法として図Ⅰ-2.7，2.8に示すようなシナリオ作成が有効であることが参考文献[1]に示されている．そこで本項では，シナリオによる被害想定を試みるとともに前項までに示した性能評価項目との関係を示すことを目的としており，その概要について説明するものである．

　本項で示す使用時のシナリオ例および地震時のシナリオ例は，想定した場面や仮定のもとで生じると考えた被害事象を時系列に展開し，構造部材，内外装材，設備，地盤に分けて例示したものである．

　それぞれのシナリオ例では，共同住宅を一例として挙げているが，シナリオ作成にあたっては建築物それぞれで設定条件が異なるために，ここに示したシナリオ例とは異なる結果となるものと考えている．これらのシナリオ作成においては，シナリオ作成者等のこれまでの経験や知見を活かし作成されるべきものであると考えている．そのため分野を超えた横断的な整理方法としての強みがあると同時に，耐用年数中に生じる建築物被害を想定ではあるが明確にできるため，その建築物に対する関係者の共通認識を得ることができるという利点もある．

資-2.2 シナリオ作成の概要

　使用時のシナリオ例に関しては，長期的に生じる事象と前項で示された性能評価項目との関係を示すとともに，参考文献[2]をもとに想定した建築物の耐用年数を確保するために必要と考えられる部品等の交換時期の例を示した．

　地震時のシナリオ例に関しては，参考文献[1]に示された被害事象をもとに使用時のシナリオ例と

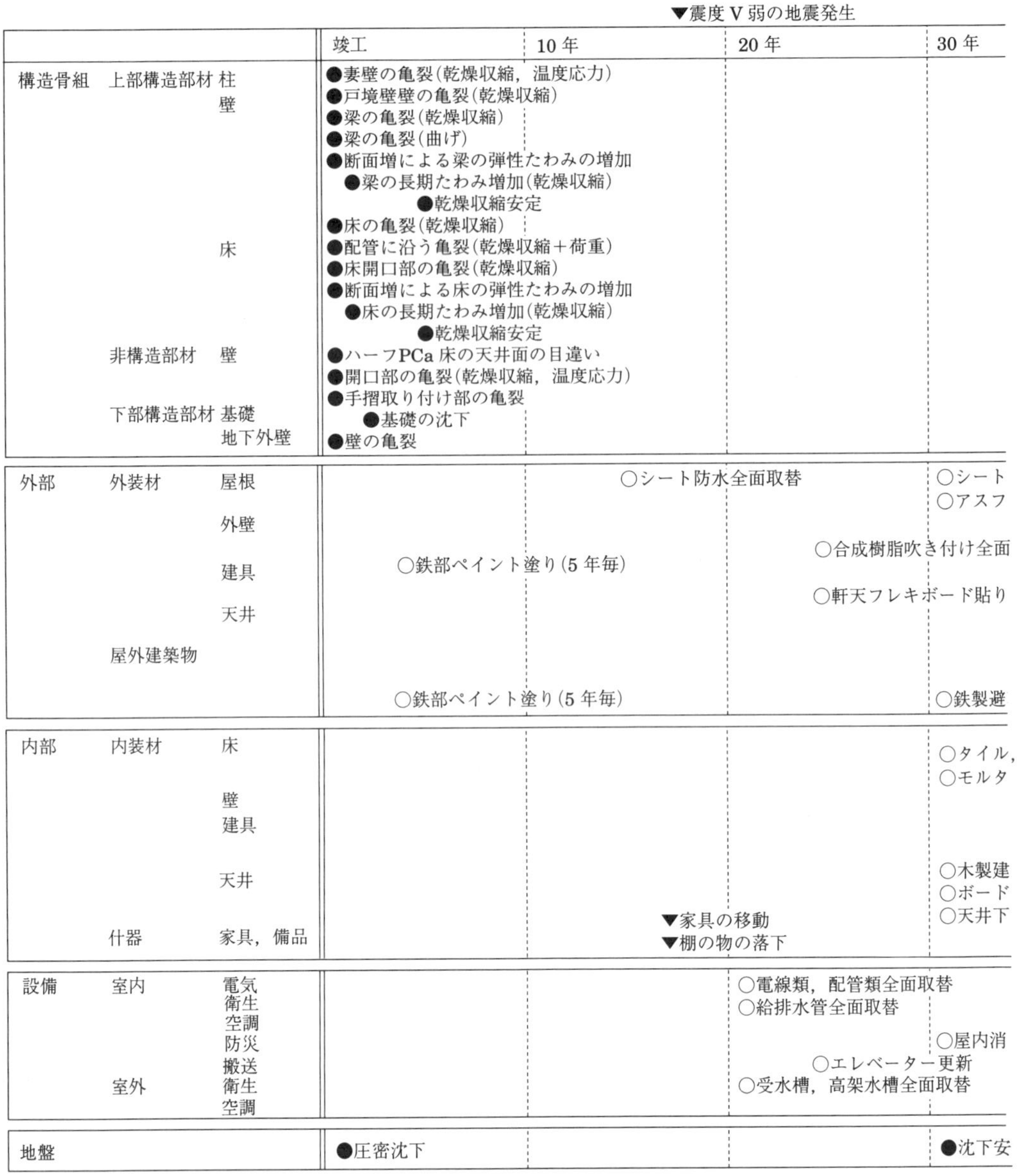

2 限界状態と限界値の設定

▼震度V弱の地震発生

			竣工	10年	20年	30年
構造骨組	上部構造部材	柱 壁	●妻壁の亀裂(乾燥収縮, 温度応力) ●戸境壁壁の亀裂(乾燥収縮) ●梁の亀裂(乾燥収縮) ●梁の亀裂(曲げ) ●断面増による梁の弾性たわみの増加 　●梁の長期たわみ増加(乾燥収縮) 　　●乾燥収縮安定			
		床	●床の亀裂(乾燥収縮) ●配管に沿う亀裂(乾燥収縮+荷重) ●床開口部の亀裂(乾燥収縮) ●断面増による床の弾性たわみの増加 　●床の長期たわみ増加(乾燥収縮) 　　●乾燥収縮安定			
	非構造部材	壁	●ハーフPCa床の天井面の目違い ●開口部の亀裂(乾燥収縮, 温度応力) ●手摺取り付け部の亀裂			
	下部構造部材	基礎 地下外壁	●基礎の沈下 ●壁の亀裂			
外部	外装材	屋根			○シート防水全面取替	○シート ○アスフ
		外壁				○合成樹脂吹き付け全面
		建具		○鉄部ペイント塗り(5年毎)		
		天井				○軒天フレキボード貼り
	屋外建築物			○鉄部ペイント塗り(5年毎)		○鉄製避
内部	内装材	床				○タイル, ○モルタ
		壁				
		建具				
		天井				○木製建 ○ボード ○天井下
	什器	家具, 備品			▼家具の移動 ▼棚の物の落下	
設備	室内	電気 衛生 空調 防災 搬送			○電線類, 配管類全面取替 ○給排水管全面取替	○屋内消 ○エレベーター更新
	室外	衛生 空調			○受水槽, 高架水槽全面取替	
地盤			●圧密沈下			●沈下安

- シナリオ作成条件　対象建物：RC造またはSRC造集合住宅　ラーメン+耐震壁構造
東京
竣工後17年頃に震度V弱の地震動を受けるとした．
設計ミスおよび施工ミスによる現象は含まない．
- 記号の説明　評価項目のうち，感：感覚障害　防：防水性　遮：遮音性　可：可動性　日：日常生活
●▼は，現象を表す．▼は，地震時の現象を表す．
○は，耐用年数を確保するため，または耐用年数となり取り替える人為的な行為を表す．

図 I-2.7　使用

参考資料-2　シナリオによる被害想定と性能評価項目

	40年	50年	60年	性能評価項目
○中性化抑止措置				感：ひび割れ，防：ひび割れ
○中性化抑止措置				感：ひび割れ，遮：ひび割れ，日：ひび割れ
○中性化抑止措置				感：ひび割れ，振動
○中性化抑止措置				感：ひび割れ
				感：たわみ
				感：たわみ
○中性化抑止措置				感：ひび割れ，振動
○中性化抑止措置				感：ひび割れ
○中性化抑止措置				感：ひび割れ
				感：たわみ
				感：たわみ，振動
				感：段差
				感：ひび割れ
				感：ひび割れ
				感：傾斜，たわみ
○中性化抑止措置				感：ひび割れ，防：ひび割れ
防水全面取替	○シート防水全面取替			防：ひび割れ
ァルト防水全面取替			○アスファルト防水前面取替	防：ひび割れ
	○タイル貼り全面取替		○石貼り全面貼替え	防：ひび割れ
塗替				防：ひび割れ
	○鋼製建具全面取替	○合成樹脂吹き付け全面塗替		感：破損
全面取替	○アルミ製建具全面取替			感：破損
		○軒天フレキボード貼り全面取替		感：たわみ，破損
	○軒天ステンレス，アルミボード貼り全面取替			感：たわみ，破損
	○アルミ手摺全面取替			感：破損
			○ステンレス手摺全面取替	感：破損
難階段全面取替				感：破損
テラゾーブロック全面取替			○石全面取替	感：凸凹，耐：摩耗
ル仕上げ全面取替				感：凸凹，耐：摩耗
			○モルタル仕上げ全面取替	感：凸凹，耐：摩耗
				感：破損
	○鋼製建具全面取替	○アルミ製建具全面取替	○石全面取替	可：変形，破損
具全面取替				可：変形，破損
類全面取替			○ボード類全面取替	可：変形，破損
地全面取替			○天井下地全面取替	感：たわみ，破損
				感：たわみ
	○電線類，配管類全面取替			
	○給排水管全面取替			
火栓，送水口全面取替				
		○エレベーター更新		
	○受水槽，高架水槽全面取替			
定				感：傾斜

安全性　耐：耐久性　を示す．

耐用年数前には，点検や部分補修を行うものとしている．

時のシナリオ例

2 限界状態と限界値の設定

▼震度Ⅵ弱の地震発生（宮城県沖地震程度）

			主要動(前半)	主要動(後半)
構造骨組	上部構造部材	柱		●１階柱の降伏 ●接合部の破損　　　　　●柱の傾
		壁	●耐震壁に亀裂	●耐震壁の破損
		梁	●梁の亀裂 ●梁の降伏	
		床	●エクスパンションジョイントの破損	●床の傾
	非構造部材	壁	●垂壁，腰壁に亀裂 ●非構造壁に亀裂	●非構造物の破損
外部	外装材	壁		●モルタル，タイル落
		建具		●窓ガラスわれ飛散・落下 ●玄関ドア変形(開閉不能)
内部	内装材	壁		●プラスターボードに亀裂　●プラ
		建具		●室内ドア変形(出入り不能)
		天井		●天井板が一部外れ落下
	什器	家具	●机・椅子・テーブル移動 ●食器棚の戸が開く ●キャスター付き家具移動 ●洗濯機移動	●食器棚上のコンロ・お盆落下 ●皿・コップ落下・破損・飛散 ●箪笥・本棚の一部転倒
		家電	●照明器具落下 ●湯沸しポット落下 ●置物落下	●パソコンディスプレー，テレビ，電子レン
		その他	●ピアノ移動 ●吊り棚落下	
設備	室内	電気 衛生 空調 防災 情報通信	●ガスの供給停止(各戸) ●エレベーター停止 ●給湯ボイラー移動	●電線の破断 ●水道管の破裂 ●ガス管破断 ●エアコン落下
	室外	衛生 空調	●エアコン室外機転倒	●給水タンク破損
地盤				●地盤の液状化・噴砂・泥水

- 建設省総合技術開発プロジェクト「新建築構造体系の開発」目標水準分科会報告書 平成10年3月 建設省建築研究所，
- シナリオ作成条件　　　　　対象建物：SRC造10階建て集合住宅（のうち6階住居）
　　　　　　　　　　　　　　東京都の下町の住宅街
- 記号の説明　　　　　　　　評価項目のうち，鉛：鉛直支持能力の喪失　建：建築部材　設：設備機器　什：什
　　　　　　　　　　　　　　●は，現象を表す．

図 Ⅰ-2.8　地震時

1分後	5分後	性能評価項目
斜(残留変形) 斜(残留変形)		鉛：破壊 鉛：破壊 鉛：衝突，建：変形 鉛：破壊，機構形 鉛：機構形 鉛：機構形 建：脱落 建：変形 建：変形 建：変形
下		建：脱落 防：ひび割れ 建：脱落，飛散 建：変形
スターボード外れる ジ等落下		建：脱落 建：変形 建：脱落 什：移動 什：転倒 什：転倒 什：移動 什：転倒 什：移動 什：脱落 什：転倒 什：転倒 什：移動 什：脱落
		設：破損 設：破損 設：破損 設：脱落 設：脱落 設：脱落 設：破損 設：転倒
		鉛：安定性

(財)国土開発技術研究センターを参考に作成した．

器　を示す．

のシナリオ例

2 限界状態と限界値の設定

同様の表示方法に改め,性能評価項目との関係を示している.特に,この参考文献[1]のシナリオ作成に対しては,「性能水準研究会（WG）で,平成8年度に地震時に想定される建築物や建築物内部およびその周辺で起こる現象,被害およびそれらの因果関係の整理を行い,建築構造物に求められる性能水準を検討する際の基礎資料とすることを目的として地震シナリオの作成を行った」との主旨が報告されている.そこで本シナリオ作成においては,参考文献[1]における時系列の地震被害事象を採用し,それに対応すべき性能評価項目を示している.

性能評価項目に関しては,項目のみ示しているが,本来は,建築物別に性能評価項目に対する限界値も併せて示し,それを満足する設計を行うことが重要となる.

資-2.2.1 使用時のシナリオ例

図Ⅰ-2.7に示す使用時のシナリオ例は,構造物および部材の性能評価を行う場合に必要と考えられる現象を,使用時を想定した状態について書き出したものである.対象とした建築物は,RC造系の共同住宅を想定している.縦軸は,構造骨組,外部,内部の建築部材や什器,設備機器,地盤に分け,その中をさらに分類して部位として表した.横軸には,建築物の耐用年数を取り,その耐用年数の期間中に部位に生じる現象やそれぞれの部位がもつ耐用年数を想定して取替え時期として記入した.使用時においては,鉛直荷重が支配的であるが,建築物に被害を及ぼさない程度の地震や風による水平荷重が作用すると想定して震度Ⅴ弱の地震による現象を想定して示した.ここに示した現象は,設計ミスや施工ミスで生じる現象は計画時点では想定していないため,このシナリオ例の作成においては省略した.

図の最も右欄にはそれぞれの部位の現象に対応する性能評価項目を記入した.この性能評価項目に対応した限界値を明示してその限界値を満足できるような建築物を設計する事で,建築物の性能を表示できると考える.

資-2.2.2 地震時のシナリオ例

図Ⅰ-2.9に示す地震時のシナリオ例は,使用時のシナリオ例と同様に構造物および部材の性能評価を行う場合に必要と考えられる現象を,地震時を想定して書き出したものである.被害事象については前述したように参考文献1)の地震被害事象を採用し,使用時のシナリオ例の表示方法に改めている.

縦軸は,使用時のシナリオ例と同様に,構造骨組,外部,内部の建築部材や什器,設備機器,地盤に分け,その中をさらに細分して表示した.横軸は,地震発生からの終了直後までの時間をとり,参考文献1)の被害事象を縦軸に併せて配置し直した.そして,それぞれの被害事象に対応するように右欄に性能評価項目を記入した.

資-2.3 まとめ

ここでは，使用時，地震時において発生する事象等と性能評価項目の対応について，シナリオ例を基にその関係の一例を示した．実際の設計においては，建築物に発生する事象を網羅できるように，建築物を設計する場合に想定した状態ごとに生じる事象を明示するとともに性能評価項目，限界値等を設定し，それを満足させる設計が必要となると考えられる．

◎参考文献

1) 建設省総合技術開発プロジェクト：新建築構造体系の開発，目標水準分科会報告書，建設省建築研究所，(財)国土開発技術研究センター，1998.3.
2) 平成9年度 建設省建築研究所委託「ストック長命化技術の開発検討」に係わる，「建築躯体・部材・設備等の耐用年数調査」報告書，(社)建築・設備維持保全推進協議会(BELCA)，1998.3.

参考資料-3 RC造建築物への要求事項と性能評価項目

資-3.1 はじめに

鉄筋コンクリート造建築物が建設され使用されている状況の中で，建築物の性能について第三者がみてもわかるような資料が，どの程度建築主等と設計者間で明示されているのであろうか．そんな疑問から一例として RC 造建築物への要求事項と性能評価項目と題する一覧表を作成した．この資料は，建築主の建築物へ対する要求（構造的要素を主体とした）に対してどのような性能評価項目で建築物を評価し，かつどのような限界値に対して建築物を設計するのかを建築主等にも理解してもらうために作成した対応表の例題であり，建築主等の要求事項と性能評価項目の関連を明確にできることを示そうとしたものである．この対応表も**参考資料-2**に示すシナリオ例と同様に，これまでの経験や知見を活かして作成されるべきであり，その建築物に対する関係者の共通認識を得ることができるという利点があると考えている．

資-3.2 要求事項と性能評価項目の対応表の概要

表 I-2.27 に要求事項と性能評価項目の対応を示す．

この表 I-2.27 は，建築主等が要求すると考えられる計画時点から使用段階における鉄筋コンクリート造建築物の構造要素に関する要求事項を示し，本ガイドライン第2章「限界状態と限界値の設定」で示した性能評価項目との関連づけを明確にしようと試みて作成したものである．

縦軸には，建築主等の構造に関する要求と考えられる事項を，
① 計画から竣工まで
② 地震や台風等を受けている被災中とその直後
③ 被災後

の三段階に大きく分けて示した．ここでの要求事項は，例題として書き出したものであるため確定したものではない．設計者が建築物ごとに適切な要求事項を設定して使用すべきものと考えている．

横軸には，第2章で示された安全性，使用性等に分けて建築物の基本性能の項目を示した．

縦軸と横軸の●印欄は要求事項，性能評価項目での中項目を示しており，さらにそれぞれの下位欄には細分した要求事項，性能評価項目を示した．縦軸，横軸の交点総てが関連する訳ではないため，この表では，縦軸と横軸が関連すると考えられる交点を着色して示している．この交点に性能評価項目に対応する限界値や考え方等を記入し，これらに基づいて設計を行うことにより，建築物

2　限界状態と限界値の設定

表 I-2.27　RC 建物への要求事項と

	性能評価項目	安全性														
		●鉛直支持能力の喪失による危害の防止	地盤の安定性の喪失	地盤の支持力の喪失	地盤の過大な変状、変形	鉛直荷重支持基礎部材の破壊	隣接建物との衝突	構造部材の破壊	崩壊機構	●建築部材の脱落・飛散による危害の防止	脱落	飛散	変形	●設備機器、什器の転倒・脱落・移動による危害の防止	転倒	脱落	移動	●変形および破壊	●安全な避難通路の確保
RC 建物への建築主等の要求事項〔構造関連〕																		
計画・竣工から被災直前まで	●機能維持																	
	メインテナンスフリーである．	■	■	■	■	■				■	■	■		■	■	■	
	点検・補修で機能を維持する．																	
	震害？でも，即，再使用可能である．																	
	設備機器の保守，交換が容易である．																	
	仕上げ材の点検・交換が容易である．																	
	建物用途に応じた構造である．																	
	地盤性状に対応した基礎である．																	
	●空間																	
	必要階高を確保している．																	
	柱・梁寸法が小さい．																	
	スパンが広い．																	
	交通振動による揺れがない．																	
	台風で揺れない．																	
	中小地震時での揺れが小さい．																	
	床に傾斜していない．																	
	床に凹凸がない．																	
	床が摩耗していない．																	
	床に段差がない．																	
	●部材																	
	屋根が撓まない．																	
	屋根勾配が適切である．																	
	梁が撓まない．																	
	床が撓まない．																	
	天井が撓まない．																	
	外壁がひび割れない．																	
	内壁がひび割れない．																	
	開口周囲のひび割れがない．																	
	梁がひび割れない．																	
	ひび割れで隣戸・上下階の音が漏れない．																	
	漏水しない．																	
	人・物の移動で床が揺れない．																	
被災中・被災直後	●空間																	
	建物が全壊しない．		■	■	■		■	■						■				
	建物が傾斜したままとならない．		■	■														
	隣接建物と衝突しない．						■											
	●設備機器																	
	設備機器が倒れない．													■				
	電線，ガス管が破損しない．																	
	●部材																	
	ガラス窓が壊れない．											■						
	●避難通路の確保																	
	柱がつぶれない．								■									
	床が落下しない．								■									
	床傾斜がない．		■	■	■													
	階段が落下しない．										■							
	屋根が落下しない．										■							
	バルコニーが落下しない．																	
	外装材が落下しない．																	
	天井等の内装材が落下しない．																	
	照明具等が落下しない．														■			
	空調設備等が落下しない．																	
	看板が落下しない．																	
	配線，配管を損傷しない．																	
	窓，ドアが開閉できる．		■															
	家具が倒れない．																	
	地盤が安定している．																	
	火災が発生しない．																	
	ガス漏れ，ガス爆発がない．																■	
	●安全																	
	余震で損傷が増大しない．		■															
	余震で全壊しない．		■															
	転倒しない．																	
被災後	●機能維持																	
	即，再使用可能である．																	
	短期間で再使用できる．																	
	補修が容易である．																	
	外壁のひび割れは少ない．																	

参考資料-3　RC造建築物への要求事項と性能評価項目

性能評価項目の例

2　限界状態と限界値の設定

がどのような性能に対して設計されたかが建築主等のみならず設計者自身にも明確にできるようになると考える．

資-3.3　まとめ

　参考資料-2のシナリオ例と同様に，建設された建築物に対して建築主等と設計者が共通認識できると考えられる要求事項と性能評価項目との対応表の作成を試みた．表中の関連項目に対する限界値や考え方等についての記述は示せなかったが，今後は設計される建築物ごとに建築主等と設計者の合意の基にこれらの限界値や考え方などが明確になっていくものと考えられる．

　この対応表の使用の可否も含め，今後検討されていくことを期待したい．

3 評価の原則

構造性能評価指針案では性能の検証を,「設定した限界値 Lim と想定した荷重および外力に対する建築物の応答値 Res を比較すること」としている．また，その原則は,「工学的観点から評価対象の応答値が限界値を上回らないこと」としている．この工学的観点の意味は，応答値（Res）および限界値（Res）の算定や設定上のばらつきを考慮し，それぞれ図 I-3.1 に示すような確率分布になると考えた時の，両曲線が重なる部分（ハッチング部分）を如何に適切に制御するかということである．構造性能評価指針案には，このための限界値と応答値の比較評価の方法として，下記の2つの方法が紹介されている．

1つは，ばらつきや精度を確率的に考え，式(3.1)に示すように，超過確率をある目標確率以下にするというものである．

$$1-\mathrm{Prob}(\mathrm{Res}\leq \mathrm{Lim}) \leq \mathrm{Ptarget} \tag{3.1}$$

ここで，Ptarget：目標確率（Probability target）．

もう1つは，荷重および外力のばらつき，解析精度や材料強度のばらつき，および限界値の推定精度を考慮し，それらを反映させた係数を用いる方法で，式(3.2)により評価する方法である．

$$f(\mathrm{act})\cdot f(\mathrm{ana})\cdot \mathrm{Res}-m \leq f(\mathrm{lim})\cdot \mathrm{Lim}-m \tag{3.2}$$

ここで，　$f(\mathrm{act})$：荷重の推定精度による係数，
　　　　　$f(\mathrm{ana})$：応答値の推定精度による係数，
　　　　　$f(\mathrm{lim})$：限界値の推定精度による係数，
　　　　Res$-m$：応答値（Res）の代表値，
　　　　Lim$-m$：限界値（Lim）の代表値．

すなわち,「工学的観点」を表すものが，式(3.1)の目標確率であり，式(3.2)の各係数である．これらの評価方法は技術の進歩とともに改善されていくと思われるが，現時点ではこのような値の設定が必ずしも容易ではないため，式の考え方を念頭に置きつつある程度の工学的判断を行うことも十分に考えられる．この値や判断は，各基本構造性能や評価対象ごとに異なる設定もあり得よう．いずれにしても，各性能評価項目に対して適切な判断が必要である．なお，性能評価には，このような設定された構造性能の水準を満足する度合いを示すことが必要となる場合もある．

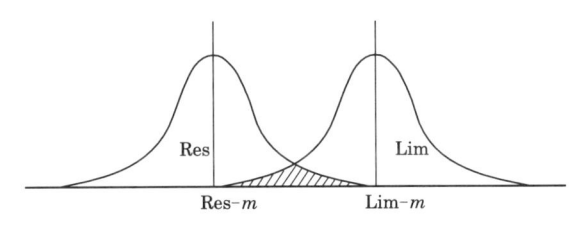

図 I-3.1 応答値と限界値の関係

4 今後の課題

　本ガイドラインは，地震時における建築物上部構造の変位応答を，時刻歴解析を行うことなく予測するための手法提示と，性能設計でのキーとなる各種限界状態の整理から成り立っている．

　地震時応答予測法としては，等価1自由度系に対して，サブスティテュートダンピングを用いた等価線形化による方法，瞬間エネルギー入力の釣合いによる方法およびエネルギーの釣合いと地震動の継続時間の影響を考慮した方法の3つが示されている．そこでは，多自由度系から等価1自由度系への置換法，得られた等価1自由度系変位応答から多自由度系への戻し方等，実際的手法が精度の検証とともに述べられている．現在行われている保有耐力設計に比べると若干複雑にみえるが，解析技術の進歩を考えると一般の構造設計者にも十分対応可能な方法が提示されたものと考えている．しかし，例示された手法は，現在の学術・技術水準に基本を置いており，今後に積み残された部分もある．以下，今後の課題を述べる．

① 等価1自由度系の弾塑性応答と多自由度系弾塑性応答の理論的関係付け．
② 等価減衰定数の求め方．
③ 架構の応答，部材の応答および材料の応答を結びつける力学モデルの作成．
④ 予測された架構，部材および材料応答のバラツキを評価する手法の開発．
⑤ 地震波の個別性の表現法．

　各種限界状態に関しては，限界状態の分類と定義から始まり，細部に至るまで考えられるものがべてを網羅されている．ただ，限界状態はきわめて多岐にわたり総てを設計において直接満足するのは煩雑で実効も薄い．したがって，今後は建築物種別（用途）に応じた代表的限界状態の設定とその実現手法を構築していく必要があろう．

第 II 編

性能評価指針の RC 構造への適用例

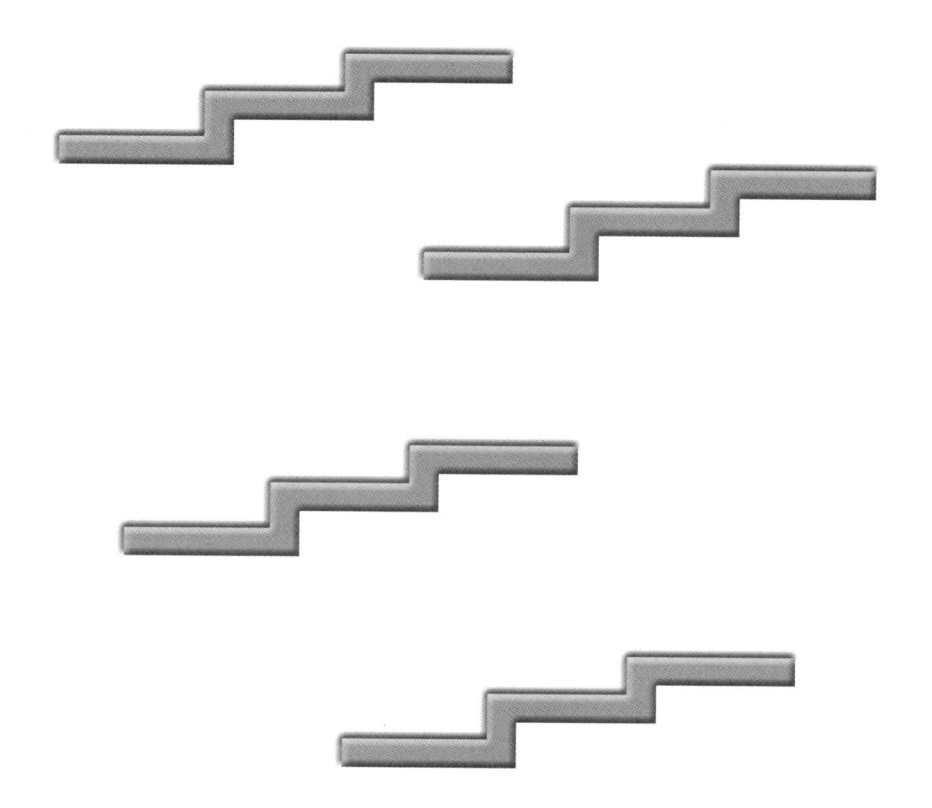

1 はじめに

　第Ⅱ編「性能評価指針のRC構造への適用例」では，第Ⅰ編の「RC構造の応答値推定手法および限界値設定手法の例」に基づいて適用例を作成し，性能評価の利点，現状での問題点等について検討する資料とする．

　地震荷重に対する検証方法としては，第Ⅰ編に示す中の等価線形化法を採用する．

2 性能評価

2.1 適用例作成方針

適用例は，基準となる適用例1を作成する．この適用例1については，限界状態として，使用限界状態，修復限界状態，安全限界状態の3つの限界状態を考慮し，主架構については主に地震荷重について検討を行い，小梁スラブについては固定荷重および積載荷重について検討を行う．

適用例2としては，適用例1を基準として，主架構について地震荷重に対する安全限界状態における限界値（変形量）を小さくすることを目標とした適用例を作成する．

適用例3としては，適用例1に比べて安全限界状態に対する地震荷重を割り増した適用例を作成する．

以上3種類の適用例を作成し，想定した性能を満たす性能評価が可能であることを示す．

2.2 適用例1

2.2.1 検討方針

検討する荷重としては，固定荷重，積載荷重，地震荷重とし，積雪荷重，風荷重については小さいためここでは検討を省略する．

検討内容としては，主架構については，主に地震荷重について検討を行い，小梁スラブについては固定荷重および積載荷重について検討を行う．

限界状態としては，使用限界状態，修復限界状態，安全限界状態の3種類を考慮する．

2.2.2 建築物概要

建築物は，地上6階建ての事務所ビルとし，構造形式はRC造とする．架構形式は，X方向純ラーメン構造とし，Y方向は連層耐震壁を有するラーメン構造とする．

使用材料は，コンクリートはFc 24，鉄筋の材種は，主筋SD 345，帯筋およびあばら筋SD 295とした．

図Ⅱ-2.1に略伏図，図Ⅱ-2.2の略軸組図を示す．

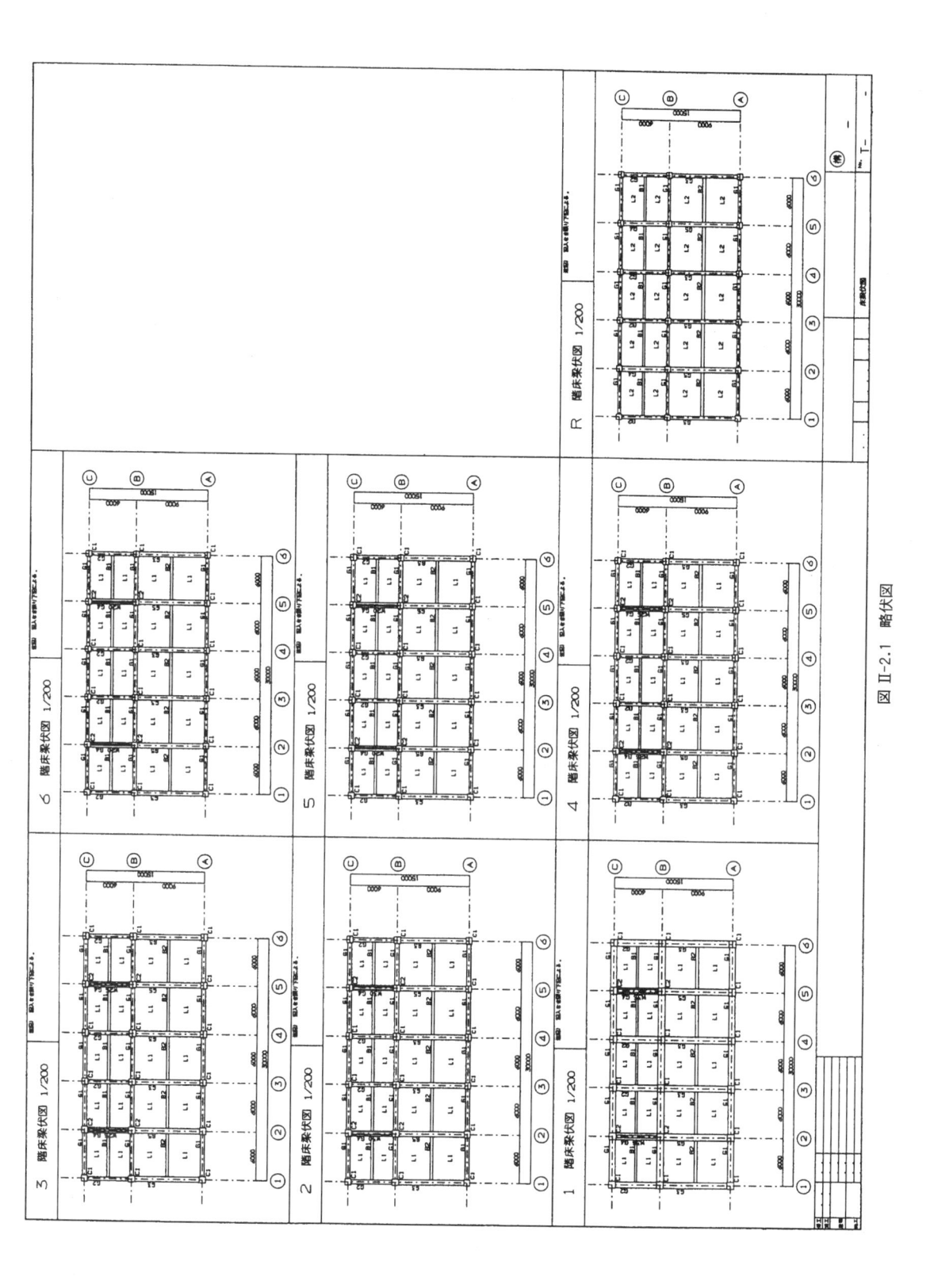

図 II-2.1 略伏図

2 性能評価

図 II-2.2 (1) 略軸組図 (X)

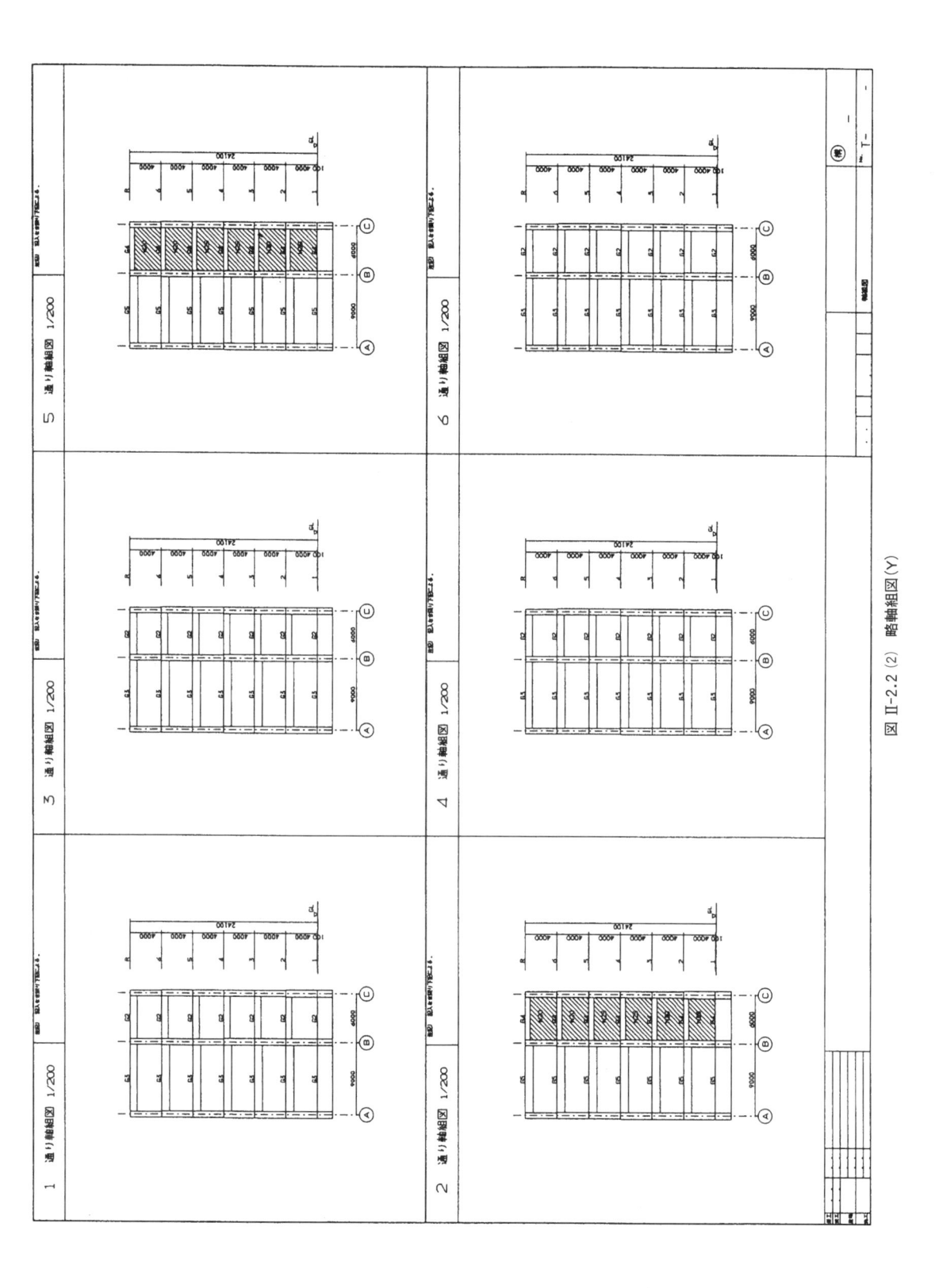

2.2 適用例1

図II-2.2(2) 略軸組図(Y)

2　性能評価

表 II-2.1　各階重量および層せん断力

階	高さ (m)	各階重量 W (tf)	ΣW (tf)	α_i	A_i	C_i	層せん断力 (tf)
R	24.000	636.9					
			636.9	0.152	1.965	0.393	250.3
6	20.000	671.8					
			1 308.7	0.312	1.591	0.318	416.4
5	16.000	697.3					
			2 006.0	0.479	1.387	0.277	556.3
4	12.000	710.3					
			2 716.3	0.648	1.237	0.247	672.3
3	8.000	730.8					
			3 447.2	0.823	1.112	0.222	766.6
2	4.000	742.5					
			4 189.6	1.000	1.000	0.200	837.9
1	0.000	1 056.5					

建築物の各階重量および参考として $C_0=0.2$ の A_i 分布による層せん断力を表 II-2.1 に示す．

2.2.3　地震荷重に対する検討
(1)　検　討　方　法

検証方法は，第 I 編の「RC 構造の応答値推定手法および限界値設定手法の例」の等価線形化法に基づいて行う．

部材の設計は，安全限界状態の代表点位置の変形の限界値と想定する塑性率から求まる減衰の時の要求スペクトルの交点より必要とされる S_a を算定し，これに 1 次有効質量比を考慮して算定されるベースシヤーを満足する耐力を有するように部材を設計する．

設計された建築物をモデル化し，弾塑性荷重増分解析を行い，解析結果より代表点位置の Capacity Spectrum を求める．荷重の分布形は A_i 分布とする．代表点位置の Capacity Spectrum は，質量，ベースシヤー，各ステップの荷重および変位より次式により算定する．

$$T = 2\pi \sqrt{\frac{\sum_{i=1}^{n} m_i \times \delta_i^2}{\sum_{i=1}^{n} P_i \times \delta_i}}, \qquad \omega = \frac{2\pi}{T}$$

$$S_a = \frac{\sum_{i=1}^{n} m_i \times \delta_i^2}{\left(\sum_{i=1}^{n} m_i \times \delta_i^2\right)^2} \cdot Q_B, \qquad S_d = \frac{S_a}{\omega^2}$$

要求スペクトルは 2.2.3 (2) に示すスペクトルとし，減衰 h による補正は $1.5/(1+10h)$ により行う．減衰 h は，柴田の研究を参考に塑性率 μ の関数とし，建築物の減衰を $0.2\,(1-1/\sqrt{\mu})$ で算定し，この値に地盤等の減衰 0.05 を加えた値とする（図 II-2.3 参照）．塑性率 μ は，代表点位置の Capacity Spectrum より降伏点を設定し算定する．

算定された Capacity Spectrum および要求スペクトルより両者が交わる点として代表点位置の応答値を算定する．

算定された代表点位置の応答値に対応するステップの増分解析の結果を各部分の応答値（応力，変形等）とする．

算定された応答値が設定した限界値以下であることを確認,および架構の崩壊形が保証されていることを確認する.

検討のフローを図Ⅱ-2.4に示す.

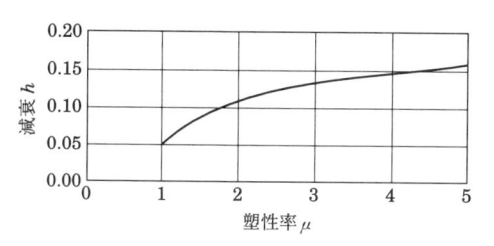

図Ⅱ-2.3 塑性率 μ と減衰 h の関係

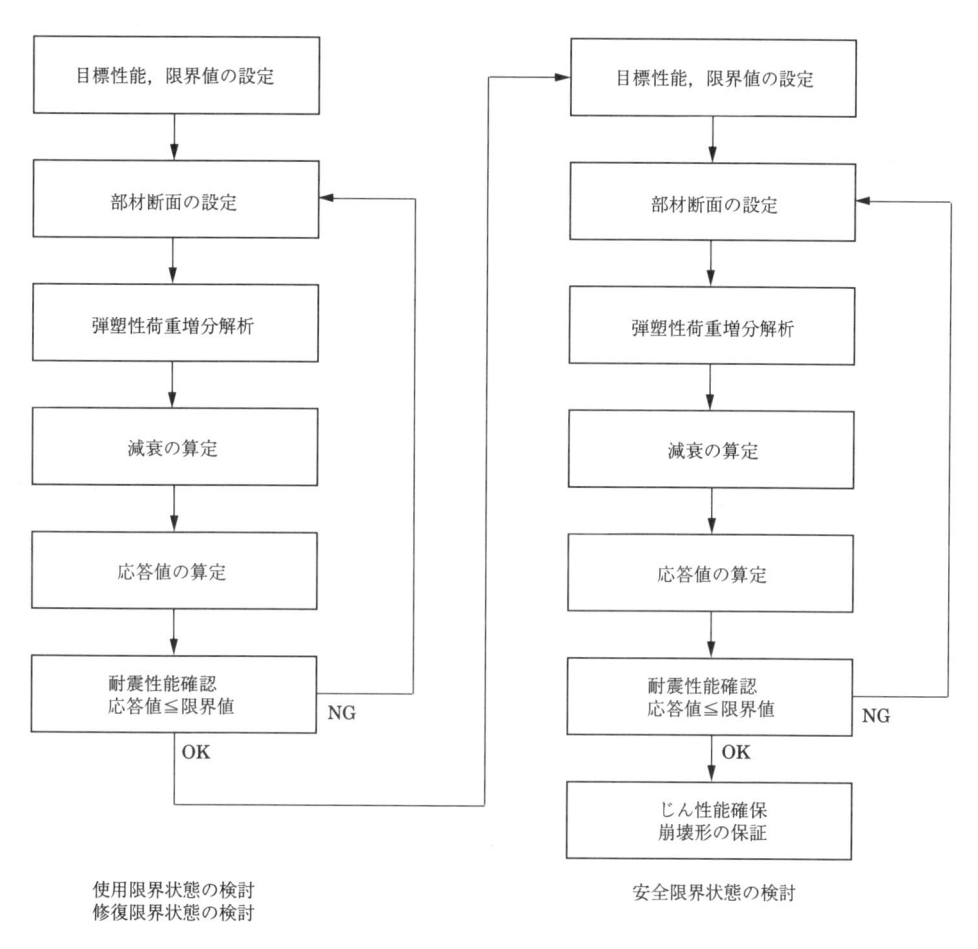

図Ⅱ-2.4 検討のフロー

使用限界状態の検討
修復限界状態の検討

安全限界状態の検討

(2) 地震荷重

安全限界状態に対する地震荷重は,5%減衰に対する応答スペクトルとして与え,短周期側の加速度一定部分を1.2G (1 176 gal),長周期側の速度一定部分160 cm/secとする.

修復限界状態に対する地震荷重は,再現期間を安全限界状態に対する値の1/5と設定し,日本建築学会の建築物荷重指針・同解説を参考にして安全限界状態の $(1/5)^{0.54} ≒ 0.42$ 倍,短周期側の加

2 性能評価

速度一定部分を 493.9 gal, 長周期側の速度一定部分 67.2 cm/sec とする.

使用限界状態に対する地震荷重は，再現期間を修復限界状態に対する値の 1/5 (安全限界状態に対する値の 1/25) と設定し，安全限界状態の $(1/25)^{0.54} \fallingdotseq 0.18$ 倍，短周期側の加速度一定部分を 211.7 gal，長周期側の速度一定部分 28.8 cm/sec とする.

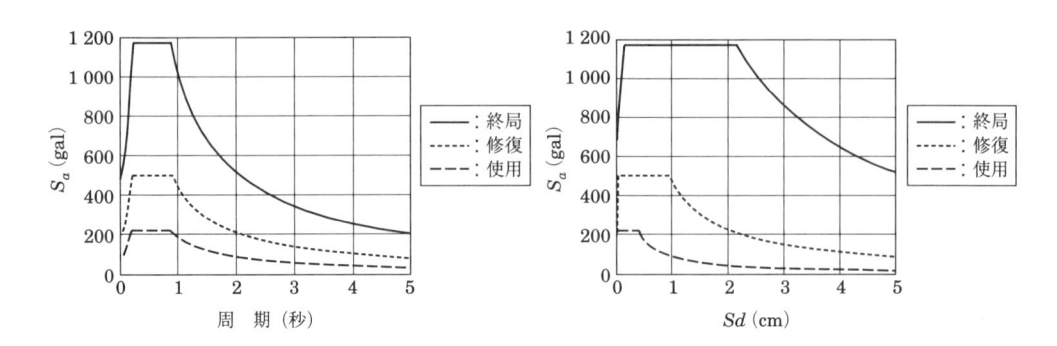

図 Ⅱ-2.5

(3) 限界値の設定

地震荷重に対する各限界状態の限界値は以下とする.

使用限界状態：非構造体を含んで建築物の使用に問題の無い限界として以下の値を採用する.
　　　　　　　部材未降伏，代表点位置の変形角 1/240 程度，層間変形角 1/200 程度

修復限界状態：構造体の大規模な補修をしなくて良い限界として以下の値を採用する.
　　　　　　　一般の部材の塑性率 2 程度，境界梁の塑性率 3 程度
　　　　　　　層がおおむね弾性限程度
　　　　　　　代表点位置の変形角 1/120 程度，層間変形角 1/100 程度

安全限界状態：構造体の安全性に問題の無い限界として以下の値を採用する.
　　　　　　　代表点位置の変形角 1/55 程度，層間変形角 1/50 程度

(4) 部材の設定

部材の設定は，以下に示すように必要とされる保有水平耐力を算定し，その耐力を満たすような部材耐力をもつようにする.

　安全限界状態の代表点位置の変形の限界値：1 600 cm/55 ≒ 29 cm

　想定する塑性率 μ：$\mu = 3.0$

　塑性率より求まる減衰 h：$h = 0.2(1 - 1/\sqrt{3}) + 0.05 \fallingdotseq 0.13$

　要求スペクトルの交点より必要とされる S_a：約 400 gal

1 次有効質量比を 80 % と仮定すると必要とされる保有水平耐力はベースシヤー係数で約 0.32 となるので，この保有水平耐力をもつように部材を設定する.

このようにして設定された柱および大梁の断面表を図 Ⅱ-2.6 に示す.

2.2 適用例1

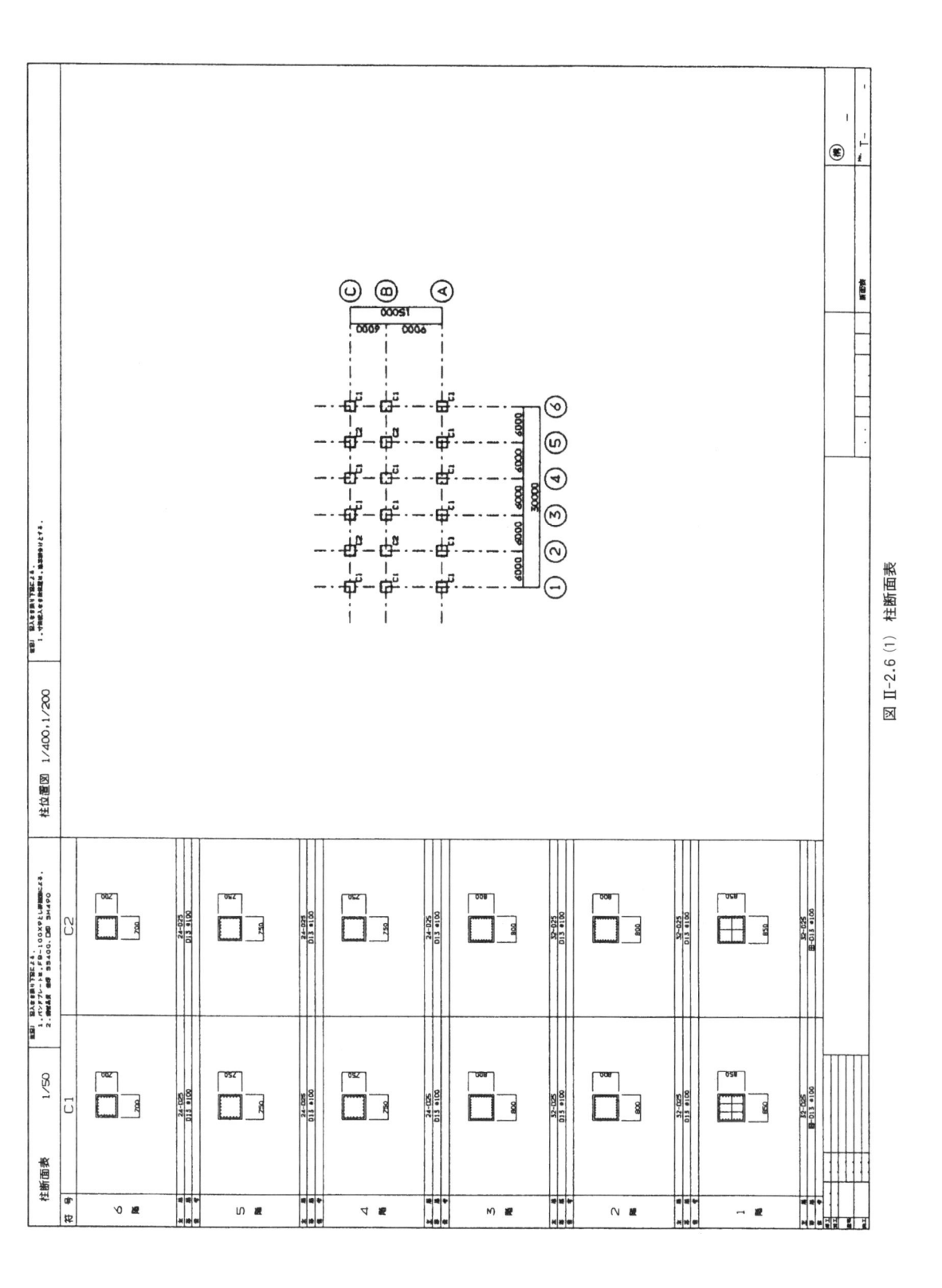

図 II-2.6 (1) 柱断面表

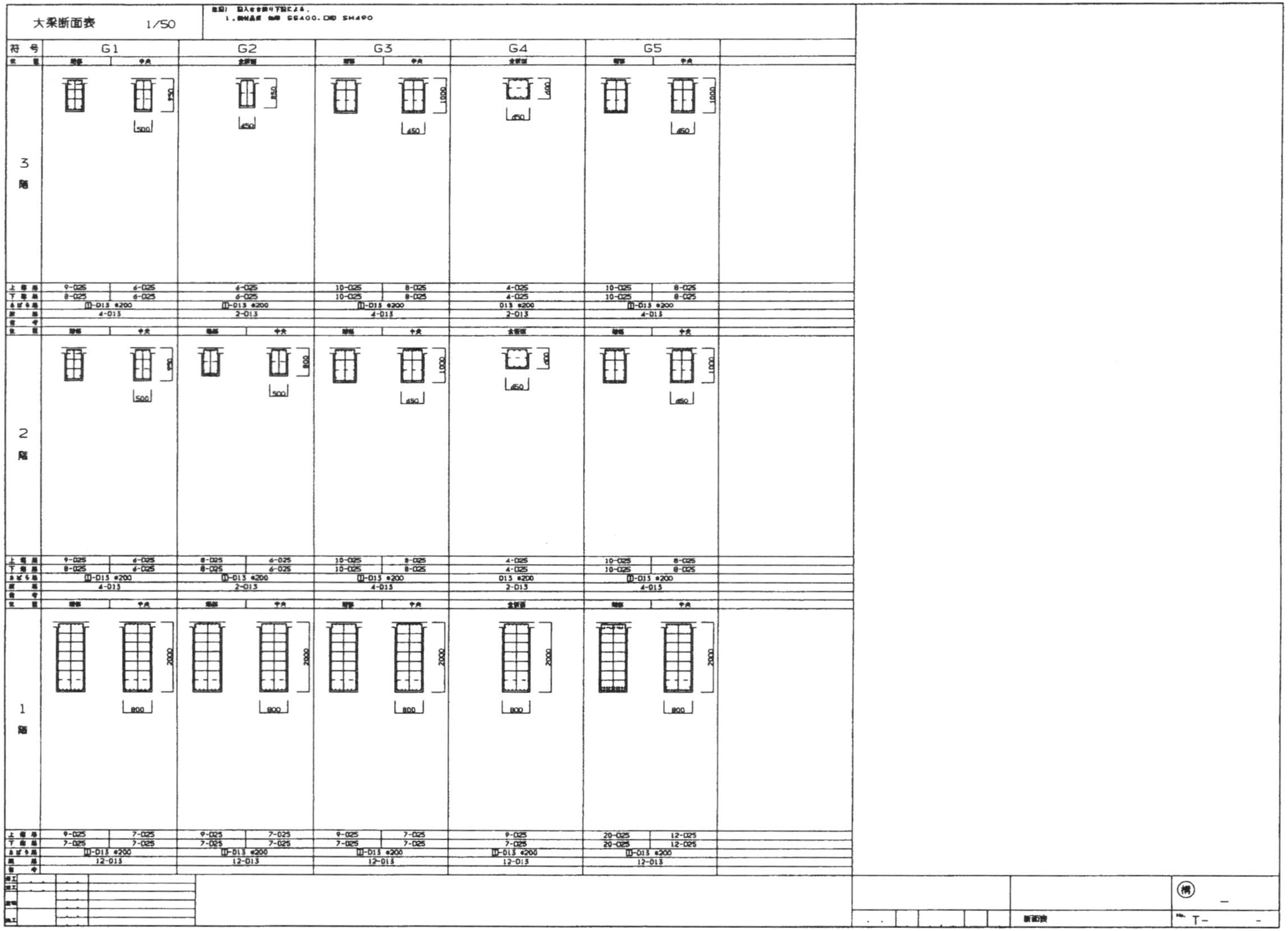

2 性能評価

図 Ⅱ-2.6 (2) 大梁断面表 1

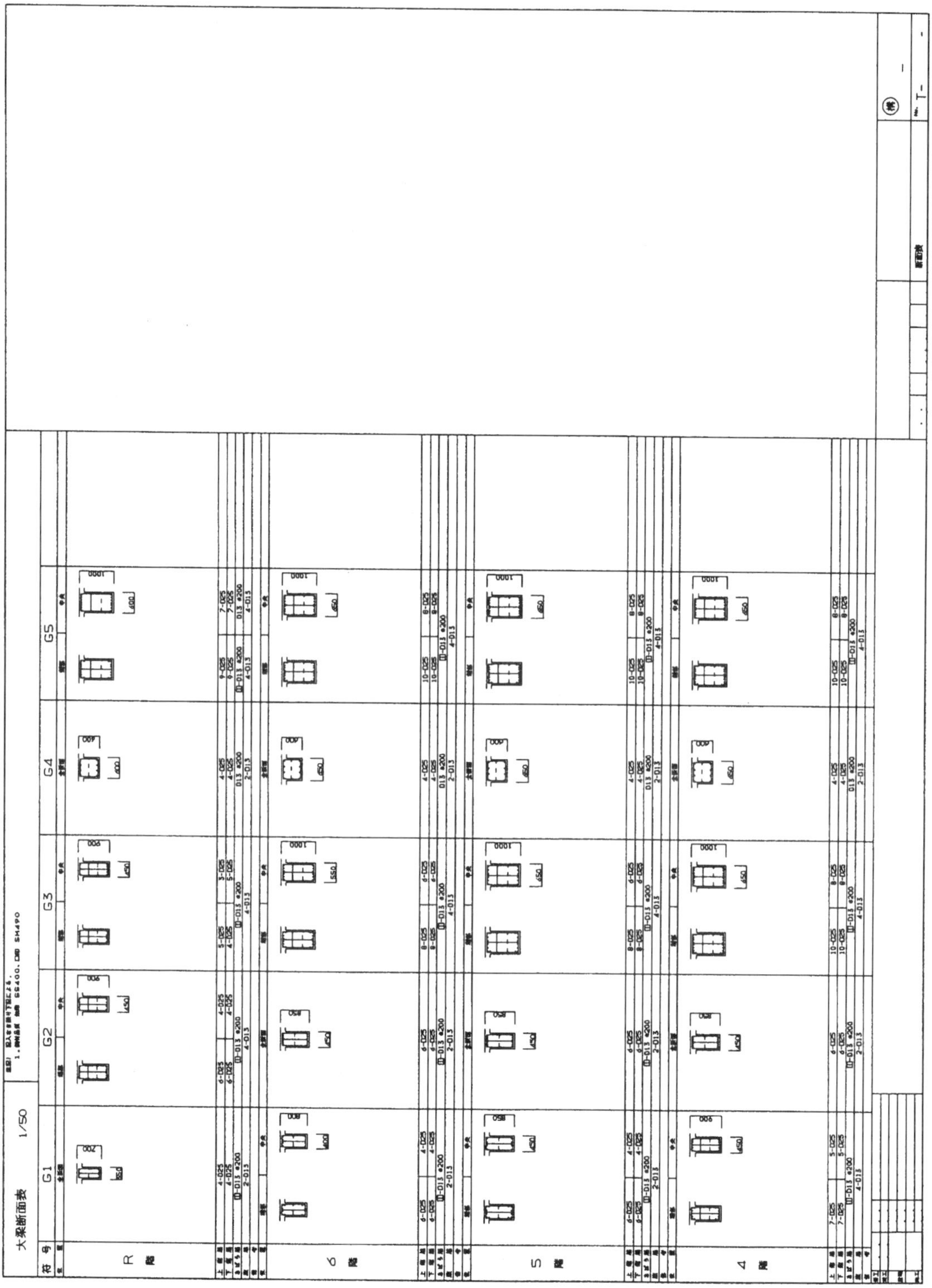

2.2 適用例1

図 II-2.6 (3) 大梁断面表2

2 性能評価

(5) 使用限界状態の検討

a. X 方向

図 II-2.7 に X 方向の使用限界状態に対応する S_a-S_d を示す．代表点の応答値は，S_a が 212 gal，S_d が 3.85 cm となっている．

代表点の応答値に対応するステップの応力図を図 II-2.9 に，塑性率図を図 II-2.10 に，変形図を図 II-2.11 に示す．

変形は，代表点に近い 5 階の床で変形角で 1/466 と限界値である 1/240 以下となっており，層間変形角は最大でも 4 階の 1/393 で限界値である 1/200 以下となっている．

部材の塑性率は総て 1.0 以下であり，設定した限界状態である部材未降伏を満たしている．

図 II-2.7 S_a-S_d 図

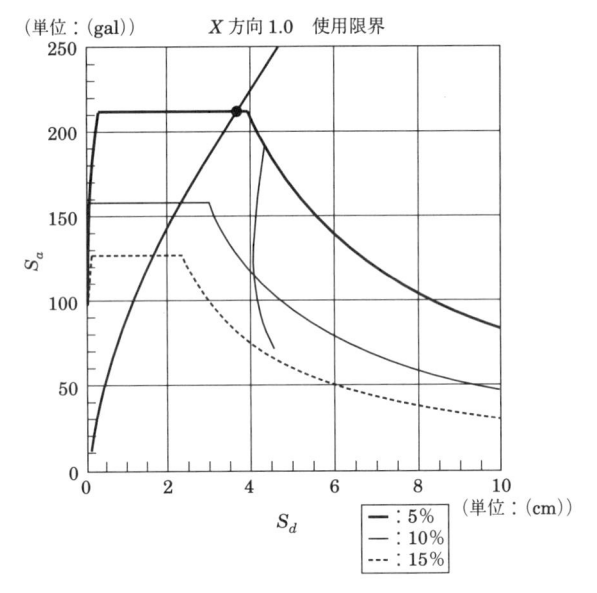

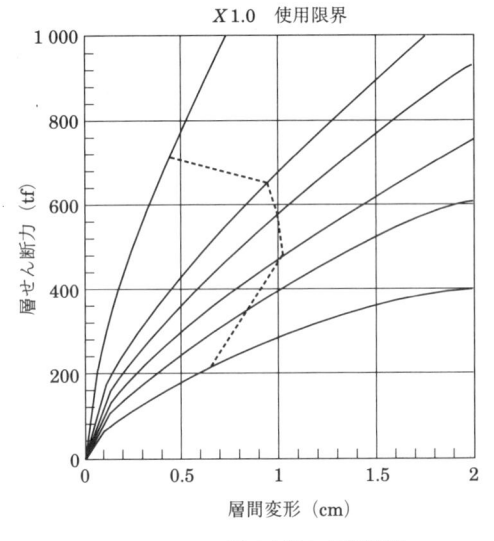

図 II-2.8 層せん断力-層間変形

2.2 適用例1

SEINOU SEKKEI RC 6F X BASE STATIC
STEP= 17

A, C 通り

B 通り

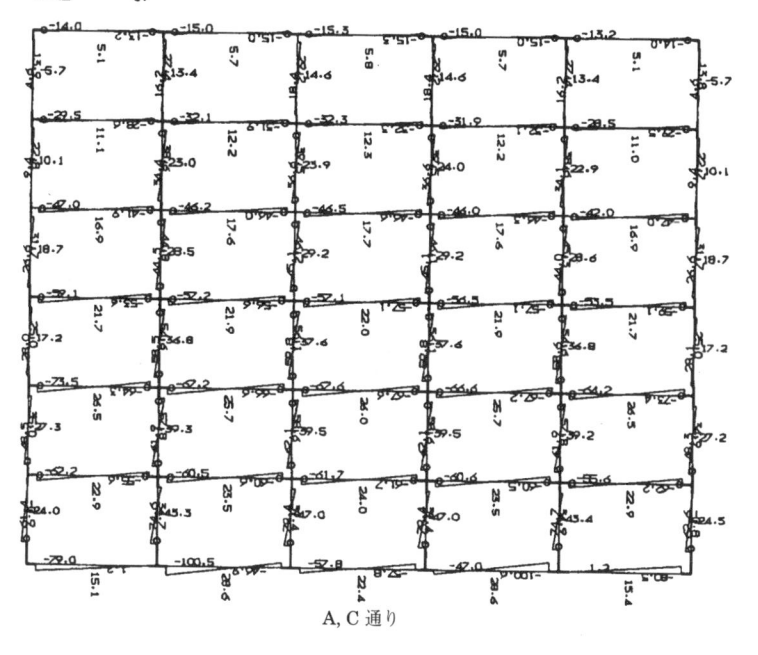

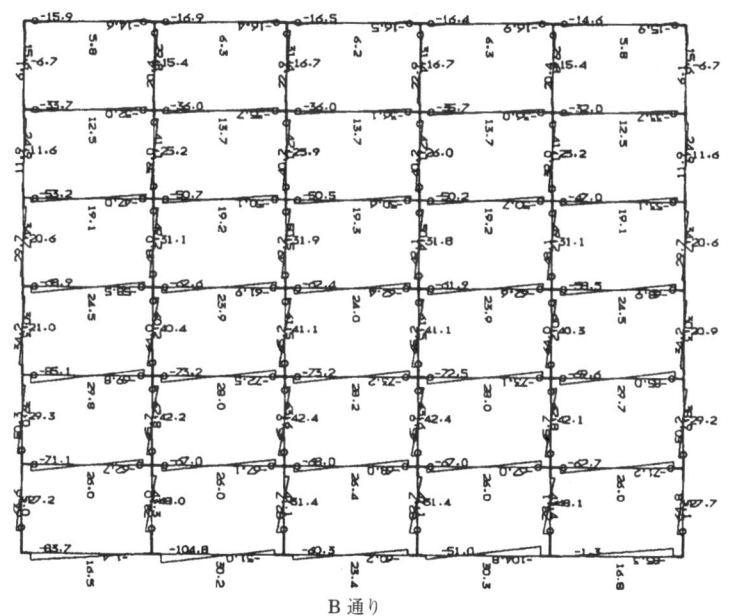

図 II-2.9 応力図

2 性能評価

SEINOU SEKKEI RC 6F X BASE STATIC
STEP= 17

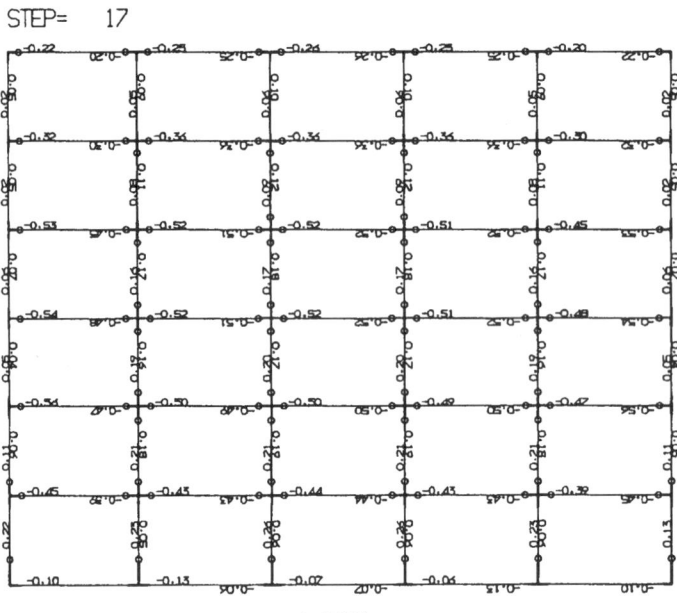

A, C 通り

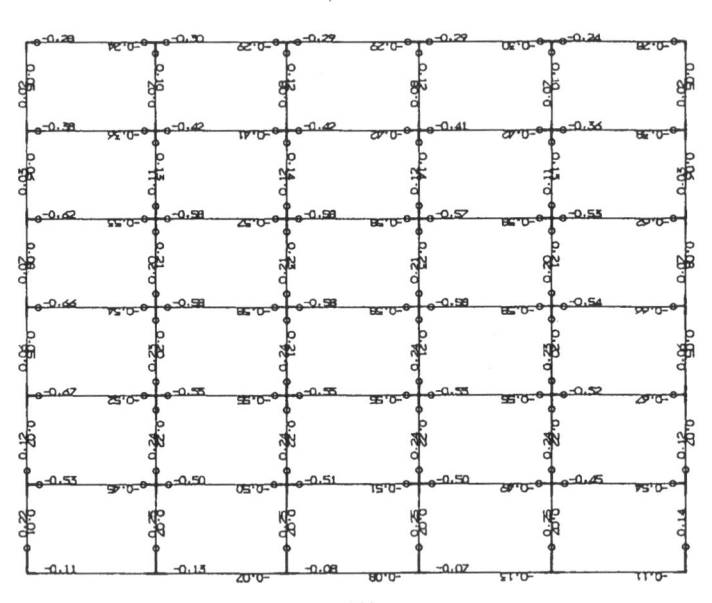

B 通り

図 Ⅱ-2.10 塑性率図

```
SEINOU SEKKEI RC 6F X BASE STATIC
STEP=   17
```

A, C 通り

各階変位	層間変形
4.936 (1/486)	0.660 (1/606)
4.276 (1/468)	0.844 (1/474)
3.432 (1/466)	1.018 (1/393)
2.414 (1/497)	1.001 (1/400)
1.413 (1/566)	0.951 (1/421)
0.462 (1/866)	0.462 (1/866)

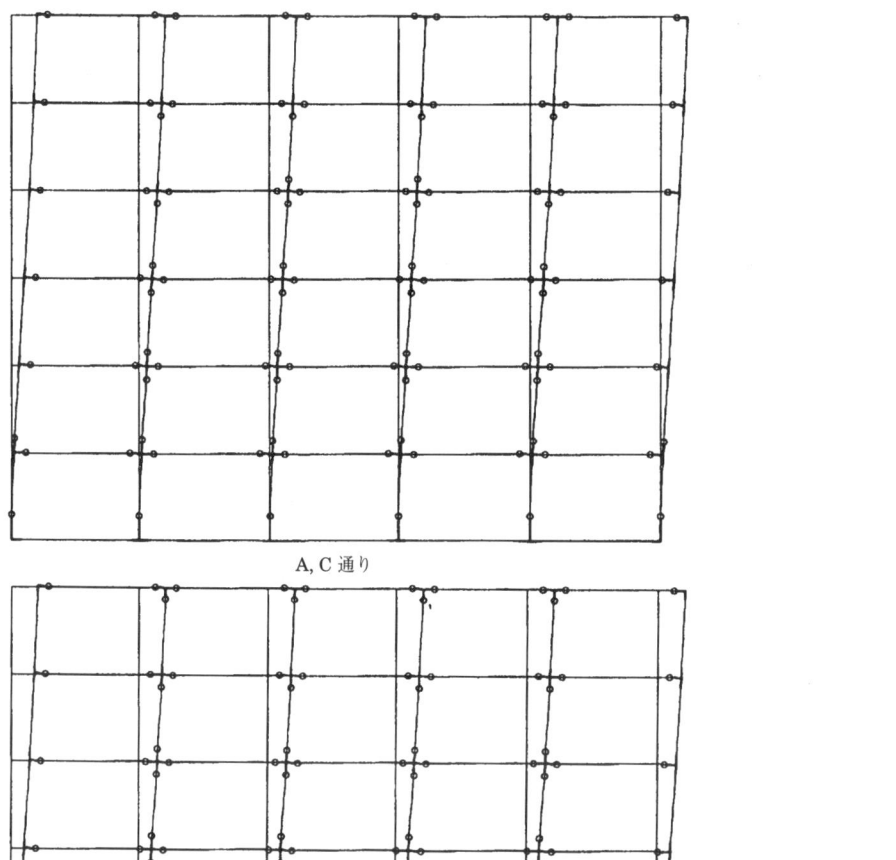

B 通り

図 II-2.11 変形図

b. Y 方向

図 II-2.12 に Y 方向の使用限界状態に対応する S_a-S_d を示す．ただし，プラス側とマイナス側で使用限界状態ではほとんど差が無いためマイナス側を代表で示す．代表点の応答値は，S_a が 212 gal, S_d が 2.32 cm となっている．

代表点の応答値に対応するステップの応力図を図 II-2.14 に，塑性率図を図 II-2.15 に，変形図を図 II-2.16 に示す．

変形は，代表点に近い 5 階の床で変形角で 1/784 と限界値である 1/240 以下となっており，層間変形角は最大でも 4 階の 1/705 で限界値である 1/200 以下となっており，連層耐震壁が入っているため X 方向にくらべて小さい値となっている．

部材の塑性率は総て 1.0 以下であり，設定した限界状態である部材未降伏を満たしている．

2　性能評価

図Ⅱ-2.12　S_a-S_d 図（Y方向-1.0　使用限界、単位：(gal)）
　　　：5％
　　　：10％
　　　：15％（単位：(cm)）

図Ⅱ-2.13　層せん断力-層間変形（Y 1.0-　使用限界、単位：層せん断力(tf)）

SEINOU SEKKEI RC 6F Y BASE STATIC
STEP= 33

1, 6 通り

2, 5 通り

3, 4 通り

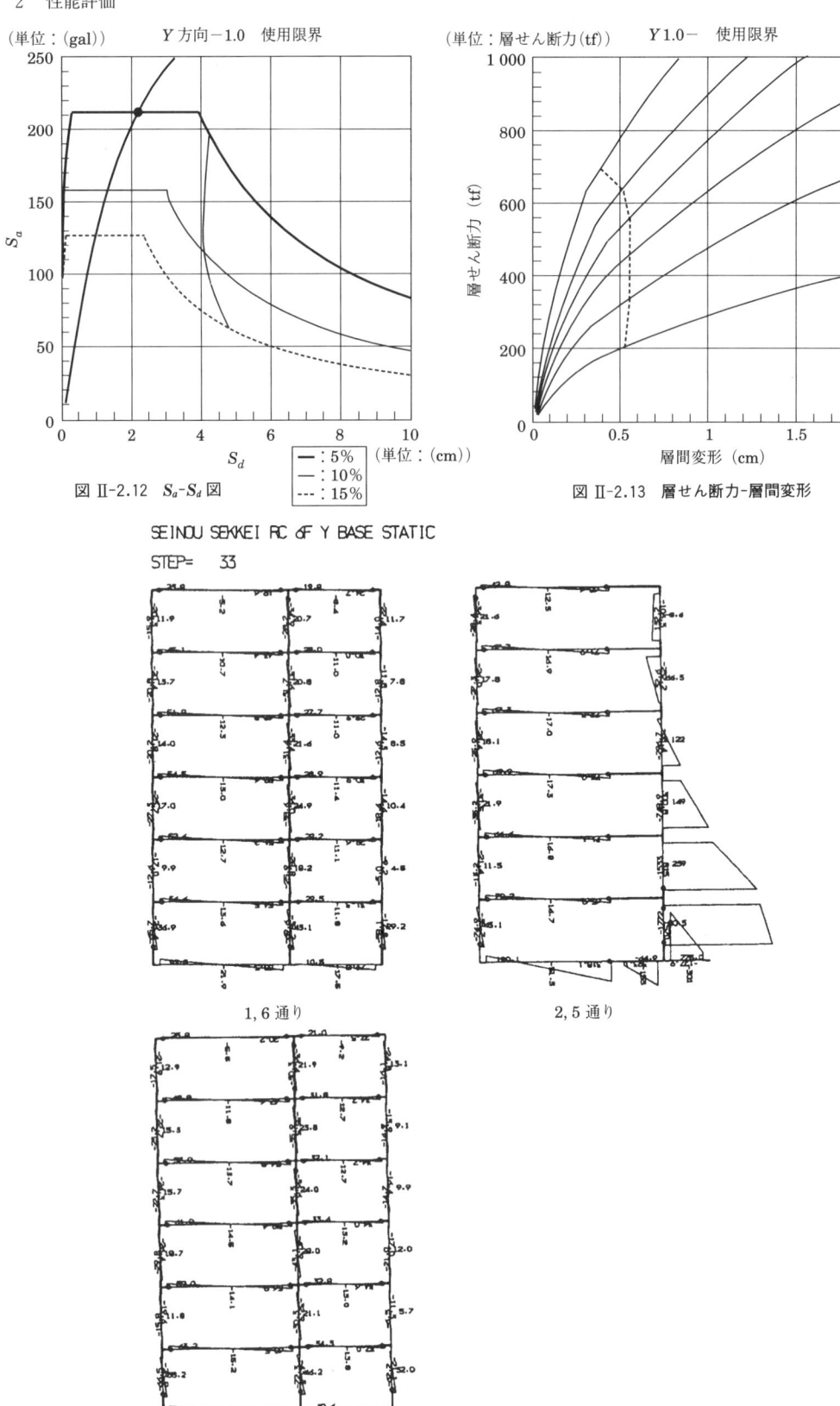

図Ⅱ-2.14　応力図

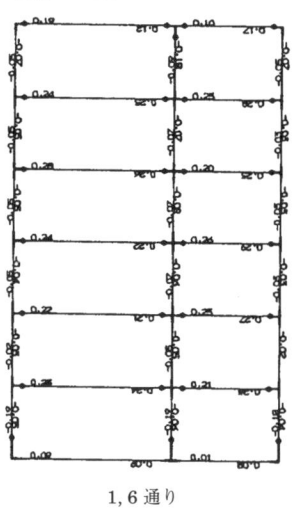

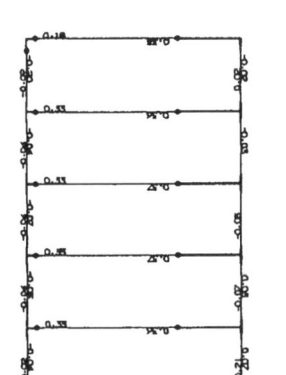

2.2 適用例1

SEINOU SEKKEI RC 6F Y BASE STATIC
STEP= 33

1,6 通り　　　　　　2,5 通り　　　　　　3,4 通り

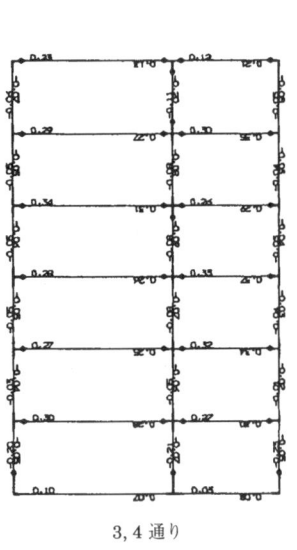

図 II-2.15　塑性率図

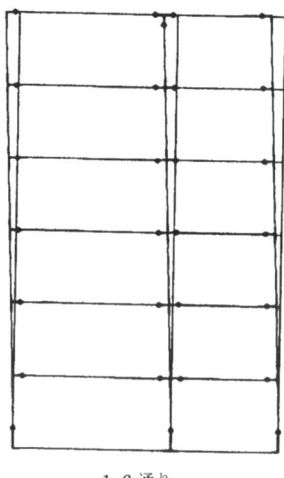

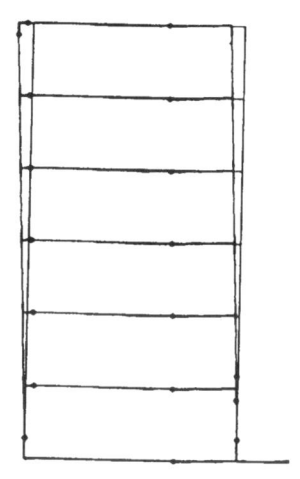

SEINOU SEKKEI RC 6F Y BASE STATIC
STEP= 33

1,6 通り　　　　　　2,5 通り

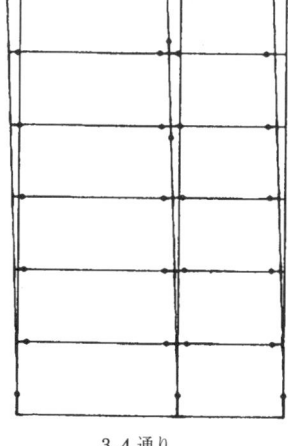

各階変位	層間変形
3.131 (1/768)	0.533 (1/750)
2.598 (1/770)	0.557 (1/718)
2.041 (1/784)	0.567 (1/705)
1.474 (1/814)	0.555 (1/721)
0.919 (1/871)	0.527 (1/759)
0.392 (1/1020)	0.392 (1/1020)

3,4 通り　　　　　　図 II-2.16　変形図

2 性能評価

(6) 修復限界状態の検討

a. X 方向

図 II-2.17 に X 方向の修復限界状態に対応する S_a-S_d を示す．代表点の応答値は，S_a が 389 gal，S_d が 9.89 cm となっている．

代表点の応答値に対応するステップの応力図を図 II-2.19 に，塑性率図を図 II-2.20 に，変形図を図 II-2.21 に示す．

変形は，代表点に近い 5 階の床で変形角で 1/184 と限界値である 1/120 以下となっており，層間変形角は最大でも 4 階の 1/145 で限界値である 1/100 以下となっている．

部材の塑性率は最大で 2.02 あり，設定した限界状態である 2.0 程度以下を満たしている．

層は層せん断力-層間変形の図からおおむね弾性限程度となっており，設定した限界状態を満足している．

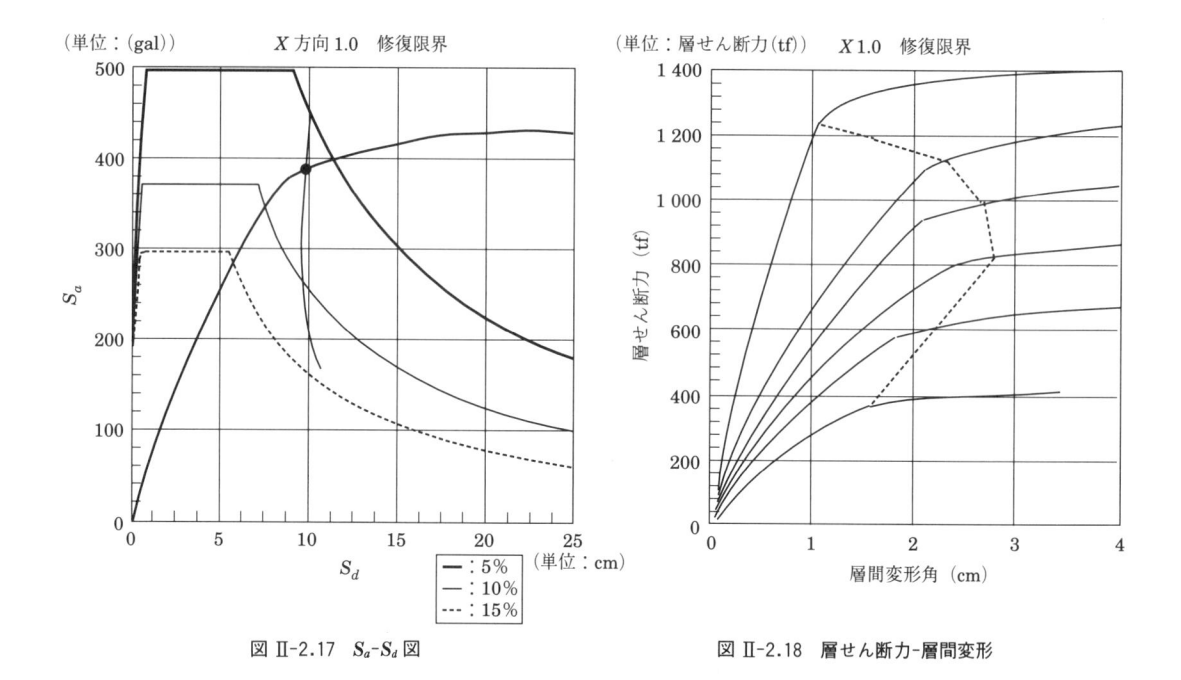

図 II-2.17 S_a-S_d 図

図 II-2.18 層せん断力-層間変形

2.2 適用例1

SEINOU SEKKEI RC 6F X BASE STATIC
STEP= 32

A, C 通り

B 通り

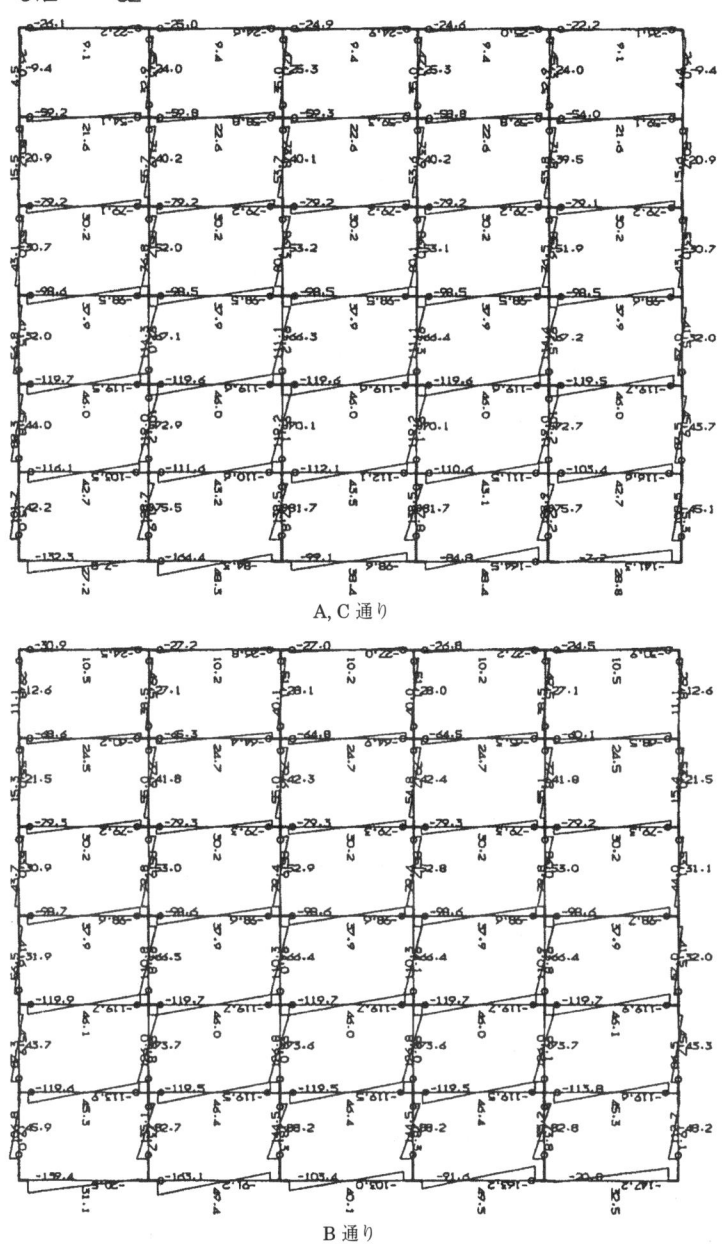

図 II-2.19 応力図

2 性能評価

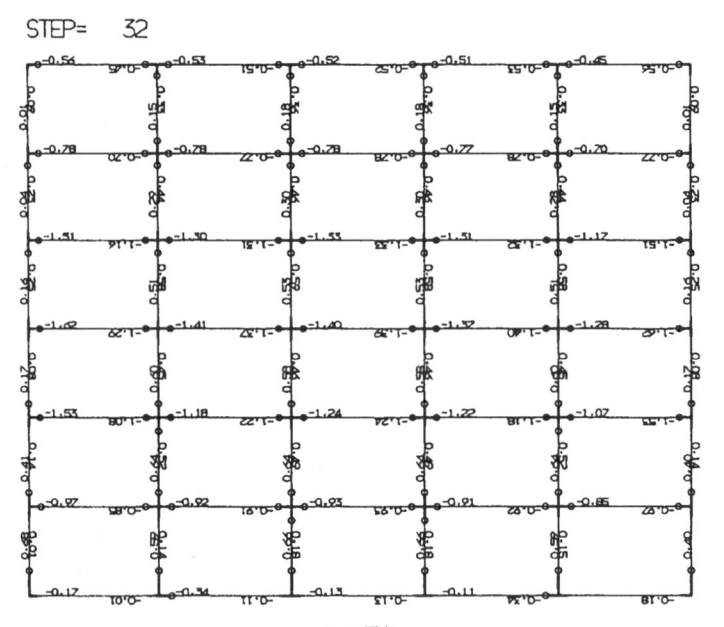

A, C 通り

B 通り

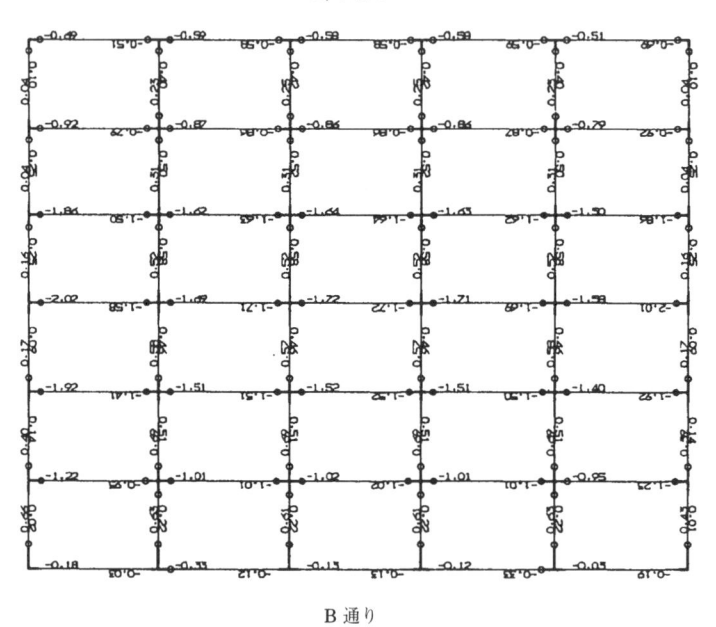

図 II-2.20 塑性率図

```
SEINOU SEKKEI RC 6F X BASE STATIC
STEP=  32
```

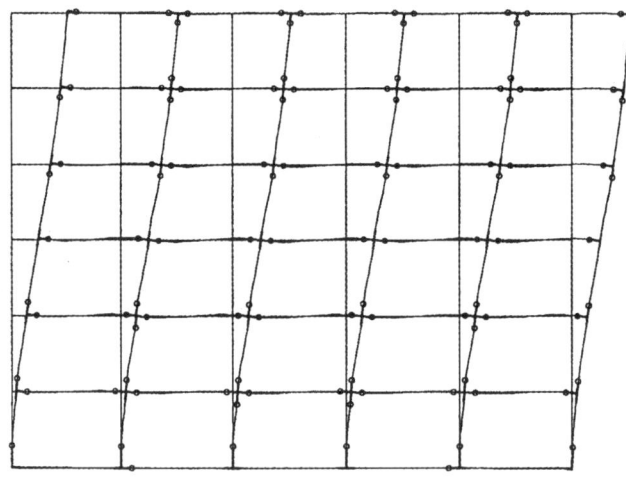

A, C 通り

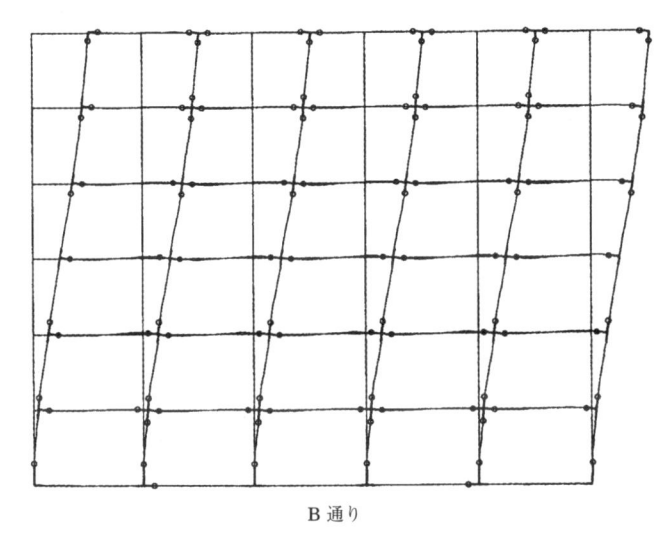

各階変位	層間変形
12.411 (1/193)	1.518 (1/264)
10.893 (1/184)	2.176 (1/184)
8.717 (1/184)	2.752 (1/145)
5.965 (1/201)	2.616 (1/153)
3.349 (1/239)	2.311 (1/173)
1.038 (1/385)	1.038 (1/385)

B 通り

図 II-2.21 変形図

b. Y 方向

図 II-2.22 に Y 方向の修復限界状態に対応する S_a-S_d を示す.ただし,修復限界状態での代表点変位の大きいマイナス側を代表して示す.代表点の応答値は,S_a が 423 gal,S_d が 9.74 cm となっている.

代表点の応答値に対応するステップの応力図を図 II-2.24 に,塑性率図を図 II-2.25 に,変形図を図 II-2.26 に示す.

変形は,代表点に近い 5 階の床で変形角で 1/180 と限界値である 1/120 以下となっており,層間変形角は最大でも 4 階の 1/174 で限界値である 1/100 以下となっている.

部材の塑性率は,一般の柱・大梁では,最大 1.69 あり,設定した限界状態である 2.0 程度以下を満たしている.境界梁では,最大 2.58 と設定した 3.0 程度以下を満足している.

層は層せん断力-層間変形の図からおおむね弾性限程度となっており,設定した限界状態を満足している.

2 性能評価

図 II-2.22 S_a-S_d 図

図 II-2.23 層せん断力-層間変形

SEINOU SEKKEI RC 6F Y BASE STATIC
STEP= 77

1, 6 通り

2, 5 通り

3, 4 通り

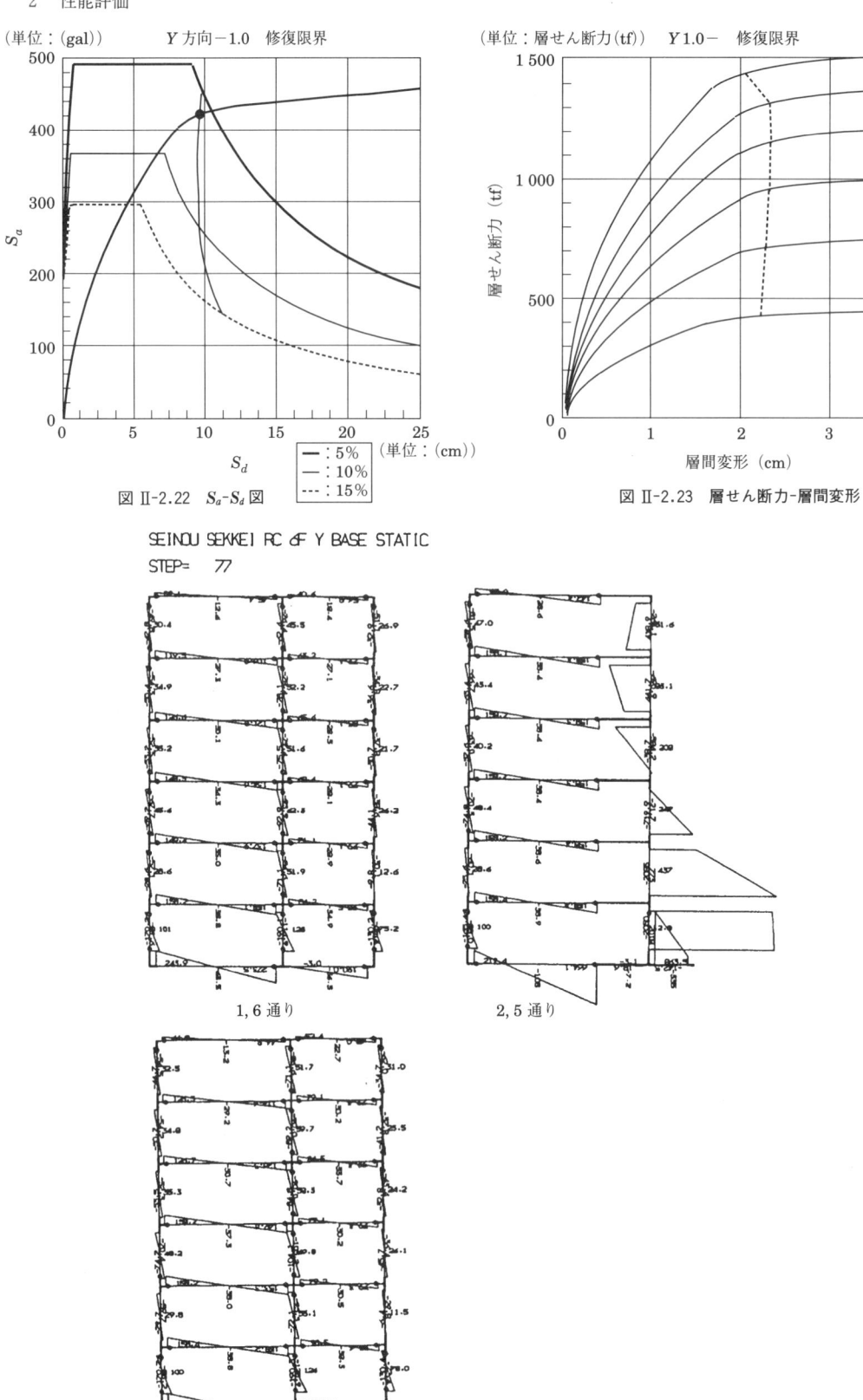

図 II-2.24 応力図

2.2 適用例1

SEINOU SEKKEI RC 6F Y BASE STATIC
STEP= 77

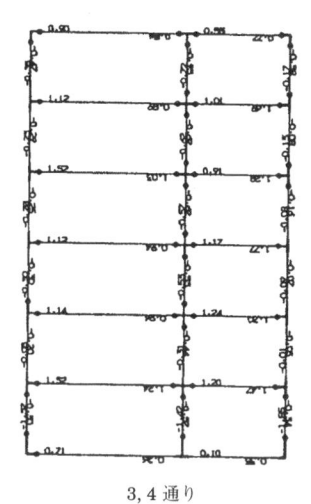

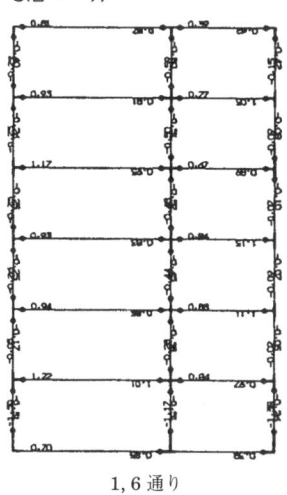

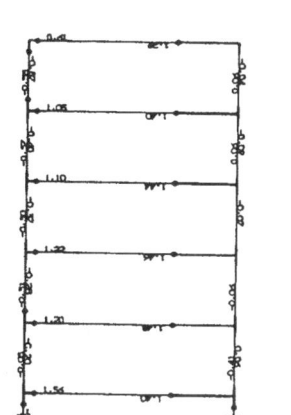

1,6通り　　　　　　2,5通り　　　　　　3,4通り

図Ⅱ-2.25　塑性率図

SEINOU SEKKEI RC 6F Y BASE STATIC
STEP= 77

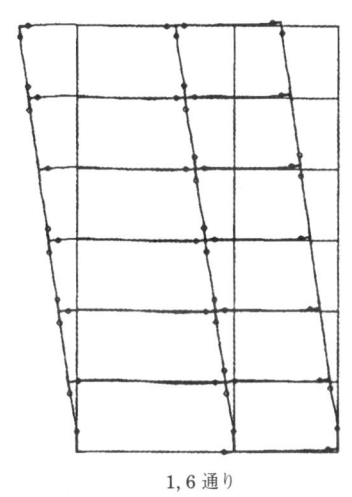

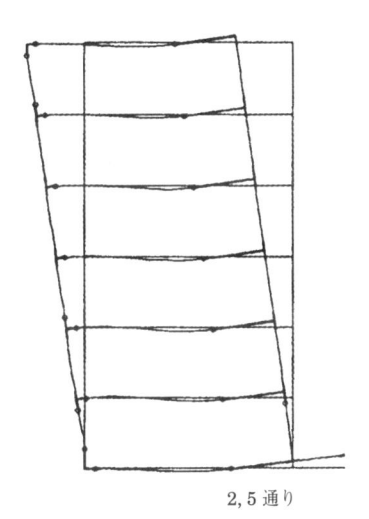

1,6通り　　　　　　　　　　　2,5通り

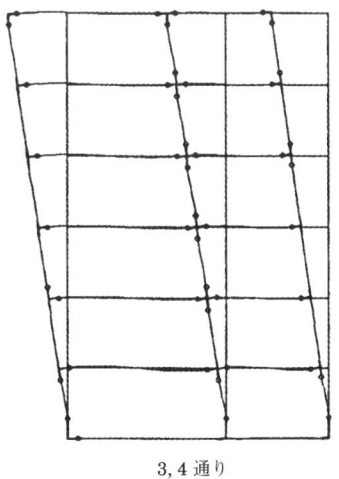

3,4通り

各階変位	層間変形
13.311 (1/180)	2.190 (1/183)
11.121 (1/180)	2.246 (1/178)
8.875 (1/180)	2.292 (1/175)
6.583 (1/182)	2.295 (1/174)
4.288 (1/187)	2.275 (1/176)
2.013 (1/199)	2.013 (1/199)

図Ⅱ-2.26　変形図

2 性能評価

(7) 安全限界状態の検討

a. X方向

図 II-2.27 に X 方向の安全限界状態に対応する S_a-S_d を示す．代表点の応答値は，S_a が 427 gal，S_d が 25.2 cm となっている．

代表点の応答値に対応するステップの応力図を図 II-2.29 に，塑性率図を図 II-2.30 に，変形図を図 II-2.31 に示す．

変形は，代表点に近い 5 階の床で変形角で 1/69 と限界値である 1/55 以下となっており，層間変形角は最大でも 4 階の 1/57 で限界値である 1/50 以下となっている．

部材の塑性率は，大梁で最大 5.9，柱で最大 2.9，この変形能を確保するように部材の設計を行う．検討は 2.2.3 (8)「じん性能確保・崩壊形の保証」に示す．

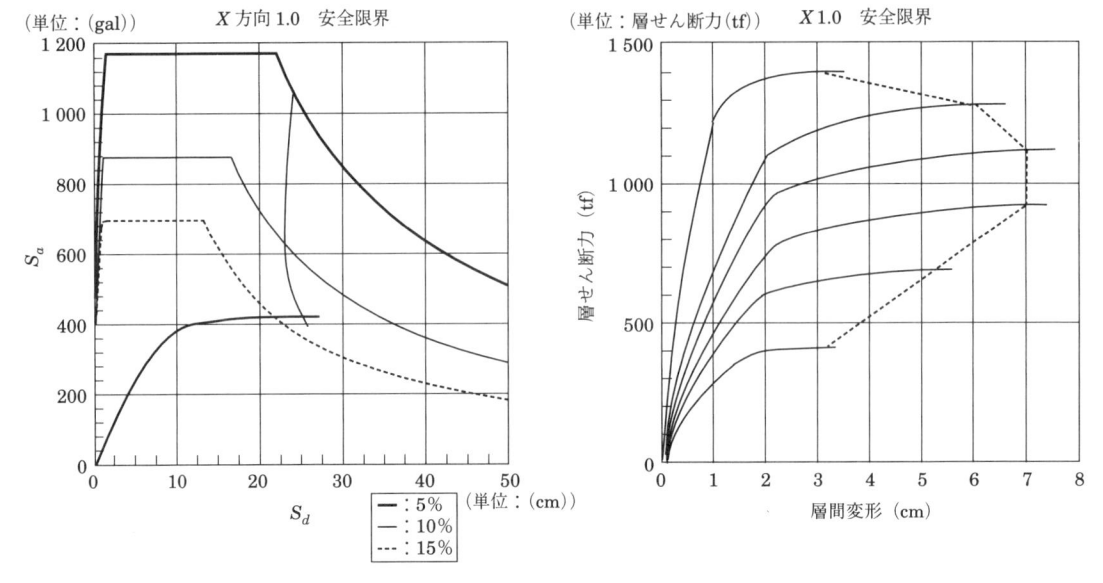

図 II-2.27 S_a-S_d 図

図 II-2.28 層せん断力-層間変形

2.2 適用例1

SEINOU SEKKEI RC 6F X BASE STATIC
STEP= 51

A, C 通り

B 通り

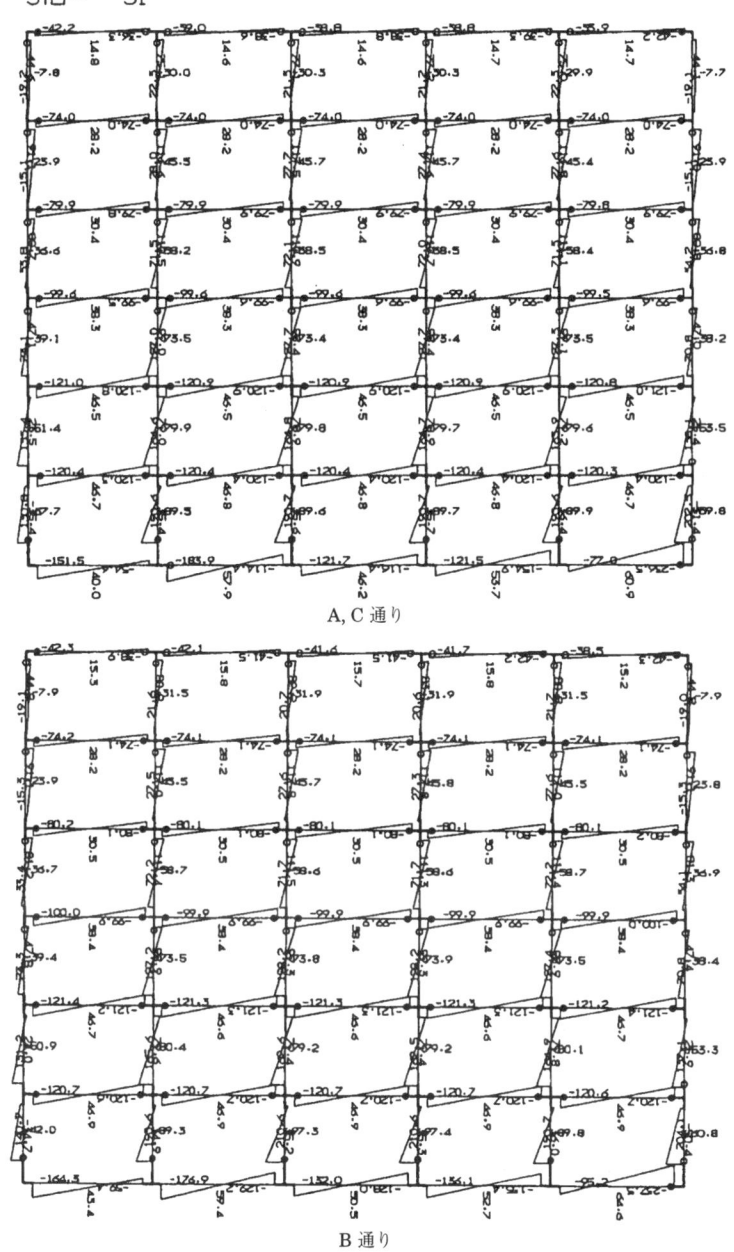

図 II-2.29 応力図

2　性能評価

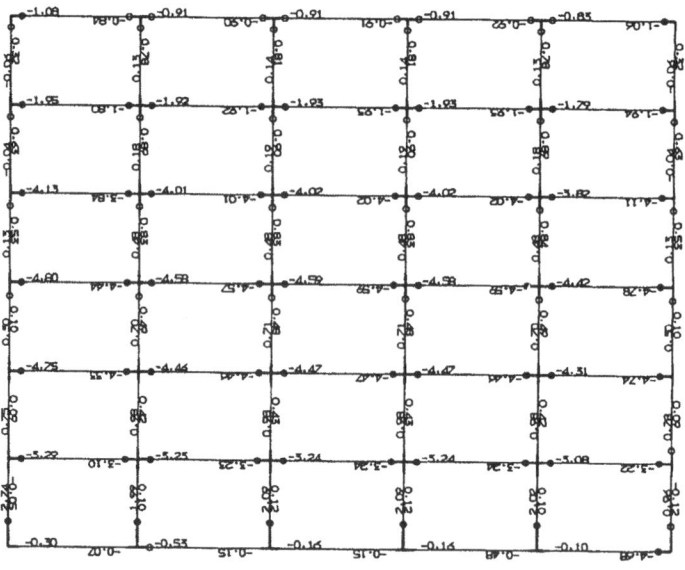

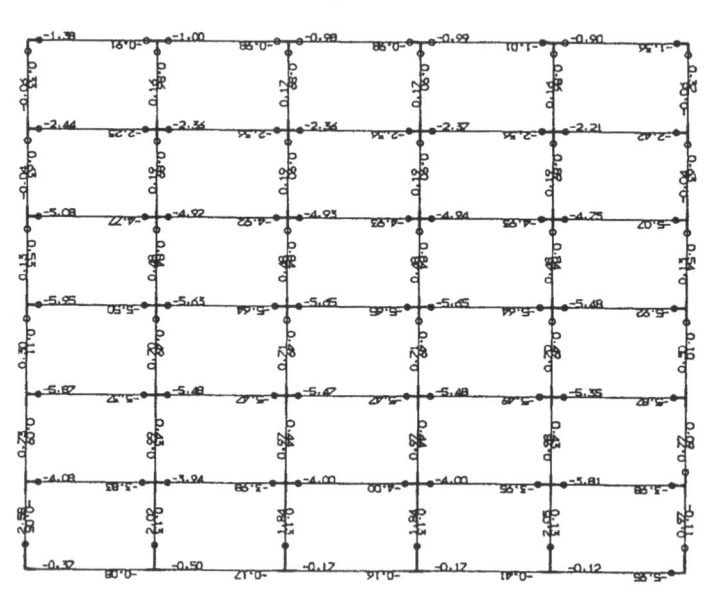

図 II-2.30　塑性率図

SEINOU SEKKEI RC 6F X BASE STATIC
STEP= 51

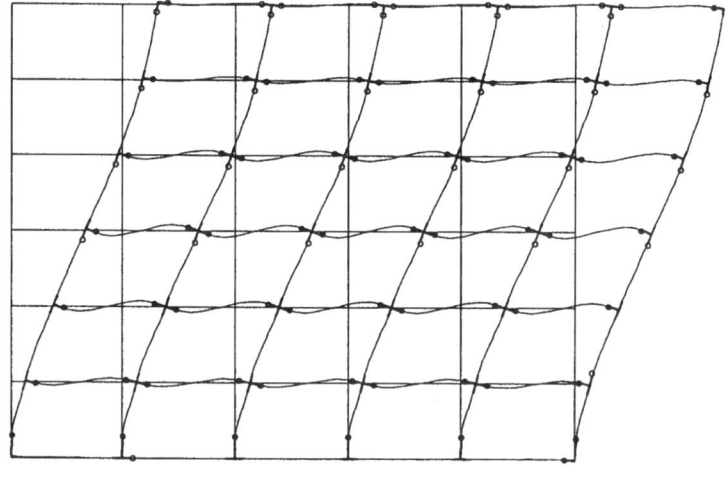

A, C 通り

各階変位	層間変形
31.443 (1/76)	3.121 (1/128)
28.322 (1/71)	5.207 (1/77)
23.115 (1/69)	6.931 (1/58)
16.184 (1/74)	7.034 (1/57)
9.150 (1/87)	6.083 (1/66)
3.067 (1/130)	3.067 (1/130)

B 通り

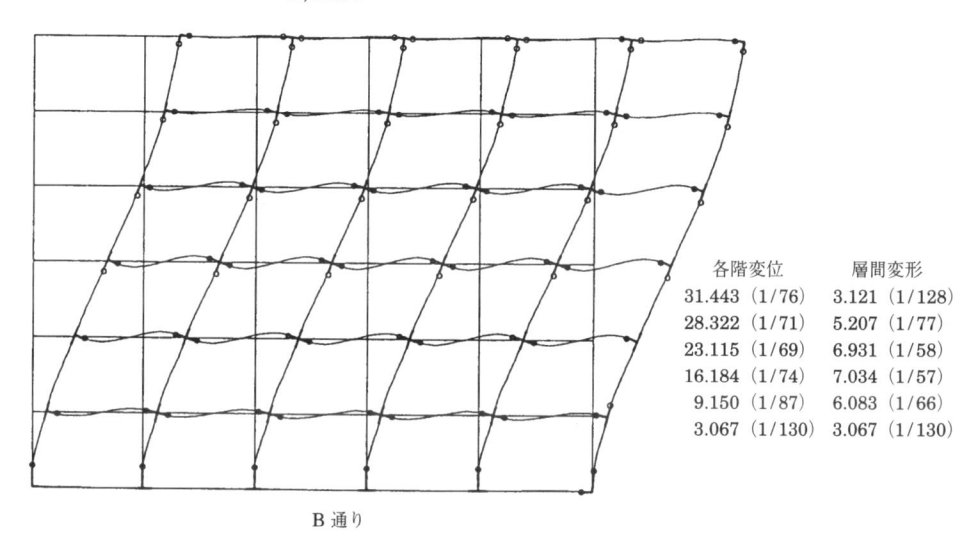

図 II-2.31 変形図

b. Y 方向

図 II-2.32 に Y 方向のマイナス側の安全限界状態に対応する S_a-S_d を示す．代表点の応答値は，S_a が 454 gal，S_d が 24.7 cm となっている．また，図 II-2.37 に Y 方向のプラス側の安全限界状態に対応する S_a-S_d を示す．

マイナス側の代表点の応答値に対応するステップの応力図を図 II-2.34 に，塑性率図を図 II-2.35 に，変形図を図 II-2.36 に示す．

プラス側の応力図を図 II-2.39 に，塑性率図を図 II-2.40 に，変形図を図 II-2.41 に示す．

2 性能評価

図 II-2.32 S_a-S_d 図

図 II-2.33 層せん断力-層間変形

SEINOU SEKKEI RC 6F Y BASE STATIC
STEP= 95

1, 6 通り

2, 5 通り

3, 4 通り

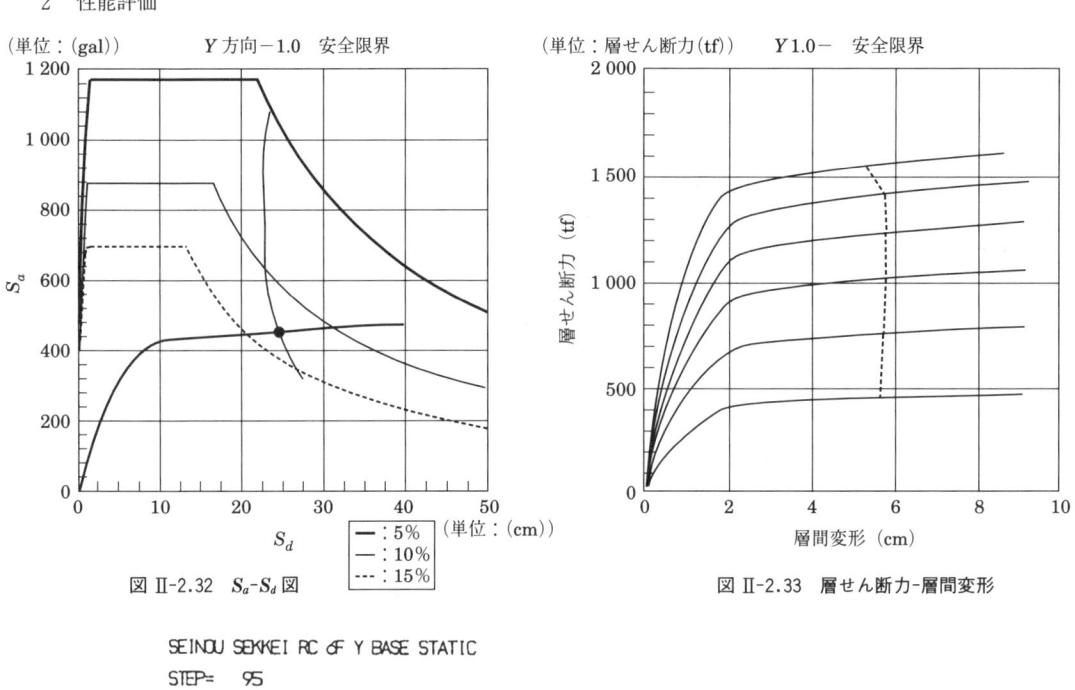

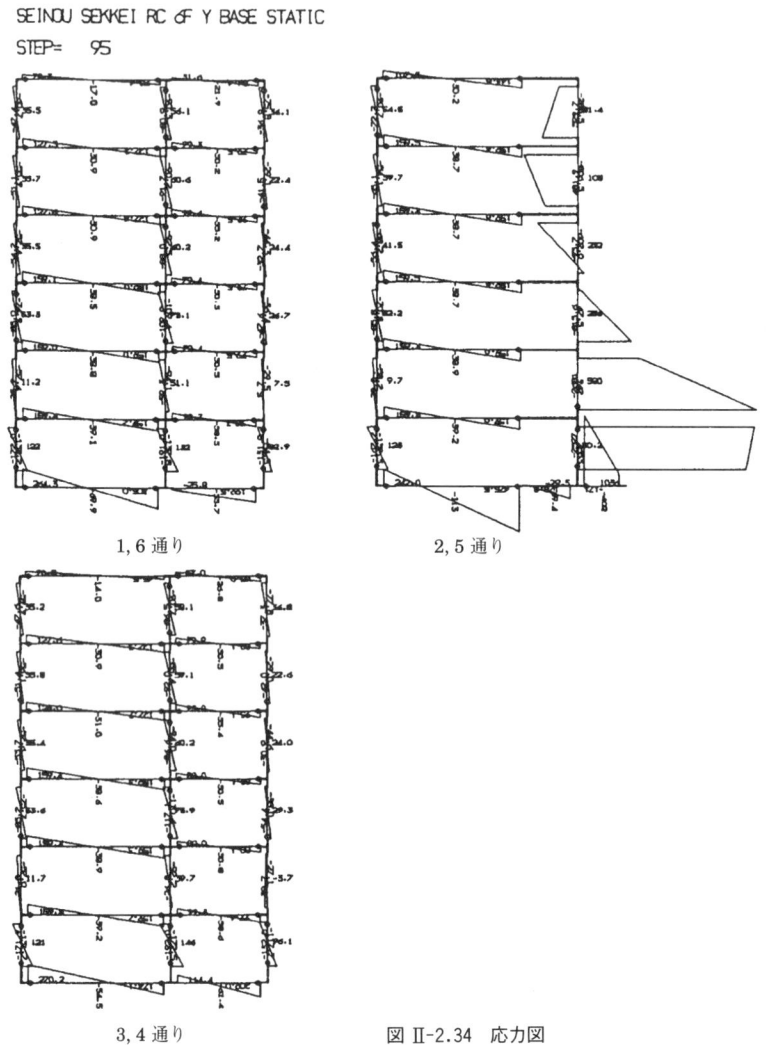

図 II-2.34 応力図

2.2 適用例1

SEINOU SEKKEI RC 6F Y BASE STATIC
STEP= 95

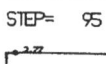

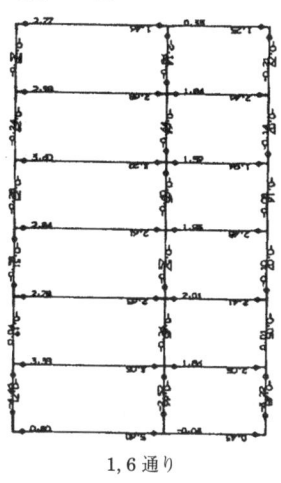

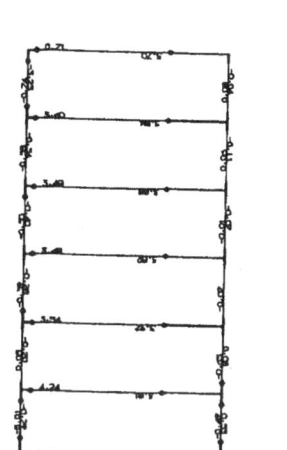

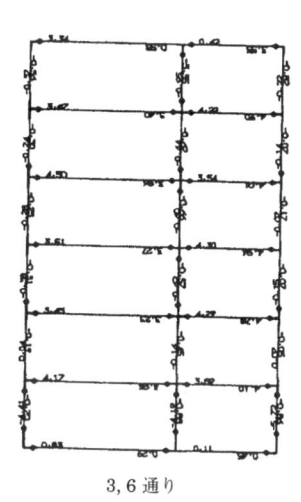

1,6 通り　　　　2,5 通り　　　　3,6 通り

図 II-2.35　塑性率図

SEINOU SEKKEI RC 6F Y BASE STATIC
STEP= 95

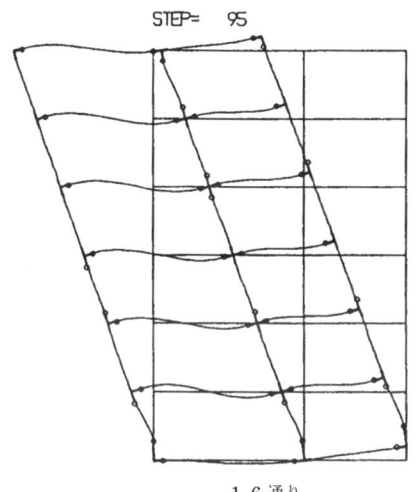

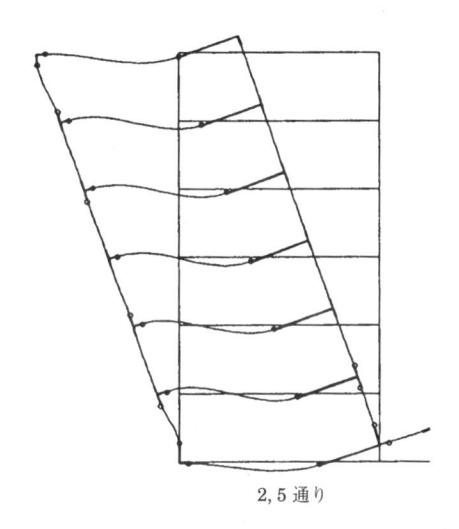

1,6 通り　　　　2,5 通り

3,4 通り

各階変位	層間変形
33.987 (1/71)	5.646 (1/71)
28.341 (1/71)	5.719 (1/70)
22.622 (1/71)	5.765 (1/69)
16.857 (1/71)	5.764 (1/69)
11.093 (1/72)	5.750 (1/70)
5.343 (1/75)	5.343 (1/75)

図 II-2.36　変形図

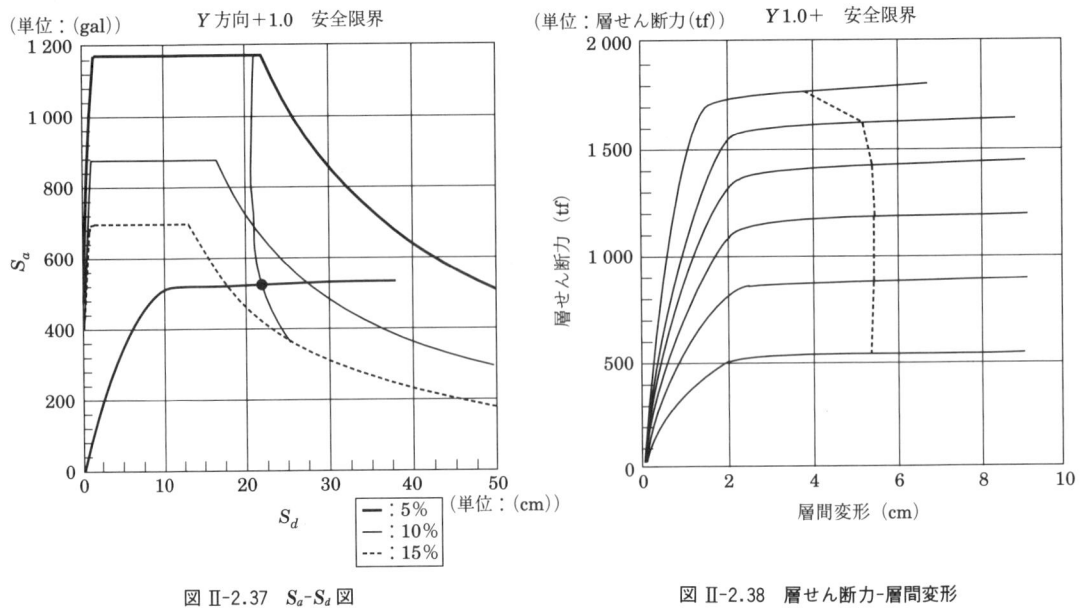

2 性能評価

図Ⅱ-2.37 S_a-S_d図

図Ⅱ-2.38 層せん断力-層間変形

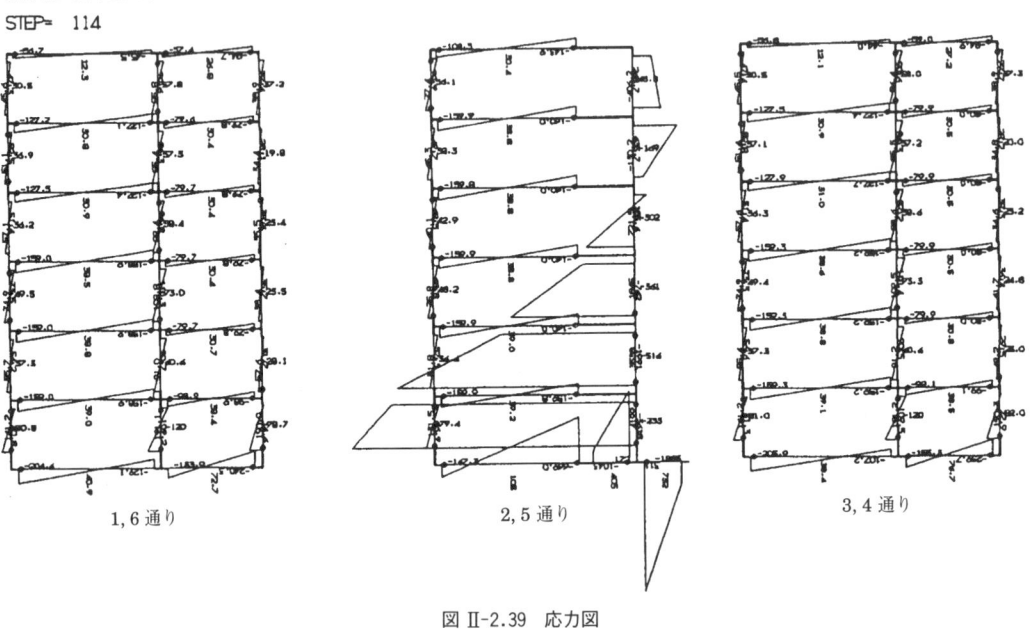

1, 6通り

2, 5通り

3, 4通り

図Ⅱ-2.39 応力図

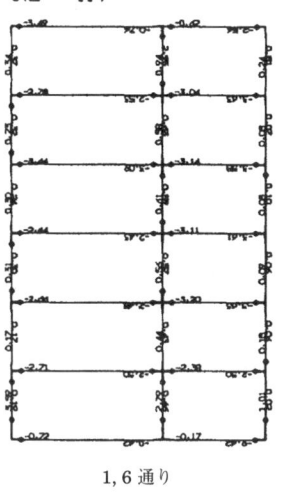

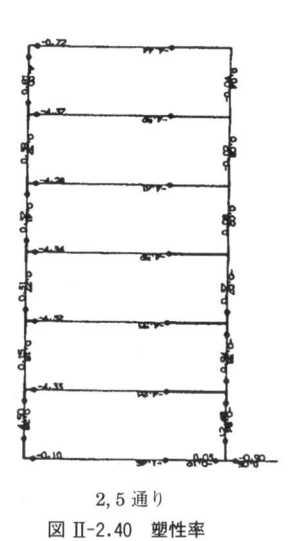

2.2 適用例1

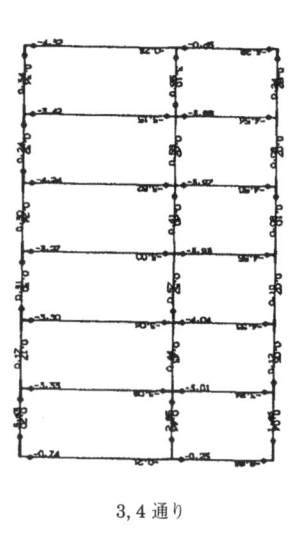

SEINOU SEKKEI RC 6F Y BASE STATIC
STEP= 114

1,6 通り　　　2,5 通り　　　3,4 通り

図 II-2.40　塑性率

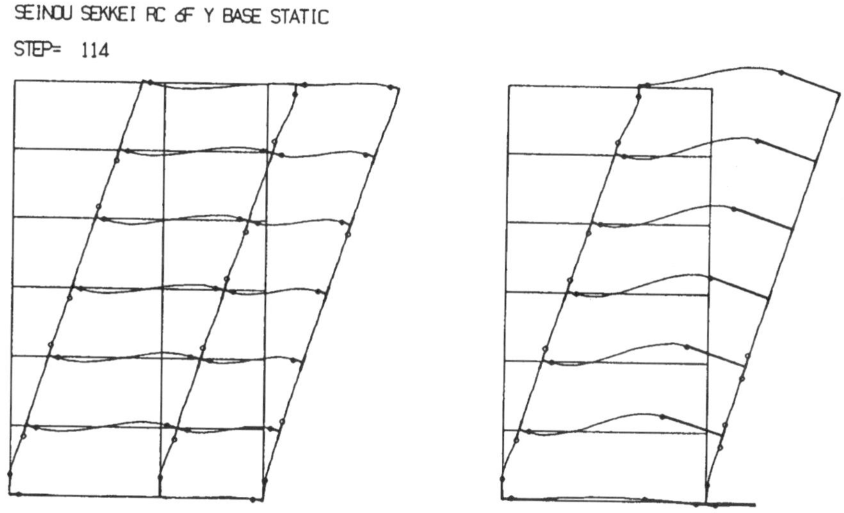

SEINOU SEKKEI RC 6F Y BASE STATIC
STEP= 114

1,6 通り　　　2,5 通り

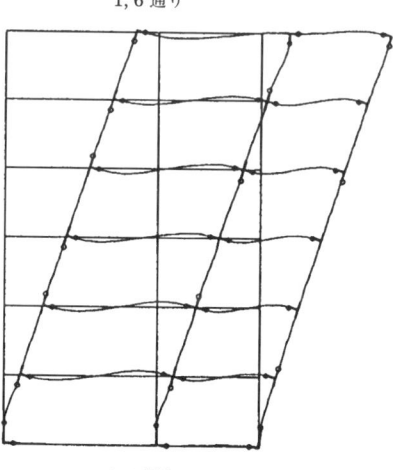

3,4 通り

各階変位	層間変形
30.575 (1/78)	5.334 (1/75)
25.241 (1/79)	5.403 (1/74)
19.838 (1/81)	5.429 (1/74)
14.409 (1/83)	5.391 (1/74)
9.018 (1/89)	5.191 (1/77)
3.827 (1/105)	3.827 (1/105)

図 II-2.41　変形図

2　性能評価

　変形は，耐力の小さいマイナス側の方が大きく，代表点に近い5階の床で変形角で1/71と限界値である1/55以下となっており，層間変形角は最大でも4階の1/69で限界値である1/50以下となっている．

　部材の塑性率は，一般大梁で最大5.6，境界梁で最大7.8，柱で最大5.7，この変形能を確保するように部材の設計を行う．検討は**2.2.3**(8)「じん性能確保・崩壊形の保証」に示す．

(8)　じん性確保・崩壊形の保証

　必要変形角 θreq は，解析結果の1.5倍かつ重心位置の変形角以上とし，必要変形角時のせん断耐力が，算定されたせん断力に割増係数を掛けた値以上とする．割増係数としては1.2を採用する．せん断耐力は日本建築学会「鉄筋コンクリート造建物の靱性保証型耐震設計指針(案)・同解説」による．また，計算式の記号についても原則として日本建築学会「鉄筋コンクリート造建物の靱性保証型耐震設計指針(案)・同解説」による．

a.　じん性確保

X 方向

符号：4G1

コンクリート：$\sigma_B = 240 \text{ kgf/cm}^2$

鉄筋：$\sigma_y = 3\,500 \text{ kgf/cm}^2$, $\sigma_{wy} = 3\,000 \text{ kgf/cm}^2$

$\theta = 0.0193 (1/51.8)$, $\theta_g = 0.0145$

$Q_e = 38.3$ tf, $Q_0 = 10.4$ tf

$Q_r = 1.2 * Q_e + Q_0 = 1.2 * 38.3 + 10.4 = 56.4$ tf

$R_p = \max(1.5 * \theta, \theta_g) = \max(1.5 * 0.0193, 0.0145) = 0.0290 (1/34.5)$

$\mu = 2 - 20 * R_p = 2 - 20 * 0.0290 = 1.421$

$\nu = (1 - 20 * R_p) * (0.7 - \sigma_B / 2\,000) = (1 - 20/35) * (0.7 - 240/2\,000) = 0.244$

$b = 45$ cm, $D = 90$ cm, $L = 520$ cm

横補強筋：3-D13@200

$b_e = 40$ cm, $b_s = 17.5$ cm, $j_e = 80$ cm

$b_s / j_e = 0.219$　　$s / j_e = 0.25$

$p_w = 0.004233$, $p_{we} = 0.004763$

$\tan \theta = 0.9 * D / (2 * L) = 0.9 * 90 / (2 * 520) = 0.0779$

$\lambda = 0.77$

せん断耐力

$$V_{u1} = \mu * p_{we} * \sigma_{wy} * b_e * j_e + (\nu * \sigma_B - 5 * p_{we} * \sigma_{wy} / \lambda) * (b * D / 2) * \tan \theta$$
$$= 1.421 * 0.004763 * 3\,000 * 40 * 80$$
$$+ (0.244 * 240 - 5 * 0.004763 * 3\,000 / 0.77) * (45 * 90 / 2) * 0.0779$$
$$= 59\,579 \text{ kgf} = 59.6 \text{ tf}$$

$$V_{u2} = (\lambda * \nu * \sigma_B + p_{we} * \sigma_{wy}) * b_e * j_e / 3$$
$$= (0.77 * 0.244 * 240 + 0.004763 * 3\,000) * 40 * 80 / 3$$
$$= 63\,373 \text{ kgf} = 63.4 \text{ tf}$$

$$V_{u3} = \lambda * \nu * \sigma_B * b_e * j_e / 2$$

$$= 0.77*0.244*240*40*80/2$$
$$= 72\,199 \text{ kgf} = 72.2 \text{ tf}$$
$$V_u = {}_{\min}(V_{u1}, V_{u2}, V_{u3}) = 59.6 \text{ tf} \geqq Q_r = 56.4 \text{ tf} \quad \text{OK}$$

付着を考慮したせん断耐力

$$\alpha_t = 0.75 + \sigma_B/4\,000$$
$$= 0.75 + 240/4\,000 = 0.81$$
$$N_1 = 5, \quad N_2 = 2, \quad d_b = 25$$
$$b_{si} = (b - N_1 * d_b)/(N_1 * d_b)$$
$$= (45 - 5*2.5)/(5*2.5) = 2.60$$
$$b_{c1} = \{\sqrt{2}*(d_{cs} + d_{ct}) - d_b\}/d_b$$
$$= \{\sqrt{2}*(7.5 + 7.5) - 2.5\}/2.5 = 7.49$$
$$b_i = {}_{\min}(b_{si}, b_{ci}) = 2.60$$
$$k_{st} = (550 + 460 * N_w/N_1) * (b_{si} + 1) * p_w$$
$$= (550 + 460 * 3/5) * (2.60 + 1) * 0.004233 = 12.59$$
$$\tau_{bu} = \alpha_t * \{(0.27 * b_i + 0.33) * \sqrt{\sigma_B} + k_{st}\}$$
$$= 0.81 * \{(0.27 * 2.60 + 0.33) * \sqrt{240} + 12.59\} = 23.15$$
$$\alpha_2 = 0.6$$
$$b_{si2} = (b - N_2 * d_b)/(N_2 * d_b)$$
$$= (45 - 2*2.5)/(2*2.5) = 8.00$$
$$k_{st2} = 1010 * (b_{si2} + 1) * p_w$$
$$= 1010 * (8.00 + 1) * 0.004233 = 38.48$$
$$\tau_{bu2} = \alpha_2 * \alpha_t * \{(0.27 * b_{si2} + 0.33) * \sqrt{\sigma_B} + k_{st2}\}$$
$$= 0.6 * 0.81 * \{(0.27 * 8.00 + 0.33) * \sqrt{240} + 38.48\} = 37.45$$
$$\sum(\tau_{bu} * \phi) = (1 - 10 * R_p) * \{\tau_{bu} * \sum\phi + \tau_{bu2} * \sum\phi_2\}$$
$$= (1 - 10 * 0.0290) * (23.15 * 5 * 8 + 37.45 * 2 * 8) = 1084$$
$$V_{bu} = \sum(\tau_{bu} * \phi) * j_e + \{\nu * \sigma_B - 2.5 * \sum(\tau_{bu} * \phi)/(\lambda * b_e)\} * (b * D/2) * \tan\theta$$
$$= 1\,084 * 80 + \{0.244 * 240 - 2.5 * 1084/(0.77 * 40)\} * (45 * 90/2) * 0.0779$$
$$= 82\,055 \text{ kgf} = 82.1 \text{ tf} \geqq Q_r = 56.4 \text{ tf} \quad \text{OK}$$

符号：3 G 1

コンクリート：$\sigma_B = 240 \text{ kgf/cm}^2$

鉄筋：$\sigma_y = 3\,500 \text{ kgf/cm}^2$, $\sigma_{wy} = 3\,000 \text{ kgf/cm}^2$

$\theta = 0.0175(1/57.1)$, $\theta_g = 0.0145$

$Q_e = 46.5 \text{ tf}$, $Q_0 = 10.8 \text{ tf}$, $Q_r = 1.2 * Q_e + Q_0 = 66.6 \text{ tf}$

$R_p = {}_{\max}(1.5 * \theta, \theta_g) = 0.0263(1/38.1)$

$\mu = 2 - 20 * R_p = 1.475$

$\nu = (1 - 20 * R_p) * (0.7 - \sigma_B/2\,000) = 0.276$

$b = 50 \text{ cm}$, $D = 95 \text{ cm}$, $L = 520 \text{ cm}$

横補強筋：3-D 13@200

$b_e = 45 \text{ cm}$, $b_s = 20 \text{ cm}$, $j_e = 85 \text{ cm}$

2 性能評価

$b_s/j_e = 0.235$, $s/j_e = 0.235$
$p_w = 0.00381$, $p_we = 0.00423$
$\tan\theta = 0.9 * D/(2*L) = 0.0822$
$\lambda = 0.77$

せん断耐力

$V_{u1} = \mu * p_{we} * \sigma_{wy} * b_e * j_e + (\nu * \sigma_B - 5 * p_{we} * \sigma_{wy}/\lambda) * (b*D/2) * \tan\theta = 68\,460$ kgf $= 68.5$ tf
$V_{u2} = (\lambda * \nu * \sigma_B + p_{we} * \sigma_{wy}) * b_e * j_e/3 = 81\,106$ kgf $= 81.1$ tf
$V_{u3} = \lambda * \nu * \sigma_B * b_e * j_e/2 = 97\,370$ kgf $= 97.4$ tf
$V_u = {}_{\min}(V_{u1}, V_{u2}, V_{u3}) = 68.5$ tf $\geq Q_r = 66.6$ tf   OK

付着を考慮したせん断耐力

$\alpha_t = 0.75 + \sigma_B/4\,000 = 0.81$
$N_1 = 6$, $N_2 = 2$, $d_b = 25$
$b_{si} = (b - N_1 * d_b)/(N_1 * d_b) = 2.33$
$b_{ci} = \{\sqrt{2} * (d_{cs} + d_{ct}) - d_b\}/d_b = 7.49$
$b_i = {}_{\min}(b_{si}, b_{ci}) = 2.33$
$k_{st} = (550 + 460 * N_w/N_1) * (b_{si} + 1) * p_w = 9.91$
$\tau_{bu} = \alpha_t * \{(0.27 * b_i + 0.33) * \sqrt{\sigma_B} + k_{st}\} = 20.07$
$\alpha_2 = 0.6 b_{si2}$
$b_{si2} = (b - N_2 * d_b)/(N_2 * d_b) = 9.00$
$k_{st2} = 1\,010 * (b_{si2} + 1) * p_w = 38.48$
$\tau_{bu2} = \alpha_2 * \alpha_t * \{(0.27 * b_{si2} + 0.33) * \sqrt{\sigma_B} + k_{st2}\} = 39.48$
$\sum(\tau_{bu} * \phi) = (1 - 10 * R_p) * \{\tau_{bu} * \sum\phi + \tau_{bu2} * \sum\phi 2\} = 1\,176$
$V_{bu} = \sum(\tau_{bu} * \phi) * j_e + \{\nu * \sigma_B - 2.5 * \sum(\tau_{bu} * \phi)/(\lambda * b_e)\} * (b*D/2) \tan\theta$
$= 96\,330$ kgf $= 96.3$ tf $\geq Q_r = 66.6$ tf   OK

符号：1 C 1
コンクリート：$\sigma_B = 240$ kgf/cm^2
鉄筋：$\sigma_y = 3\,500$ kgf/cm^2, $\sigma_{wy} = 3\,000$ kgf/cm^2
$\theta = 0.01(1/100.0)$, $\theta_g = 0.0145$
$Q_e = 97.4$ tf, $Q_0 = 0$ tf, $Q_r = 1.2 * Q_e + Q_0 = 116.9$ tf
$R_p = {}_{\max}(1.5 * \theta, \theta_g) = 0.0150(1/66.7)$
$\mu = 2 - 20 * R_p = 1.7$
$\nu = (1 - 20 * R_p) * (0.7 - \sigma_B/2\,000) = 0.406$
$b = 85$ cm, $D = 85$ cm, $L = 305$ cm
横補強筋：3-D 13@100
$b_e = 75$ cm, $b_s = 37.5$ cm, $j_e = 75$ cm
$b_s/j_e = 0.500$, $s/j_e = 0.1333$
$p_w = 0.004482$, $p_{we} = 0.00508$

$\tan\theta = 0.9{}^*D/(2{}^*L) = 0.1254$
$\lambda = 0.77$

せん断耐力

$V_{u1} = \mu^* p_{we}{}^* \sigma_{wy}{}^* b_e{}^* j_e + (\nu^* \sigma_B - 5^* p_{we}{}^* \sigma_{wy}/\lambda)^*(b^*D/2)^* \tan\theta = 145\,043 \text{ kgf} = 145.0 \text{ tf}$
$V_{u2} = (\lambda^* \nu^* \sigma_B + p_{we}{}^* \sigma_{wy})^* b_e{}^* j_e/3 = 169\,254 \text{ kgf} = 169.3 \text{ tf}$
$V_{u3} = \lambda^* \nu^* \sigma_B{}^* b_e{}^* j_e/2 = 211\,019 \text{ kgf} = 211.0 \text{ tf}$
$V_u = {}_{\min}(V_{u1}, V_{u2}, V_{u3}) = 145.0 \text{ tf} \geq Q_r = 116.9 \text{ tf}\quad \text{OK}$

付着を考慮したせん断耐力

$\alpha_t = 0.75 + \sigma_B/4\,000 = 0.81$
$N_1 = 9,\ N_2 = 0,\ d_b = 25$
$b_{si} = (b - N_1{}^* d_b)/(N_1{}^* d_b) = 2.78$
$b_{c1} = \{\sqrt{2}^*(d_{cs} + d_{ct}) - d_b\}/d_b = 7.49$
$b_i = {}_{\min}(b_{si}, b_{ci}) = 2.78$
$k_{st} = (550 + 460^* N_w/N_1)^*(b_{si} + 1)^* p_w = 11.91$
$\tau_{bu} = \alpha_t{}^*\{(0.27^* b_i + 0.33)^*\sqrt{\sigma_B} + k_{st}\} = 23.20$
$\alpha_2 = 0.6$
$b_{si2} = (b - N_2{}^* d_b)/(N_2{}^* d_b) = 0.00$
$k_{st2} = 1\,010^*(b_{si2} + 1)^* p_w = 4.53$
$\tau_{bu2} = \alpha_2{}^* \alpha_t{}^*\{(0.27^* b_{si2} + 0.33)^*\sqrt{\sigma_B} + k_{st2}\} = 4.68$
$\sum(\tau_{bu}{}^*\phi) = (1 - 10^* R_p)^*\{\tau_{bu} \sum\phi + \tau_{bu2} \sum\phi_2\} = 1\,420$
$V_{bu} = \sum(\tau_{bu}{}^*\phi)^* j_e + \{\nu^* \sigma_B - 2.5 \sum(\tau_{bu}{}^*\phi)/(\lambda^* b_e)\}^*(b^*D/2)^* \tan\theta$
$\quad = 122\,784 \text{ kgf} = 122.8 \text{ tf} \geq Q_r = 116.9\quad \text{OK}$

Y方向

符号：2G5
コンクリート：$\sigma_B = 240 \text{ kgf/cm}^2$
鉄筋：$\sigma_y = 3\,500 \text{ kgf/cm}^2,\ \sigma_{wy} = 3\,000 \text{ kgf/cm}^2$
$\theta = 0.0169(1/59.2),\ \theta_g = 0.0141$
$Q_e = 39.2 \text{ tf},\ Q_0 = 18.3 \text{ tf},\ Q_r = 1.2^* Q_e + Q_0 = 65.3 \text{ tf}$
$R_p = {}_{\max}(1.5^*\theta,\ \theta_g) = 0.0254(1/39.4)$
$\mu = 2 - 20^* R_p = 1.493$
$\nu = (1 - 20^* R_p)^*(0.7 - \sigma_B/2\,000) = 0.286$
$b = 65 \text{ cm},\ D = 100 \text{ cm},\ L = 815 \text{ cm}$
横補強筋：3-D13@200
$b_e = 65 \text{ cm},\ b_s = 27.5 \text{ cm},\ j_e = 90 \text{ cm}$
$b_s/j_e = 0.306,\ s/j_e = 0.2222$
$p_w = 0.002931,\ p_{we} = 0.002931$
$\tan\theta = 0.9^*D/(2^*L) = 0.0552$

2 性能評価

$\lambda = 0.77$

せん断耐力

$\quad V_{u1} = \mu^* p_{we}{}^* \sigma_{wy}{}^* b_e{}^* j_e + (\nu^* \sigma_B - 5^* p_{we}{}^* \sigma_{wy}/\lambda)^* (b^* D/2)^* \tan\theta = 78\,862\text{ kgf} = 78.9\text{ tf}$
$\quad V_{u2} = (\lambda^* \nu^* \sigma_B + p_{we}{}^* \sigma_{wy})^* b_e{}^* j_e/3 = 120\,186\text{ kgf} = 120.2\text{ tf}$
$\quad V_{u3} = \lambda^* \nu^* \sigma_B{}^* b_e{}^* j_e/2 = 154\,562\text{ kgf} = 154.6\text{ tf}$
$\quad V_u = {}_{\min}(V_{u1}, V_{u2}, V_{u3}) = 78.9\text{ tf} \geqq Q_r = 65.3\text{ tf}\quad\text{OK}$

付着を考慮したせん断耐力

$\quad \alpha_t = 0.75 + \sigma_B/4\,000 = 0.81$
$\quad N_1 = 8,\ N_2 = 2,\ d_b = 25$
$\quad b_{si} = (b - N_1{}^* d_b)/(N_1{}^* d_b) = 2.25$
$\quad b_{c1} = \{\sqrt{2}^*(d_{cs} + d_{ct}) - d_b\}/d_b = 7.49$
$\quad b_i = {}_{\min}(b_{si}, b_{ci}) = 2.25$
$\quad k_{st} = (550 + 460^* N_w/N_1)^*(b_{si} + 1)^* p_w = 6.88$
$\quad \tau_{bu} = \alpha_t{}^* \{(0.27^* b_i + 0.33)^* \sqrt{\sigma_B} + k_{st}\} = 17.34$
$\quad \alpha_2 = 0.6$
$\quad b_{si2} = (b - N_2{}^* d_b)/(N_2{}^* d_b) = 12.00$
$\quad k_{st2} = 1\,010^*(b_{si2} + 1)^* p_w = 38.48$
$\quad \tau_{bu2} = \alpha_2{}^* \alpha_t{}^* \{(0.27^* b_{si2} + 0.33)^* \sqrt{\sigma_B} + k_{st2}\} = 45.58$
$\quad \sum(\tau_{bu}{}^* \phi) = (1 - 10^* R_p)^* \{\tau_{bu}{}^* \sum\phi + \tau_{bu2}{}^* \sum\phi_2\} = 1\,373$
$\quad V_{bu} = \sum(\tau_{bu}{}^* \phi)^* j_e + \{\nu^* \sigma_{B-2.5}{}^* \sum(\tau_{bu}{}^* \phi)/(\lambda^* b_e)\}^*(b^* D/2)^* \tan\theta$
$\qquad = 123\,560\text{ kgf} = 123.6\text{ tf} \geqq Q_r = 65.3\quad\text{OK}$

符号：1 C 1

コンクリート：$\sigma_B = 240\text{ kgf/cm}^2$

鉄筋：$\sigma_y = 3\,500\text{ kgf/cm}^2,\ \sigma_{wy} = 3\,000\text{ kgf/cm}^2$

$\theta = 0.0156\,(1/64.1),\ \theta_g = 0.0141$

$Q_e = 122.6\text{ tf},\ Q_0 = 0\text{ tf},\ Q_r = 1.2^* Q_e + Q_0 = 147.1\text{ tf}$

$R_p = {}_{\max}(1.5^*\theta, \theta_g) = 0.0234\,(1/42.7)$

$\mu = 2 - 20^* R_p = 1.532$

$\nu = (1 - 20^* R_p)^*(0.7 - \sigma_B/2\,000) = 0.309$

$b = 85\text{ cm},\ D = 85\text{ cm},\ L = 300\text{ cm}$

横補強筋：4-D 13@100

$b_e = 75\text{ cm},\ b_s = 25\text{ cm},\ j_e = 75\text{ cm}$

$b_s/j_e = 0.333,\ s/j_e = 0.1333$

$p_w = 0.005976,\ p_{we} = 0.006773$

$\tan\theta = 0.9^* D/(2^* L) = 0.1275$

$\lambda = 0.8$

せん断耐力

$$V_{u1} = \mu \cdot p_{we} \cdot \sigma_{wy} \cdot b_e \cdot j_e + (\nu \cdot \sigma_B - 5 \cdot p_{we} \cdot \sigma_{wy}/\lambda) \cdot (b \cdot D/2) \cdot \tan\theta = 150\,721 \text{ kgf} = 150.7 \text{ tf}$$

$$V_{u2} = (\lambda \cdot \nu \cdot \sigma_B + p_{we} \cdot \sigma_{wy}) \cdot b_e \cdot j_e/3 = 149\,182 \text{ kgf} = 149.2 \text{ tf}$$

$$V_{u3} = \lambda \cdot \nu \cdot \sigma_B \cdot b_e \cdot j_e/2 = 166\,622 \text{ kgf} = 166.6 \text{ tf}$$

$$V_u = \min(V_{u1}, V_{u2}, V_{u3}) = 149.2 \text{ tf} \geq Q_r = 147.1 \text{ tf} \quad \text{OK}$$

付着を考慮したせん断耐力

$$\alpha_t = 0.75 + \sigma_B/4\,000 = 0.81$$

$$N_1 = 9, \ N_2 = 2, \ d_b = 25$$

$$b_{si} = (b - N_1 \cdot d_b)/(N_1 \cdot d_b) = 2.78$$

$$b_{c1} = \{\sqrt{2} \cdot (d_{cs} + d_{ct}) - d_b\}/d_b = 7.49$$

$$b_i = \min(b_{si}, b_{ci}) = 2.78$$

$$k_{st} = (550 + 460 \cdot N_w/N_1) \cdot (b_{si} + 1) \cdot p_w = 17.03$$

$$\tau_{bu} = \alpha_t \cdot \{(0.27 \cdot b_i + 0.33) \cdot \sqrt{\sigma_B} + k_{st}\} = 27.35$$

$$\alpha_2 = 0.6$$

$$b_{si2} = (b - N_2 \cdot d_b)/(N_2 \cdot d_b) = 16.00$$

$$k_{st2} = 1\,010 \cdot (b_{si2} + 1) \cdot p_w = 102.62$$

$$\tau_{bu2} = \alpha_2 \cdot \alpha_t \cdot \{(0.27 \cdot b_{si2} + 0.33) \cdot \sqrt{\sigma_B} + k_{st2}\} = 84.88$$

$$\sum(\tau_{bu} \cdot \phi) = (1 - 10 \cdot R_p) \cdot \{\tau_{bu} \sum\phi + \tau_{bu2} \sum\phi 2\} = 2549$$

$$V_{bu} = \sum(\tau_{bu} \cdot \phi) \cdot j_e + \{\nu \cdot \sigma_B - 2.5 \cdot \sum(\tau_{bu} \cdot \phi)/(\lambda \cdot b_e)\} \cdot (b \cdot D/2) \cdot \tan\theta$$
$$= 176\,348 \text{ kgf} = 176.3 \text{ tf} \geq Q_r = 147.1 \quad \text{OK}$$

W 35　1階　2通　$B\text{-}C$間　荷重＋側

安全限界状態時応力

$$N_{D+L} = 573.1 \text{ tf}$$

$$N_K = 224.9 \text{ tf}$$

$$M = 4\,200 \text{ tf·m}$$

$$Q = 232.6 \text{ t}$$

$$R = 0.793 \cdot 10^{-3} (1/126)$$

$$Ru = 1.5\,R = 1.19 \cdot 10^{-2}$$

側柱が十分に安全限界状態での応力を負担できることを検討する．検討は日本建築学会「鉄筋コンクリート造建物の靱性保証型耐震設計指針（案）・同解説」を参考にして行う（壁板直交方向の影響は無視）．

・中立軸位置の算定

側柱のコンクリートが負担する軸力

$$N_C = N_{DL} + N_K + A_{ws} \cdot \sigma_{wyu} = 573.1 + 224.9 + 1.99 \cdot 52 \cdot 3.3 = 1\,139.5 \text{ tf}$$

$$N_{CV} = (N_C^2 + Q^2)/N_C = (1\,139.5^2 + 232.6^2)/1\,139.5 = 1\,187.0 \text{ tf}$$

中立軸位置

$$\sigma_{CC} = (Dx \cdot Dy)/(j_{ex} \cdot j_{ey})\,0.85\sigma_B = 85 \cdot 85/(75 \cdot 75) \cdot 0.85 \cdot 240 = 262\,(\text{kgf/cm}^2)$$

$$Xnx = N_{CV}/(\beta_1 \cdot j_{ey} \cdot \sigma_{CC}) \quad (\beta = 1.0)$$

2　性能評価

$\qquad = 1187*103/(1.0*75*262) = 60.4$ cm

$\qquad X_{nx} < j_{ex}$　（中立軸は側柱内）

・曲率の算定

ヒンジ長さを側柱芯間寸法の1/3として曲率 ϕ_{px} を算定

$\qquad \phi_{px} = R_u/(l_{wx}/3) = 0.0119/(600/3) = 5.95*10^{-5}$ cm^{-1}

・側柱の中心軸のひずみ度

$\qquad \varepsilon_C = (X_{nx} - j_{ex}/2)\phi_{px} = (60.4 - 75/2)*5.95*10^{-5} = 0.00136 \leq 0.003$　OK

b. 崩壊形の保証

降伏ヒンジを生じさせない部材の耐力が，安全限界状態の応力に割増係数を掛けた値以上であることを確認する．割増係数は曲げおよびせん断に対しては1.4，接合部に対しては1.3とする．

X 方向

符号：2C1

コンクリート：$\sigma_B = 240$ kgf/cm^2

鉄筋：$\sigma_y = 3\,500$ kgf/cm^2, $\sigma_{wy} = 3\,000$ kgf/cm^2

安全限界状態時応力

$\qquad N = 221.7$ tf

$\qquad M = 164.8$ tf·m

$\qquad Q = 79.8$ tf

$\qquad b = 80$ cm, $D = 80$ cm, 主筋 32-D25

曲げ

$\qquad M_{un} = 0.5 \cdot a_g \cdot \sigma_y \cdot g_1 \cdot D + 0.5 \cdot N \cdot D \cdot \{1 - N/(b \cdot D \cdot F_c)\}$

$\qquad \quad = 0.5*162.24*3.85*0.64*0.8 + 0.5*221.7*0.8\{1 - 221.7/(800*800*0.24)\}$

$\qquad \quad = 159.9 + 75.9 = 235.8$ tf·m $\geq 164.8*1.4 = 230.7$ tf·m　OK

せん断

$\qquad Q_e = 79.8$ tf, $\quad Q_r = 1.4*Q_e + Q_0$

$\qquad Q_0 = 0$ tf $\qquad\quad = 111.7$ tf

$\qquad R_p = 0.0$

$\qquad \mu = 2 - 20*R_p = 2$

$\qquad \nu = (1 - 20*R_p)*(0.7 - \sigma_B/2\,000) = 0.580$

$\qquad b = 80$ cm, $D = 80$ cm, $L = 305$ cm

$\qquad$横補強筋：2-D13@100

$\qquad b_e = 70$ cm, $b_s = 70$ cm, $j_e = 70$ cm

$\qquad b_s/j_e = 1.000$, $s/j_e = 0.1429$

$\qquad p_w = 0.003175$, $p_{we} = 0.003629$

$\qquad \tan\theta = 0.9*D/(2*L) = 0.1180$

$\qquad \lambda = 0.66$

せん断耐力

$\qquad V_{u1} = \mu*p_{we}*\sigma_{wy}*b_e*j_e + (\nu*\sigma_B - 5*p_{we}*\sigma_{wy}/\lambda)*(b*D/2)*\tan\theta = 128\,108$ kgf $= 128.1$ tf

$$V_{u2} = (\lambda^* \nu^* \sigma_B + p_{we}^* \sigma_{wy})^* b_e^* j_e / 3 = 167\,838 \text{ kgf} = 167.8 \text{ tf}$$
$$V_{u3} = \lambda^* \nu^* \sigma_B^* b_e^* j_e / 2 = 225\,086 \text{ kgf} = 225.1 \text{ tf}$$
$$V_u = {}_{\min}(V_{u1}, V_{u2}, V_{u3}) = 128.1 \text{ tf} \geqq Q_r = 111.7 \text{ tf} \quad \text{OK}$$

付着を考慮したせん断耐力

$$\alpha_t = 0.75 + \sigma_B / 4\,000 = 0.81$$
$$N_1 = 9, \quad N_2 = 0, \quad d_b = 25$$
$$b_{si} = (b - N_1^* d_b)/(N_1^* d_b) = 2.56$$
$$b_{c1} = \{\sqrt{2}^* (d_{cs} + d_{ct}) - d_b\}/d_b = 7.49$$
$$b_i = {}_{\min}(b_{si}, \text{bci}) = 2.56$$
$$k_{st} = (550 + 460^* N_w / N_1)^* (b_{si} + 1)^* p_w = 7.36$$
$$\tau_{bu} = \alpha_t^* \{(0.27^* b_i + 0.33)^* \sqrt{\sigma_B} + k_{st}\} = 18.76$$
$$\alpha_2 = 0.6$$
$$b_{si2} = (b - N_2^* d_b)/(N_2^* d_b) = 0.00$$
$$k_{st2} = 1\,010^* (b_{si2} + 1)^* p_w = 3.21$$
$$\tau_{bu2} = \alpha_2^* \alpha_t^* \{(0.27^* b_{si2} + 0.33)^* \sqrt{\sigma_B} + k_{st2}\} = 4.04$$
$$\sum(\tau_{bu}^* \phi) = (1 - 10^* R_p)^* \{\tau_{bu}^* \sum\phi + \tau_{bu2}^* \sum\phi_2\} = 1\,351$$
$$V_{bu} = \sum(\tau_{bu}^* \phi)^* j_e + \{\nu^* \sigma_B - 2.5^* \sum(\tau_{bu}^* \phi)/(\lambda^* b_e)\}^* (b^* D/2)^* \tan\theta$$
$$= 119\,532 \text{ kg} = 119.5 \text{ tf} \geqq Q_r = 111.7 \quad \text{OK}$$

柱梁接合部

安全限界状態時せん断力：V_j

$$V_j = -Q_c + T + C$$
$$= -73.6 + 175.7 + 156.2$$
$$= -258.3 \text{ tf}$$

せん断耐力：V_{ju}

$$V_{j}u = \kappa \cdot \phi \cdot F_j \cdot b_j \cdot D_j$$
$$\kappa = 1.0 \text{ (十字形)}$$
$$\phi = 0.85 \text{ (直交梁片側)}$$
$$F_j = 1.6 \cdot \sigma_B^{0.7} \text{ (kgf/cm}^2)$$
$$= 74.18 \text{ kgf/cm}^2$$
$$b_j = 67.5 \text{ cm}$$
$$D_j = 85.0 \text{ cm}$$
$$V_{ju} = 1.0 \times 0.85 \times 74.18 \times 67.5 \times 85$$
$$= 361\,800 \text{ kgf}$$
$$= 361.8 \text{ tf} \geqq 1.3 \cdot V_j = 335.8 \text{ tf} \quad \text{OK}$$

Y方向

符号：3C1

コンクリート：$\sigma_B = 240 \text{ kgf/cm}^2$

鉄筋：$\sigma_y = 3\,500 \text{ kgf/cm}^2, \quad \sigma_{wy} = 3\,000 \text{ kgf/cm}^2$

2　性能評価

安全限界状態時応力：$N=193.6+8.7=202.3$ tf

　　　$MF=117.1$ tf·m

　　　$Q=75.9$ tf

　　　$b=80$ cm, $D=80$ cm, 主筋 32-D25

曲げ

$$Mu=0.5\cdot\alpha_g\cdot\sigma_y\cdot g_1\cdot D+0.5\cdot N\cdot D\cdot\{1-N/(b\cdot D\cdot F_c)\}$$
$$=0.5*162.24*3.3*0.75*0.8+0.5*202.3*0.8\{1-202.3/(800*800*0.24)\}$$
$$=160.6+70.2=230.8\text{ tf·m}\geqq 117.1*1.4=163.9\text{ tf·m}\quad\text{OK}$$

せん断

　　　$Q_e=75.9$ tf,　$Q_r=1.4*Q_e+Q_0$

　　　$Q_0=0$ tf　　　$=106.3$ tf

　　　$R_p=0.0000$

　　　　$\mu=2-20*R_p=2$

　　　　$\nu=(1-20*R_p)*(0.7-\sigma_B/2\,000)=0.580$

　　　　$b=80$ cm, $D=80$ cm, $L=310$ cm

横補強筋：2-D13@100

　　　$b_e=70$ cm,　$b=70$ cm,　$j_e=70$ cm

　$b_s/j_e=1.000$,　$s/j_e=0.1429$

　　　$p_w=0.003175$,　$p_{we}=0.003629$

$\tan\theta=0.9*D/(2*L)=0.1161$

　　　$\lambda=0.66$

せん断耐力

$$V_{u1}=\mu*p_{we}*\sigma_{wy}*b_e*j_e+(\nu*\sigma_B-5*p_{we}*\sigma_{wy}/\lambda)*(b*D/2)*\tan\theta=127\,763\text{ kgf}=127.8\text{ tf}$$
$$V_{u2}=(\lambda*\nu*\sigma_B+p_{we}*\sigma_{wy})*b_e*j_e/3=167\,838\text{ kgf}=167.8\text{ tf}$$
$$V_{u3}=\lambda*\nu*\sigma_B*b_e*j_e/2=225\,086\text{ kgf}=225.1\text{ tf}$$
$$V_u={}_{\min}(V_{u1},V_{u2},V_{u3})=127.8\text{ tf}\geqq Q_r=106.3\text{ tf}\quad\text{OK}$$

付着を考慮したせん断耐力

　　　$\alpha=0.75+\sigma_B/4\,000=0.81$

　　$N_1=9$,　$N_2=0$,　$d_b=25$

　　$b_{si}=(b-N_1*d_b)/(N_1*d_b)=2.56$

　　$b_{c1}=\{\sqrt{2}*(d_{cs}+d_{ct})-d_b\}/d_b=7.49$

　　$b_i={}_{\min}(b_{si},b_{ci})=2.56$

　　$k_{st}=(550+460*N_w/N_1)*(b_{si}+1)*p_w=7.36$

　　$\tau_{bu}=\alpha_t*\{(0.27*b_i+0.33)*\sqrt{\sigma_B}+k_{st}\}=18.76$

　　$\alpha_2=0.6$

　　$b_{si2}=(b-N_2*d_b)/(N_2*d_b)=0.00$

　　$k_{st2}=1\,010*(b_{si2}+1)*p_w=3.21$

　　$\tau_{bu2}=\alpha_2*\alpha_t*\{(0.27*b_{si2}+0.33)*\sqrt{\sigma_B}+k_{st2}\}=4.04$

$$\sum(\tau_{bu}{}^*\phi) = (1-10^*R_p)^* \{\tau_{bu}{}^*\sum\phi + \tau_{bu2}{}^*\sum\phi 2\} = 1\,351$$
$$V_{bu} = \sum(\tau_{bu}{}^*\phi)^* j_e + \{\nu^*\sigma_B - 2.5^*\sum(\tau_{bu}{}^*\phi)/(\lambda^*b_e)\}^*(b^*D/2)^*\tan\theta$$
$$= 119\,129 \text{ kgf} = 119.1 \text{ tf} \geq Q_r = 106.3 \quad \text{OK}$$

柱梁接合部

安全限界状態時せん断力:V_j
$$V_j = -Q_c + T + C$$
$$= -73.1 + 195.2 + 117.1$$
$$= -239.2 \text{ tf}$$

せん断耐力:V_{ju}
$$V_j u = \kappa \cdot \phi \cdot F_j \cdot b_j \cdot D_j$$
$\kappa = 1.0$ (十字形)
$\phi = 0.85$ (直交梁片側)
$F_j = 1.6 \cdot \sigma_B{}^{0.7}$ (kgf/cm²)
$\quad = 74.18$ kgf/cm²
$b_j = 67.5$ cm
$D_j = 80.0$ cm
$V_{ju} = 1.0 \cdot 0.85 \cdot 74.18 \cdot 67.5 \cdot 80$
$\quad = 340\,500$ kgf
$\quad = 340.5$ tf $\geq 1.3 \cdot V_j = 311.0$ tf OK

W 30(2階) 一方向:D 16@200, ダブル:$P_w = 0.00663$

安全限界状態時応力:$N = 265.5 + 196.3 - 185.2 = 276.6$ tf
$\qquad\qquad\qquad M = 2\,680$ tf·m
$\qquad\qquad\qquad Q = 579.9$ tf

曲げ
$$M_{wn} = a_t \cdot \sigma_y \cdot l_w + 0.5 \cdot a_{wy} \cdot l_w + 0.5 \cdot N \cdot l_w$$
$\quad = 5.07^*32^*3.85^*6.0 + 0.5^*1.99^*2^*520/20^*3.3^*6.0 + 0.5^*276.6^*6$
$\quad = 3\,748 + 1\,024 + 830$
$\quad = 5\,602$ tf·m $\geq 2\,680^*1.4 = 3\,752$ tf·m OK

せん断
$h_w = 400$ cm, $\cot\phi = 1.0$, $P_s = 0.00663$
$A_{ce} = A_c - N_{cc}/\sigma_B = 80^*80 - (276\,600 + 2\,680\,000/6.0)/240 = 6\,400 - 3\,014$
$\quad = 3\,386$ cm² $\geq t_w \cdot D = 30^*80 = 2\,400$ cm²

Δl_{wa}, Δl_{wb} は 0 として検討する.

$\Delta l_{wa} = 0$, $\Delta l_{wb} = 0$
$l_{wa} = l'_w + D + \Delta l_{wa} = 520 + 80 = 600$ cm
$l_{wb} = l'_w + D + \Delta l_{wb} = 520 + 80 = 600$ cm
$\tan\theta = [\sqrt{(h_w/l_wa)^2 + 1} - h_w/l_{wa}] = [\sqrt{(400/600)^2 + 1} - 400/600] = 0.535$
$\nu = 0.7 - \sigma_B/2\,000 = 0.7 - 240/2\,000 = 0.58$

2 性能評価

$$\beta = (1+\cot^2\theta)P_s\sigma_{sy}/(\nu\cdot\sigma_B) = (1+1^2)*0.00663*3\,000/(0.58*240) = 0.286$$
$$\begin{aligned}V_u &= t_w\cdot l_{wb}\cdot P_s\cdot \sigma_{sy}\cdot\cot\phi + \tan\theta(1-\beta)t_w\cdot l_{wa}\cdot\nu\sigma_B/2\\ &= 30*600*0.00663*3\,000*1.0+0.535*(1-0.286)*30*600*0.58*240/2\\ &= 358\,000+478\,600\\ &= 836\,600\text{ kgf} = 836.6\text{ tf} \geqq 579.9*1.4 = 811.9\text{ tf}\end{aligned}$$

(9) 考　　察

目標性能を設定して設計した建築物を等価線形化法により検証した結果，設定した性能を有することを確認できた．

今回設計された適用例1では，採用する応答スペクトル，階数等に左右されるが，現行で設計されている建築物と断面等においてはほぼ同じ結果となった．

2.2.4　鉛直荷重に対する検討

鉛直荷重（固定荷重および積載荷重）に対する検討は，小梁およびスラブについて行う．積載荷重は300 kgf/cm²と1 000 kgf/cm²の2種類とする．

a-1.　小梁 B_2 の検討（積載荷重 300 kgf/m² の場合）

荷重　スラブ（$t=150$）　　0.36
　　　仕上げ他　　　　　　0.10　| 0.46
　　　L.L.　　　　　　　　0.30　| 0.76　tf/m²

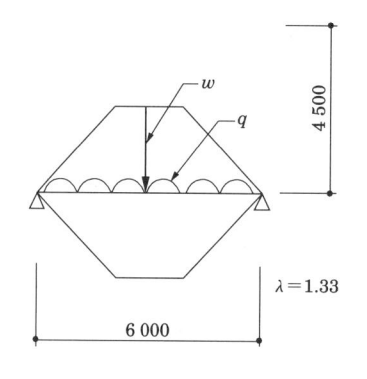

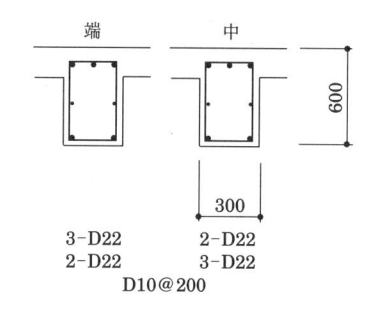

図 II-2.42

小梁自重　300*600

$$q = 2.4\text{ t/m}^3*0.3*(0.6-0.15) = 0.324\text{ tf/m}$$

$$\begin{aligned}C &= 2*5.3*0.76+\frac{1}{12}*0.324*6.0^2\\ &= 8.06+0.97 = 9.0\text{ tf}\cdot\text{m}\\ M_0 &= 2*8.5*0.76+\frac{1}{8}*0.324*6.0^2\\ &= 12.92+1.46 = 14.4\text{ tf}\cdot\text{m}\\ Q_0 &= 2*4.3*0.76+\frac{1}{2}*0.324*6.0\\ &= 6.56+0.97 = 7.5\text{ tf}\end{aligned}$$

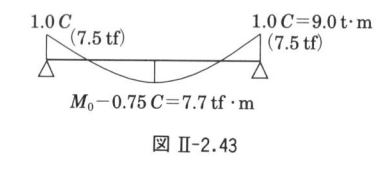

$1.0C$ (7.5 tf)　　$1.0C = 9.0\text{ t}\cdot\text{m}$ (7.5 tf)
$M_0 - 0.75C = 7.7\text{ tf}\cdot\text{m}$

図 II-2.43

設計応力
$$1.0\,C=9.0\text{ tf}\cdot\text{m}$$
$$M_0-0.75\,C=14.4-0.75*9.0=7.7\text{ tf}\cdot\text{m}$$
$$Q=7.5\text{ tf}$$

現行による検討

・端部上端：$P_t=a_t/bd=3*3.87/(30*51)=0.73\,\%$，$\gamma=a_c/a_t=0.67$
 $M_a=c\cdot b\cdot d^2=13.6*30*53^2*10^{-5}=11.4>9.0\text{ tf}\cdot\text{m}$　OK

・中央下端
 $M_a=a_t\cdot f_t\cdot j=3*3.87*2.2*7/8*0.53=11.8>7.7\text{ tf}\cdot\text{m}$　OK

・せん断
 $\tau=Q/bj=7.5*10^3/(30*(7/8*51))=5.6\text{ kgf/cm}^2<f_s=7.0\text{ kgf/cm}^2$　OK

[使用性]

$1.0\,D+1.0\,L$ に対して，ひび割れ・たわみ・振動の検討を行う．

1) ひび割れ

最大ひび割れ幅の限界値は，室内であることを考慮して，0.3 mm とする．

平均ひび割れ幅：$W_{av}=l_{av}\cdot(\varepsilon_t\cdot a_v+\varepsilon_{sh})=15.7*(7+2)*10^{-4}=0.014\text{ cm}$

最大ひび割れ幅：$W_{max}=1.5W_{av}=0.021\text{ cm}=0.21\text{ mm}<0.3\text{ mm}$　OK

・$l_{av}=2(C+s/10)+k\phi/P_e=2(4.0+9.7/10)+0.1*2.2/0.038=15.7\text{ cm}$

$$\left[\begin{array}{l} C=(C_s+C_b)/2=4.0\text{ cm},\ S=9.7\text{ cm},\ k=0.1 \\ P_e=a_t/A_{ce}=3*3.87/306=0.038 \\ A_{ce}=(2\,C_b+\phi)\,b=(2*4.0+2.2)*30=306\text{ cm}^2 \end{array}\right]$$

・$\varepsilon_t\cdot a_v=\dfrac{(2*10^3\sigma_t-0.8\,E_s)+\sqrt{(2*10^3\sigma_t-0.8\,Es)^2-8*10^3Es(F_t/P_e-0.8\,\sigma_t)}}{4*10^3Es}$

$\qquad=0.0007=7*10^{-4}\text{ cm}$

$$\left[\begin{array}{l} \sigma_t=1.67\text{ tf/cm}^2 \\ (\text{M}=a_t\cdot f_t\cdot j\rightarrow f_t=9.0*10^2/(3*3.87*7/8*53)=1.67\text{t/cm}^2) \\ E_s=2.1*10^3\text{tf/cm}^2,\ F_t=0.07,\ F_c=14.7\text{ kg/cm}^2,\ P_e=0.038 \end{array}\right]$$

・$\varepsilon_{sh}=2*10^{-4}\text{ cm}$

2) たわみ

たわみの限界値は，スパンの 1/300 とする．たわみは柱を基準とし，大梁の変形を含んだ値を採用する．

◎小梁の弾性たわみ（δ_b）＝両端固定の小梁のたわみ（δ_o）＋直交大梁のたわみ（δ_{BX}）

→ $\delta_b=\delta_O+\delta_{BX}=0.11+0.24=0.35\text{ cm}$

・$\delta_o=\dfrac{w_b}{384EI_b}\cdot Ly^4=\dfrac{3.744}{384*2.1*10^6*5.4*10^{-3}}*6.0^4=0.11\text{ cm}$

$$\left[\begin{array}{l} W_b=wLx+\text{小梁自重}=0.76\text{ tf/m}^2*4.5\text{ m}+0.324\text{ tf/m}=3.42+0.324=3.744\text{ tf/m} \\ E=2.1*10^6\text{t/m}^2,\ I_b=30*60^3/12=540\,000\text{ cm}^4=5.4*10^{-3}\text{m}^4 \end{array}\right]$$

・$\delta_{BX}=\dfrac{P(2L_X)^3}{192EI_{BX}}=\dfrac{22.5*(2*4.5)^3}{192*2.1*10^6*17.1*10^{-3}}=0.24\text{ cm}$

2 性能評価

$$\begin{bmatrix} P = {}_wL_x \cdot L_y + 小梁全自重 = 0.76 \text{ tf/m}^2 * 4.5 \text{ m} * 6.0 \text{ m} + 0.324 \text{ tf/m} * 6.0 \text{ m} = 22.5 \text{ tf} \\ I_{BX} = 40 * 80^3/12 = 1\,706\,666 \text{ cm}^4 = 17.1 * 10^{-3} \text{ m}^4 \end{bmatrix}$$

◎長期たわみ＝$(K_1+K_2+K_3)$*弾性たわみ

$\qquad\qquad = (2.32+0.96+0.68)*0.35 \text{ cm} = 3.96*0.35 \text{ cm} \quad 1.39 \text{ cm}$

$$\begin{bmatrix} \cdot K_1(ひび割れによる倍率)=2.32 \\ \cdot K_2(クリープによる倍率)=0.96 \\ \cdot K_3(乾燥収縮による倍率)=0.68 \end{bmatrix} a_t/bD=0.7\%,\ a_c/a_t=0.5 \text{ として}$$

→ $1.39 \text{ cm}/L_y = \dfrac{1.39}{600} = \dfrac{1}{431} < \dfrac{1}{300}$ OK

3) 振動

・小梁を無視した場合の単純支持板の固有振動数：f_v

$$f_v = \frac{\pi}{2l_x^2}\left(1+\frac{l_x^2}{l_y^2}\right)\sqrt{\frac{D_1}{\rho * t}} = 8.2 \text{ Hz}$$

$$\begin{bmatrix} D_1 = E*t^3/12(1-\nu^2) = 2.1*10^5*15^3/12(1-(1/6)^2) \\ \qquad = 60\,750\,000 \text{ kgf} \cdot \text{cm} = 60\,750 \text{ tf} \cdot \text{cm} \\ \rho = 2.4*10^{-3} \text{ kgf/cm}^2/980 \text{ cm/s}^2 = 2.4*10^{-6} \text{ kgf} \cdot s^2/\text{cm}^4 \end{bmatrix}$$

・小梁を有する単純支持板の固有振動数：f

$\qquad f = 1.9 f_v = 1.9*8.2 = 15.6 \text{ Hz}$

$\qquad t/D = 0.25$

$\qquad ly/lx = 1.5$

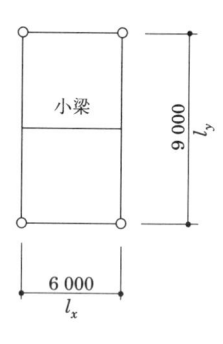

図 II-2.44

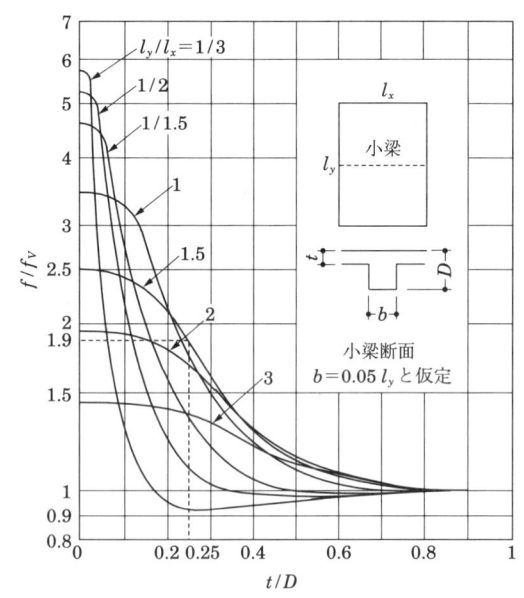

f：小梁を有する単純支持板の固有振動数
f_V：小梁を無視した場合の単純支持板の固有振動数

図 II-2.45 1方向小梁を有する単純支持板の固有振動数

2.2 適用例1

・振動障害に対する検討

2人歩行程度を想定して，6 kg の荷重を高さ5 cm から自由落下した場合，質量 W/g の運動体が高さ h の距離から質量 W_1/g の静止体に衝突する場合の動たわみ δ_d（両端固定支持）を下式と仮定する．

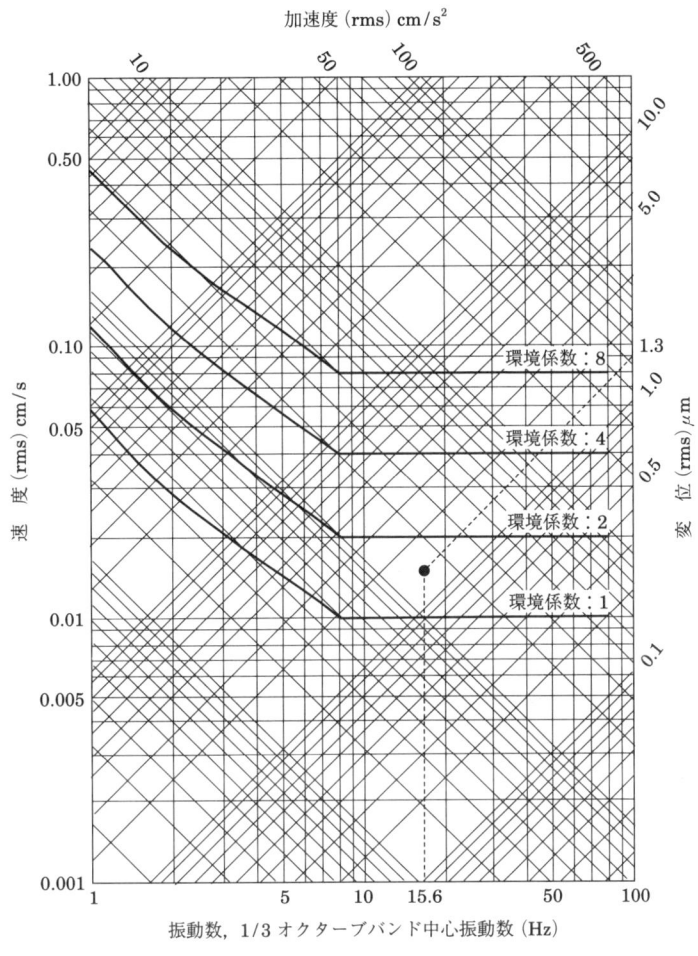

図 II-2.46 床スラブの振動評価曲線

$$\delta d = \delta st + \sqrt{\delta st^2 + 2h\delta st * \frac{1}{1+\frac{13}{35}\frac{W_1}{W}}} = 6.1 * 10^{-4} \text{ cm} = 6.1 \mu$$

ここで， δ_{st}：荷重 W が作用する時の静たわみ
h：落下高さ（=5 cm）
W_1：床梁の重量（=15 tf）
W：落下物の重量（=$6*10^{-3}$ tf）

$$\delta_{st} = \frac{Wl^3}{192EI} = \frac{6*10^{-3}*600^3}{192*210*1029375} = 3.1*10^{-5} \text{ cm}$$

E = 210 tf/cm², I = 1 029 375 cm⁴

2 性能評価

$$Cr = \sqrt{2}\,(2f_0)^{0.35}$$
$$= (2*15.6)^{0.35}$$
$$= 4.7$$
$$\rightarrow \frac{\delta d}{Cr} = \frac{6.1}{4.7}$$
$$= 1.3\,(\mu)$$

図Ⅱ-2.46より,環境係数4を満足しており,振動障害はないと判断する.

[安全性]

弾性解析による.荷重組合せは1.1D+2.0Lとする.

・端部

$M_D = 5.8 \text{ tf·m}, \quad Q_D = 4.9 \text{ tf}$

$M_L = 3.2 \text{ tf·m}, \quad Q_L = 2.6 \text{ tf}$

$M = 1.1*5.8 + 2.0*3.0 = 12.4 \text{ tf·m}, \quad 1.38\,(D+L)$

$Q = 1.1*4.9 + 2.0*2.6 = 10.6 \text{ tf}$

$D = 60 \text{ cm}, \quad d = 53 \text{ cm}$

3-D22 $a_t = 11.61 \text{ cm}^2$

$M_U = 11.61*3.85*0.53*0.9 = 21.3 \text{ tf·m} > 12.4 \quad \text{OK}$

$Q_U = \left(\dfrac{0.053*0.73^{0.23}*390}{2.21+0.12} + 2.7\sqrt{3\,000*0.00237}\right)*30*53*7/8$

$= (8.25 + 7.20)*30*53*7/8$

$= 21\,500 \text{ kgf} = 21.5 \text{ tf} > 10.6 \quad \text{OK}$

・中央

$M_D = 5.0 \text{ tf·m}$

$M_L = 5.1 - 0.75*3.2 = 2.7 \text{ tf·m}$

$M = 1.1*5.0 + 2.0*2.7 = 10.9 \text{ tf·m}$

$D = 60 \text{ cm}, \quad d = 53 \text{ cm}$

3-D22 $a_t = 11.61 \text{ cm}^2$

$M_U = 11.61*3.85*0.53*0.9 = 21.3 \text{ tf·m} > 10.9 \quad \text{OK}$

a-2. 小梁 B_2 の検討（積載荷重 $1\,000 \text{ kgf/m}^2$ の場合）

荷重	スラブ ($t=150$)	0.36	
	仕上げ 他	0.10	0.46
	L.L.	1.0	1.46 tf/m^2

小梁自重　375*750

$q = 2.4 \text{ t/m}^3 * 0.375 * (0.75 - 0.15) = 0.54 \text{ t/m}$

$C = 2*5.3*1.46 + \dfrac{1}{12}*0.54*6.0^2$

$= 15.48 + 1.62 = 17.1 \text{ tf·m}$

$M_0 = 2*8.5*1.46 + \dfrac{1}{8}*0.54*6.0^2$

$= 24.82 + 2.43 = 27.3 \text{ tf·m}$

$Q_0 = 2*4.3*1.46 + \dfrac{1}{2}*0.54*6.0$

$= 12.56 + 1.62 = 14.2 \text{ tf}$

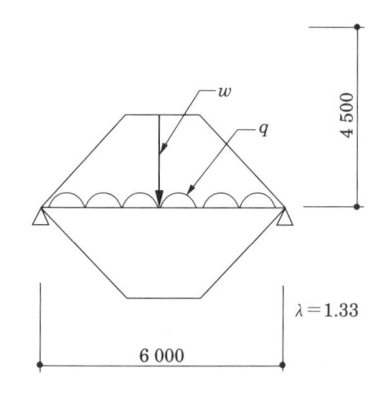

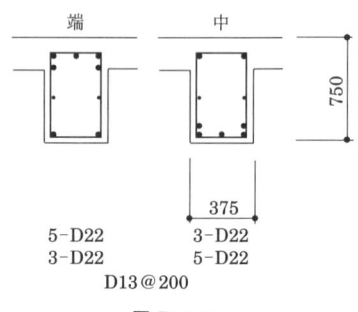

図Ⅱ-2.47

設計応力

    $1.0\,C = 17.1\,\text{tf·m}$

    $M_0 - 0.75\,C = 27.3 - 0.75 * 17.1 = 14.5\,\text{tf·m}$

    $Q = 14.2\,\text{tf}$

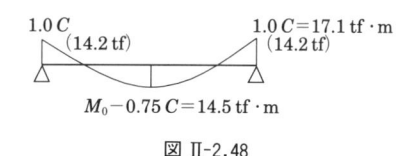

図 II-2.48

現行による検討

・端部上端：$P_t = a_t/b_d = 5*3.87/(37.5*66) = 0.78\,\%$, $\gamma = a_c/a_t = 0.6$

    $M_a = c \cdot b \cdot d^2 = 13.8*37.5*66^2*10^{-5} = 22.5 > 17.1\,\text{tf·m}$ OK

・中央下端

    $M_a = a_t \cdot f_t \cdot j = 5*3.87*2.2*7/8*0.66 = 24.5 > 14.5\,\text{tf·m}$ OK

・せん断

    $\tau = Q/b_j = 14.2*10^3/(37.5*(7/8*66)) = 6.6\,\text{kgf/cm}^2 < f_s = 7.0\,\text{kgf/cm}^2$ OK

[使用性]

$1.0\,D + 1.0\,L$ に対して，ひび割れ・たわみ・振動の検討を行う．

1) ひび割れ

最大ひび割れ幅の限界値は，室内であることを考慮して，0.3 mm とする．

平均ひび割れ幅：$W_{av} = l_{av}(\varepsilon_t \cdot a_v + \varepsilon_{sh}) = 17.8*(6+2)*10^{-4} = 0.014\,\text{cm}$

最大ひび割れ幅：$W_{\max} = 1.5\,W_{av} = 0.021\,\text{cm} = 0.21\,\text{mm} < 0.3\,\text{mm}$ OK

  ・$l_{av} = 2(C + s/10) + k\phi/P_e = 2(4.0 + 9.7/10) + 0.1*2.2/0.028 = 17.8\,\text{cm}$

$$\left[\begin{array}{l} C = (C_s + C_b)/2 = 4.0\,\text{cm}, \quad S = 9.7\,\text{cm}, \quad k = 0.1 \\ P_e = a_t/A_{ce} = 5*3.87/698 = 0.028 \\ A_{ce} = (2C_b + \phi)\,b = (5.3 + 4.0)*2*37.5 = 698\,\text{cm}^2 \end{array}\right]$$

  ・$\varepsilon_t \cdot a_v = \dfrac{(2*10^3\sigma_t - 0.8E_s) + \sqrt{(2*10^3\sigma_t - 0.8E_s)^2 - 8*10^3 E_s(F_t/P_e - 0.8\sigma_t)}}{4*10^3 E_s}$

      $= 0.0006 = 6*10^{-4}\,\text{cm}$

$$\left[\begin{array}{l} \sigma_t = 1.53\,\text{tf/cm}^2 \\ (M = a_t \cdot f_t \cdot j \to f_t = 17.1*10^2/(5*3.87*7/8*66) = 1.53\,\text{tf/cm}^2) \\ E_s = 2.1*10^3\,\text{tf/cm}^2, \quad F_t = 0.07, \quad F_c = 14.7\,\text{kgf/cm}^2, \quad P_e = 0.028 \end{array}\right]$$

  ・$\varepsilon_{sh} = 2*10^{-4}\,\text{cm}$

2) たわみ

たわみの限界値は，スパンの1/300とする．たわみは柱を基準とし，大梁の変形を含んだ値を採用する．

◎小梁の弾性たわみ (δ_b) ＝両端固定の小梁のたわみ (δ_0) ＋直交大梁のたわみ (δ_{BX})

    $\to \delta_b = \delta_0 + \delta_{BX} = 0.09 + 0.28 = 0.37\,\text{cm}$

  ・$\delta_0 = \dfrac{w_b}{384EI_b} \cdot L_y^4 = \dfrac{7.11}{384*2.1*10^6*13.2*10^{-3}} * 6.0^4 = 0.09\,\text{cm}$

$$\left[\begin{array}{l} W_b = wL_x + \text{小梁自重} = 1.46\,\text{tf/m}^2 * 4.5\,\text{m} + 0.54\,\text{tf/m} = 6.57 + 0.54 = 7.11\,\text{tf/m} \\ E = 2.1*10^6\,\text{tf/m}^2, \quad I_b = 37.5*75^2/12 = 1\,320\,000\,\text{cm}^4 = 13.2*10^{-3}\,\text{m}^4 \end{array}\right]$$

  ・$\delta_{BX} = \dfrac{P(2L_X)^3}{192EI_{BX}} = \dfrac{42.7*(2*4.5)^3}{192*2.1*10^6*27.3*10^{-3}} = 0.28\,\text{cm}$

2 性能評価

$$\begin{bmatrix} P = {}_wL_x \cdot L_y + 小梁全自重 = 1.46 \text{ tf/m}^2 * 4.5 \text{ m} * 6.0 \text{ m} + 0.54 \text{ tf/m} * 6.0 \text{ m} = 42.7 \text{ tf} \\ I_{BX} = 45 * 90^3/12 = 2\,730\,000 \text{ cm}^4 = 27.3 * 10^{-3} \text{m}^4 \end{bmatrix}$$

◎長期たわみ $= (K_1 + K_2 + K_3) *$ 弾性たわみ

$\qquad = (2.32 + 0.96 + 0.68) * 0.37 \text{ cm} = 1.47 \text{ cm}$

$$\begin{bmatrix} \cdot K_1(ひび割れによる倍率) = 2.32 \\ \cdot K_2(クリープによる倍率) = 0.96 \\ \cdot K_3(乾燥収縮による倍率) = 0.68 \end{bmatrix} \quad a_t/bD = 0.7\text{ \%}, \ ac/a_t = 0.5 として$$

→ $1.47 \text{ cm}/L_y = \dfrac{1.47}{600} = \dfrac{1}{408} < \dfrac{1}{300}$ OK

3) 振 動

・小梁を無視した場合の単純支持板の固有振動数：f_v

$$f_v = \frac{\pi}{2l_x^2}\left(1 + \frac{l_x^2}{l_y^2}\right)\sqrt{\frac{D_1}{\rho * t}} = 8.2 \text{ Hz}$$

$$\begin{bmatrix} D_1 = E * t^3/12(1-\nu^2) = 2.1 * 10^5 * 15^3/12(1-(1/6)^2) \\ \quad = 60\,750\,000 \text{ kgf} \cdot \text{cm} = 60\,750 \text{ tf} \cdot \text{cm} \\ \rho = 2.4 * 10^{-3} \text{kgf/cm}^2/980 \text{ cm/s}^2 = 2.4 * 10^{-6} \text{ kgf} \cdot \text{s}^2/\text{cm}^4 \end{bmatrix}$$

・小梁を有する単純支持板の固有振動数：f

$\qquad f = 2.1\,f_v = 2.1 * 8.2 = 17.2 \text{ Hz}$

$\quad t/D = 0.20$

$\quad ly/lx = 1.5$

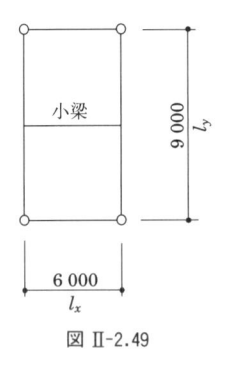

図 Ⅱ-2.49

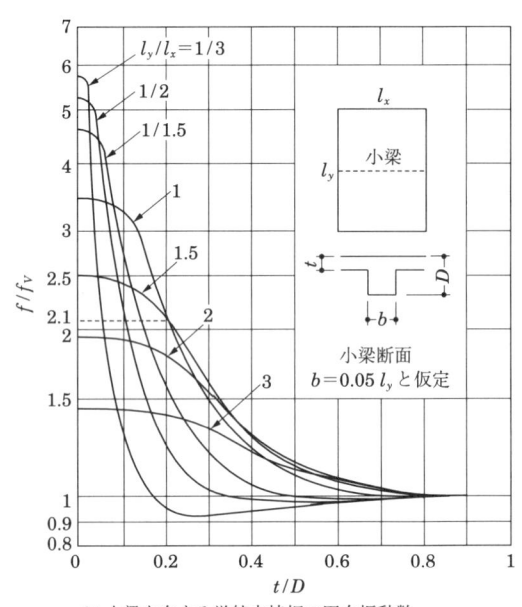

図 Ⅱ-2.50 1方向小梁を有する単純支持板の固有振動数

f：小梁を有する単純支持板の固有振動数
f_V：小梁を無視した場合の単純支持板の固有振動数

2.2 適用例1

・振動障害に対する検討

2人歩行程度を想定して，6 kg の荷重を高さ 5 cm から自由落下した場合，質量 W/g の運動体が高さ h の距離から質量 W_1/g の静止体に衝突する場合の動たわみ δ_d（両端固定支持）を下式と仮定する．

$$\delta_d = \delta_{st} + \sqrt{\delta_{st}^2 + 2h\delta_{st} * \frac{1}{1 + \frac{13}{35}\frac{W_1}{W}}} = 4.0 * 10^{-4}\ cm = 4.0\ \mu$$

$\Bigg[$ ここで，δ_{st}：荷重 W が作用する時の静たわみ

h：落下高さ（$=5$ cm）

W_1：床梁の重量（$=15$ tf）

W：落下物の重量（$=6*10^{-3}$ tf）

$\delta_{st} = \dfrac{Wl^3}{192EI} = \dfrac{6*10^{-3}*600^3}{192*210*2\,340\,000} = 1.4*10^{-5}$ cm

$E = 210$ t/cm², $I = 2\,340\,000$ cm⁴ $\Bigg]$

$C_r = \sqrt{2}\,(2f_0)^{0.35}$
$\quad = \sqrt{2}\,(2*17.2)^{0.35}$

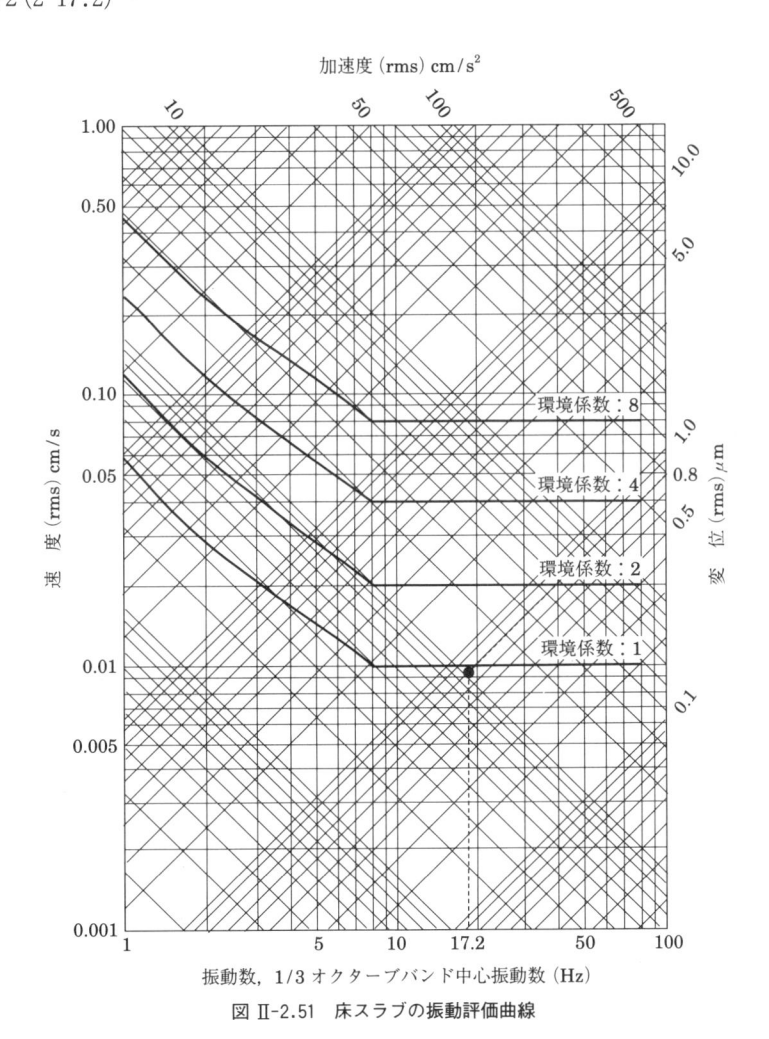

図 Ⅱ-2.51 床スラブの振動評価曲線

2 性能評価

$$=4.9$$
$$\to \frac{\delta d}{Cr}=\frac{4.0}{4.9}$$
$$=0.8(\mu)$$

図 Ⅱ-2.51 より，環境係数 4 を満足しており，振動障害はないと判断する．

[安全性]

弾性解析による．荷重組合せは $1.1D+2.0L$ とする．

・端部

$M_D=6.5$ tf·m, $Q_D=5.6$ tf

$M_L=10.6$ tf·m, $Q_L=8.6$ tf

$M=1.1*6.5+2.0*10.6=28.4$ tf·m $1.66(D+L)$

$Q=1.1*5.6+2.0*8.6=23.4$ tf

$D=75$ cm, $d=66$ cm

5-D22 $at=19.35$ cm^2

$M_U=19.35*3.85*0.66*0.9=44.2$ tf·m >28.4 OK

$Q_U=\left(\dfrac{0.053*0.78^{0.23}*390}{1.84+0.12}+2.7\sqrt{3000*0.00338}\right)*37.5*66*7/8$

$\quad =(9.96+8.60)*37.5*66*7/8$

$\quad =40\,194$ kgf, 40.2 tf >23.4 OK

・中央

$M_D=5.4$ tf·m

$M_L=17.0-0.75*10.6=9.1$ tf·m

$M=1.1*5.4+2.0*9.1=24.2$ tf·m

$D=75$ cm, $d=66$ cm

5-D22 $a_t=19.35$ cm^2

$M_U=19.35*3.85*0.66*0.9=44.2$ t·m >24.2 OK

b-1．スラブの検討（積載荷重 300 kgf/m^2 の場合）

```
仕上  etc         100
スラブ（t=150）    360
                 ─────
                 460 kgf/m²
+L.L.            300
                 ─────
                 760 kgf/m²
```

S 1

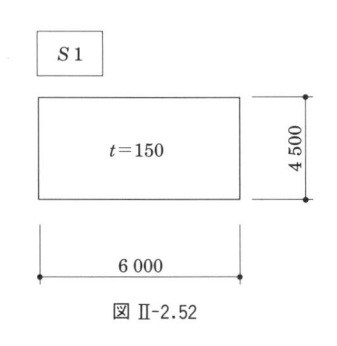

$t=150$

4 500

6 000

図 Ⅱ-2.52

現行による検討

S_1 $t=150$ mm $f_t=2\,000$ kgf/cm² $f_c=210$ kgf/cm²

	短辺方向		長辺方向	
	端部	中央	端部	中央
上端筋	D13 @200		D10D13 @200	
下端筋		D10D13 @200		D10 @200
a_t, ϕ	$a_t=6.35$ cm²/m, $\phi:20$ cm/m	$a_t=4.96$ cm²/m	$a_t=4.96$ cm²/m, $\phi:17.5$ cm/m	$a_t=3.55$ cm²/m
d, j	$d=11.35$ cm, $j=9.9$ cm	$d=11.35$ cm, $j=9.9$ cm	$d=10.1$ cm, $j=8.8$ cm	$d=10.1$ cm, $j=8.8$ cm
M_A	125.7 tfcm/m	98.2 tfcm/m	87.3 tfcm/m	62.5 tfcm/m
Q_A	6.9 tf/m		6.2 tf/m	
Q_{aA}	4.2 tf/m		3.2 tf/m	

$l_x=4\,500$ mm, $\lambda=1.33$ $M_{x1}=w_x\cdot l_{x2}/12=97.4$ tf cm/m $\leq M_A$ OK

$l_y=6\,000$ mm, $w=760$ kgf/m² $M_{x2}=w_x\cdot l_{x2}/18=64.9$ tf cm/m $\leq M_A$ OK

$w_x=577$ kgf/m² $Q_x=0.5\,l_w\cdot l_x=1.7$ tf/m $\leq Q_A, Q_{aA}$ OK

積載荷重：300 kgf/m² $M_{y1}=w\cdot l_x^2/24=64.1$ tf cm/m $\leq M_A$ OK

仕上荷重：100 kgf/m² $M_{y2}=w\cdot l_x^2/36=42.8$ tf cm/m $\leq M_A$ OK

$Q_y=0.46\,w\cdot l_x=1.6$ tf/m $\leq Q_A, Q_{aA}$ OK

スラブ厚さの検討：$w_p=400$ kg/m²

$$t=0.02\left(\frac{\lambda-0.7}{\lambda-0.6}\right)\left(1+\frac{w_p}{1\,000}+\frac{l_x}{1\,000}\right)l_x=14.4 \text{ cm}\quad \text{OK}$$

[使用性]

$1.0D+1.0L$ に対して，ひび割れおよびたわみを検討する．

1) ひび割れの検討（限界値 0.3 mm 程度とする）

$W_{av}=l_{av}(\varepsilon_t\cdot a_v+\varepsilon_{sh})$

記号：$l_{av}=2\left(c+\dfrac{s}{10}\right)+k\dfrac{\phi}{P_e}$

$k=0.1$ ：はりの場合

$k=0.0025\,t$ ($k\leq 0.1$)：スラブの場合

$\varepsilon_t\cdot a_v=\dfrac{1}{E_s}\left(\sigma_t-k_1k_2\cdot\dfrac{F_t}{P_e}\right)$

$k_1k_2=1.25/(2.5*10^3\varepsilon_t\cdot a_v+1.0)$：実験式

W_{av}：引張鉄筋高さ位置のコンクリート表面における平均ひび割れ幅

l_{av}：引張鉄筋高さ位置のコンクリート表面における平均ひび割れ間隔

$\varepsilon_t\cdot a_v$：平均鉄筋ひずみ

ε_{sh}：ひび割れ間コンクリートの収縮ひずみ

c：鉄筋のかぶり厚さ [図Ⅱ-2.53参照，$C_b\neq C_s$ の時は $C=(C_b+C_s)/2$ とする]

s：鉄筋間隔 [中心距離：図Ⅱ-2.53参照]

P_e：引張有効鉄筋比 a_t/A_{ce} [図Ⅱ-2.53参照]

ϕ：鉄筋径

2 性能評価

　　　E_s：鉄筋のヤング係数
　　　σ_t：ひび割れ断面における鉄筋応力
　　　F_t：コンクリートの引張強度

以上のようにして W_{av} が算定されると，鉄筋高さ位置での最大ひび割れ幅 $W_{\max}$ は次式により計算できる．

　　$W_{\max}=1.5\,W_{av}$

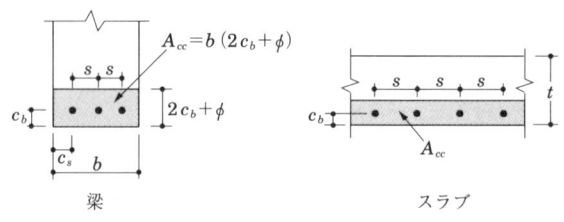

図 Ⅱ-2.53

応力の大きい短辺方向端部上端にて検討

　　$C=3.0$ cm, $S=20$ cm, $K=0.0025*15=0.0375$
　　$\phi=1.3$ cm, $P_e=6.35/\{(2\times3.0+1.3)\times100\}=0.0087$

　　$l_{av}=2*(C+\dfrac{S}{10})+K\cdot\dfrac{\varPsi}{P_e}=2*(3.0+\dfrac{20}{10})+0.0375*\dfrac{1.3}{0.0087}=15.60$ cm

　　$M_{X1}=97.4$ tf·tm/m, $a_t=6.35$ cm²/m, $j=9.9$ cm

　　$\varepsilon_t\cdot a_v=\dfrac{2*10^3\sigma_t-0.8\,E_s+\sqrt{(2*10^3\cdot\sigma_t-0.8\cdot E_s)^2-8*10^3\cdot E_s\cdot(F_t/P_e-0.8\,\sigma_t)}}{4*10^3\cdot E_s}$

　　　　　＝解なし

　　$\begin{cases} E_s=2.1*10^6 \text{ kgf/cm}^2,\ F_t=0.07*F_c=0.07*210=14.7 \text{ kgf/cm}^2 \\ \sigma_t=1549 \text{ kgf/cm}^2 \end{cases}$

かつ，$\left.\begin{array}{l}\varepsilon_t\cdot a_v\geq 0.4*\sigma_t/E_s\text{s}=2.95\times10^{-4}\\ \varepsilon_t\cdot a_v\geq(\sigma_t-1\,050)/E_s=2.37\times10^{-4}\end{array}\right\}\ \varepsilon_t\cdot a_v\geq 2.95\times10^{-4}$

ひび割れ間の乾燥収縮ひずみ　$\varepsilon_{sh}=3*10^{-4}$

∴最大ひび割れ幅

　　$W_{\max}=1.5*15.60*(295+300)*10^{-6}=0.014$ cm
　　　　　　　　　　　　$=0.14$ mm <0.3 mm　OK

2) たわみの検討（限界値 1/250 程度とする）

検討を行う際の長期たわみ δ_L の弾性たわみ δ_e に対する増大率は，日本建築学会「鉄筋コンクリート構造計算基準・同解説」を参考に，周辺固定スラブの場合は16倍とする．

ここで，長期たわみ δ_L を短辺方向スパン（l_x）の 1/250 以下に抑えるためには，弾性たわみ δ_e は式（Ⅱ-2.1）に示すように $l_x/4\,000$ 以下とする必要がある．

$$\left.\begin{array}{l}\delta_L=16\,\delta_e\leq\dfrac{l_x}{250}\\[6pt] \delta_e\leq\dfrac{l_x}{250}\cdot\dfrac{1}{16}=\dfrac{l_x}{4\,000}\end{array}\right\} \qquad (Ⅱ\text{-}2.1)$$

したがって，本検討においては，周辺固定スラブの弾性たわみ $\delta_e=l_x/4\,000$ を限界値とする．

また，土橋らが床スラブの弾塑性解析を行った結果報告によると，一方向スラブのたわみ性状は，二方向スラブのたわみ性状とほぼ同じであることなどから，一方向スラブの長期載荷実験結果を周辺固定スラブの長期たわみ算定用として用いることとする．

ここで，弾性たわみに近似式として式（Ⅱ-2.2）を用いる．

$$\delta_e = \frac{1}{32} \cdot \frac{\lambda^4}{1+\lambda^4} \cdot \frac{W l_x^4}{E t^3} \tag{Ⅱ-2.2}$$

記号：$\lambda = l_y/l_x$
$\quad\quad W = \gamma_1 t + W_0$
W：床スラブの全荷重
W_ρ：積載荷重と仕上荷重との和
t：スラブ厚さ
γ_1：鉄筋コンクリートの単位体積重量

$$\delta_e = \frac{1}{32} \cdot \frac{1.33}{1+1.33} \cdot \frac{0.076 * 450}{2.1 * 10^5 * 15^3} = 0.104 \text{ cm}$$

$\therefore \delta_L = 16 \cdot \delta_e = 16 * 0.104 = 1.66 \text{ cm} (1/271) < 1/250$ OK

3) スラブの振動

単純支持長方形スラブとして考えると，固有振動数 f_v は次式で表される．

$$F_v = \frac{\pi}{2 \cdot l_x^2} \cdot \left(1 + \frac{l_x^2}{l_y^2}\right) \cdot \sqrt{\frac{D_1}{\rho \cdot t}}$$

l_x：短辺長さ
l_y：長辺長さ
t：厚さ

$D_1 = E t^3 / 12 * (1-v^2)$

$$f_v = \frac{\pi}{2 * 450^2} \cdot \left(1 + \frac{450^2}{600^2}\right) \cdot \sqrt{\frac{2.1 * 10^5 * 15^3/12 + \{1-(1/6)^2\}}{2.4 * 10^{-3}/980 * 15}}$$
$\quad = 15.6 \text{ Hz}$

全質量：$M = 450 * 600 * 15 * 2.4 * 10^{-3}/980 = 9.9 \text{ kgf} \cdot \text{s}^2/\text{cm}$
有効質量：$M_e = 0.31 * 9.9 = 3.07 \text{ kgf} \cdot \text{s}^2/\text{cm}$ （単純支持）
衝撃の大きさは，$V_0 = 1.8 \text{ kgf} \cdot \text{s}$（とびはね時）とする．
$\quad C_0 \cdot f_v = 0.04 * 15.6 = 0.62$ 減衰定数 0.05（仮定）
とびはね時：$\delta_d = 0.6 * 1.8/(2\pi * 15.6 * 3.07) = 0.0033 \text{ cm}\ (36\,\mu)\quad V_0/2\pi f_v M_e$
歩行時：$\delta_d = 36 * 1/6 \fallingdotseq 6.0\,\mu$
衝撃による減衰振動として，$C_r = \sqrt{2} \cdot (2*f)^{0.35} = 4.71$ により低減を行うと
$\quad 6.0/4.71 = 1.27\,\mu$

$\therefore$ 環境係数 2 を下回っており，事務所における目標値を満足している．

2 性能評価

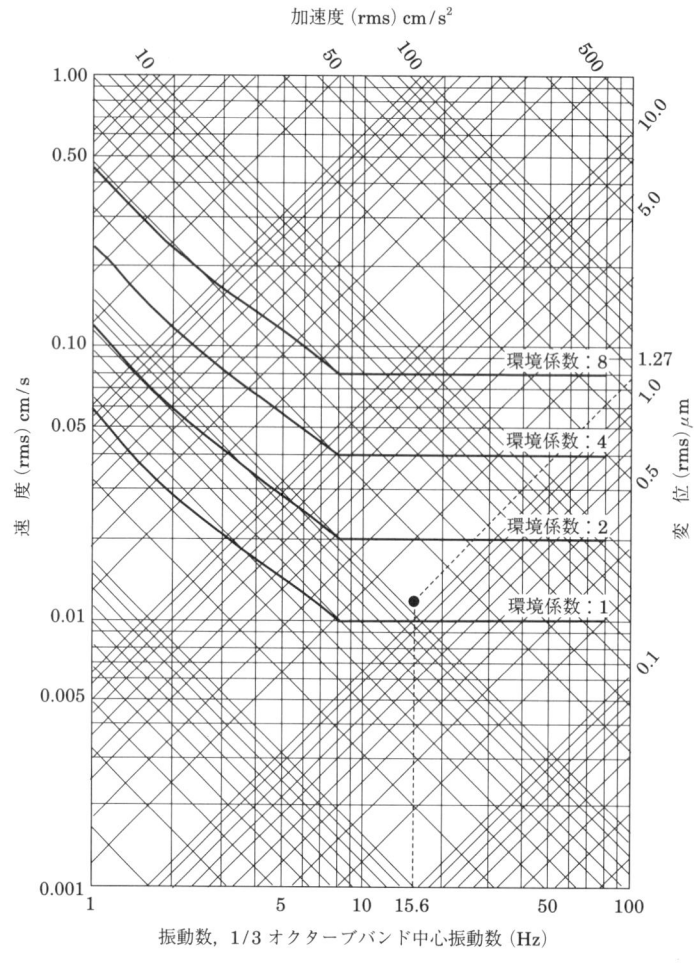

図 II-2.54 床スラブの振動評価曲線

[安全性]

弾性解析による．荷重組合せは $1.1D+2.0L$ とする．

短辺方向

・端部

　$M_D = 59.0$ tf·cm/m

　$M_L = 38.4$ tf·cm/m

　$M = 1.1 * 59.0 + 2.0 * 38.4 = 141.7$ tf·cm/m　　$1.46(D+L)$

　$t = 15$ cm, $d = 11.35$ cm

　D 13@200　$a_t = 6.35$ cm²/m

　$M_U = 6.35 * 3.3 * 11.35 * 0.9 = 214.0$ t·cm/m > 141.7　OK

・中央

　$M_D = 39.3$ tf·cm/m

　$M_L = 25.6$ tf·cm/m

　$M = 1.1 * 39.3 + 2.0 * 25.6 = 94.4$ tf·cm/m

　$t = 15$ cm, $d = 11.35$ cm

D 10 D 13@200　$α_t=4.96$ cm^2/m

$M_U=4.96*3.3*11.35*0.9=167.2$ tf·cm/m＞94.4　OK

長辺方向

・端部

$M_D=38.8$ tf·cm/m

$M_L=25.3$ tf·cm/m

$M=1.1*38.8+2.0*25.3=93.3$ tf·cm/m

$t=15$ cm,　$d=10.1$ cm

D 10 D 13@200　$α_t=4.96$ cm^2/m

$M_U=4.96*3.3*10.1*0.9=149.5$ tf·cm/m＞93.3　OK

・中央

$M_D=25.9$ tf·cm/m

$M_L=16.9$ tf·cm/m

$M=1.1*25.9+2.0*16.9=62.3$ tf·cm/m

$t=15$ cm,　$d=10.1$ cm

D 10@200　$a_t=3.55$ cm^2/m

$M_U=3.55*3.3*10.1*0.9=106.5$ tf·cm/m＞62.3　OK

b-2.　スラブの検討（積載荷重1 000 kgf/m^{2}の場合）

仕上	etc	100
スラブ	（t=150）	360
		460 kgf/m^2
+L.L.		1 000
		1 460 kgf/m^2

現行による検討

S_2　$t=150$ mm　$f_t=2 000$ kgf/cm^2　$f_c=210$ kgf/cm^2

	短辺方向		長辺方向	
	端　部	中　央	端　部	中　央
上端筋	D16　@200		D13D16　@200	
下端筋		D13D16　@200		D13　@200
a_t, ϕ	$a_t=9.95$ cm^2/m, ϕ：25.0 cm/m	$a_t=8.15$ cm^2/m	$a_t=8.15$ cm^2/m, ϕ：22.5 cm/m	$a_t=6.35$ cm^2/m
d, j	$d=11.35$ cm, $j=9.9$ cm	$d=11.35$ cm, $j=9.9$ cm	$d=10.1$ cm, $j=8.8$ cm	$d=10.05$ cm, $j=8.8$ cm
M_A	197.0 tfcm/m	161.4 tfcm/m	143.4 tfcm/m	111.7 tfcm/m
Q_A	7.0 tf/m		6.2 tf/m	
Q_{aA}	5.2 tf/m		4.2 tf/m	

$l_x=4 500$ mm,　$λ=1.33$　　　$M_{x1}=wx·l_x^2/12=187.1$ tf cm/m$≤M_A$　OK

$l_y=6 000$ mm,　$w=1 460$ kgf/m^2　$M_{x2}=wx·l_x^2/18=124.8$ tf cm/m$≤M_A$　OK

　　　　　　　　$w_x=1 109$ kgf/m^2　$Q_x=0.5 l_w·l_x=3.4$ tf/m$≤Q_A, Q_{aA}$　OK

積載荷重：1 000 kgf/m^2　　　　$M_{y1}=w·l_x^2/24=123.2$ tf cm/m$≤M_A$　OK

仕上荷重：100 kgf/m^2　　　　　$M_{y2}=w·l_x^2/36=82.1$ tf cm/m$≤M_A$　OK

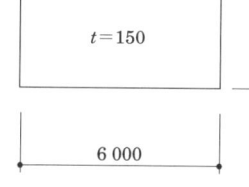

図Ⅱ-2.55

2 性能評価

$$Q_y = 0.46\, w \cdot l_x = 3.0\,\text{tf/m} \leq Q_A,\ Q_{aA}\quad \text{OK}$$

スラブ厚さの検討：$w_p = 1\,100\,\text{kg/m}^2$

$$t = 0.02\left(\frac{\lambda - 0.7}{\lambda - 0.6}\right)\left(1 + \frac{w_p}{1\,000} + \frac{l_x}{1\,000}\right)l_x = 19.8\,\text{cm}\quad \text{NG}$$

積載荷重を長期間作用する値として $1\,000\,\text{kgf/m}^2$ の $1/2$ の $500\,\text{kgf/m}^2$ とし，コンクリート強度による補正を行う．

$$t = 0.02\left(\frac{1.33 - 0.7}{1.33 - 0.6}\right)\left(1 + \frac{600}{1\,000} + \frac{450}{1\,000}\right)450\left(\frac{2.15}{2.30}\right)$$

$$= 14.9\,\text{cm}\quad \text{OK}$$

[使用性]

1) ひび割れの検討（限界値 $0.3\,\text{mm}$ 程度とする）

応力の大きい短辺方向端部上端にて検討

$C = 3.0\,\text{cm},\ S = 20\,\text{cm},\ K = 0.0025 * 15 = 0.0375$

$\phi = 1.6\,\text{cm},\ P_e = 9.95/\{(2 \times 3.0 + 1.6) \times 100\} = 0.0131$

$$l_{av} = 2*\left(C + \frac{S}{10}\right) + K \cdot \frac{\phi}{P_e} = 2*\left(3.0 + \frac{20}{10}\right) + 0.0375 * \frac{1.6}{0.0131} = 14.58\,\text{cm}$$

$M_{X1} = 187.1\,\text{t·tm/m},\ \alpha_t = 9.95\,\text{tm}^2/\text{m},\ j = 9.9\,\text{cm}$

$$\varepsilon_t \cdot a_v = \frac{2*10^3\,\sigma_t - 0.8\,E_s + \sqrt{(2*10^3 \cdot \sigma_t - 0.8 \cdot E_s)^2 - 8*10^3 \cdot E_s \cdot (F_t/P_e - 0.8\,\sigma_t)}}{4*10^3 \cdot E_s}$$

$$= 6.50 \times 10^{-4}$$

$$\begin{cases} E_s = 2.1*10^6\,\text{kgf/cm}^2\quad F_t = 0.07*F_c = 14.7\,\text{kgf/cm}^2 \\ \sigma_t = 187.1 \times 10^3/(9.95 \times 9.9) = 1\,899\,\text{kgf/cm}^2 \end{cases}$$

かつ，$\varepsilon_t \cdot a_v \geq 0.4*\sigma_t/E_s = 3.62 \times 10^{-4}$

$\varepsilon_t \cdot a_v \geq (\sigma_t - 1\,050)/E_s = 4.04 \times 10^{-4}$　　$\varepsilon_t \cdot a_v \geq 3.62 \times 10^{-4}$

ひび割れ間の乾燥収縮ひずみ：$\varepsilon_{sh} = 3*10^{-4}$

∴最大ひび割れ幅

$$W_{\max} = 1.5 * 14.58 * (650 + 300) * 10^{-6} = 0.021\,\text{cm}$$

$$= 0.21\,\text{mm} < 0.3\,\text{mm}\quad \text{OK}$$

2) たわみの検討

検討を行う際の長期たわみ δ_L の弾性たわみ δ_e に対する増大率は，日本建築学会「鉄筋コンクリート構造計算基準・同解説」を参考に，周辺固定スラブの場合は 16 倍とする．

ここで，長期たわみ δ_L を短辺方向スパン（l_x）の $1/250$ 以下に抑えるためには，弾性たわみ δ_e は式（Ⅱ-2.3）に示すように $l_x/4\,000$ 以下とする必要がある．

$$\left.\begin{array}{l} \delta_L = 16\,\delta_e \leq \dfrac{l_x}{250} \\[6pt] \delta_e \leq \dfrac{l_x}{250} \cdot \dfrac{1}{16} = \dfrac{l_x}{4\,000} \end{array}\right\} \quad (\text{Ⅱ-2.3})$$

したがって，本検討においては，周辺固定スラブの弾性たわみ $\delta_e = l_x/4\,000$ を限界値とする．

また，土橋らが床スラブの弾塑性解析を行った結果報告によると，一方向スラブのたわみ性状は，二方向スラブのたわみ性状とほぼ同じであることなどから，一方向スラブの長期載荷実験結果を周

辺固定スラブの長期たわみ算定用として用いることとする．

ここで，弾性たわみに近似式として式(Ⅱ-2.4)を用いる．

$$\delta_e = \frac{1}{32} \cdot \frac{\lambda^4}{1+\lambda^4} \cdot \frac{W l_x^4}{E t^3} \qquad (\text{Ⅱ-2.4})$$

記号：$\lambda = l_y/l_x$

$W = \gamma_1 t + W_0$

W：床スラブの全荷重

W_0：積載荷重と仕上荷重との和

t：スラブ厚さ

γ_1：鉄筋コンクリートの単位体積重量

$$\delta_e = \frac{1}{32} \cdot \frac{1.33}{1+1.33} \cdot \frac{0.146 * 450}{2.1 * 10^5 * 15^3} = 0.200 \text{ cm}$$

∴$\delta_L = 16 \cdot \delta_e = 16 * 0.200 = 3.20 \text{ cm}(1/140) < 1/250$　NG

長期たわみ δ_L の弾性たわみ δ_e に対する増大率を16倍とするとNGとなるため，より正確な断面形状よりたわみ増大率を求め，長期たわみを算定する．

K_1（ひび割れによる倍率）$= 4.10$

K_2（クリープによる倍率）$= 1.53$

K_3（乾燥収縮による倍率）$= 1.32$

∴$\delta_L = (4.10 + 1.53 + 1.32) \cdot \delta_e = 6.95 * 0.200 = 1.39 \text{ cm}(1/324) > 1/250$　OK

本スラブの場合，積載荷重が重いため鉄筋が多く，たわみ増大率が小さくなったと考えられる．

スラブの振動については，S_1 と同じの為省略．

[安全性]

弾性解析による．荷重組合せは $1.1D + 2.0L$ とする．

短辺方向

・端部

$M_D = 59.0 \text{ tf·cm/m}$

$M_L = 128.1 \text{ tf·cm/m}$

$M = 1.1 * 59.0 + 2.0 * 128.1 = 321.1 \text{ tf·cm/m}$　$1.4(D+L)$

$t = 15 \text{ cm}, \ d = 11.35 \text{ cm}$

D 16@200　$a_t = 9.95 \text{ cm}^2/\text{m}$

$M_U = 0.9 * 9.95 * 3.3 * 11.35 = 335.4 \text{ tf·m/m} > 321.1$　OK

・中央

$M_D = 39.3 \text{ tf·cm/m}$

$M_L = 85.5 \text{ tf·cm/m}$

$M = 1.1 * 39.3 + 2.0 * 85.5 = 214.2 \text{ tf·cm/m}$

$t = 15 \text{ cm}, \ d = 11.35 \text{ cm}$

D 13 D 16@200　$a_t = 8.15 \text{ cm}^2/\text{m}$

$M_U = 0.9 * 8.15 * 3.3 * 11.35 = 274.7 \text{ tf·m/m} > 214.2$　OK

2 性能評価

長辺方向

・端部

$M_D = 38.8$ tf·cm/m

$M_L = 84.4$ tf·cm/m

$M = 1.1 * 38.8 + 2.0 * 84.4 = 211.5$ tf·cm/m

$t = 15$ cm, $d = 10.1$ cm

D 13 D 16@200 $\alpha_t = 8.15$ cm²/m

$M_U = 0.9 * 6.35 * 3.3 * 10.1 = 244.5$ tf·cm/m $>$ 211.5 OK

・中央

$M_D = 25.9$ tf·cm/m

$M_L = 56.9$ tf·cm/m

$M = 1.1 * 25.9 + 2.0 * 56.9 = 142.3$ tf·cm/m

$t = 15$ cm, $d = 10.1$ cm

D 13@200 $\alpha_t = 6.35$ cm²/m

$M_U = 0.9 * 6.35 * 3.3 * 10.1 = 190.5$ tf·cm/m $>$ 142.3 OK

2.3 適用例 2

2.3.1 検討方針

適用例2は，主架構について地震荷重に対する安全限界状態における限界値（変形量）を適用例1に比べ小さくすることを目標とした例であり，検討は地震時の安全限界状態について行う．

検討内容は，限界値（変形量）を小さくすることを意図して設計された架構を検証し，実際に意図したとおりに応答値（変形量）が小さくできることを確認するとともに，断面の違い等について検討する．

2.3.2 建築物概要

建築物は，適用例1と同じ地上6階建ての事務所ビルとし，構造形式はRC造とする．架構形式は，X方向純ラーメン構造とし，Y方向は連層耐震壁を有するラーメン構造とする．

使用材料は，コンクリートはFc 24，鉄筋の材種は，主筋SD 345，帯筋およびあばら筋SD 295とした．

建築物の各階重量および参考として$C_0 = 0.2$のA_i分布による層せん断力を表-2.2に示す．

表 II-2.2 各階重量および層せん断力

階	高さ (m)	各階重量 W (tf)	ΣW (tf)	α_i	A_i	C_i	層せん断力 (tf)
R	24.000	665.9					
			665.9	0.142	2.006	0.401	267.2
6	20.000	712.4					
			1 378.3	0.293	1.622	0.324	447.0
5	16.000	766.9					
			2 145.2	0.456	1.410	0.282	604.9
4	12.000	821.7					
			2 967.0	0.631	1.251	0.250	742.5
3	8.000	850.6					
			3 817.6	0.812	1.119	0.224	854.6
2	4.000	885.6					
			4 703.2	1.000	1.000	0.200	940.6
1	0.000	1 626.3					

2.3.3 地震荷重に対する検討

a. 地震荷重

安全限界状態に対する地震荷重は，適用例1と同じ5％減衰に対する応答スペクトルとして与え，短周期側の加速度一定部分を1.2G（1 176 gal），長周期側の速度一定部分160 cm/secとする．

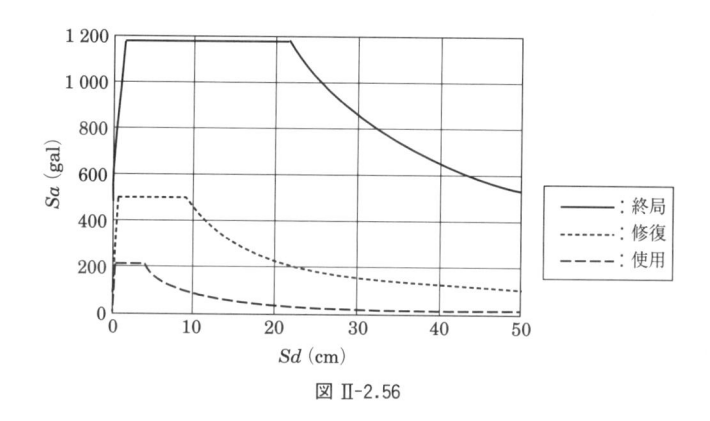

図 II-2.56

b. 限界値の設定

地震荷重に対する安全限界状態の限界値は適用例1より小さく以下とする．

安全限界状態：代表点位置の変形角1/90程度，層間変形角1/75程度

c. 部材の設定

部材の設定方法は，適用例1と同じとする．

安全限界状態の代表点位置の変形の限界値：1 600 cm/90≒18 cm

想定する塑性率 μ：$\mu=2.5$

塑性率より求まる減衰 h：$h=0.2(1-1/\sqrt{2.5})+0.05≒0.125$

要求スペクトルの交点より必要とされる S_a：約650 gal

1次有効質量比を80％と仮定すると必要とされる保有水平耐力はベースシヤー係数で約0.52となるので，この保有水平耐力をもつように部材を設定する．

設定された柱および大梁の断面表を図 II-2.57 に示す．

2 性能評価

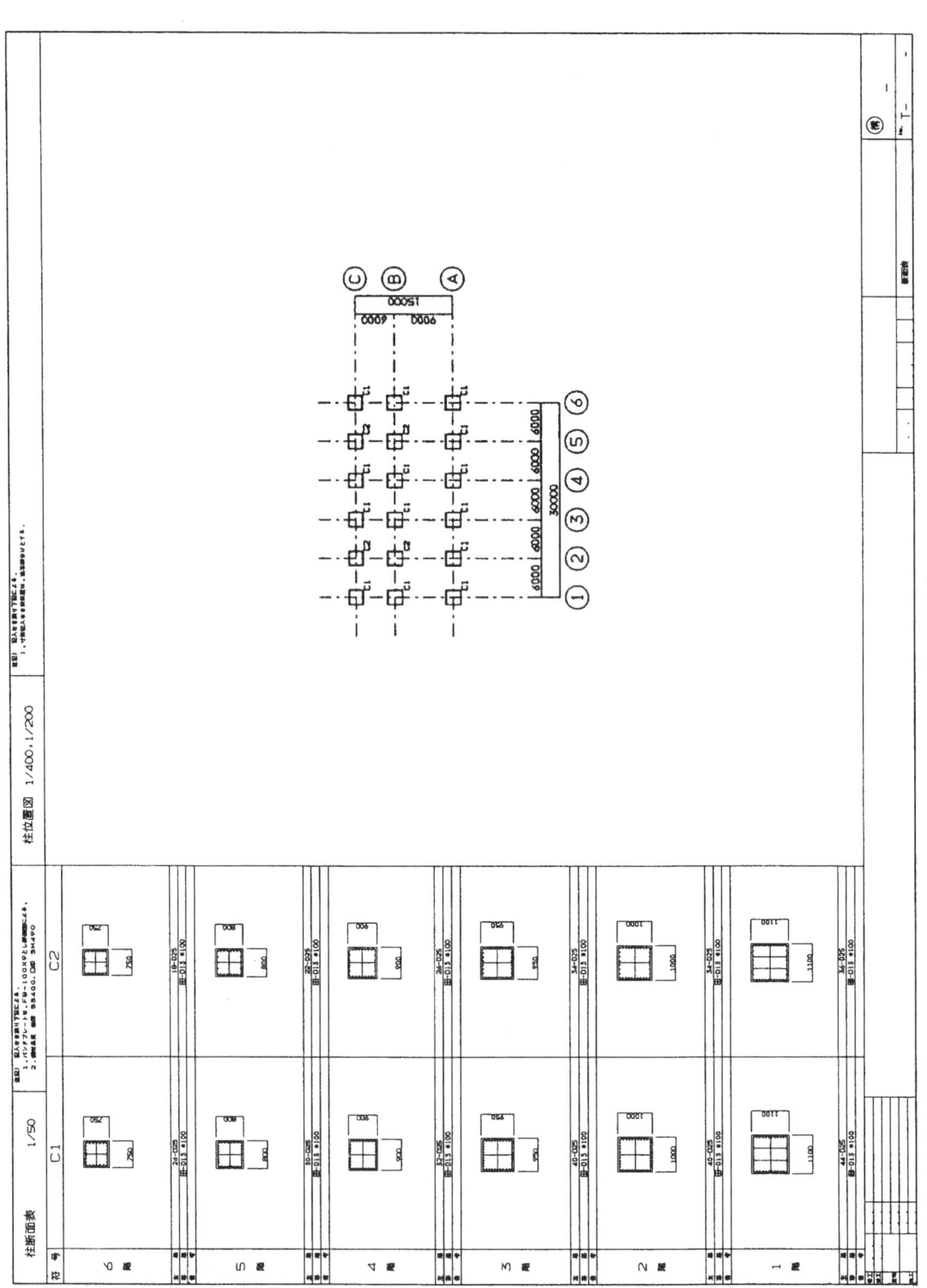

図 II-2.57 (1) 柱断面表

2.3 適用例2

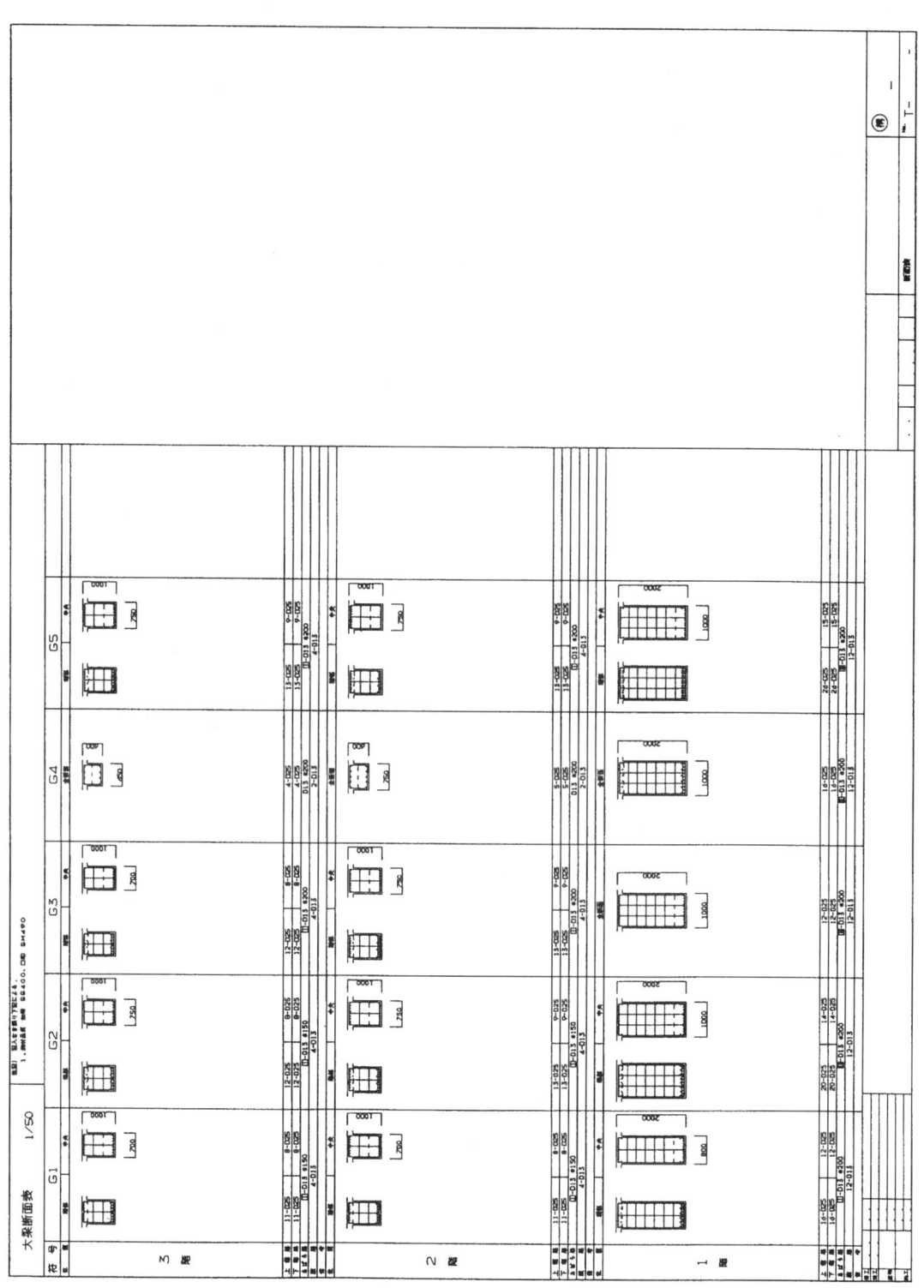

図Ⅱ-2.57 (2) 大梁断面表1

2 性能評価

図 Ⅱ-2.57 (3) 大梁断面表 2

d. 安全限界状態の検討

・X方向

図Ⅱ-2.58にX方向の安全限界状態に対応するS_a-S_dを示す．代表点の応答値は，S_aが710 gal，S_dが17.9 cmとなっている．

代表点の応答値に対応するステップの応力図を図Ⅱ-2.60に，塑性率図を図Ⅱ-2.61に，変形図を図Ⅱ-2.62に示す．

変形は，代表点に近い5階の床で変形角で1/104と限界値である1/80以下となっており，層間変形角は最大でも3階の1/87で限界値である1/70以下となっている．

部材の塑性率は，大梁で最大3.9，柱で最大1.9，この変形能を確保するように部材の設計を行う．検討は2.3.3 e.項「じん性能確保・崩壊形の保証」に示す．

・Y方向

図Ⅱ-2.63にY方向のマイナス側の安全限界状態に対応するS_a-S_dを示す．代表点の応答値は，S_aが610 gal，S_dが20.4 cmとなっている．また，図Ⅱ-2.68にY方向のプラス側の安全限界状態に対応するS_a-S_dを示す．

マイナス方向の代表点の応答値に対応するステップの応力図を図Ⅱ-2.65に，塑性率図を図Ⅱ-2.66に，変形図を図Ⅱ-2.67に示す．プラス方向の応力図を図Ⅱ-2.70に，塑性率図を図Ⅱ-2.71に，変形図を図Ⅱ-2.72に示す．

変形は，代表点に近い5階の床で変形角で1/103と限界値である1/90以下となっており，層間変形角は最大でも4階の1/100で限界値である1/75以下となっている．

部材の塑性率は，マイナス側で1階の柱が浮き上がっているため基礎梁の塑性率が大きくなっており，一般大梁で最大7.7，境界梁で最大4.9，柱で最大3.5，この変形能を確保するように部材の設計を行う．検討は2.3.3 e.項「じん性能確保・崩壊形の保証」に示す．

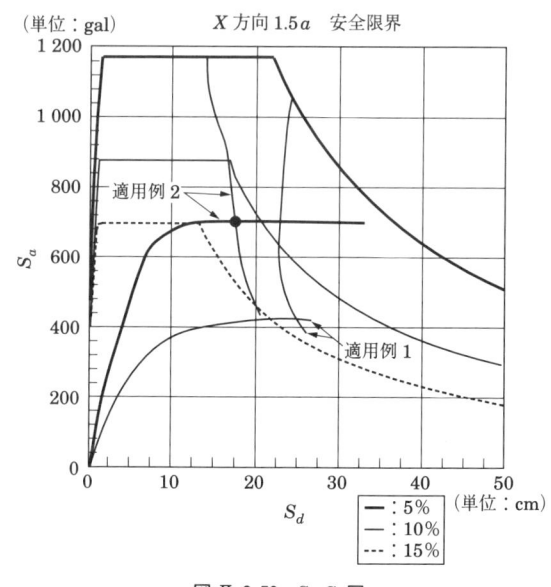

図Ⅱ-2.58　S_a-S_d図

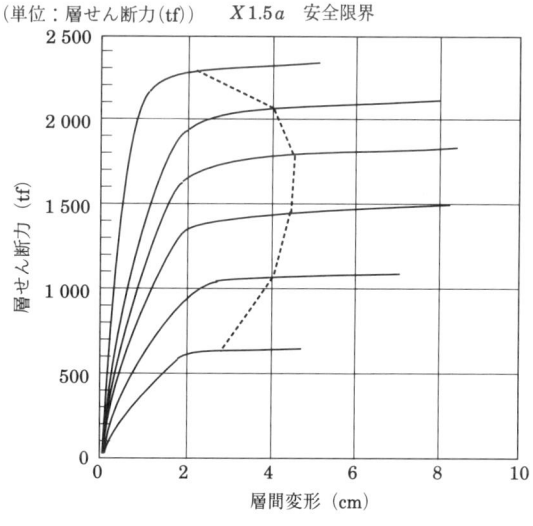

図Ⅱ-2.59　層せん断力-層間変形

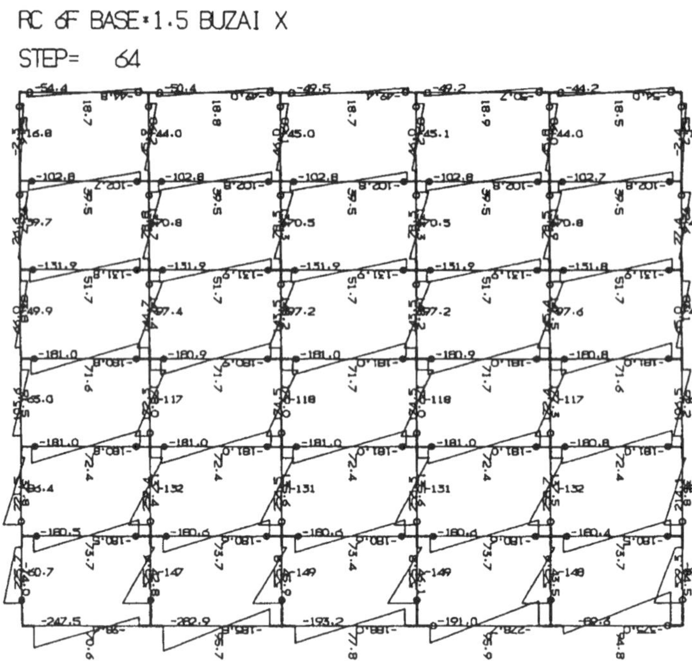

2　性能評価

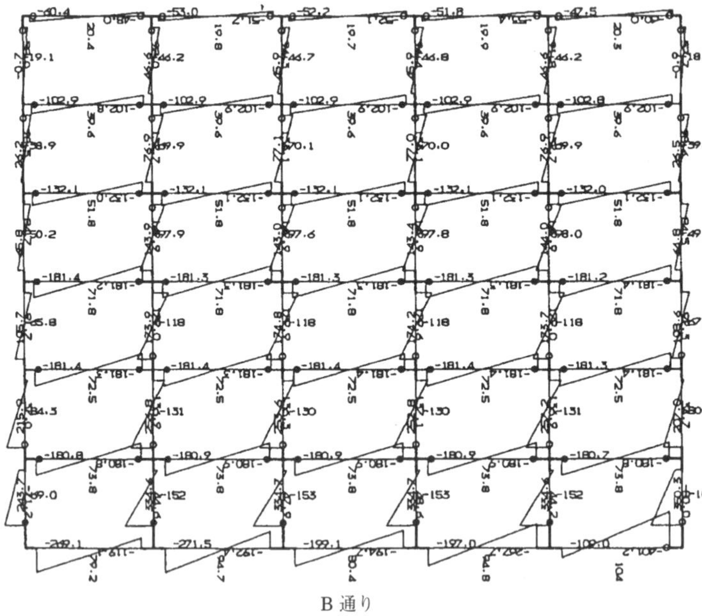

図II-2.60　応力図

2.3 適用例2

RC 6F BASE*1.5 BUZAI X
STEP= 64

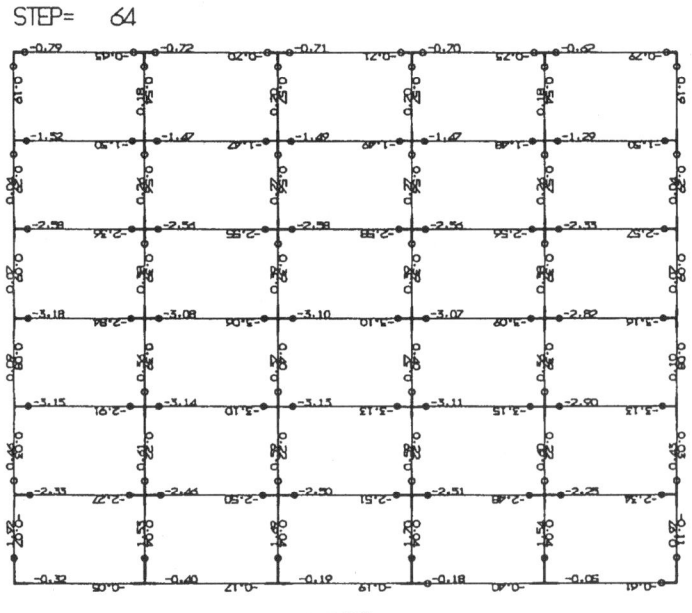

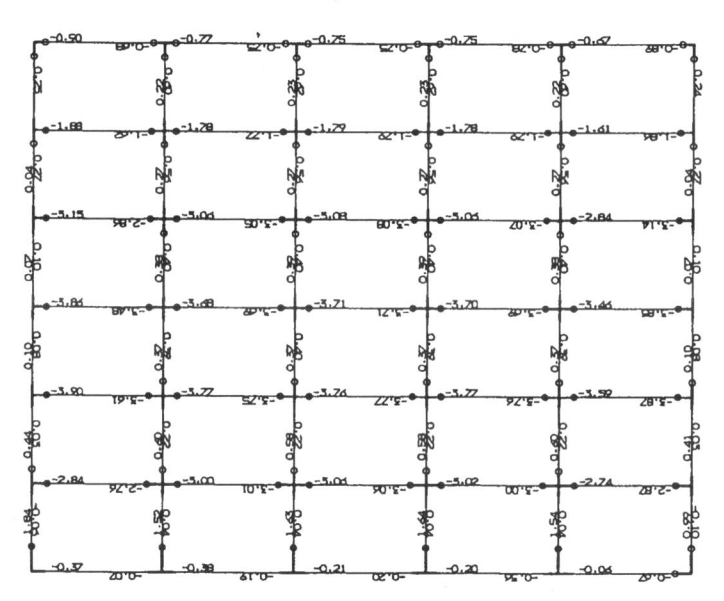

A, C 通り

B 通り

図 II-2.61 塑性率図

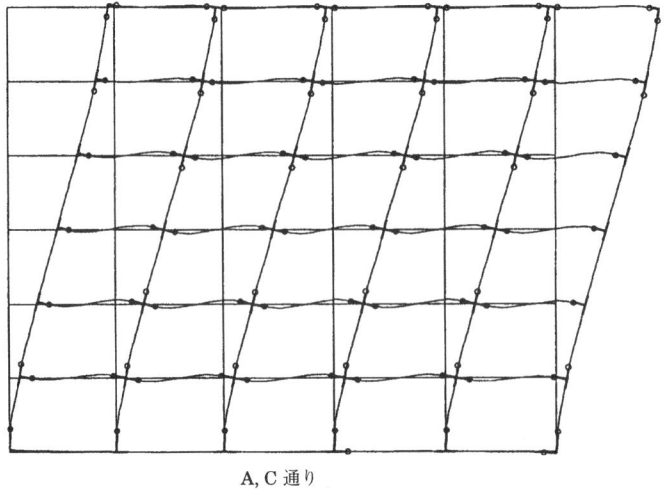

2 性能評価

```
RC 6F BASE*1.5 BUZAI X
STEP=   64
```

A, C 通り

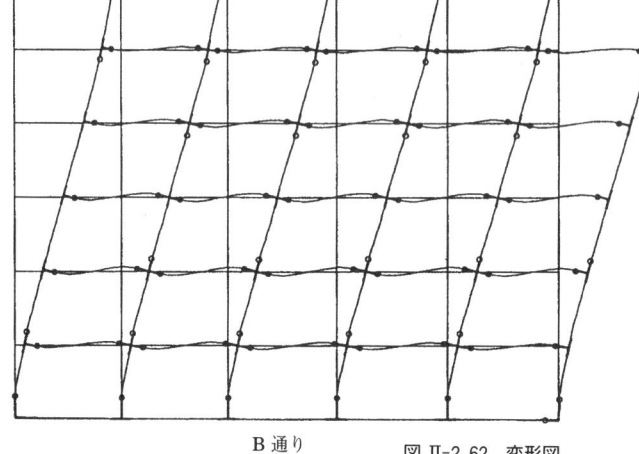

B 通り

図 Ⅱ-2.62 変形図

各階変位	層間変形
22.540 (1/106)	2.960 (1/135)
19.580 (1/102)	4.141 (1/97)
15.439 (1/104)	4.542 (1/88)
10.897 (1/110)	4.578 (1/87)
6.319 (1/127)	4.122 (1/97)
2.197 (1/182)	2.197 (1/182)

(単位：(gal))　　Y方向－1.5a　安全限界

S_a

適用例 2

適用例 1

S_d (単位：(cm))

—— : 5%
—— : 10%
----- : 15%

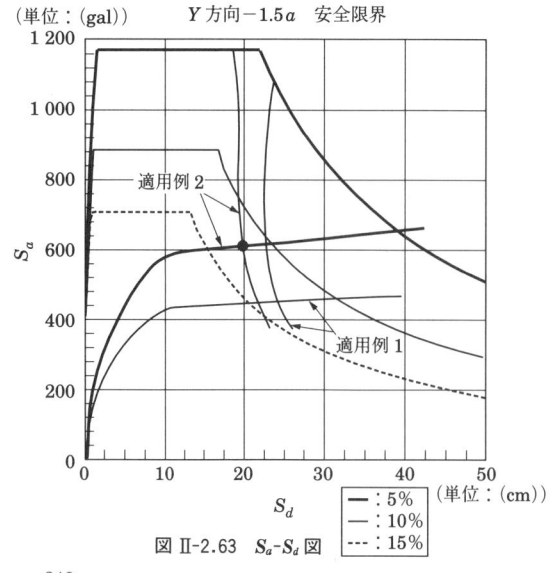

図 Ⅱ-2.63　S_a-S_d 図

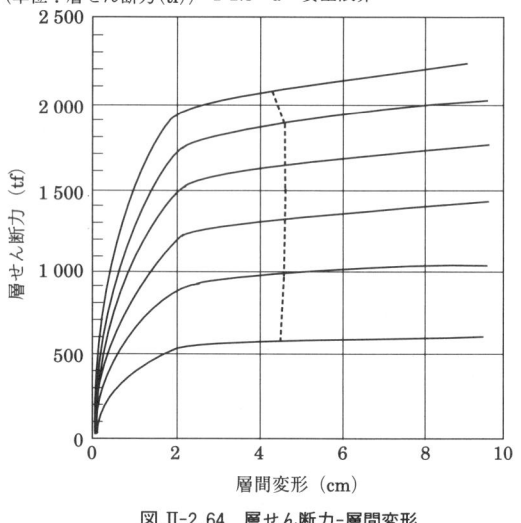

(単位：層せん断力(tf))　Y 1.5-a　安全限界

層せん断力 (tf)

層間変形 (cm)

図 Ⅱ-2.64　層せん断力-層間変形

2.3 適用例2

RC 6F BASE=1.5 Y BUZAI 523
STEP= 91

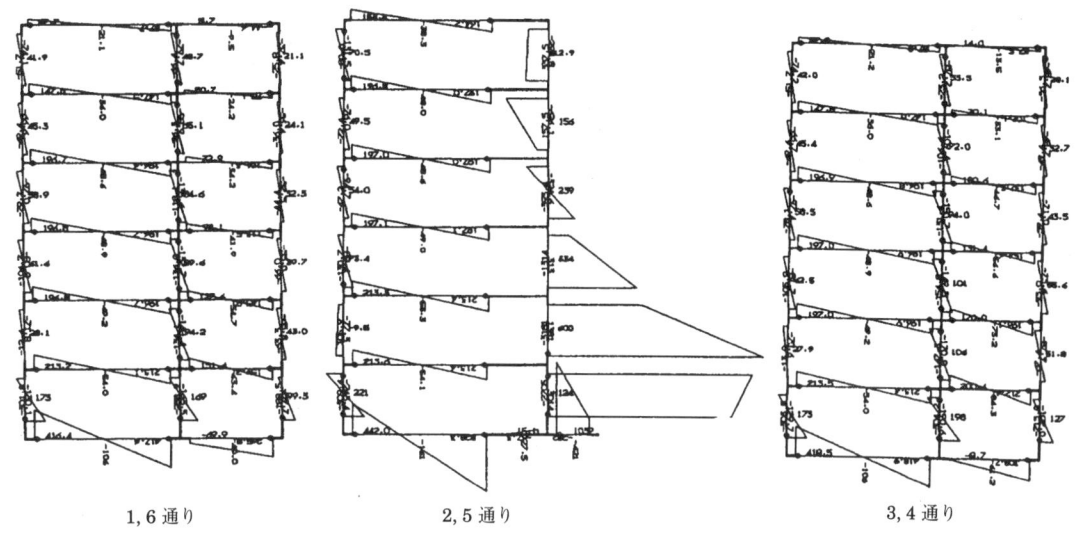

1,6通り　　　2,5通り　　　3,4通り

図 II-2.65　応力図

RC 6F BASE=1.5 Y BUZAI 523
STEP= 91

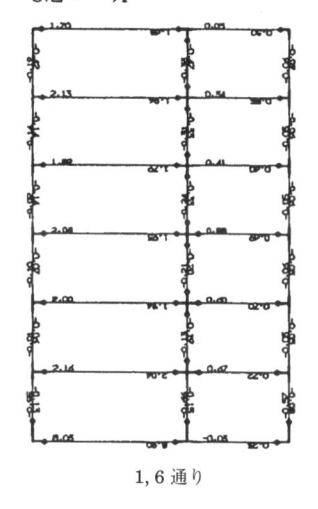

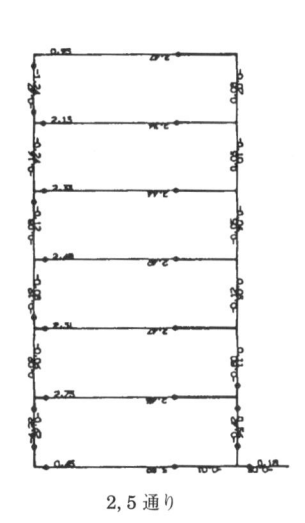

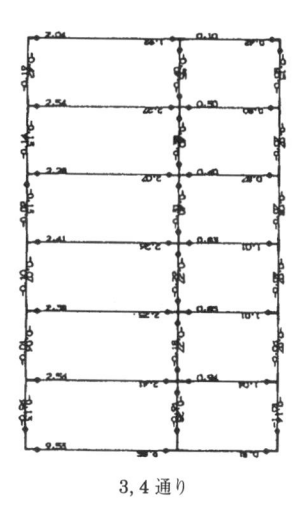

1,6通り　　　2,5通り　　　3,4通り

図 II-2.66　塑性率図

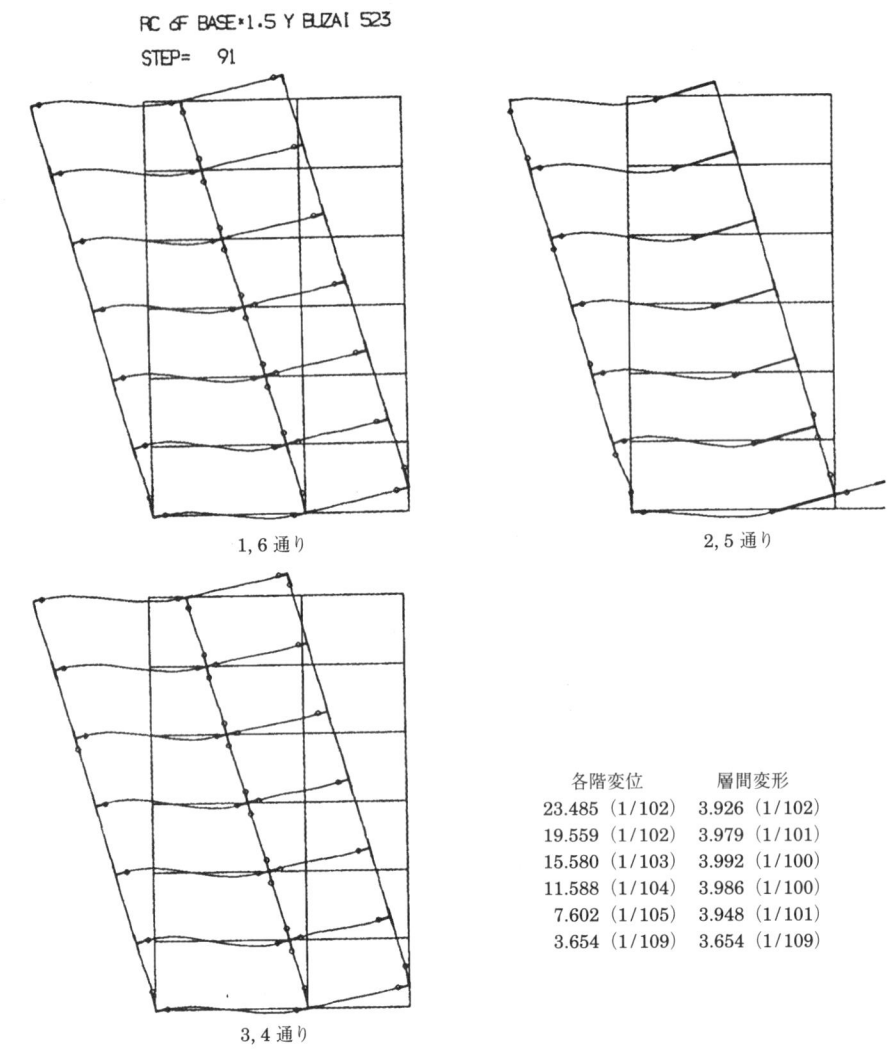

2 性能評価

RC 6F BASE=1.5 Y BUZAI 523
STEP= 91

1, 6 通り

2, 5 通り

各階変位	層間変形
23.485 (1/102)	3.926 (1/102)
19.559 (1/102)	3.979 (1/101)
15.580 (1/103)	3.992 (1/100)
11.588 (1/104)	3.986 (1/100)
7.602 (1/105)	3.948 (1/101)
3.654 (1/109)	3.654 (1/109)

3, 4 通り

図 II-2.67 変形図

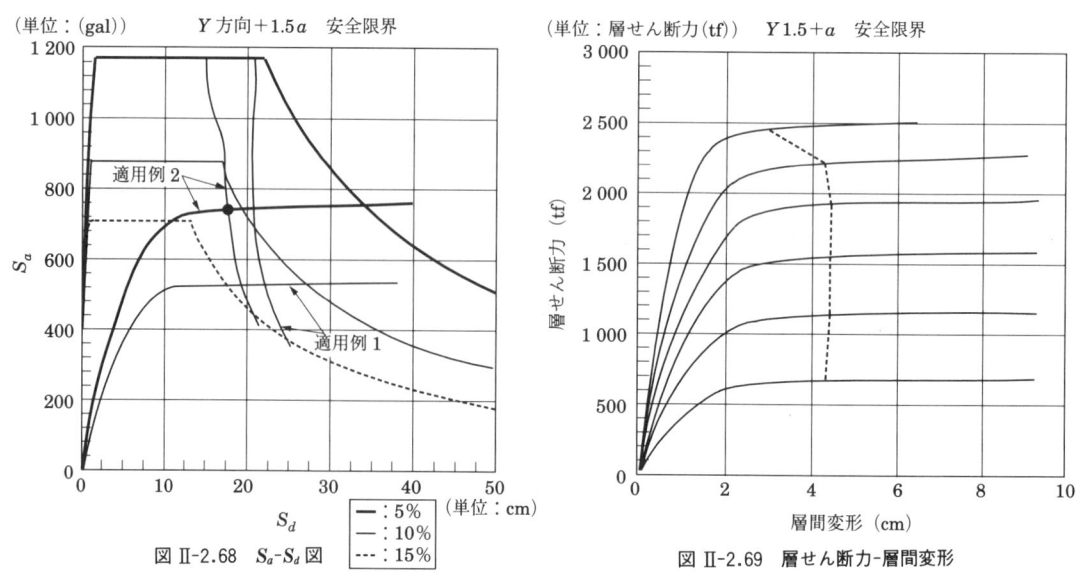

図 II-2.68 S_a-S_d 図

― : 5%
― : 10%
--- : 15%

図 II-2.69 層せん断力-層間変形

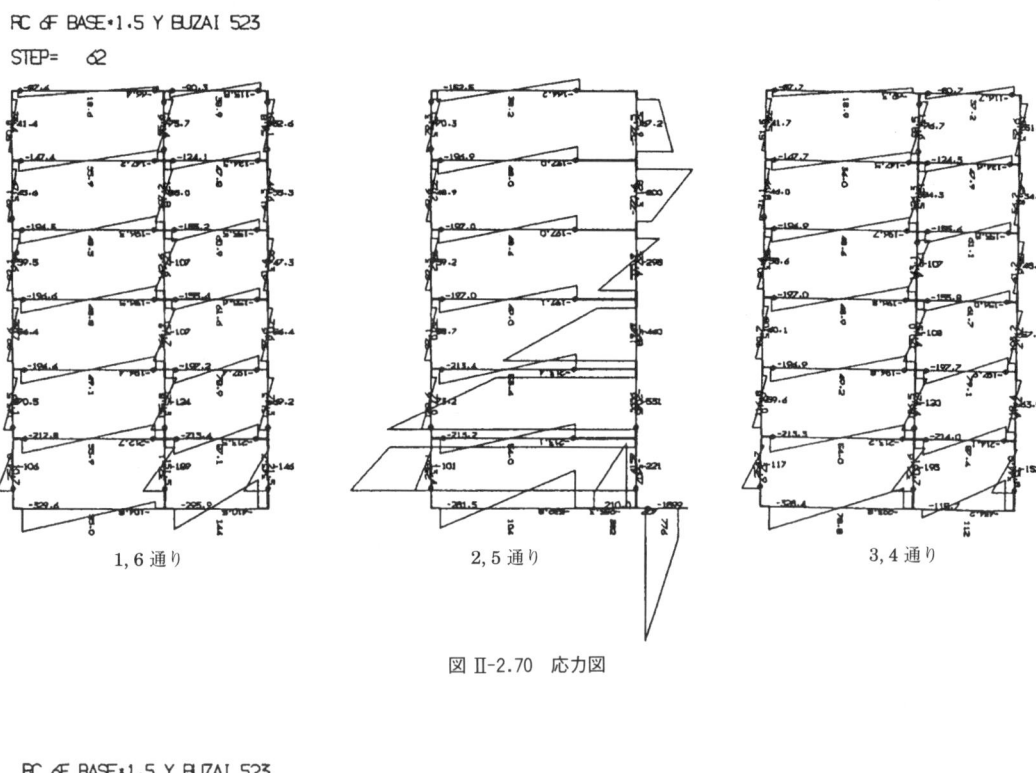

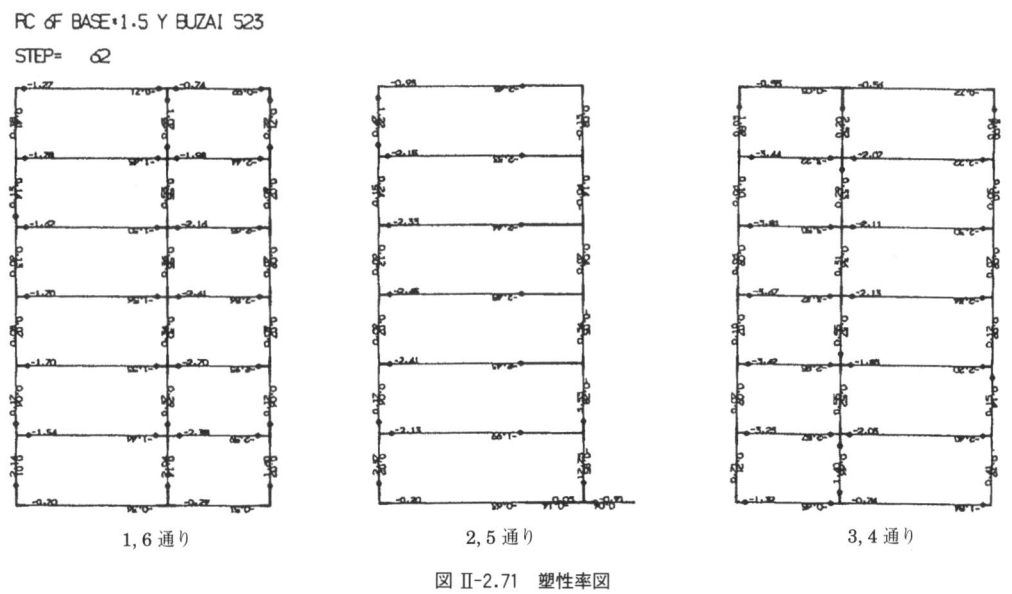

図 II-2.70 応力図

図 II-2.71 塑性率図

2 性能評価

```
PC OF BASE=1.5 Y BUZAI 523
STEP= 62
```

1, 6 通り

2, 5 通り

3, 4 通り

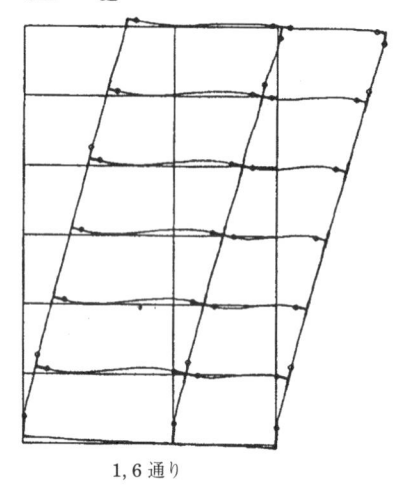

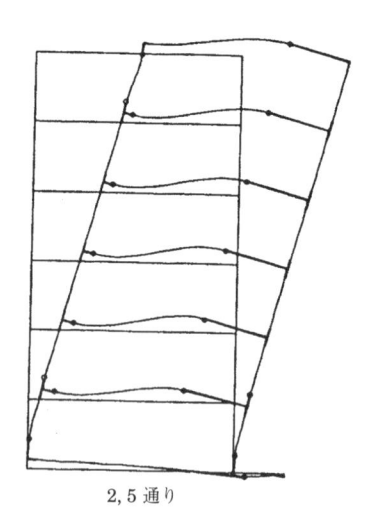

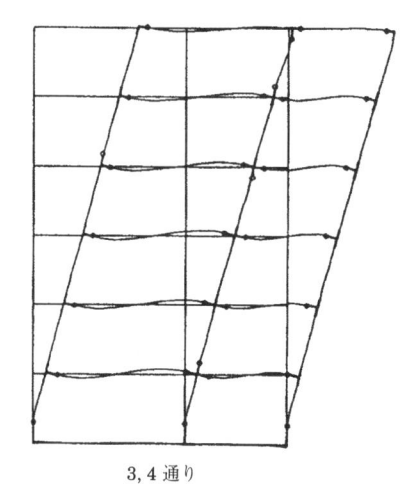

各階変位	層間変形
24.881 (1/96)	4.345 (1/92)
20.536 (1/97)	4.428 (1/90)
16.108 (1/99)	4.443 (1/90)
11.665 (1/103)	4.433 (1/90)
7.232 (1/111)	4.245 (1/94)
2.987 (1/134)	2.987 (1/134)

図 Ⅱ-2.72 変形図

e. じん性確保・崩壊形の保証

e-1. じん性確保

・X 方向

符号：3 G 1

コンクリート：$\sigma_B = 240 \text{ kgf/cm}^2$

鉄筋：$\sigma_y = 3\,500 \text{ kgf/cm}^2$, $\sigma_{wy} = 3\,000 \text{ kgf/cm}^2$

$\theta = 0.012(1/83.3)$, $\theta_g = 0.0096$

$Q_e = 72.5 \text{ tf}$, $Q_0 = 8.4 \text{ tf}$, $Q_r = 1.2^* Q_e + Q_0 = 95.4 \text{ tf}$

$R_p = \max(1.5^* \theta, \theta_g) = 0.0180(1/55.6)$

$\mu = 2 - 20^* R_p = 1.64$

$\nu = (1 - 20^* R_p)^* (0.7 - \sigma_B/2\,000) = 0.371$

$b = 70 \text{ cm}$, $D = 100 \text{ cm}$, $L = 500 \text{ cm}$

横補強筋：3-D 13@150
$b_e=70$ cm, $b_s=30$ cm, $j_e=90$ cm
$b_s/j_e=0.333$, $s/j_e=0.1667$
$p_w=0.003629$, $p_{we}=0.003629$
$\tan\theta=0.9{}^*D/(2{}^*L)=0.0900$
$\lambda=0.77$

せん断耐力

$V_{u1}=\mu{}^*p_{we}{}^*\sigma_{wy}{}^*b_e{}^*j_e+(\nu{}^*\sigma_B-5{}^*p_{we}{}^*\sigma_{wy}/\lambda){}^*(b{}^*D/2){}^*\tan\theta=118\,268$ kgf $=118.3$ tf
$V_{u2}=(\lambda{}^*\nu{}^*\sigma_B+p_{we}{}^*\sigma_{wy}){}^*b_e{}^*j_e/3=166\,915$ kgf $=166.9$ tf
$V_{u3}=\lambda{}^*\nu{}^*\sigma_B{}^*b_e{}^*j_e/2=216\,083$ kgf $=216.1$ tf
$V_u={}_{\min}(V_{u1},\,V_{u2},\,V_{u3})=118.3$ tf$\geq Q_r=95.4$ tf　OK

付着を考慮したせん断耐力

$\alpha_t=0.75+\sigma_B/4\,000=0.81$
$N_1=8$, $N_2=3$, $d_b=25$
$b_{si}=(b-N_1{}^*d_b)/(N_1{}^*d_b)=2.50$
$b_{c1}=\{\sqrt{2}{}^*(d_{cs}+d_{ct})-d_b\}/d_b=7.49$
$b_i={}_{\min}(b_{si},\,b_{ci})=2.50$
$k_{st}=(550+460{}^*N_w/N_1){}^*(b_{si}+1){}^*p_w=9.18$
$\tau_{bu}=\alpha_t{}^*\{(0.27{}^*b_i+0.33){}^*\sqrt{\sigma_B}+k_{st}\}=20.04$
$\alpha_2=0.6$
$b_{si2}=(b-N_2{}^*d_b)/(N_2{}^*d_b)=8.33$
$k_{st2}=1\,010{}^*(b_{si2}+1){}^*p_w=34.21$
$\tau_{bu2}=\alpha_2{}^*\alpha_t{}^*\{(0.27{}^*b_{si2}+0.33){}^*\sqrt{\sigma_B}+k_{st2}\}=36.05$
$\sum(\tau_{bu}{}^*\phi)=(1-10{}^*R_p){}^*\{\tau_{bu}{}^*\sum\phi+\tau_{bu2}{}^*\sum\phi\,2\}=1\,761$
$V_{bu}=\sum(\tau_{bu}{}^*\phi){}^*j_e+\{\nu{}^*\sigma_B-2.5{}^*\sum(\tau_{bu}{}^*\phi)/(\lambda{}^*b_e)\}{}^*(b{}^*D/2){}^*\tan\theta$
　　$=160\,848$ kgf $=160.8$ tf$\geq Q_r=95.4$　OK

符号：1 C 1
コンクリート：$\sigma_B=240$ kgf/cm^2
鉄筋：$\sigma_y=3\,500$ kgf/cm^2, $\sigma_{wy}=3\,000$ kgf/cm^2
$\theta=0.00697(1/143.5)$, $\theta_g=0.0096$
$Q_e=153.3$ tf, $Q_0=0$ tf, $Q_r=1.2{}^*Q_e+Q_0=184.0$ tf
$R_p={}_{\max}(1.5{}^*\theta,\,\theta_g)=0.0105(1/95.6)$
$\mu=2-20{}^*R_p=1.7909$
$\nu=(1-20{}^*R_p){}^*(0.7-\sigma_B/2\,000)=0.459$
$b=110$ cm, $D=110$ cm, $L=300$ cm
横補強筋：3-D 13@100
$b_e=100$ cm, $b_s=50$ cm, $j_e=100$ cm

2 性能評価

$b_s/j_e=0.500$, $s/j_e=0.1$
$p_w=0.003464$, $p_{we}=0.00381$
$\tan\theta=0.9*D/(2*L)=0.1650$
$\lambda=0.83$

せん断耐力

$V_{u1}=\mu*p_{we}*\sigma_{wy}*b_e*j_e+(\nu*\sigma_B-5*p_{we}*\sigma_{wy}/\lambda)*(b*D/2)*\tan\theta=245\,866\text{ kgf}=245.9\text{ tf}$
$V_{u2}=(\lambda*\nu*\sigma_B+p_{we}*\sigma_{wy})*b_e*j_e/3=342\,691\text{ kgf}=342.7\text{ tf}$
$V_{u3}=\lambda*\nu*\sigma_B*b_e*j_e/2=456\,887\text{ kgf}=456.9\text{ tf}$
$V_u={}_{\min}(V_{u1},\ V_{u2},\ V_{u3})=245.9\text{ tf}\geqq Q_r=184.0\text{ tf}\quad\text{OK}$

付着を考慮したせん断耐力

$\alpha_t=0.75+\sigma_B/4\,000=0.81$
$N_1=12$, $N_2=0$, $d_b=25$
$b_{si}=(b-N_1*d_b)/(N_1*d_b)=2.67$
$b_{c1}=\{\sqrt{2}*(d_{cs}+d_{ct})-d_b\}/d_b=7.49$
$b_i={}_{\min}(b_{si},\ \text{bci})=2.67$
$k_{st}=(550+460*N_w/N_1)*(b_{si}+1)*p_w=8.45$
$\tau_{bu}=\alpha_t*\{(0.27*b_i+0.33)*\sqrt{\sigma_B}+k_{st}\}=20.02$
$\alpha_2=0.6$
$b_{si2}=(b-N_2*d_b)/(N_2*d_b)=0.00$
$k_{st2}=1\,010*(b_{si2}+1)*p_w=3.50$
$\tau_{bu2}=\alpha_2*\alpha_t*\{(0.27*b_{si2}+0.33)*\sqrt{\sigma_B}+k_{st2}\}=4.18$
$\sum(\tau_{bu}*\phi)=(1-10*R_p)*\{\tau_{bu}\sum\phi+\tau_{bu2}\sum\phi_2\}=1\,721$
$V_{bu}=\sum(\tau_{bu}*\phi)*j_e+\{\nu*\sigma_B-2.5*\sum(\tau_{bu}*\phi)/(\lambda*b_e)\}*(b*D/2)*\tan\theta$
$\quad=230\,233\text{ kgf}=230.2\text{ tf}\geqq Q_r=184.0\quad\text{OK}$

・Y方向

符号：2G5
コンクリート：$\sigma_B=240\text{ kgf/cm}^2$
鉄筋：$\sigma_y=3\,500\text{ kgf/cm}^2$, $\sigma_{wy}=3\,000\text{ kgf/cm}^2$
$\theta=0.0137(1/73.0)$　$\theta_g=0.0114$
$Q_e=54.1\text{ tf}$, $Q_0=18.9\text{ tf}$, $Q_r=1.2*Q_e+Q_0=83.8\text{ tf}$
$R_p={}_{\max}(1.5*\theta,\ \theta_g)=0.0206(1/48.7)$
$\mu=2-20*R_p=1.589$
$\nu=(1-20*R_p)*(0.7-\sigma_B/2\,000)=0.342$
$b=75\text{ cm}$, $D=100\text{ cm}$, $L=790\text{ cm}$
横補強筋：3-D 13@200
$b_e=75\text{ cm}$, $b_s=32.5\text{ cm}$, $j_e=90\text{ cm}$
$b_s/j_e=0.361$, $s/j_e=0.2222$

$p_w=0.00254$,　$p_{we}=0.00254$
$\tan\theta=0.9^*D/(2^*L)=0.0570$
$\lambda=0.77$

せん断耐力

$V_{u1}=\mu^*p_{we}^*\sigma_{wy}^*b_e^*j_e+(\nu^*\sigma_B-5^*p_{we}^*\sigma_{wy}/\lambda)^*(b^*D/2)^*\tan\theta=88\,674$ kgf$=88.7$ tf
$V_{u2}=(\lambda^*\nu^*\sigma_B+p_{we}^*\sigma_{wy})^*b_e^*j_e/3=159\,191$ kgf$=159.2$ tf
$V_{u3}=\lambda^*\nu^*\sigma_B^*b_e^*j_e/2=213\,068$ kgf$=213.1$ tf
$V_u=\min(V_{u1},V_{u2},V_{u3})=88.7$ tf$\geqq Q_r=83.8$ tf　OK

付着を考慮したせん断耐力

$\alpha_t=0.75+\sigma_B/4\,000=0.81$
$N_1=9$,　$N_2=4$,　$d_b=25$
$b_{si}=(b-N_1^*d_b)/(N_1^*d_b)=2.33$
$b_{c1}=\{\sqrt{2}^*(d_{cs}+d_{ct})-d_b\}/d_b=7.49$
$b_i=\min(b_{si},b_{ci})=2.33$
$k_{st}=(550+460^*N_w/N_1)^*(b_{si}+1)^*p_w=5.95$
$\tau_{bu}=\alpha_t^*\{(0.27^*b_i+0.33)^*\sqrt{\sigma_B}+k_{st}\}=16.87$
$\alpha_2=0.6$
$b_{si2}=(b-N_2^*d_b)/(N_2^*d_b)=6.50$
$k_{st2}=1\,010^*(b_{si2}+1)^*p_w=19.24$
$\tau_{bu2}=\alpha_2^*\alpha_t^*\{(0.27^*b_{si2}+0.33)^*\sqrt{\sigma_B}+k_{st2}\}=25.05$
$\sum(\tau_{bu}^*\phi)=(1-10^*R_p)^*\{\tau_{bu}^*\sum\phi+\tau_{bu2}^*\sum\phi_2\}=1\,602$
$V_{bu}=\sum(\tau_{bu}^*\phi)^*j_e+\{\nu^*\sigma_B-2.5^*\sum(\tau_{bu}^*\phi)/(\lambda^*b_e)\}^*(b^*D/2)^*\tan\theta$
　　$=146\,870$ kgf$=146.9$ tf$\geqq Q_r=83.8$　OK

符号：1 C 1
コンクリート：$\sigma_B=240$ kgf/cm^2
鉄筋：$\sigma_y=3\,500$ kgf/cm^2,　$\sigma_{wy}=3\,000$ kgf/cm^2
$\theta=0.00992(1/100.8)$,　$\theta_g=0.0097$
$Q_e=212.2$ tf,　$Q_0=0$ tf,　$Q_r=1.2^*Q_e+Q_0=254.6$ tf
$R_p=\max(1.5^*\theta,\theta_g)=0.0149(1/67.2)$
$\mu=2-20^*R_p=1.7024$
$\nu=(1-20^*R_p)^*(0.7-\sigma_B/2\,000)=0.407$
$b=110$ cm,　$D=110$ cm,　$L=300$ cm
横補強筋：4-D 13@100
$b_e=100$ cm,　$b_s=33.33$ cm,　$j_e=100$ cm
$b_s/j_e=0.333$,　$s/j_e=0.1$
$p_w=0.004618$,　$p_{we}=0.00508$
$\tan\theta=0.9^*D/(2^*L)=0.1650$

2 性能評価

$\lambda = 0.87$

せん断耐力

$\quad V_{u1} = \mu{}^*p_{we}{}^*\sigma_{wy}{}^*b_e{}^*j_e + (\nu{}^*\sigma_B - 5{}^*p_{we}{}^*\sigma_{wy}/\lambda){}^*(b{}^*D/2){}^*\tan\theta = 269\,616\text{ kgf} = 269.6\text{ tf}$

$\quad V_{u2} = (\lambda{}^*\nu{}^*\sigma_B + p_{we}{}^*\sigma_{wy}){}^*b_e{}^*j_e/3 = 334\,345\text{ kgf} = 334.3\text{ tf}$

$\quad V_{u3} = \lambda{}^*\nu{}^*\sigma_B{}^*b_e{}^*j_e/2 = 425\,317\text{ kgf} = 425.3\text{ tf}$

$\quad V_u = \min(V_{u1}, V_{u2}, V_{u3}) = 269.6\text{ tf} \geqq Q_r = 254.6\text{ tf}\quad \text{OK}$

付着を考慮したせん断耐力

$\quad \alpha_t = 0.75 + \sigma_B/4\,000 = 0.81$

$\quad N_1 = 12,\ N_2 = 2,\ d_b = 25$

$\quad b_{si} = (b - N_1{}^*d_b)/(N_1{}^*d_b) = 2.67$

$\quad b_{c1} = \{\sqrt{2}{}^*(d_{cs} + d_{ct}) - d_b\}/d_b = 7.49$

$\quad b_i = \min(b_{si}, b_{ci}) = 2.67$

$\quad k_{st} = (550 + 460{}^*N_w/N_1){}^*(b_{si}+1){}^*p_w = 11.91$

$\quad \tau_{bu} = \alpha_t{}^*\{(0.27{}^*b_i + 0.33){}^*\sqrt{\sigma_B} + k_{st}\} = 22.82$

$\quad \alpha_2 = 0.6$

$\quad b_{si2} = (b - N_2{}^*d_b)/(N_2{}^*d_b) = 21.00$

$\quad k_{st2} = 1\,010{}^*(b_{si2}+1){}^*p_w = 102.62$

$\quad \tau_{bu2} = \alpha_2{}^*\alpha_t{}^*\{(0.27{}^*b_{si2}+0.33){}^*\sqrt{\sigma_B} + k_{st2}\} = 95.05$

$\quad \sum(\tau_{bu}{}^*\phi) = (1 - 10{}^*R_p){}^*\{\tau_{bu}\sum\phi + \tau_{bu2}\sum\phi_2\} = 3\,159$

$\quad V_{bu} = \sum(\tau_{bu}{}^*\phi){}^*j_e + \{\nu{}^*\sigma_B - 2.5{}^*\sum(\tau_{bu}{}^*\phi)/(\lambda{}^*b_e)\}{}^*(b{}^*D/2){}^*\tan\theta$
$\quad\quad = 322\,916\text{ kgf} = 322.9\text{ tf} \geqq Q_r = 254.6\quad \text{OK}$

W50　1階　2通　荷重＋側

安全限界状態時応力

$\quad N_{D+L} = 355.9 + 273.2 = 629.1\text{ tf}$

$\quad N_K = 291.2\text{ tf}$

$\quad M = 4\,159\text{ tf·m}$

$\quad Q = 220.6\text{ t}$

$\quad R = 0.529{}^*10^{-2}$

$\quad Ru = 1.5\,R = 0.794{}^*10^{-2}\,(1/126)$

・中立軸位置の算定

　側柱のコンクリートが負担する軸力

$\quad N_C = N_{DL} + N_K + A_{ws}\cdot\sigma_{wyu} = 629.1 + 291.2 + 2.87{}^*49{}^*3.85 = 1\,461.7\text{ tf}$

$\quad N_{CV} = (N_C{}^2 + Q^2)/N_C = (1\,461.7^2 + 220.6^2)/1\,461.7 = 1\,495.0\text{ tf}$

中立軸位置

$\quad \sigma_{CC} = (D_xD_y)/(j_ex\cdot j_ey)\,0.85\cdot\sigma_B = 110{}^*110/(100{}^*100){}^*0.85{}^*240 = 246.8\,(\text{kgf/cm}^2)$

$\quad X_{nx} = N_{CV}/(\beta_1\cdot j_ey\cdot\sigma_{CC})\quad (\beta = 1.0)$
$\quad\quad = 1\,495.0{}^*10^3/(1.0{}^*100{}^*246.8) = 60.6\text{ cm}$

$X_{nx} < j_e x$ （中立軸は側柱内）

・曲率の算定

ヒンジ長さを側柱芯間寸法の 1/3 として曲率 ϕ_{px} を算定

$\phi_{px} = R_u/(l_w x/3) = 0.00794/(600/3) = 3.97*10^{-5}$ cm^{-1}

・側柱の中心軸のひずみ度

$\varepsilon_C = (X_{nx} - j_e x/2)\phi_{px} = (60.6 - 100/2)*3.97*10^{-5} = 0.00042 \leq 0.003$　OK

e-2．崩壊形の保証

・X 方向

符号：2C1

コンクリート：$\sigma_B = 240$ kgf/cm^2

鉄筋：$\sigma_y = 3\,500$ kgf/cm^2，$\sigma_{wy} = 3\,000$ kgf/cm^2

安全限界状態時応力：$N = 243.2 + 0.1 = 243.3$ tf

$M_F = 256.5$ tf・m

$Q = 130.7$ tf

$b = 100$ cm，$D = 100$ cm，主筋 40-D 25，$a_g = 202.8$ cm^2

曲げ

$Mu = 0.5 \cdot a_g \cdot \sigma_y \cdot g_1 \cdot D + 0.5 \cdot N \cdot D \cdot \{1 - N/(b \cdot D \cdot F_c)\}$

$= 0.5*202.8*3.85*0.66*1.0 + 0.5*243.3*1.0*\{1 - 243.3/(100*100*0.24)\}$

$= 257.7 + 109.3 = 367.0$ tf・m $> 256.5*1.4 = 359.1$ tf・m

せん断

$Q_e = 130.7$ tf，$Q_0 = 0$ tf，$Q_r = 1.4*Q_e + Q_0 = 183.0$ tf

$R_p = 0.0000$

$\mu = 2 - 20*R_p = 2$

$\nu = (1 - 20*R_p)*(0.7 - \sigma_B/2\,000) = 0.580$

$b = 100$ cm，$D = 100$ cm，$L = 300$ cm

横補強筋：3-D 13@100

$b_e = 90$ cm，$b_s = 45$ cm，$j_e = 90$ cm

$b_s/j_e = 0.500$，$s/j_e = 0.1111$

$p_w = 0.00381$，$p_{we} = 0.004233$

$\tan \theta = 0.9*D/(2*L) = 0.1500$

$\lambda = 0.77$

せん断耐力

$V_{u1} = \mu*p_{we}*\sigma_{wy}*b_e*j_e + (\nu*\sigma_B - 5*p_{we}*\sigma_{wy}/\lambda)*(b*D/2)*\tan\theta = 248\,289$ kgf $= 248.3$ tf

$V_{u2} = (\lambda*\nu*\sigma_B + p_{we}*\sigma_{wy})*b_e*j_e/3 = 323\,687$ kgf $= 323.7$ tf

$V_{u3} = \lambda*\nu*\sigma_B*b_e*j_e/2 = 434\,095$ kgf $= 434.1$ tf

$V_u = \min(V_{u1}, V_{u2}, V_{u3}) = 248.3$ tf $\geq Q_r = 183.0$ tf　OK

付着を考慮したせん断耐力

$\alpha_t = 0.75 + \sigma_B/4\,000 = 0.81$

2 性能評価

$N_1=11$, $N_2=0$, $d_b=25$
$b_{si}=(b-N_1{}^*d_b)/(N_1{}^*d_b)=2.64$
$b_{c1}=\{\sqrt{2}{}^*(d_{cs}+d_{ct})-d_b\}/d_b=7.49$
$b_i={}_{\min}(b_{si},\ \mathrm{bci})=2.64$
$k_{st}=(550+460{}^*N_w/N_1){}^*(b_{si}+1){}^*p_w=9.36$
$\tau_{bu}=\alpha_t{}^*\{(0.27{}^*b_i+0.33){}^*\sqrt{\sigma_B}+k_{st}\}=20.65$
$\alpha_2=0.6$
$b_{si2}=(b-N_2{}^*d_b)/(N_2{}^*d_b)=0.00$
$k_{st2}=1\,010{}^*(b_{si2}+1){}^*p_w=3.85$
$\tau_{bu2}=\alpha_2{}^*\alpha_t{}^*\{(0.27{}^*b_{si2}+0.33){}^*\sqrt{\sigma_B}+k_{st2}\}=4.35$
$\sum(\tau_{bu}{}^*\phi)=(1-10{}^*R_p){}^*\{\tau_{bu}\sum\phi+\tau_{bu2}\sum\phi_2\}=1\,817$
$V_{bu}=\sum(\tau_{bu}{}^*\phi){}^*j_e+\{\nu{}^*\sigma_B-2.5{}^*\sum(\tau_{bu}{}^*\phi)/(\lambda{}^*b_e)\}{}^*(b{}^*D/2){}^*\tan\theta$
　　　$=218\,800\ \mathrm{kgf}=218.8\ \mathrm{tf}\geqq Q_r=183.0\ \mathrm{tf}$　OK

柱梁接合部

安全限界状態時せん断力：V_j

$V_j=-Q_c+\mathrm{T}+\mathrm{C}$
　　$=-131.0+214.7+214.7$
　　$=-298.4\ \mathrm{tf}$

せん断耐力：V_{ju}

$V_{ju}=\kappa\cdot\phi\cdot F_j\cdot b_j\cdot D_j$
$\kappa=1.0$（十字形）
$\phi=0.85$（直交梁片側）
$F_j=1.6\cdot\sigma_B{}^{0.7}$（kgf/cm^2）
　　$=74.18\ \mathrm{kgf/cm^2}$
$b_j=90.0\ \mathrm{cm}$
$D_j=110.0\ \mathrm{cm}$
$V_{ju}=1.0\cdot0.85\cdot74.18\cdot90.0\cdot110.0$
　　$=624\,200\ \mathrm{kgf}$
　　$=624.2\ \mathrm{tf}\geqq1.3\cdot V_j=387.9\ \mathrm{tf}$　OK

・Y方向

符号：3C1

コンクリート：$\sigma_B=240\ \mathrm{kgf/cm^2}$

鉄筋：$\sigma_y=3\,500\ \mathrm{kgf/cm^2}$，$\sigma_{wy}=3\,000\ \mathrm{kgf/cm^2}$

安全限界状態時応力：$N=268.5+3.0=268.8\ \mathrm{tf}$
　　　　　　　　　$M_F=155.3\ \mathrm{tf\cdot m}$
　　　　　　　　　　$Q=101.7\ \mathrm{tf}$

$b=95\ \mathrm{cm}$, $D=95\ \mathrm{cm}$, 主筋 40-D 25, $a_g=202.8\ \mathrm{cm^2}$

曲げ

$\mathrm{Mu}=0.5\cdot a_g\cdot\sigma_y\cdot g_1\cdot D+0.5\cdot N\cdot D\cdot\{1-N/(b\cdot D\cdot F_c)\}$

$$= 0.5*202.8*3.85*0.69*0.95 + 0.5*268.8*0.95*\{1-268.8/(95*95*0.24)\}$$
$$= 255.9 + 111.8 = 367.7 \text{ tf·m} > 155.3*1.4 = 217.4 \text{ tf·m}$$

せん断

$Q_e = 101.7$ tf, $Q_0 = 0$ tf, $Q_r = 1.4*Q_e + Q_0 = 142.4$ tf

$R_p = 0.0000$

$\mu = 2 - 20*R_p = 2$

$\nu = (1 - 20*R_p)*(0.7 - \sigma_B/2\,000) = 0.580$

$b = 95$ cm, $D = 95$ cm, $L = 300$ cm

横補強筋：2-D 13@100

$b_e = 85$ cm, $b_s = 85$ cm, $j_e = 85$ cm

$b_s/j_e = 1.000$, $s/j_e = 0.1176$

$p_w = 0.002674$, $p_{we} = 0.002988$

$\tan \theta = 0.9*D/(2*L) = 0.1425$

$\lambda = 0.66$

せん断耐力

$V_{u1} = \mu*p_{we}*\sigma_{wy}*b_e*j_e + (\nu*\sigma_B - 5*p_{we}*\sigma_{wy}/\lambda)*(b*D/2)*\tan\theta = 175\,379$ kgf $= 175.4$ tf

$V_{u2} = (\lambda*\nu*\sigma_B + p_{we}*\sigma_{wy})*b_e*j_e/3 = 242\,848$ kgf $= 242.8$ tf

$V_{u3} = \lambda*\nu*\sigma_B*b_e*j_e/2 = 331\,888$ kgf $= 331.9$ tf

$V_u = \min(V_{u1}, V_{u2}, V_{u3}) = 175.4$ tf $\geqq Q_r = 142.4$ tf　OK

付着を考慮したせん断耐力

$\alpha_t = 0.75 + \sigma_B/4\,000 = 0.81$

$N_1 = 11$, $N_2 = 0$, $d_b = 25$

$b_{si} = (b - N_1*d_b)/(N_1*d_b) = 2.45$

$b_{c1} = \{\sqrt{2}*(d_{cs} + d_{ct}) - d_b\}/d_b = 7.49$

$b_i = \min(b_{si}, b_{ci}) = 2.45$

$k_{st} = (550 + 460*N_w/N_1)*(b_{si} + 1)*p_w = 5.85$

$\tau_{bu} = \alpha_t*\{(0.27*b_i + 0.33)*\sqrt{\sigma_B} + k_{st}\} = 17.20$

$\alpha_2 = 0.6$

$b_{si2} = (b - N_2*d_b)/(N_2*d_b) = 0.00$

$k_{st2} = 1\,010*(b_{si2} + 1)*p_w = 2.70$

$\tau_{bu2} = \alpha_2*\alpha_t*\{(0.27*b_{si2} + 0.33)*\sqrt{\sigma_B} + k_{st2}\} = 3.80$

$\sum(\tau_{bu}*\phi) = (1 - 10*R_p)*\{\tau_{bu}*\sum\phi + \tau_{bu2}*\sum\phi_2\} = 1\,513$

$V_{bu} = \sum(\tau_{bu}*\phi)*j_e + \{\nu*\sigma_B - 2.5*\sum(\tau_{bu}*\phi)/(\lambda*b_e)\}*(b*D/2)*\tan\theta$
$\quad = 174\,782$ kgf $= 174.8$ tf $\geqq Q_r = 142.4$ tf　OK

柱梁接合部

安全限界状態時せん断力：V_j

$V_j = -Q_c + T + C$

2　性能評価

$$\quad=-107.0+234.2+234.2$$
$$\quad=361.4 \text{ tf}$$

せん断耐力：V_{ju}

$V_{ju}=\kappa\cdot\phi\cdot F_j\cdot b_j\cdot D_j$
$\kappa=1.0$ （十字形）
$\phi=0.85$ （直交梁片側）
$F_j=1.6\cdot\sigma_B^{0.7}$ （kgf/cm²）
　　$=74.18$ kgf/cm²
$b_j=85.0$ cm
$D_j=100.0$ cm
$V_{ju}=1.0\cdot 0.85\cdot 74.18\cdot 85.0\cdot 100.0$
　　$=534\,000$ kgf
　　$=534.0$ tf$\geq 1.3\cdot V_j=469.8$ tf　OK

W 45（2階）-方向：D 16・D 19@200，ダブル：$P_w=0.0054$
安全限界状態時応力：$N=288.7+218.6-236.5=270.8$ tf
　　　　　　　　　　$M=3169$ tf・m
　　　　　　　　　　$Q=594.7$ tf

曲げ

$M_{wn}=a_t\cdot\sigma_y\cdot l_w+0.5\cdot a_{wy}\cdot l_w+0.5\cdot N\cdot l_w$
　　$=5.07*34*3.85*6.0+0.5*(1.99+2.87)*25*3.3*6.0+0.5*270.8*6.0$
　　$=3\,982+1\,414+812$
　　$=6\,208$ tf・m$\geq 3\,169*1.4=4\,437$ tf・m　OK

せん断

$h_w=400$ cm，$\cot\phi=1.0$，$P_s=0.0054$
$A_{ce}=A_c-N_{cc}/\sigma_B=100*100-(270\,800+3\,169\,000/6.0)/240=10\,000-3\,329$
　　$=6\,671$ cm²$\geq t_w\cdot D=45*100=4\,500$ cm²
Δl_{wa}，Δl_{wb} は 0 として検討する．
$\Delta l_{wa}=0$，$\Delta l_{wb}=0$
$l_{wa}=l'_w+D+\Delta l_{wa}=500+100=600$ cm
$l_{wb}=l'_w+D+\Delta l_{wb}=500+100=600$ cm
$\tan\theta=[\sqrt{(h_w/l_{wa})^2+1}-h_w/l_{wa}]=[\sqrt{(400/600)^2+1}-400/600]=0.535$
$\nu=0.7-\sigma_B/2\,000=0.7-240/2\,000=0.58$
$\beta=(1+\cot^2\theta)P_s\sigma_{sy}/(\nu\cdot\sigma_B)=(1+1^2)*0.0054*3\,000/(0.58*240)=0.233$
$V_u=t_w*l_{wb}*P_s*\sigma_{sy}*\cot\phi+\tan\theta(1-\beta)t_w*l_{wa}*\nu*\sigma_{B/2}$
　　$=45*600*0.0054*3000*1.0+0.535*(1-0.233)*45*600*0.58*240/2$
　　　　$=437\,400+771\,100$
　　　　　　$=1\,208\,500$ kgf$=1\,208.5$ tf$\geq 594.7*1.4=832.6$ tf

f. 考 察

適用例1に比べて変形を小さくすることを目標とした設計を行い,等価線形化法により検証した結果,設定した性能を有することが確認できた.
変形を小さくするには耐力をかなり上昇させる必要があることがわかった.

2.4 適用例 3

2.4.1 検討方針

適用例3は,地震荷重を適用例1に比べて割り増しした例であり,検討は地震時の安全限界状態について行う.

検討内容は,割り増しした地震荷重に対して設計された架構を検証し,実際に意図したとおりの性能となることを確認するとともに,断面の違い等について検討する.

2.4.2 建築物概要

建築物は,適用例1と同じ地上6階建ての事務所ビルとし,構造形式はRC造とする.架構形式は,X方向純ラーメン構造とし,Y方向は連層耐震壁を有するラーメン構造とする.

使用材料は,コンクリートはFc 24,鉄筋の材種は,主筋SD 345,帯筋およびあばら筋SD 295とした.

建築物の各階重量および参考として$C_0=0.2$のA_i分布による層せん断力を表Ⅱ-2.3に示す.

表Ⅱ-2.3 各階重量および層せん断力

階	高さ (m)	各階重量 W (tf)	ΣW (tf)	α_i	A_i	C_i	層せん断力 (tf)
R	24.000	665.9					
			665.9	0.142	2.006	0.401	267.2
6	20.000	712.4					
			1 378.3	0.293	1.622	0.324	447.0
5	16.000	766.9					
			2 145.2	0.456	1.410	0.282	604.9
4	12.000	821.7					
			2 967.0	0.631	1.251	0.250	742.5
3	8.000	850.6					
			3 817.6	0.812	1.119	0.224	854.6
2	4.000	885.6					
			4 703.2	1.000	1.000	0.200	940.6
1	0.000	1 626.3					

2.4.3 地震荷重に対する検討

a. 地震荷重

安全限界状態に対する地震荷重は,再現期間を適用例1の2倍と設定し,日本建築学会の建築物荷重指針・同解説を参考にして適用例1の$2^{0.54}≒1.45$倍,5%減衰に対する応答スペクトルとして与え,短周期側の加速度一定部分を1.74 G(1 705 gal),長周期側の速度一定部分232 cm/secとする.

2　性能評価

図 Ⅱ-2.73

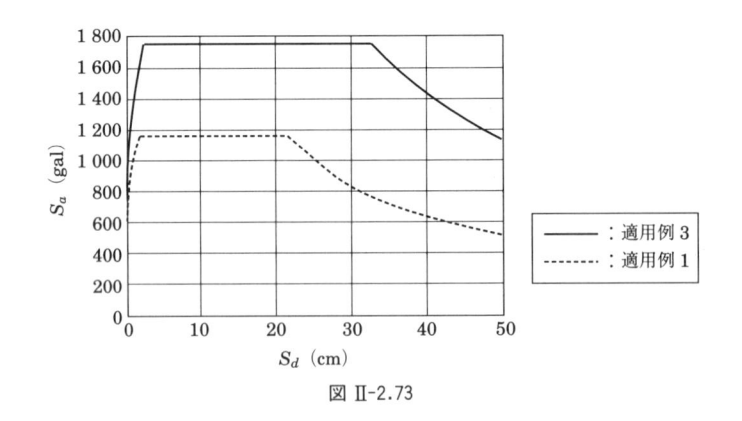

b．限界値の設定

地震荷重に対する安全限界状態の限界値は適用例 1 と同じ以下とする．

安全限界状態：代表点位置の変形角 1/55 程度，層間変形角 1/50 程度

c．部材の設定

部材の設定方法は，適用例 1 と同じとする．

安全限界状態の代表点位置の変形の限界値：1 600 cm/55 ≒ 29 cm

想定する塑性率 μ：$\mu = 3.0$

塑性率より求まる減衰 h：$h = 0.2(1 - 1/\sqrt{3}) + 0.05 ≒ 0.13$

要求スペクトルの交点より必要とされる S_a：約 700 gal

1 次有効質量比を 80％ と仮定すると必要とされる保有水平耐力はベースシヤー係数で約 0.56 となるので，この保有水平耐力をもつように部材を設定する．

設定された柱および大梁の断面表を図 Ⅱ-2.74 に示す．

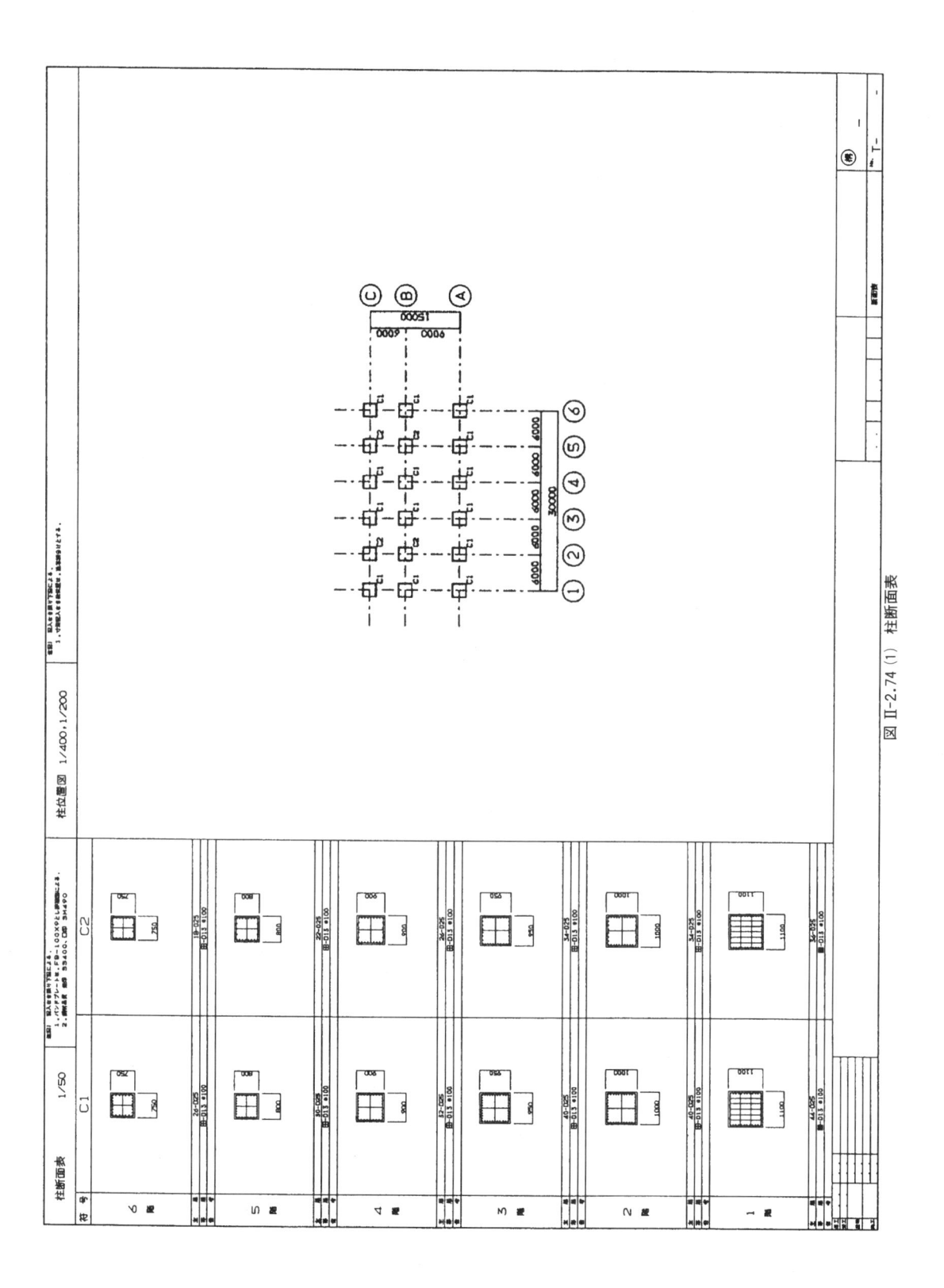

図 II-2.74 (1) 柱断面表

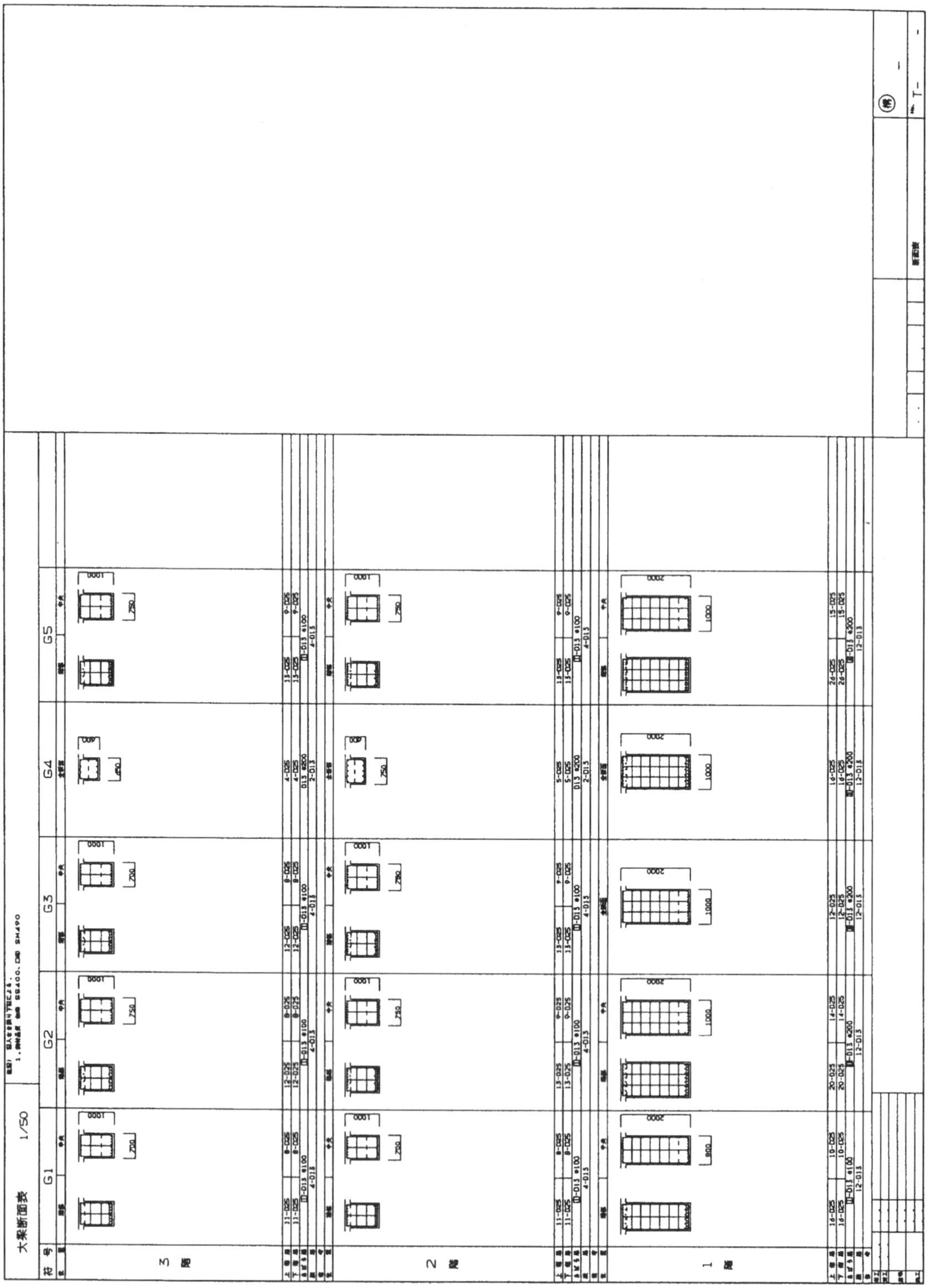

2 性能評価

図Ⅱ-2.74 (2) 大梁断面表1

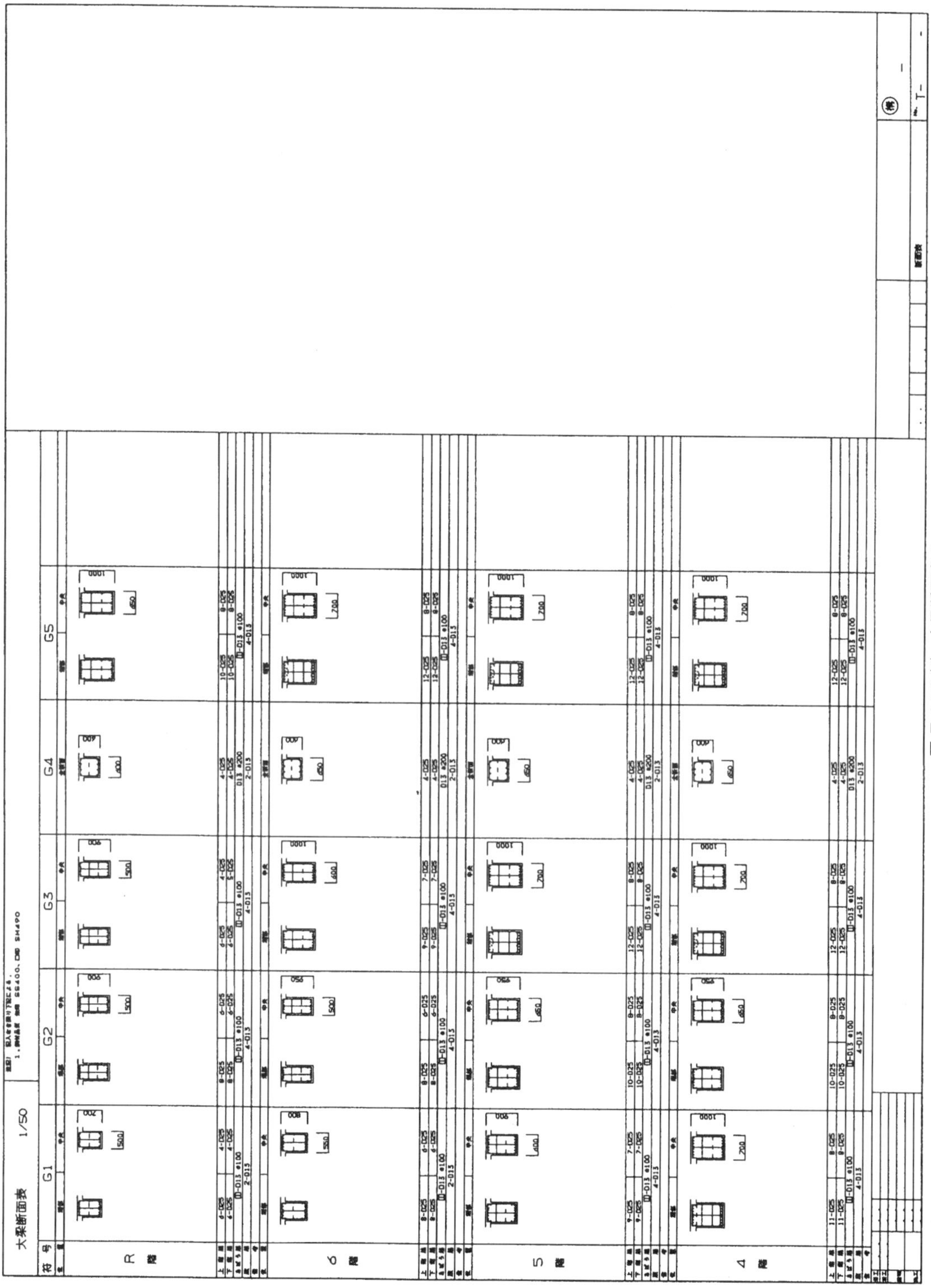

2.4 適用例3

図 II-2.74 (3) 大梁断面表 2

2　性能評価

d. 安全限界状態の検討

・X方向

図 II-2.75 に X 方向の安全限界状態に対応する S_a-S_d を示す．代表点の応答値は，S_a が 702 gal，S_d が 28.6 cm となっている．

代表点の応答値に対応するステップの応力図を図 II-2.77 に，塑性率図を図 II-2.78 に，変形図を図 II-2.79 に示す．

変形は，代表点に近い 5 階の床で変形角で 1/62 と限界値である 1/60 以下となっており，層間変形角は最大でも 3 階の 1/54 で限界値である 1/50 以下となっている．

部材の塑性率は，大梁で最大 6.6，柱で最大 4.9，この変形能を確保するように部材の設計を行う．検討は 2.4.3 e. 項「じん性能確保・崩壊形の保証」に示す．

・Y方向

図 II-2.80 に Y 方向のマイナス側の安全限界状態に対応する S_a-S_d を示す．代表点の応答値は，S_a が 639 gal，S_d が 31.9 cm となっている．また，図 II-2.85 に Y 方向のプラス側の安全限界状態に対応する S_a-S_d を示す．

マイナス方向の代表点の応答値に対応するステップの応力図を図 II-2.82 に，塑性率図を図 II-2.83 に，変形図を図 II-2.84 に示す．プラス方向の応力図を図 II-2.87 に，塑性率図を図 II-2.88 に，変形図を図 II-2.89 に示す．

変形は，代表点に近い 5 階の床で変形角で 1/62 と限界値である 1/60 以下となっている．層間変形角は最大でも 4 階の 1/65 で限界値で 1/50 以下となっている．

部材の塑性率は，マイナス側で 1 階の柱が浮き上がっているため基礎梁の塑性率が大きくなっており，一般大梁で最大 15.1，境界梁で最大 8.7，柱で最大 6.2 である．この変形能を確保するように部材の設計を行う．検討は 2.4.3 e. 項「じん性能確保・崩壊形の保証」に示す．

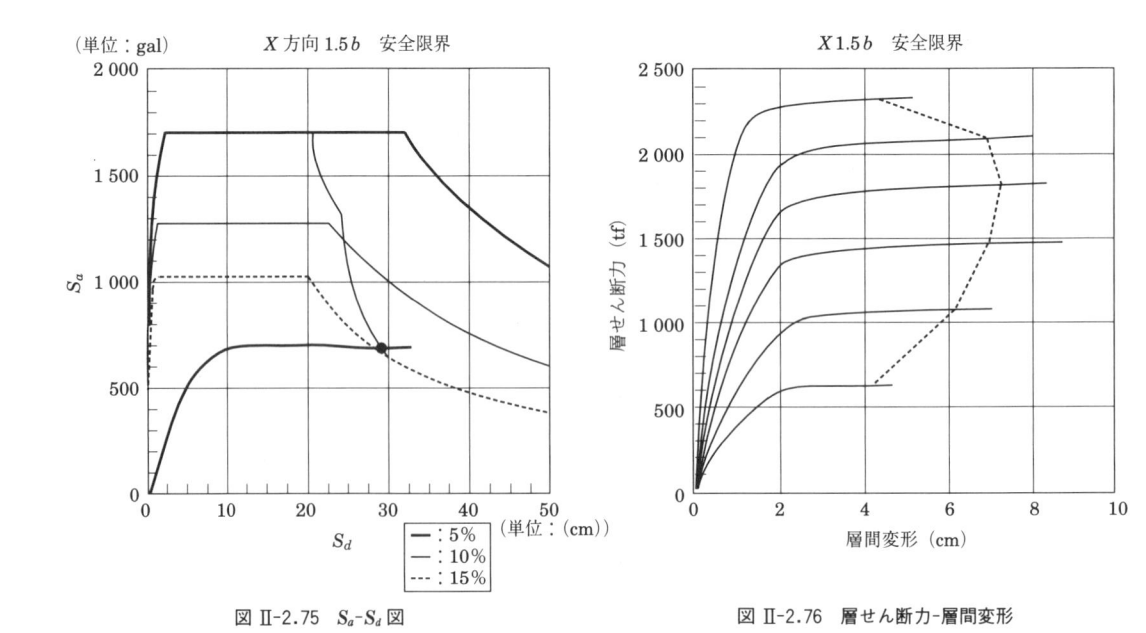

図 II-2.75　S_a-S_d 図

図 II-2.76　層せん断力-層間変形

2.4 適用例3

RC 6F BASE*1.5 BUZAI X
STEP= 72

A, C 通り

B 通り

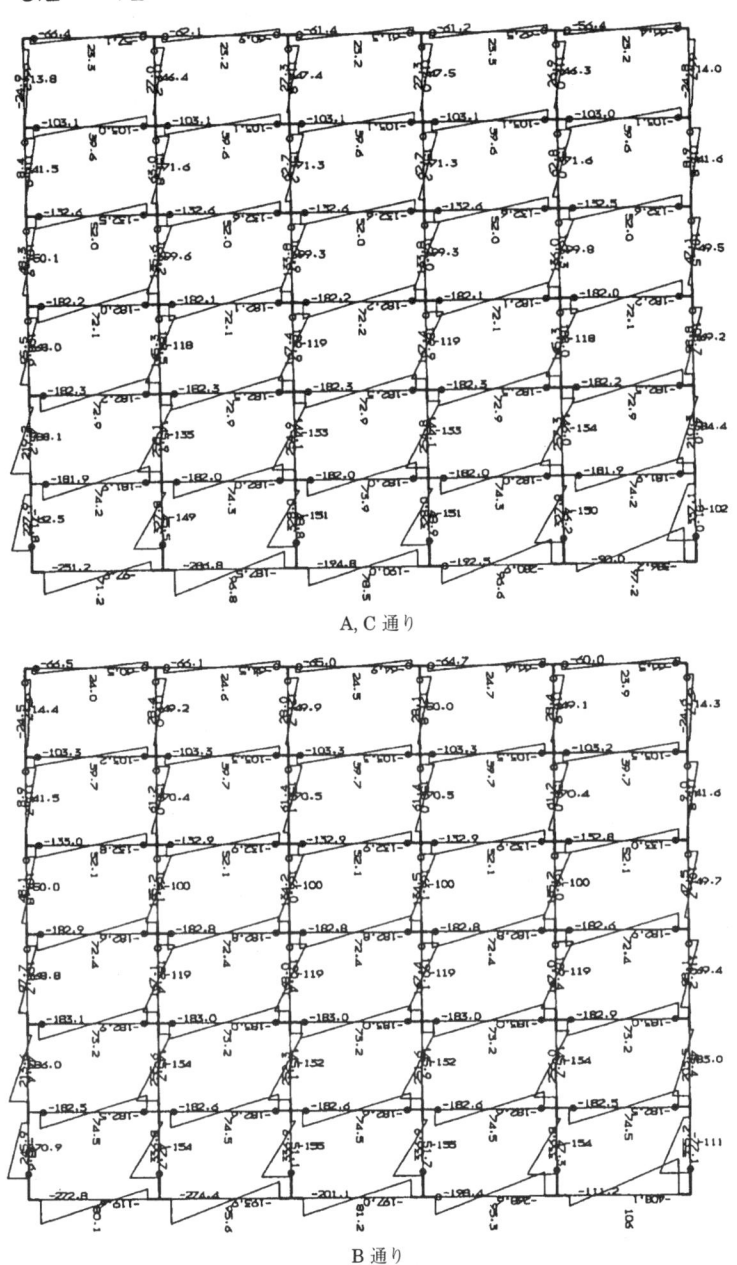

図 II-2.77 応力図

2 性能評価

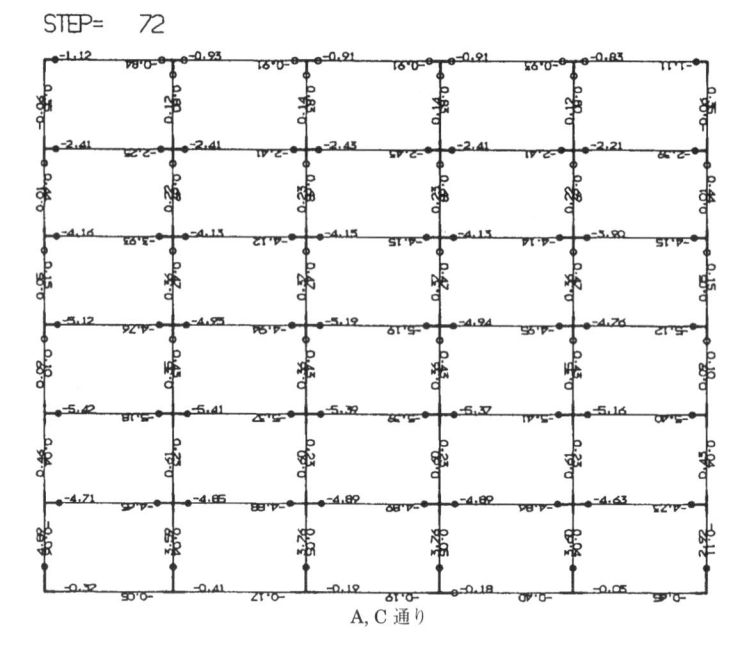

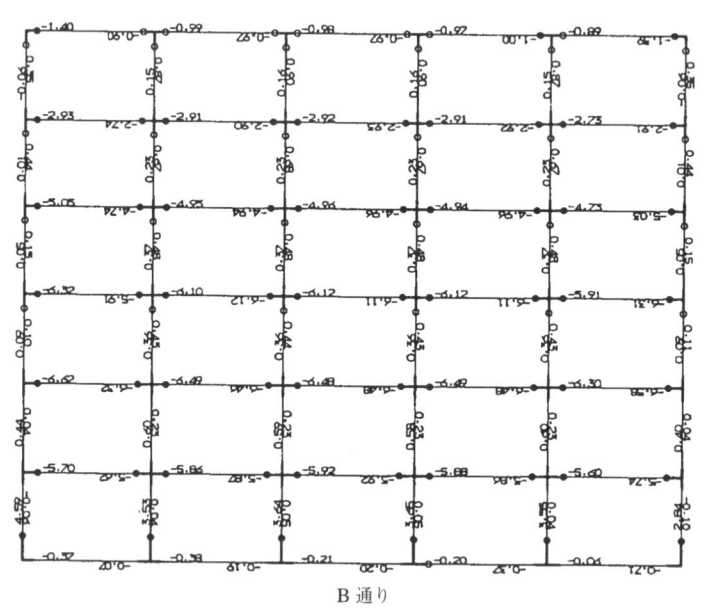

図 II-2.78 塑性率図

2.4 適用例3

RC 6F BASE*1.5 BUZAI X
STEP= 72

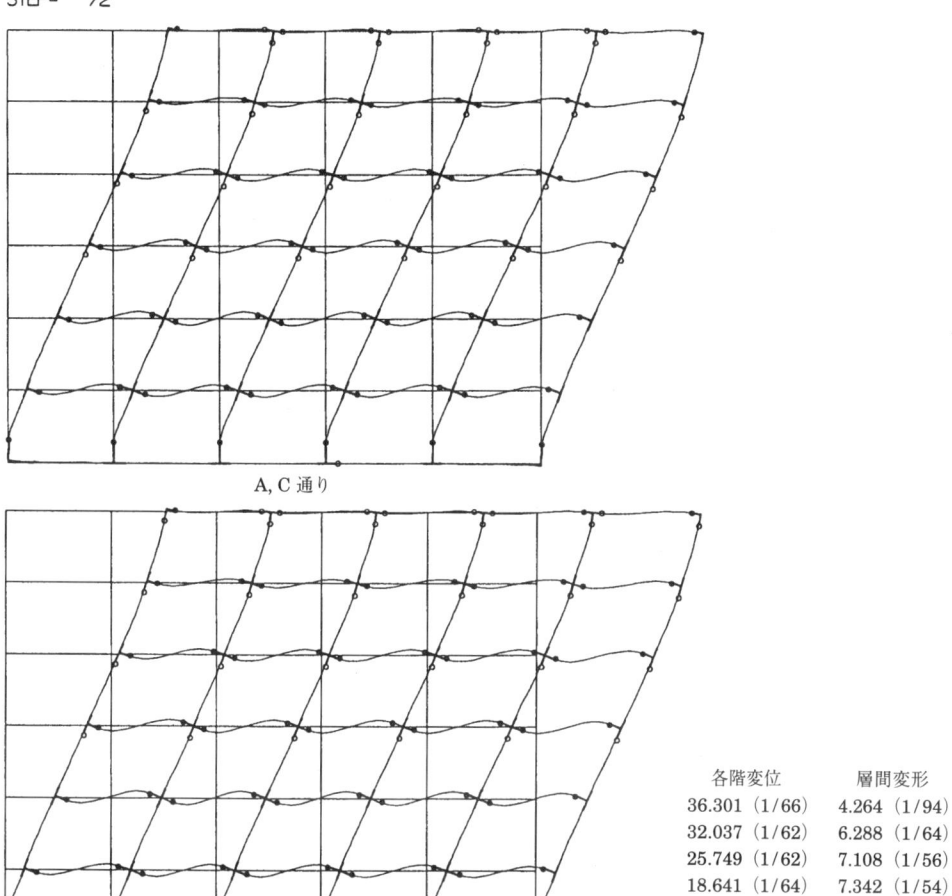

A, C 通り

B 通り

各階変位	層間変形
36.301 (1/66)	4.264 (1/94)
32.037 (1/62)	6.288 (1/64)
25.749 (1/62)	7.108 (1/56)
18.641 (1/64)	7.342 (1/54)
11.299 (1/71)	6.962 (1/57)
4.337 (1/92)	4.337 (1/92)

図 II-2.79 変形図

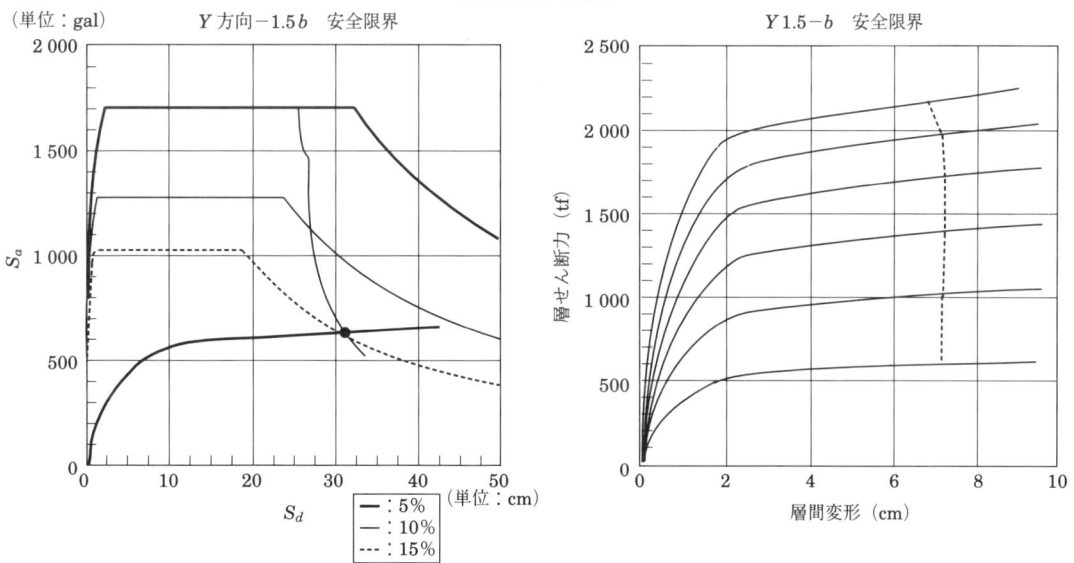

(単位：gal)　Y 方向 $-1.5\,b$　安全限界

—— : 5%
—— : 10%
---- : 15%

図 II-2.80 S_a-S_d 図

$Y\,1.5-b$　安全限界

図 II-2.81 層せん断力-層間変形

2 性能評価

1, 6 通り

2, 5 通り

3, 4 通り

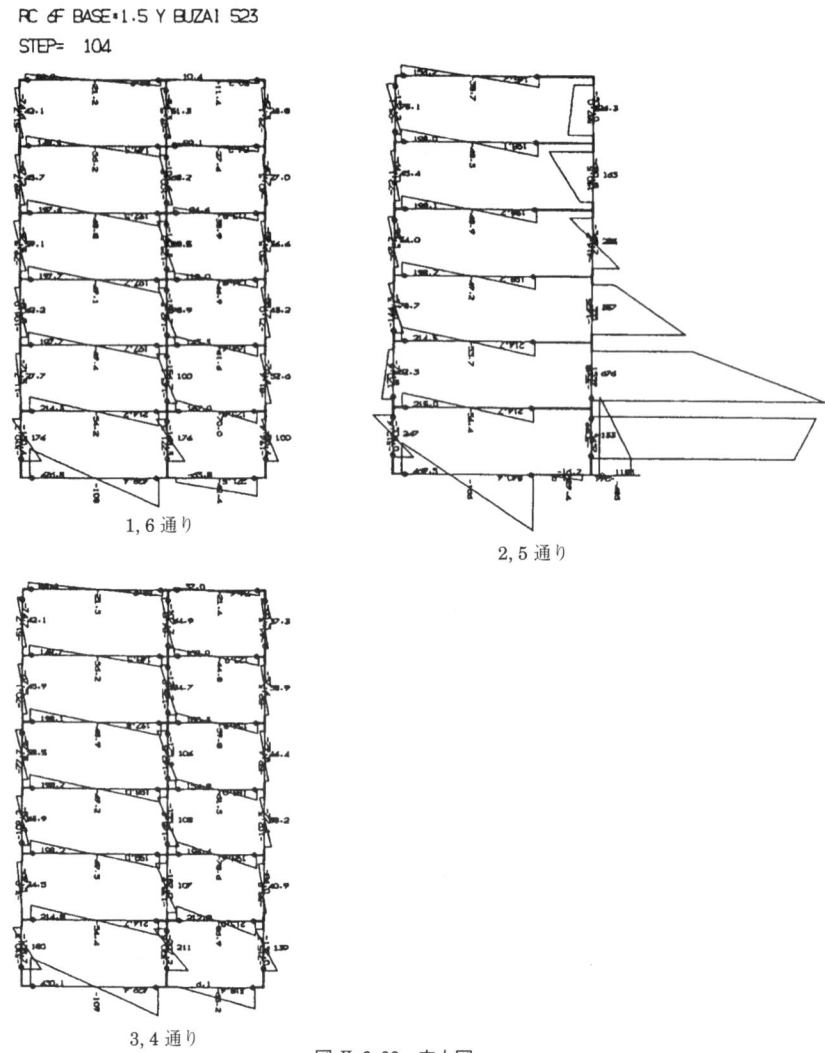

図 Ⅱ-2.82 応力図

1, 6 通り

2, 5 通り

3, 4 通り

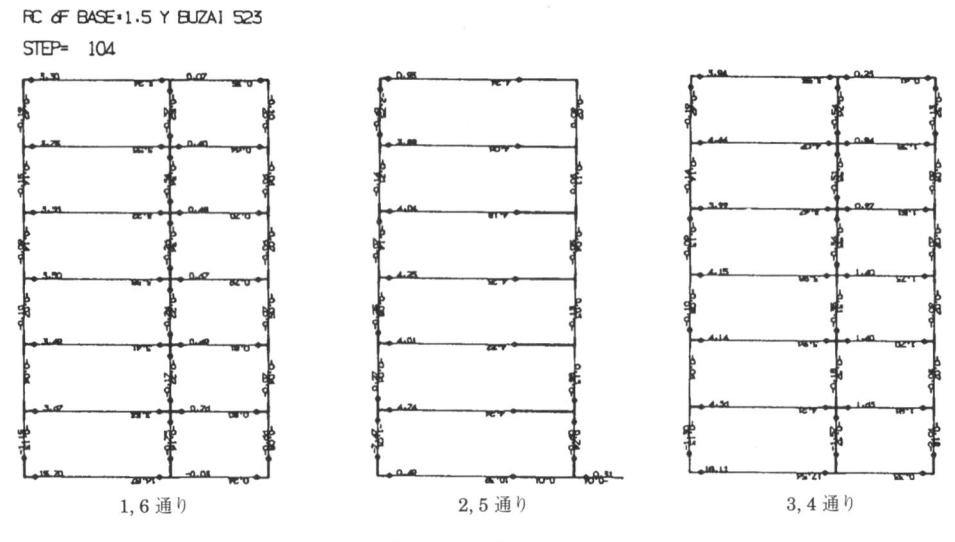

図 Ⅱ-2.83 塑性率図

2.4 適用例3

RC 6F BASE=1.5 Y BUZAI 523
STEP= 104

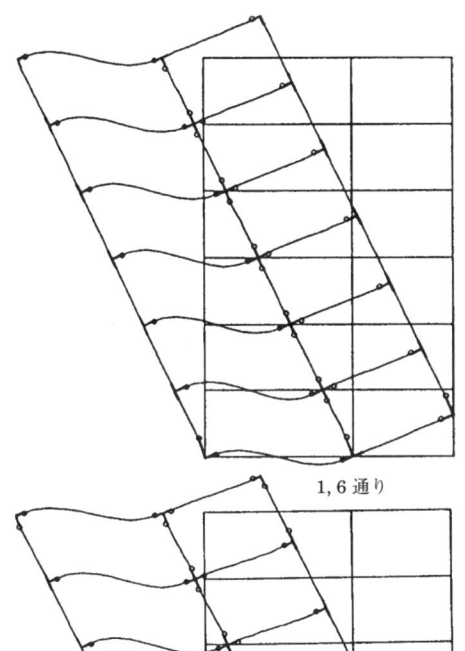

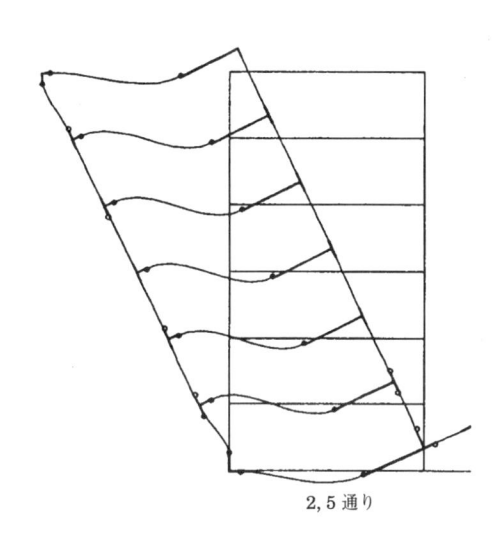

1, 6 通り

2, 5 通り

3, 4 通り

各階変位	層間変形
38.968 (1/62)	6.511 (1/61)
32.457 (1/62)	6.570 (1/61)
25.887 (1/62)	6.586 (1/61)
19.301 (1/62)	5.579 (1/61)
12.722 (1/63)	6.537 (1/61)
6.185 (1/65)	6.185 (1/65)

図 II-2.84 変形図

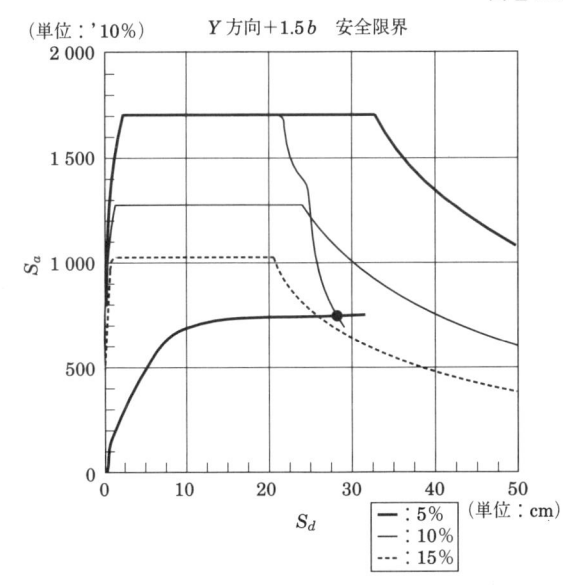

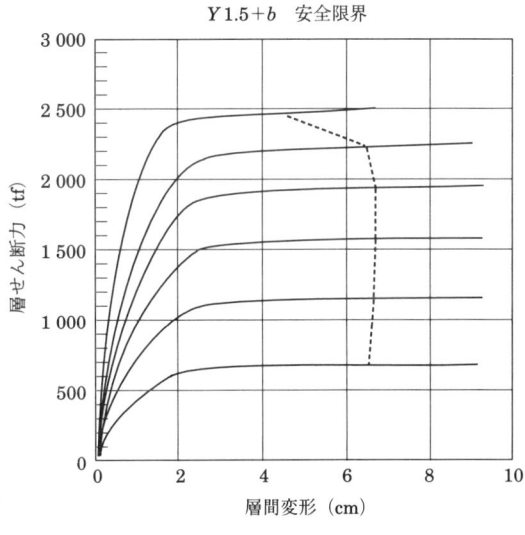

(単位：'10%) Y 方向$+1.5b$　安全限界

― : 5%
― : 10%
--- : 15%

図 II-2.85 S_a-S_d 図

$Y 1.5+b$　安全限界

図 II-2.86 層せん断力-層間変形

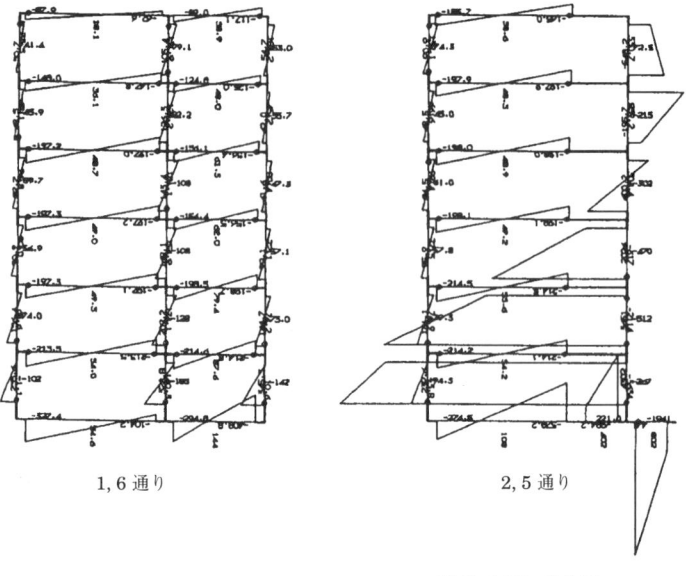

2 性能評価

RC 6F BASE=1.5 Y BUZAI 523
STEP= 68

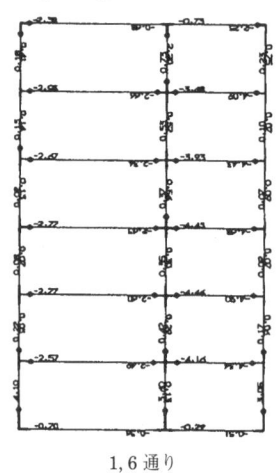

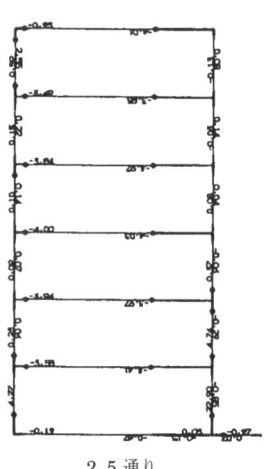

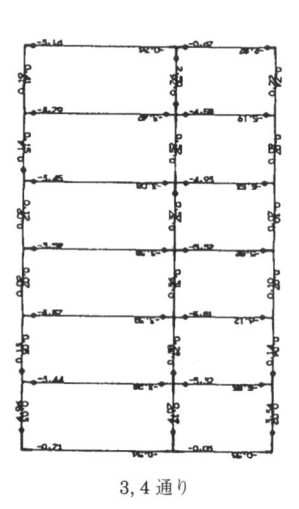

| 1,6通り | 2,5通り | 3,4通り |

図 II-2.87 応力図

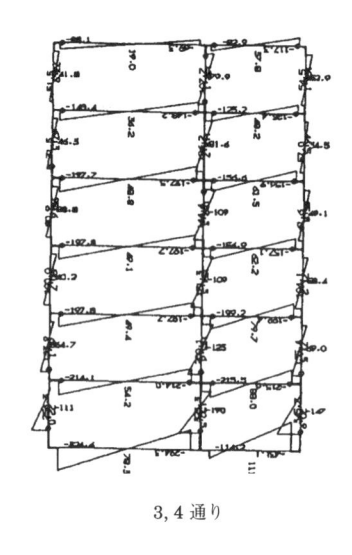

RC 6F BASE=1.5 Y BUZAI 523
STEP= 68

| 1,6通り | 2,5通り | 3,4通り |

図 II-2.88 塑性率図

RC 6F BASE=1.5 Y BUZAI 523
STEP= 68

1, 6 通り

2, 5 通り

3, 4 通り

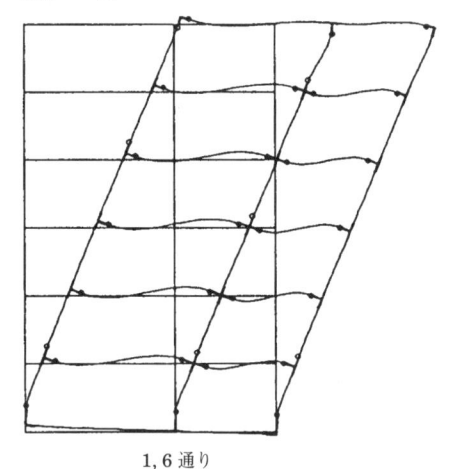

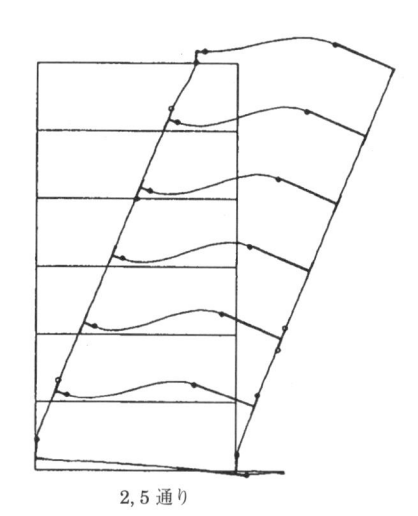

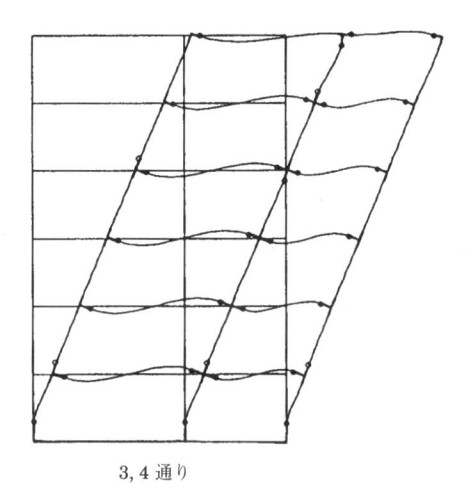

各階変位	層間変形
37.733 (1/64)	6.606 (1/61)
31.127 (1/64)	6.694 (1/60)
24.433 (1/65)	6.705 (1/60)
17.728 (1/68)	6.696 (1/60)
11.032 (1/73)	6.469 (1/62)
4.563 (1/88)	4.563 (1/88)

図 II-2.89 変形図

e. じん性確保・崩壊形の保証

e-1. じん性確保

・X 方向

符号：3G1

コンクリート：$\sigma_B = 240 \text{ kgf/cm}^2$

鉄筋：$\sigma_y = 3\,500 \text{ kgf/cm}^2$, $\sigma_{wy} = 3\,000 \text{ kgf/cm}^2$

$\theta = 0.0205 (1/48.8)$, $\theta_g = 0.0161$

$Q_e = 73.2 \text{ tf}, Q_0 = 8.4 \text{ tf}, Q_r = 1.2 * Q_e + Q_0 = 96.2 \text{ tf}$

$R_p = {}_{\max}(1.5 * \theta, \theta_g) = 0.0308 (1/32.5)$

$\mu = 2 - 20 * R_p = 1.385$

$\nu = (1 - 20 * R_p) * (0.7 - \sigma_B / 2\,000) = 0.223$

$b = 70 \text{ cm}, D = 100 \text{ cm}, L = 500 \text{ cm}$

横補強筋：3-D 13@100

2 性能評価

$b_e = 70$ cm, $b_s = 30$ cm, $j_e = 90$ cm
$b_s/j_e = 0.333$, $s/j_e = 0.1111$
$p_w = 0.005443$, $p_{we} = 0.005443$
$\tan\theta = 0.9 \cdot D/(2 \cdot L) = 0.0900$
$\lambda = 0.77$

せん断耐力

$$V_u = \mu \cdot p_{we} \cdot \sigma_{wy} \cdot b_e \cdot j_e + (\nu \cdot \sigma_B - 5 \cdot p_{we} \cdot \sigma_{wy}/\lambda) \cdot (b \cdot D/2) \cdot \tan\theta = 125\,957 \text{ kgf} = 126.0 \text{ tf}$$
$$V_{u2} = (\lambda \cdot \nu \cdot \sigma_B + p_{we} \cdot \sigma_{wy}) \cdot b_e \cdot j_e/3 = 120\,948 \text{ kgf} = 120.9 \text{ tf}$$
$$V_{u3} = \lambda \cdot \nu \cdot \sigma_B \cdot b_e \cdot j_e/2 = 129\,987 \text{ kgf} = 130.0 \text{ tf}$$
$$V_u = \min(V_{u1}, V_{u2}, V_{u3}) = 120.9 \text{ tf} \geq Q_r = 96.2 \text{ tf} \quad \text{OK}$$

付着を考慮したせん断耐力

$\alpha_t = 0.75 + \sigma_B/4\,000 = 0.81$
$N_1 = 8$, $N_2 = 3$, $d_b = 25$
$b_{si} = (b - N_1 \cdot d_b)/(N_1 \cdot d_b) = 2.50$
$b_{c1} = \{\sqrt{2} \cdot (d_{cs} + d_{ct}) - d_b\}/d_b = 7.49$
$b_i = \min(b_{si}, b_{ci}) = 2.50$
$k_{st} = (550 + 460 \cdot N_w/N_1) \cdot (b_{si} + 1) \cdot p_w = 13.76$
$\tau_{bu} = \alpha_t \cdot \{(0.27 \cdot b_i + 0.33) \cdot \sqrt{\sigma_B} + k_{st}\} = 23.76$
$\alpha_2 = 0.6$
$b_{si2} = (b - N_2 \cdot d_b)/(N_2 \cdot d_b) = 8.33$
$k_{st2} = 1\,010 \cdot (b_{si2} + 1) \cdot p_w = 51.31$
$\tau_{bu2} = \alpha_2 \cdot \alpha_t \cdot \{(0.27 \cdot b_{si2} + 0.33) \cdot \sqrt{\sigma_B} + k_{st2}\} = 44.36$
$\sum(\tau_{bu} \cdot \phi) = (1 - 10 \cdot R_p) \cdot \{\tau_{bu} \cdot \sum\phi + \tau_{bu2} \cdot \sum\phi_2\} = 1\,790$
$V_{bu} = \sum(\tau_{bu} \cdot \phi) \cdot j_e + \{\nu \cdot \sigma_B - 2.5 \cdot \sum(\tau_{bu} \cdot \phi)/(\lambda \cdot b_e)\} \cdot (b \cdot D/2) \cdot \tan\theta$
$\quad = 151\,852 \text{ kgf} = 151.9 \text{ tf} \geq Q_r = 96.2 \text{ tf} \quad \text{OK}$

符号:1C1
コンクリート:$\sigma_B = 240$ kgf/cm^2
鉄筋:$\sigma_y = 3\,500$ kgf/cm^2, $2\sigma_{wy} = 3\,000$ kgf/cm^2
$\theta = 0.0141(1/70.9)$, $\theta_g = 0.0161$
$Q_e = 155.5$ tf, $Q_0 = 0$ tf, $Q_r = 1.2 \cdot Q_e + Q_0 = 186.6$ tf
$R_p = \max(1.5 \cdot \theta, \theta_g) = 0.0212(1/47.3)$
$\mu = 2 - 20 \cdot R_p = 1.577$
$\nu = (1 - 20 \cdot R_p) \cdot (0.7 - \sigma_B/2\,000) = 0.335$
$b = 110$ cm, $D = 110$ cm, $L = 300$ cm
横補強筋:4-D13@100
$b_e = 100$ cm, $b_s = 33.33$ cm, $j_e = 100$ cm
$b_s/j_e = 0.333$, $s/j_e = 0.1$

$p_w = 0.004618$, $p_{we} = 0.00508$

$\tan\theta = 0.9{}^{*}D/(2{}^{*}L) = 0.1650$

$\lambda = 0.87$

せん断耐力

$\quad V_{u1} = \mu{}^{*}p_{we}{}^{*}\sigma_{wy}{}^{*}b_e{}^{*}j_e + (\nu{}^{*}\sigma_B - 5{}^{*}p_{we}{}^{*}\sigma_{wy}/\lambda){}^{*}(b{}^{*}D/2){}^{*}\tan\theta = 233\,080 \text{ kgf} = 233.1 \text{ tf}$

$\quad V_{u2} = (\lambda{}^{*}\nu{}^{*}\sigma_B + p_{we}{}^{*}\sigma_{wy}){}^{*}b_e{}^{*}j_e/3 = 283\,723 \text{ kgf} = 283.7 \text{ tf}$

$\quad V_{u3} = \lambda{}^{*}\nu{}^{*}\sigma_B{}^{*}b_e{}^{*}j_e/2 = 349\,385 \text{ kgf} = 349.4 \text{ tf}$

$\quad V_u = {}_{\min}(V_{u1},\ V_{u2},\ V_{u3}) = 233.1 \text{ tf} \geqq Q_r = 186.6 \text{ tf} \quad \text{OK}$

付着を考慮したせん断耐力

$\quad \alpha_t = 0.75 + \sigma_B/4\,000 = 0.81$

$\quad N_1 = 12,\ N_2 = 0,\ d_b = 25$

$\quad b_{si} = (b - N_1{}^{*}d_b)/(N_1{}^{*}d_b) = 2.67$

$\quad b_{c1} = \{\sqrt{2}{}^{*}(d_{cs} + d_{ct}) - d_b\}/d_b = 7.49$

$\quad b_i = {}_{\min}(b_{si},\ b_{ci}) = 2.67$

$\quad k_{st} = (550 + 460{}^{*}N_w/N_1){}^{*}(b_{si} + 1){}^{*}p_w = 11.91$

$\quad \tau_{bu} = \alpha_t{}^{*}\{(0.27{}^{*}b_i + 0.33){}^{*}\sqrt{\sigma_B} + k_{st}\} = 22.82$

$\quad \alpha_2 = 0.6$

$\quad b_{si2} = (b - N_2{}^{*}d_b)/(N_2{}^{*}d_b) = 0.00$

$\quad k_{st2} = 1\,010{}^{*}(b_{si2} + 1){}^{*}p_w = 4.66$

$\quad \tau_{bu2} = \alpha_2{}^{*}\alpha_t{}^{*}\{(0.27{}^{*}b_{si2} + 0.33){}^{*}\sqrt{\sigma_B} + k_{st2}\} = 4.75$

$\quad \sum(\tau_{bu}{}^{*}\phi) = (1 - 10{}^{*}R_p){}^{*}\{\tau_{bu}\sum\phi + \tau_{bu2}\sum\phi_2\} = 1\,728$

$\quad V_{bu} = \sum(\tau_{bu}{}^{*}\phi){}^{*}j_e + \{\nu{}^{*}\sigma_B - 2.5{}^{*}\sum(\tau_{bu}{}^{*}\phi)/(\lambda{}^{*}b_e)\}{}^{*}(b{}^{*}D/2){}^{*}\tan\theta$

$\qquad = 203\,381 \text{ kgf} = 203.4 \text{ tf} \geqq Q_r = 186.6 \quad \text{OK}$

・Y 方向

符号：2G5

コンクリート：$\sigma_B = 240 \text{ kgf/cm}^2$

鉄筋：$\sigma_y = 3\,500 \text{ kgf/cm}^2$, $\sigma_{wy} = 3\,000 \text{ kgf/cm}^2$

$\theta = 0.0236(1/42.4)$, $\theta_g = 0.0192$

$Q_e = 54.4 \text{ tf}$, $Q_0 = 18.9 \text{ tf}$, $Q_r = 1.2{}^{*}Q_e + Q_0 = 84.2 \text{ tf}$

$R_p = {}_{\max}(1.5{}^{*}\theta,\ \theta_g) = 0.0354(1/28.2)$

$\mu = 2 - 20{}^{*}R_p = 1.292$

$\nu = (1 - 20{}^{*}R_p){}^{*}(0.7 - \sigma_B/2\,000) = 0.169$

$b = 75 \text{ cm}$, $D = 100 \text{ cm}$, $L = 790 \text{ cm}$

横補強筋：3-D13@100

$b_e = 75 \text{ cm}$, $b_s = 32.5 \text{ cm}$, $j_e = 90 \text{ cm}$

$b_s/j_e = 0.361$, $s/j_e = 0.1111$

$p_w = 0.00508$, $p_{we} = 0.00508$

2　性能評価

$\tan\theta = 0.9^* D/(2^* L) = 0.0570$

$\lambda = 0.77$

せん断耐力

$V_{u1} = \mu^* p_{we}^* \sigma_{wy}^* b_e^* j_e + (\nu^* \sigma_B - 5^* p_{we}^* \sigma_{wy}/\lambda)^* (b^* D/2)^* \tan\theta = 120\,452\,\text{kgf} = 120.5\,\text{tf}$

$V_{u2} = (\lambda^* \nu^* \sigma_B + p_{we}^* \sigma_{wy})^* b_e^* j_e/3 = 104\,710\,\text{kgf} = 104.7\,\text{tf}$

$V_{u3} = \lambda^* \nu^* \sigma_B^* b_e^* j_e/2 = 105\,630\,\text{kgf} = 105.6\,\text{tf}$

$V_u = {}_{\min}(V_{u1}, V_{u2}, V_{u3}) = 104.7\,\text{tf} \geqq Q_r = 84.2\,\text{tf}$　OK

付着を考慮したせん断耐力

$\alpha_t = 0.75 + \sigma_B/4\,000 = 0.81$

$N_1 = 9,\ N_2 = 4,\ d_b = 25$

$b_{si} = (b - N_1^* d_b)/(N_1^* d_b) = 2.33$

$b_{c1} = \{\sqrt{2}^* (d_{cs} + d_{ct}) - d_b\}/d_b = 7.49$

$b_i = {}_{\min}(b_{si}, b_{ci}) = 2.33$

$k_{st} = (550 + 460^* N_w/N_1)^* (b_{si} + 1)^* p_w = 11.91$

$\tau_{bu} = \alpha_t^* \{(0.27^* b_i + 0.33)^* \sqrt{\sigma_B} + k_{st}\} = 21.69$

$\alpha_2 = 0.6$

$b_{si2} = (b - N_2^* d_b)/(N_2^* d_b) = 6.50$

$k_{st2} = 1\,010^* (b_{si2} + 1)^* p_w = 38.48$

$\tau_{bu2} = \alpha_2^* \alpha_t^* \{(0.27^* b_{si2} + 0.33)^* \sqrt{\sigma_B} + k_{st2}\} = 34.40$

$\sum(\tau_{bu}^* \psi) = (1 - 10^* R_p)^* \{\tau_{bu} \sum\psi + \tau_{bu2} \sum\psi_2\} = 1\,720$

$V_{bu} = \sum(\tau_{bu}^* \psi)^* j_e + \{\nu^* \sigma_B - 2.5^* \sum(\tau_{bu}^* \psi)/(\lambda^* b_e)\}^* (b^* D/2)^* \tan\theta = 147\,587\,\text{kgf}$
$= 147.6\,\text{tf} >= Q_r = 84.2\,\text{tf}$　OK

符号：1 C 1

コンクリート：$\sigma_B = 240\,\text{kgf/cm}^2$

鉄筋：$\sigma_y = 3\,500\,\text{kgf/cm}^2,\ \sigma_{wy} = 3\,000\,\text{kgf/cm}^2$

$\theta = 0.0169(1/59.2),\ \theta_g = 0.0161$

$Q_e = 238.1\,\text{tf},\ Q_0 = 0\,\text{tf},\ Q_r = 1.2^* Q_e + Q_0 = 285.7\,\text{tf}$

$R_p = {}_{\max}(1.5^* \theta, \theta_g) = 0.0254(1/39.4)$

$\mu = 2 - 20^* R_p = 1.493$

$\nu = (1 - 20^* R_p)^* (0.7 - \sigma_B/2\,000) = 0.286$

$b = 110\,\text{cm},\ D = 110\,\text{cm},\ L = 300\,\text{cm}$

横補強筋：7-D 13@100

$b_e = 100\,\text{cm},\ b_s = 16.67\,\text{cm},\ j_e = 100\,\text{cm}$

$b_s/j_e = 0.167,\ s/j_e = 0.1$

$p_w = 0.00808,\ p_{we} = 0.00889$

$\tan\theta = 0.9^* D/(2^* L) = 0.1650$

$\lambda = 0.87$

せん断耐力

$V_{u1} = \mu^* p_{we}^* \sigma_{wy}^* b_e^* j_e + (\nu^* \sigma_B - 5^* p_{we}^* \sigma_{wy}/\lambda)^* (b^* D/2)^* \tan\theta = 313\,681\text{ kgf} = 313.7\text{ tf}$

$V_{u2} = (\lambda^* \nu^* \sigma_B + p_{we}^* \sigma_{wy})^* b_e^* j_e/3 = 287\,914\text{ kgf} = 287.9\text{ tf}$

$V_{u3} = \lambda^* \nu^* \sigma_B^* b_e^* j_e/2 = 298\,521\text{ kgf} = 298.5\text{ tf}$

$V_u = {}_{\min}(V_{u1}, V_{u2}, V_{u3}) = 287.9\text{ tf} \geqq Q_r = 285.7\text{ tf}$　OK

付着を考慮したせん断耐力

$\alpha_t = 0.75 + \sigma_B/4\,000 = 0.81$

$N_1 = 12,\ N_2 = 2,\ d_b = 25$

$b_{si} = (b - N_1^* d_b)/(N_1^* d_b) = 2.67$

$b_{c1} = \{\sqrt{2}^*(d_{cs} + d_{ct}) - d_b\}/d_b = 7.49$

$b_i = {}_{\min}(b_{si}, b_{ci}) = 2.67$

$k_{st} = (550 + 460^* N_w/N_1)^* (b_{si} + 1)^* p_w = 24.25$

$\tau_{bu} = \alpha_t^* \{(0.27^* b_i + 0.33)^* \sqrt{\sigma_B} + k_{st}\} = 32.82$

$\alpha_2 = 0.6$

$b_{si2} = (b - N_2^* d_b)/(N_2^* d_b) = 21.00$

$k_{st2} = 1\,010^* (b_{si2} + 1)^* p_w = 179.58$

$\tau_{bu2} = \alpha_2^* \alpha_t^* \{(0.27^* b_{si2} + 0.33)^* \sqrt{\sigma_B} + k_{st2}\} = 132.45$

$\sum(\tau_{bu}^* \phi) = (1 - 10^* R_p)^* \{\tau_{bu}^* \sum\phi + \tau_{bu2}^* \sum\phi_2\} = 3\,934$

$V_{bu} = \sum(\tau_{bu}^* \phi)^* j_e + \{\nu^* \sigma_B - 2.5^* \sum(\tau_{bu}^* \phi)/(\lambda^* b_e)\}^* (b^* D/2)^* \tan\theta$
$\quad = 349\,048\text{ kgf} = 349.0\text{ tf} \geqq Q_r = 285.7$　OK

W 50　1階　2通　荷重＋側

安全限界状態時応力

$N_{D+L} = 355.9 + 273.2 = 629.1\text{ tf}$

$N_K = 292.9\text{ tf}$

$M = 4\,302\text{ tf}\cdot\text{m}$

$Q = 267.0\text{ tf}$

$R = 0.00987$

$R_u = 1.5\,R = 0.01481\,(1/126)$

・中立軸位置の算定

　側柱のコンクリートが負担する軸力

$N_C = N_{DL} + N_K + A_{ws}^* \sigma_{wyu} = 629.1 + 292.9 + 2.87^* 49^* 3.85 = 1\,463.4\text{ tf}$

$N_{CV} = (N_C^2 + Q^2)/N_C = (1\,463.4^2 + 267.0^2)/1\,463.4 = 1\,512.1\text{ tf}$

　中立軸位置

$\sigma_{CC} = (D_x D_y)/(j_{ex}\cdot j_{ey})\,0.85\cdot\sigma_B = 110^* 110/(100^* 100)^* 0.85^* 240 = 246.8\,(\text{kgf/cm}^2)$

$X_{nx} = N_{CV}/(\beta_1\cdot j_{ey}\cdot\sigma_{CC})\ (\beta = 1.0)$
$\quad = 1\,512.1^* 10^3/(1.0^* 100^* 246.8) = 61.3\text{ cm}$

$X_{nx} < j_{ex}$　（中立軸は側柱内）

・曲率の算定

2 性能評価

ヒンジ長さを側柱芯間寸法の1/3として曲率 ϕ_{px} を算定

$$\phi_{px} = R_u/(l_{wx}/3) = 0.01481/(600/3) = 7.41 * 10^{-5} \, \text{cm}^{-1}$$

・側柱の中心軸のひずみ度

$$\varepsilon_C = (X_{nx} - j_{ex}/2) \phi_{px} = (61.3 - 100/2) * 7.41 * 10^{-5} = 0.00084 < 0.003 \quad \text{OK}$$

e-2. 崩壊形の保証

・X方向

符号：2C1

コンクリート：$\sigma_B = 240 \, \text{kg/cm}^2$

鉄筋：$\sigma_y = 3\,500 \, \text{kg/cm}^2$, $\sigma_{wy} = 3\,000 \, \text{kg/cm}^2$

安全限界状態時応力：$N = 243.2 \, \text{tf}$

$$M_F = 254.9 \, \text{tf·m}$$
$$Q = 133.0 \, \text{tf}$$

$b = 100 \, \text{cm}$, $D = 100 \, \text{cm}$, 主筋 40-D 25, $a_g = 202.8 \, \text{cm}^2$

曲げ

$$M_u = 0.5 \cdot a_g \cdot \sigma_y \cdot g_1 \cdot D + 0.5 \cdot N \cdot D \cdot \{1 - N/(b \cdot D \cdot F_c)\}$$
$$= 0.5 * 202.8 * 3.85 * 0.66 * 1.0 + 0.5 * 243.2 * 1.0 * \{1 - 243.2/(100 * 100 * 0.24)\}$$
$$= 257.7 + 109.3 = 367.0 \, \text{tf·m} \geq 254.9 * 1.4 = 356.9 \, \text{tf·m}$$

せん断

$Q_e = 133 \, \text{tf}$, $Q_0 = 0 \, \text{tf}$, $Q_r = 1.4 * Q_e + Q_0 = 186.2 \, \text{tf}$

$R_p = 0.0000$

$\mu = 2 - 20 * R_p = 2$

$\nu = (1 - 20 * R_p) * (0.7 - \sigma_B/2\,000) = 0.580$

$b = 100 \, \text{cm}$, $D = 100 \, \text{cm}$, $L = 300 \, \text{cm}$

横補強筋：3-D 13@100

$b_e = 90 \, \text{cm}$, $b_s = 45 \, \text{cm}$, $j_e = 90 \, \text{cm}$

$b_s/j_e = 0.500$, $s/j_e = 0.1111$

$p_w = 0.00381$, $p_{we} = 0.004233$

$\tan \theta = 0.9 * D/(2 * L) = 0.1500$

$\lambda = 0.77$

せん断耐力

$$V_{u1} = \mu * p_{we} * \sigma_{wy} * b_e * j_e + (\nu * \sigma_B - 5 * p_{we} * \sigma_{wy}/\lambda) * (b \cdot D/2) * \tan \theta = 248\,289 \, \text{kgf} = 248.3 \, \text{tf}$$
$$V_{u2} = (\lambda * \nu * \sigma_B + p_{we} * \sigma_{wy}) * b_e * j_e/3 = 323\,687 \, \text{kgf} = 323.7 \, \text{tf}$$
$$V_{u3} = \lambda * \nu * \sigma_B * b_e * j_e/2 = 434\,095 \, \text{kgf} = 434.1 \, \text{tf}$$
$$V_u = \min(V_{u1}, V_{u2}, V_{u3}) = 248.3 \, \text{tf} \geq Q_r = 186.2 \, \text{tf} \quad \text{OK}$$

付着を考慮したせん断耐力

$\alpha_t = 0.75 + \sigma_B/4\,000 = 0.81$

$N_1 = 11$, $N_2 = 0$, $d_b = 25$

$b_{si} = (b - N_1 * d_b)/(N_1 * d_b) = 2.64$

$b_{c1} = \{\sqrt{2} * (d_{cs} + d_{ct}) - d_b\} / d_b = 7.49$

$b_i = \min(b_{si}, b_{ci}) = 2.64$

$k_{st} = (550 + 460 * N_w / N_1) * (b_{si} + 1) * p_w = 9.36$

$\tau_{bu} = \alpha_t * \{(0.27 * b_i + 0.33) * \sqrt{\sigma_B} + k_{st}\} = 20.65$

$\alpha_2 = 0.6$

$b_{si2} = (b - N_2 * d_b) / (N_2 * d_b) = 0.00$

$k_{st2} = 1\,010 * (b_{si2} + 1) * p_w = 3.85$

$\tau_{bu2} = \alpha_2 * \alpha_t * \{(0.27 * b_{si2} + 0.33) * \sqrt{\sigma_B} + k_{st2}\} = 4.35$

$\sum(\tau_{bu} * \phi) = (1 - 10 * R_p) * \{\tau_{bu} \sum \phi + \tau_{bu2} \sum \phi_2\} = 1\,817$

$V_{bu} = \sum(\tau_{bu} * \phi) * j_e + \{\nu * \sigma_B - 2.5 * \sum(\tau_{bu} * \phi) / (\lambda * b_e)\} * (b * D / 2) * \tan \theta$

$\quad = 218\,800 \text{ kgf} = 218.8 \text{ tf} \geq Q_r = 186.2 \text{ tf} \quad \text{OK}$

柱梁接合部

安全限界状態時せん断力：V_j

$\quad V_j = -Q_c + T + C$

$\quad\quad = -133.0 + 214.7 + 214.7$

$\quad\quad = -296.4 \text{ tf}$

せん断耐力：V_{ju}

$\quad V_{ju} = \kappa \cdot \phi \cdot F_j \cdot b_j \cdot D_j$

$\quad\quad \kappa = 1.0$（十字形）

$\quad\quad \phi = 0.85$（直交梁片側）

$\quad\quad F_j = 1.6 \cdot \sigma_B^{0.7}$ (kgf/cm²)

$\quad\quad\quad = 74.18 \text{ kgf/cm}^2$

$\quad\quad b_j = 90.0 \text{ cm}$

$\quad\quad D_j = 110.0 \text{ cm}$

$\quad V_{ju} = 1.0 \cdot 0.85 \cdot 74.18 \cdot 90.0 \cdot 110.0$

$\quad\quad\quad = 624\,200 \text{ kgf}$

$\quad\quad\quad = 624.2 \text{ tf} \geq 1.3 \cdot V_j = 385.3 \text{ tf} \quad \text{OK}$

・Y方向

符号：3 C 1

コンクリート：$\sigma_B = 240 \text{ kg/cm}^2$

鉄筋：$\sigma_y = 3\,500 \text{ kg/cm}^2$, $\sigma_{wy} = 3\,000 \text{ kg/cm}^2$

安全限界状態時応力：$N = 268.5 + 27.1 = 295.6 \text{ tf}$

$\quad\quad\quad\quad M_F = 168.7 \text{ tf} \cdot \text{m}$

$\quad\quad\quad\quad Q = 108.8 \text{ tf}$

$b = 95 \text{ cm}$, $D = 95 \text{ cm}$, 主筋 40-D 25, $a_g = 202.8 \text{ cm}^2$

曲げ

$\quad M_u = 0.5 \cdot a_g \cdot \sigma_y \cdot g_1 \cdot D + 0.5 \cdot N \cdot D \cdot \{1 - N / (b \cdot D \cdot F_c)\}$

$\quad\quad = 0.5 * 202.8 * 3.85 * 0.69 * 0.95 + 0.5 * 295.6 * 0.95 * \{1 - 295.6 / (95 * 95 * 0.24)\}$

2 性能評価

$$= 255.9 + 121.2 = 377.1 \text{ tf·m} > 168.7 * 1.4 = 236.2 \text{ tf·m}$$

せん断

$Q_e = 108.8$ tf, $Q_0 = 0$ tf, $Q_r = 1.4 * Q_e + Q_0 = 152.3$ tf
$R_p = 0.0000$
$\mu = 2 - 20 * R_p = 2$
$\nu = (1 - 20 * R_p) * (0.7 - \sigma_B / 2\,000) = 0.580$
$b = 95$ cm, $D = 95$ cm, $L = 300$ cm
横補強筋：2-D13@100
$b_e = 85$ cm, $b_s = 85$, $c_{mje} = 85$ cm
$b_s / j_e = 1.000$, $s / j_e = 0.117647059$
$p_w = 0.002674$, $p_{we} = 0.002988$
$\tan \theta = 0.9 * D / (2 * L) = 0.1425$
$\lambda = 0.66$

せん断耐力

$V_{u1} = \mu * p_{we} * \sigma_{wy} * b_e * j_e + (\nu * \sigma_B - 5 * p_{we} * \sigma_{wy} / \lambda) * (b * D / 2) * \tan \theta = 175\,379$ kgf $= 175.4$ tf
$V_{u2} = (\lambda * \nu * \sigma_B + p_{we} * \sigma_{wy}) * b_e * j_e / 3 = 242\,848$ kgf $= 242.8$ tf
$V_{u3} = \lambda * \nu * \sigma_B * b_e * j_e / 2 = 331\,888$ kgf $= 331.9$ tf
$V_u = \min(V_{u1}, V_{u2}, V_{u3}) = 175.4$ tf $\geq Q_r = 152.3$ tf　OK

付着を考慮したせん断耐力

$\alpha_t = 0.75 + \sigma_B / 4\,000 = 0.81$
$N_1 = 11$, $N_2 = 0$, $d_b = 25$
$b_{si} = (b - N_1 * d_b) / (N_1 * d_b) = 2.45$
$b_{c1} = \{\sqrt{2} * (d_{cs} + d_{ct}) - d_b\} / d_b = 7.49$
$b_i = \min(b_{si}, b_{ci}) = 2.45$
$k_{st} = (550 + 460 * N_w / N_1) * (b_{si} + 1) * p_w = 5.85$
$\tau_{bu} = \alpha_t * \{(0.27 * b_i + 0.33) * \sqrt{\sigma_B} + k_{st}\} = 17.20$
$\alpha_2 = 0.6$
$b_{si2} = (b - N_2 * d_b) / (N_2 * d_b) = 0.00$
$k_{st2} = 1\,010 * (b_{si2} + 1) * p_w = 2.70$
$\tau_{bu2} = \alpha_2 * \alpha_t * \{(0.27 * b_{si2} + 0.33) * \sqrt{\sigma_B} + k_{st2}\} = 3.80$
$\sum(\tau_{bu} * \psi) = (1 - 10 * R_p) * \{\tau_{bu} * \sum \psi + \tau_{bu2} * \sum \psi_2\} = 1\,513$
$V_{bu} = \sum(\tau_{bu} * \psi) * j_e + \{\nu * \sigma_B - 2.5 * \sum(\tau_{bu} * \psi) / (\lambda * b_e)\} * (b * D / 2) * \tan \theta$
$\quad = 174\,782$ kgf $= 174.8$ tf $\geq Q_r = 152.3$ tf　OK

柱梁接合部

安全限界状態時せん断力：V_j

$V_j = -Q_c + T + C$
$\quad = -128.0 + 234.2 + 234.2$

せん断耐力：V_{ju}

$\quad V_{ju} = \kappa \cdot \phi \cdot F_j \cdot b_j \cdot D_j$

$\quad \kappa = 1.0$ （十字形）

$\quad \phi = 0.85$ （直交梁片側）

$\quad F_j = 1.6 \cdot \sigma_B^{0.7}$ （kgf/cm^2）

$\quad\quad = 74.18$ kgf/cm^2

$\quad b_j = 85.0$ cm

$\quad D_j = 100.0$ cm

$\quad V_{ju} = 1.0 * 0.85 * 74.18 * 85.0 * 100.0$

$\quad\quad = 534\,000$ kgf

$\quad\quad = 534.0$ tf $\geq 1.3 \cdot V_j = 442.5$ tf　OK

= 340.4 tf

W 45（2階）一方向 D 16・D 19@200　ダブル　$P_w = 0.0054$

安全限界状態時応力：$N = 288.7 + 218.6 - 238.2 = 269.1$ tf

$\quad\quad\quad\quad\quad\quad M = 3\,480$ tf·m

$\quad\quad\quad\quad\quad\quad Q = 654.2$ tf

曲げ

$\quad M_{wn} = a_t \cdot \sigma_y \cdot l_w + 0.5 \cdot a_{wy} \cdot l_w + 0.5 \cdot N \cdot l_w$

$\quad\quad = 5.07 * 34 * 3.85 * 6.0 + 0.5 * (1.99 + 2.87) * 25 * 3.3 * 6.0 + 0.5 * 269.1 * 6.0$

$\quad\quad = 3\,982 + 1\,414 + 807$

$\quad\quad = 6\,203$ tf·m $\geq 3\,480 * 1.4 = 4\,872$ tf·m

せん断

$\quad h_w = 400$ cm,　$\cot \phi = 1.0$,　$P_s = 0.0054$

$\quad A_{ce} = A_c - N_{cc}/\sigma_B = 100 * 100 - (269\,100 + 3\,480\,000/6.0)/240 = 10\,000 - 3\,538$

$\quad\quad = 6\,462$ cm$^2 \geq t_w \cdot D = 45 * 100 = 4\,500$ cm^2

Δl_{wa}, Δl_{wb} は 0 として検討する．

$\quad \Delta l_{wa} = 0$,　$\Delta l_{wb} = 0$

$\quad l_{wa} = l'_w + D + \Delta l_{wa} = 500 + 100 = 600$ cm

$\quad l_{wb} = l'_w + D + \Delta l_{wb} = 500 + 100 = 600$ cm

$\quad \tan \theta = [\sqrt{(h_w/l_{wa})^2 + 1} - h_w/l_{wa}] = [\sqrt{(400/600)^2 + 1} - 400/600] = 0.535$

$\quad \nu = 0.7 - \sigma_B/2\,000 = 0.7 - 240/2\,000 = 0.58$

$\quad \beta = (1 + \cot^2\theta) P_s \sigma_{sy}/(\nu \cdot \sigma_B) = (1 + 1^2) * 0.0054 * 3\,000/(0.58 * 240) = 0.233$

$\quad V_u = t_w \cdot l_{wb} \cdot P_s * \sigma_{sy} * \cot \phi + \tan \theta (1 - \beta) t_w \cdot l_{wa} \cdot \nu * \sigma_B/2$

$\quad\quad = 45 * 600 * 0.0054 * 3000 * 1.0 + 0.535 * (1 - 0.233) * 45 * 600 * 0.58 * 240/2$

$\quad\quad = 437\,400 + 771\,100$

$\quad\quad = 1\,208\,500$ kgf $= 1\,208.5$ tf $\geq 654.2 * 1.4 = 915.9$ tf

2 性能評価

f．考　察

　適用例1に比べて大きな設計用地震動を採用して設計を行い,等価線形化法により検証した結果,設定した性能を有することが確認できた．

　設計された断面は，耐力的には適用例2とほぼ同じため適用例2と断面の大きさ，主筋は同じであるが，要求される変形能が違うため横補強筋にはかなりの差が生じた．

3 ま と め

　地震荷重に対する等価線形化法による検証は，実際に限界値を設定し，設定した性能を満たす性能評価が可能であり，十分実用に供することができることがわかった．
　ただし，以下の示す内容等について一層の整備が望まれる．
・塑性率と減衰定数の関係
・部材の減衰と建築物の減衰との関係
・減衰によるスペクトルの補正
・等価線形化の前提となる崩壊形保証等の具体的手法

鉄筋コンクリート造建築物の性能評価ガイドライン	定価はカバーに表示してあります.
2000年8月10日　1版1刷発行	ISBN 4-7655-2446-9 C3052

監　　修　　建設省大臣官房技術調査室
編　　者　　社団法人　建築研究振興協会
発 行 者　　長　　　祥　　　隆
発 行 所　　技 報 堂 出 版 株 式 会 社

日本書籍出版協会会員
自然科学書協会会員
工 学 書 協 会 会 員
土木・建築書協会会員
Printed in Japan

〒102-0075　東京都千代田区三番町8－7
　　　　　　（第 25 興 和 ビ ル）
電　話　営　業（０３）（５２１５）３１６５
　　　　編　集（０３）（５２１５）３１６１
　　　　ＦＡＸ（０３）（５２１５）３２３３
振替口座　００１４０-４-１０

Ⓒ Japan Association for Building Research Promotion, 2000
落丁・乱丁はお取り替え致します．　　　装幀　芳賀正晴　印刷　技報堂　製本　鈴木製本

Ⓡ〈日本複写権センター委託出版物・特別扱い〉
本書の無断複写は，著作権法上での例外を除き，禁じられています．
本書は，日本複写権センターの特別委託出版物です．本書を複写される場合，
そのつど日本複写権センター（03-3401-2382）を通して当社の許諾を得てください．

●小社刊行図書のご案内●

建築構造における**性能志向型設計法のコンセプト**	建設省大臣官房技術調査室監修	B5・150頁
建築用語辞典（第二版）	編集委員会編	A5・1258頁
コンクリート便覧（第二版）	日本コンクリート工学協会編	B5・970頁
鋼構造技術総覧［建築編］	日本鋼構造協会編	B5・720頁
建築材料ハンドブック	岸谷孝一編	A5・630頁
エネルギーの釣合に基づく**建築物の耐震設計**	秋山宏著	A5・230頁
鉄筋コンクリート建物の**終局強度型耐震設計法**	青山博之編著	B5・614頁
構造物の免震・防振・制振	武田寿一編	A5・246頁
よくわかる**有限要素構造解析入門**─BASICによるプログラムFD付き	T.Y.Yang著／当麻庄司ほか訳	A5・400頁
Visual Basicソフトによる**梁の構造解析**─単純梁・片持ち梁編	加村隆志著	A5・70頁（CD-ROM付き）
「**建築**」**風工学**	川村純夫著	A5・108頁
空間デザインと構造フォルム	H.Engel著／日本建築構造技術者協会訳	B5・294頁
鉄筋コンクリート造建築物の**耐久性向上技術**［建築物の耐久性向上技術シリーズ］	建設大臣官房技術調査室監修	B5・360頁
RC建築物躯体の**工事監理チェックリスト**	日本建築構造技術者協会編	B5・160頁
工学系のための**常微分方程式**	秋山成興著	A5・204頁
工学系のための**偏微分方程式**	秋山成興著	A5・222頁
逆解析の理論と応用─建設実務のグレードアップとコストダウンのために	脇田英治著	A5・178頁（CD-ROM付き）

●はなしシリーズ

数値解析のはなし─これだけは知っておきたい	脇田英治著	B6・200頁
コンクリートのはなしⅠ・Ⅱ	藤原忠司ほか編著	B6・各230頁

技報堂出版　TEL編集03(5215)3161 営業03(5215)3165　FAX03(5215)3233